ESPINOSA DOMÍNGUEZ
EL PEREGRINO EN COMARCA AJENA

PUBLICATIONS OF THE SOCIETY OF SPANISH AND SPANISH-AMERICAN STUDIES

Luis T. González-del-Valle, *Director*

CUBAN LITERARY STUDIES

Justo C. Ulloa, *Editor-in-Chief*

CARLOS ESPINOSA DOMÍNGUEZ

EL PEREGRINO EN COMARCA AJENA

Panorama crítico de la literatura
cubana del exilio

SOCIETY OF SPANISH AND SPANISH-AMERICAN STUDIES

© *Copyright, Society of Spanish and Spanish-American Studies, 2001.*

All rights reserved. No portion of this book may be reproduced, by any process or technique, without the express written consent of the publisher. The book may be quoted as part of scholarly studies.

The Society of Spanish and Spanish-American Studies promotes bibliographical, critical and pedagogical research in Spanish and Spanish-American studies by publishing works of particular merit in these areas. On occasion, the Society also publishes creative works. SSSAS is a non-profit educational organization sponsored by the University of Colorado at Boulder. It is located in the Department of Spanish and Portuguese, University of Colorado, Campus Box 278, Boulder, Colorado, 80309-0278. U.S.A.

International Standard Book Number (ISBN): 0-89295-100-1.

Library of Congress Control Number: 2001 131822.

Cover: «El hombre de la cachimba», oil painting (partial) by Ramón Alejandro.

Printed in the United States of America.
Impreso en los Estados Unidos de América.

This text was prepared by Sandy Adler, Foreign Language Communications Support Specialist for the College of Arts and Sciences, University of Colorado at Boulder.

«Escritos en el exilio, en el desvelo, tantos libros que nadie ha leído; tantos cuadros, minuciosos hasta la ceguera, que ningún coleccionista ni museo alguno solicitó; tanto ardor que no colmó ningún cuerpo».

Severo Sarduy

ÍNDICE

Introducción	ix
Agradecimientos	xiii
UN CICLO CASI MÍTICO	1
1960-1969: ENTRE LA NOSTALGIA Y LA DENUNCIA	**5**
Nostalgia y denuncia	6
Reivindicación de la poesía pura	8
Las nuevas voces	11
Documentar la realidad	13
Las cabezas de cartel	17
Revistas, un proceso incesante	22
1970-1979: EL DESPEGUE	**27**
Diversidad de estilos y poéticas	29
Poetas en primera persona	31
Imaginación con nombre de mujer	34
Leales, tránsfugas y polifacéticos	38
Constancia y dedicación	45
Una pasión en estado puro	48
Reincidentes, veteranos, tardíos	50
Sexualidad sin eufemismos	57
La alargada sombra de Orígenes	59
Búsqueda y riesgo: la vía experimental	64
Pluralidad y apertura	70
El retorno de un maestro	75
Contra la infección realista	79
Poesía, magia y sabiduría popular	83
Una ventana a la trastienda	85
El exilio como escenario	87
Se suman nuevos nombres	90
Dos autores que revalidan	93
Tres pesos pesados	97
Primeros vehículos de difusión	103
1980-1998: LA CONSOLIDACIÓN	**109**
Veteranos en activo	112
Cinco de los Cincuenta	115
Afinidades que perduran	118

Escrito en femenino 120
Retrato de grupo con figura al fondo 122
Diversidad de exploraciones y de resultados 127
Cinco que llegan tarde 129
Un Puente, un buen Puente, que se ve 132
La pasión de la escritura 134
Un eclecticismo muy posmoderno 140
Algo más que sonido y furia 145
El núcleo neuyorkino 154
Clásicos en blue jeans 160
Termina el desfile 171
La novela: variedad y búsqueda 184
Confirmaciones y decepciones 189
Debutar en otoño 194
La literatura se mira el ombligo 200
Desde las filas poéticas 204
Nuevas incorporaciones 211
Narrativa posutópica: el núcleo del Mariel 221
Otras voces, otros ámbitos 231
Femenino singular 244
El Caribe que nos une 254
Balseros, un tema recién incorporado 262
Chachachá y cuentos para adultos huyuyos 265
Después de tantos años 270
Un ensanchamiento de temáticas y recursos 274
A manera de calentamiento previo 279
Nuevos y novísimos 282
Contar con el Mariel 292
Una ínsula fértil y gozosa 298
La escritura como rebeldía e irreverencia 307
Complemento y continuidad 334

UN AMOROSO Y TERCO EMPECINAMIENTO 343

Doble exilio 345
Un país literariamente empobrecido 348

Indice Onomástico 351

Bibliografía 357

INTRODUCCIÓN

La génesis de este libro se remonta a comienzos del otoño de 1990. El director del suplemento cultural de un diario que iba a empezar a circular en Barcelona, me encargó que reseñara la novela de Severo Sarduy *Cocuyo*, que acababa de ser editada. Me pidió que para ubicar en el contexto en el cual fue creada, escribiese además un artículo de tres folios acerca de la literatura cubana del exilio. El primer encargo lo cumplí con facilidad y rapidez. No así el segundo, que me costó mucho más trabajo. Al final y hasta donde el espacio lo permitía, logré ordenar dos o tres ideas muy generales, me referí a los cinco o seis nombres de obligada mención y conseguí salir del embolado lo mejor que pude. Recuerdo que de todos, el único que quedó insatisfecho con aquel artículo fui yo. Y no tanto porque fuese tan malo como para que tuviese que sentirme avergonzado de él, sino porque había puesto en evidencia mi desconocimiento de un tema por el cual, por ser yo cubano, dedicarme a la labor crítica y llevar ya cuando aquello varios años fuera de la isla, debía haberme interesado antes.

Esa insatisfacción, que se relaciona de manera directa con el compromiso ético que, según mi criterio, tiene el crítico con la creación literaria y artística del país al cual pertenece, fue el estímulo que me animó a iniciar en enero de 1993 una investigación que entonces pensé me iba a llevar no más de un año. Las primeras búsquedas me demostraron que mi cálculo pecaba de demasiado optimista: las dificultades con las que de inmediato me tropecé auguraban que a lo mejor el trabajo iba a demandar un poco más de tiempo. En primer lugar, no existían casi fuentes bibliográficas de las cuales partir para comenzar el rastreo y el acopio de materiales. Pude conseguir un ejemplar del *Índice Bibliográfico de Autores Cubanos (1959-1979)* (1981), de José B. Fernández y Roberto G. Fernández, que abarcaba sólo los primeros veinte años. Tuve que vencer una primera etapa de comprensible desaliento, en la que estuve a punto de levantar la bandera blanca de la rendición. Pero poco a poco aquella selva oscura e impenetrable me fue permitiendo el acceso, y los primeros hallazgos me devolvieron el ánimo. Un primer viaje a Estados Unidos, para revisar los valiosos fondos de la Biblioteca Otto G. Richter, de la Universidad de Miami, me llevó a descubrir una buena cantidad de autores y títulos de los que no tenía noticia. En muchos casos, una simple referencia me puso sobre la pista de nuevos nombres que luego tuve que localizar. La búsqueda de un autor se convertía, en ocasiones, en una auténtica pesquisa detectivesca, debido a que la información para hacerlo era insuficiente. Otra fuente que me resultó de mucha ayuda fueron los propios escritores con quienes me pude poner en contacto (epistolar las más de las veces, ya que la redacción de este libro la hice por completo en Madrid, donde residí durante trece años), quienes a menudo me descubrían nombres nuevos y hasta me daban las señas para que les pudiese escribir. Por otra parte, conseguir todas las obras que aquí se analizan fue otro de los principales obstáculos, en especial, en lo que se refiere a las correspondientes a las décadas de los sesenta y los sesenta. En muchos casos, tuve que trabajar con fotocopias facilitadas por los autores. En otros, con ejemplares que me prestaban los amigos. Y hubo libros, en fin, que debí leerlos en bibliotecas que no tienen servicio de préstamo (recuerdo, por ejemplo, la odisea que fue consultar *Eternidad*, de Uva A. Clavijo, en la tan poco accesible Biblioteca Nacional de España, pues ni la propia Editorial Playor poseía un ejemplar).

Esa labor de localización y acopio de las obras tuve que realizarla al mismo tiempo que iba procesando todo ese material. La práctica me demostró que no era ése el método idóneo para acometer un proyecto de esta envergadura. Lo ideal, pienso hoy con la distancia que me da el tiempo transcurrido desde que lo concluí, hubiese sido leer y procesar todos esos poemarios, novelas y volúmenes de cuentos y a partir de ahí, empezar a estructurar y desarrollar el análisis. Pero ya se sabe que las condiciones ideales rara vez se tienen. Eso sin contar con que ello habría implicado, como mínimo, tres o cuatro años más de trabajo. Así que puesto en la disyuntiva de demorar más la elaboración del libro, con los riesgos que eso implicaba (los cinco años y pico que llevó la escritura de *El peregrino en comarca ajena* implicaron a nivel económico un sacrificio que difícilmente hubiera podido prolongar por mucho más tiempo), o asumirlo como un proyecto de pretensiones más humildes, no dudé en optar por lo segundo. En definitiva, gracias a esa decisión puedo hoy estar escribiendo estas palabras para el que finalmente es un proyecto terminado.

Y si hablo de las dificultades que acompañaron la redacción de este libro, no puedo dejar de referirme a lo que significó estudiar y ordenar un *corpus* literario a partir de cero. La escasos trabajos panorámicos similares a éste (y hablo de escasez y no de inexistencia porque están, entre otros títulos, *Life on the Hyphen*, de Gustavo Pérez Firmat, y *Cuban-American Literature of Exile*, de Isabel Álvarez Borland, si bien conviene aclarar que el primero se centra por entero en el tema de los cubanoamericanos, y en cuanto al segundo, apareció después que yo había concluido el mío) me obligaron a acometer la estimulante, pero nada cómoda labor de Adán, esto es, nombrar las cosas por primera vez. No existían propuestas de periodizaciones para esta producción literaria, y como aclaro en este libro en más de una ocasión, las correspondientes a la literatura escrita en la isla tampoco resultaban aplicables. Tuve, pues, que proponer las mías, y para ello traté de hacerlo a partir de la evolución misma que aquélla me sugería. Discutibles como cualesquiera otras, a nivel metodológico me sirvieron para poder analizar con cierto orden y criterio a una considerable cantidad de autores y obras que, de otro modo, hubiesen quedado en una sucesión mecánica de comentarios y juicios.

De la presentación de una obra de este tipo se espera siempre que uno explique, aunque sea brevemente, por qué la escribió, qué quiso decir con la misma, qué metodología aplicó. Lo primero es fácil de responder: he querido presentar una visión panorámica de la literatura de creación (novela, cuento y poesía) producida por los autores cubanos en el exilio entre 1960 y 1998. Estimé necesario, no obstante, referirme, aunque no fuese el objeto central de mi estudio, a las revistas literarias y las editoriales, porque ayudan a entender un poco mejor las condiciones especiales bajo las cuales esos autores han desarrollado su actividad. Inicialmente, el libro era mucho más extenso, pues incluía un capítulo sobre los escritores cubano-americanos. Razones de espacio que no hace falta que explique (¿qué editorial apostaría por un original de 775 folios?) me obligaron a reducirlo a un poco más de la mitad, y de esa poda resultó la eliminación de aquel capítulo, que ha pasado a ser un libro independiente, *Escrito en inglés, sentido en cubano*, que verá la luz en unos meses.

Terminado en Madrid en la primavera de 1998, retomé el original en 1999 para, además de reducir su extensión, adaptarlo, hasta donde me fue posible, a las normas académicas de Estados Unidos, país en donde, en definitiva, se publicará. Eso se refirió fundamentalmente a las citas y la bibliografía, cuyo estilo es muy diferente al empleado en Hispanoamérica. Pese al empeño que puse en ello, al final, quedaron unas pocas citas cuyas fuentes me fue imposible localizar. Algunas las había recogido diez o doce años atrás, y como entonces no pensaba que las iba a utilizar, omití anotar los datos correspondientes. Otros artículos y reseñas me los enviaron los escritores de los libros comentados, sin preocuparse de indicar nombre de la publicación, fecha ni página. Y hay dos o tres textos, proporcionados también por los propios autores o por amigos, que presumiblemente fueron concebidos como charlas o conferencias. Mas, ¿quién podía asegurarlo? A lo largo de los cinco años y pico que me tomó esta investigación, unos cuantos de aquéllos fueron muriendo, lo cual eliminaba la posibilidad de pedirles ayuda para resolver esas cuestiones. Para quienes el seguir al pie de la letra las normas dictadas por la academia (no hablo, por supuesto de la otra, la que fija, pule y da esplendor), estas explicaciones, que no justificaciones, pueden resultar poco menos que inaceptables. Mas tienen que ver mucho con una literatura creada en situaciones tan difíciles y tan poco normales como las que significa vivir en el exilio. Eso me permite aclarar, por otro lado, algo que considero importante se tome en cuenta: éste no es un libro escrito según las normas académicas. Uno de los lectores que tuvo mi original, comentó, para mi satisfacción, que «en el contexto académico norteamericano se le reprocharía su carácter ensayístico, de historia literaria 'a la antigua', con un desarrollo cronológico del material y comentarios críticos sobre obras y autores individuales». Eso exactamente es lo que yo he querido hacer, sin que ello deba interpretarse como que tengo algo en contra del mundo académico ni nada parecido. Por el contrario, siento un profundo respeto y una gran admiración por la obra de profesores como Gustavo Pérez Firmat, Ilan Stavans y Roberto González Echevarría, por citar los primeros nombres que me vienen a la mente. Sencillamente se trata de que mi formación es otra. Asimismo el trabajo crítico e investigativo lo he hecho en otros medios cuyo lenguaje es también otro. *El peregrino en comarca ajena* debe ser evaluado, por tanto, desde esa perspectiva, y no exigirle más de lo que humildemente pretende ser.

Miami, septiembre de 2000

AGRADECIMIENTOS

Una obra tan ambiciosa y abarcadora como ésta, hubiese sido muy difícil de realizar si no hubiese yo contado con la colaboración de varias personas, que desde el inicio me brindaron su generoso apoyo. Quiero, en primer lugar, expresar mi agradecimiento a Lesbia O. Varona, de la Cuban Heritage Collection, University of Miami Library, a quien difícilmente podré pagarle toda su ayuda y sin la cual este libro no sería lo que hoy es. También a Juan Manuel Salvat, Ediciones Universal; Pío E. Serrano, Editorial Verbum; Carlos Alberto Montaner, Editorial Playor; Samuel Rojas, Biblioteca Hispánica, Instituto de Cooperación Iberoamericana; Marina Tristán, Arte Público Press; Víctor Batista Falla; Orlando González Esteva; Carlos Victoria; Reinaldo García Ramos; Alberto Sarraín; Juana Rosa Pita; Aurora Calviño; Ramón Rull; Liliane Hasson, Félix Lizárraga; Juan Carlos Castillón; a todos los autores que creyeron en este libro; y *last but not least*, a Justo C. Ulloa, quien desde el inicio confió y apostó por un proyecto que hoy ve la luz gracias a él. A todos, muchas gracias.

UN CICLO CASI MÍTICO

> Exilio y libertad, tan de continuo engastados, forman, han formado el centro orbital de tantos escritores que podría decirse que la literatura es un capítulo infinito de exiliados, de escritura exiliada (...) Exiliarse es, en definitiva, haber sido siempre un exiliado, un rebelde innato a todo lo que extorsione, reprima, caduque.
>
> Nivaria Tejera

El exilio parece ser una condición intrínseca del escritor cubano. En realidad, la literatura es en sí misma una metáfora del exilio, como sostiene Roa Bastos; o un exilio permanente, como afirma Ernesto Sábato. Pero en nuestra literatura hay además un buena dosis de extraterritorialidad y errancia. El destierro a España en 1834 de José Antonio Saco, para fijar alguna fecha, inició lo que después se convertiría, en palabras de Reinaldo Arenas, en un ciclo casi mítico («Literatura» 107).

En efecto, una parte considerable de la literatura cubana del siglo XIX fue escrita fuera de la isla. Autores como José Martí, Félix Varela, Juan Clemente Zenea, Cirilo Villaverde, José María Heredia, Enrique Hernández Miyares, Bonifacio Byrne y muchos otros vivieron durante varios años en el destierro, por lo general en Estados Unidos, y lo transformaron en un territorio más de la imaginación creadora. En particular, fue la poesía el género en donde aquella experiencia de añoranza y aflicción dejó páginas más numerosas y perdurables. De allí surgieron textos tan significativos como el «Himno del desterrado» de Heredia o las «Flores del destierro» de Martí. Se editó incluso una antología, *El laúd del desterrado* (1858), que recogía parte de aquella producción poética.

En nuestro siglo, tan poblado y nutrido de emigraciones, los años de 1930 y 1952 marcaron el comienzo de nuevos exilios. En especial, la convulsa década del cincuenta y la asfixiante situación política a que condujo a la isla la dictadura de Fulgencio Batista, empujaron a muchos escritores y artistas a buscar en otros países refugio temporal. Antón Arrufat, Virgilio Piñera, Pablo Armando Fernández, David Buzzi, Fayad Jamís, César López, José Triana, Rolando T. Escardó y José A. Baragaño, fueron algunos de los componentes de aquella nómina.

Pocos años después, se inicia el tercer y mayor éxodo masivo de hombres y mujeres, que dura ya cuarenta y un años, los mismos que lleva en el poder Fidel Castro. Entre aquellos primeros cubanos que, a partir de 1959, optaron por el exilio, se contaban algunos reconocidos intelectuales. Figuraban, por ejemplo, tres notables y consagrados autores: Lydia Cabrera, investigadora cuya aportación a los estudios afrocubanos es imprescindible; Lino Novás Calvo, autor de *La luna nona* y *El negrero*, dos títulos capitales de la narrativa cubana del siglo XX; y Gastón Baquero, integrante del célebre Grupo Orígenes y poeta de gran prestigio en todo el ámbito hispanoamericano. A ellos se irían sumando, en los años siguientes, Jorge Mañach, Matías Montes Huidobro, Carlos Montenegro, Agustín Acosta, Enrique Labrador Ruiz, Calvert Casey, Félix Lizaso, Eduardo Manet y el hoy internacionalmente conocido Guillermo Cabrera Infante. También se vieron forzados a abandonar el país Ana María Simo y José Mario Rodríguez, miembros y principales animadores del Grupo El Puente.

En este caso, al igual que en el de sus predecesores decimonónicos, no se trataba de una estrategia literaria, escogida voluntariamente, como lo ha sido para muchos autores anglosajones, de Henry James a la Generación Perdida, sino de una emigración impelida por razones políticas, como la de los escritores alemanes en los años treinta o la de los españoles al finalizar la Guerra Civil. Para aquellos autores cubanos, lo mismo que para todos los que luego les siguieron, el exilio se convirtió en una necesidad, en la medida en que el acto de creación devino prácticamente imposible dentro de las normas que la revolución no tardó en imponer. Éstas quedaron resumidas en el credo tan arbitrario como absoluto pronunciado por Fidel en una conocida reunión con intelectuales celebrada en la Biblioteca Nacional en 1961: «Con la revolución todo. Contra la revolución, nada». Los tempranos incidentes del documental *P.M.* (1960), cuya absurda censura provocó la primera polémica sobre la libertad de expresión y promovió la consiguiente desaparición del suplemento cultural *Lunes de revolución* (1959-1961), y de la campaña que llevó a la extinción al Grupo El Puente (1960-1963), fueron advertencias explícitas de que el arte vivo, no conforme con las pautas oficiales, no tenía cabida en la nueva Cuba. Muchos intelectuales se quedaron en la isla y adoptaron la autocensura, lo cual no los libró de escapar al exilio entre cuatro paredes al que, avanzada ya la década del sesenta, fueron confinados, entre otros, Piñera y Lezama Lima. Otros, en cambio, como los citados más arriba, prefirieron el riesgo de convertirse en artistas nómadas, en «desterritorializados», según el término acuñado por Severo Sarduy. Precisamente, el entonces joven y desconocido escritor fue otro de los que muy temprano asumió esa vía.

Ese goteo se mantuvo a lo largo de las décadas del sesenta y el setenta. La del ochenta se inauguró con la crisis de la embajada de Perú, que desembocó en el éxodo masivo hacia Estados Unidos por el puerto habanero del Mariel. Entre los más de cien mil cubanos que entonces abandonaron la isla, se hallaba un nutrido grupo de autores jóvenes: Jesús J. Barquet, Reinaldo García Ramos, Roberto Valero, Carlos Victoria, René Cifuentes, Juan Abreu, Andrés Reynaldo, Rafael Bordao, Manuel Ballagas y Miguel Correa, entre otros, quienes pronto conformarían la nueva promoción de escritores cubanos en el exilio, llamada por algunos Generación del Mariel. Su irrupción en la arena literaria fue bastante estrepitosa y desencadenó los primeros e inevitables conflictos generacionales. Uno de sus principales voceros fue Reinaldo Arenas, un notable narrador que sufrió en Cuba una implacable e injusta marginación. Por esos mismos años, se acogen también al exilio Antonio Benítez Rojo, José Triana, César Leante, Belkis Cuza Malé, Armando Álvarez Bravo y Heberto Padilla, quien protagonizó a fines de los sesenta el célebre caso que motivó la ruptura con la revolución de gran parte de la intelectualidad progresista de Latinoamérica y Europa.

A todos esos nombres y a muchos otros que se han incorporado en los últimos años, como consecuencia de la desastrosa situación en que se halla el país tras la desaparición del bloque socialista, hay que añadir los de los autores que llegaron al exilio en la niñez. Pertenecen a esa hornada Maya Islas, Wifredo Fernández, Felipe Lázaro, Amando Fernández, Orlando González Esteva, Alina Galliano, Gustavo Pérez Firmat, Elías M. Muñoz y Roberto G. Fernández, los tres últimos exponentes de los escritores cubano-americanos que practican el bilingüismo. Unos y otros conforman el paisaje heterogéneo de la literatura cubana escrita fuera de la isla, en el cual confluyen generaciones, distancias geográficas—de París a Caracas, de Londres a Madrid, de Mälmo a Roma, aunque el núcleo más numeroso se concentra en Estados Unidos—y posturas ideológicas bien disímiles. Un océano tan vasto como desconocido.

1960-1969: ENTRE LA NOSTALGIA Y LA DENUNCIA

> Otra vez los motores; la pista, huyendo; una última palma, al subir, que se achica y se queda. Las primeras luces. Por la ventanilla, a través de las lágrimas y desgarrándonos de ella, Cuba de más nunca.
>
> Hilda Perera, *El sitio de nadie*

Muy poco hubo que esperar para conocer las primeras manifestaciones literarias de esta nueva diáspora. Año y pico después de la entrada a La Habana de las tropas del Ejército Rebelde, aparecían ya los primeros libros editados en el exilio. Eran, en gran medida y como más adelante se analizará, novelas y poemarios inequívocamente marcados por esa experiencia política. Había en sus autores una perentoria necesidad: muchas de aquellas obras fueron escritas a toda prisa y requeridas de urgencia, bajo la presión de los aún demasiado cercanos acontecimientos. A eso se suma que quienes las firmaban eran, en muchos casos, autores primerizos e incluso aficionados que se acercaban a la literatura de modo fortuito, como lo demuestra el hecho de que después no insistiesen más. Una producción, en resumen, que nació lastrada por la premura y el voluntarismo, y demasiado impregnada de resentimiento y partidismo apasionado.

Comencemos por la poesía, que como ha ocurrido a lo largo de la historia de nuestra literatura, es el género que acumula, en lo que se refiere a autores y títulos, la nómina más extensa. De acuerdo a las bibliografías más medianamente confiables, entre 1960 y 1969 fueron publicados unos cien poemarios, que como la inmensa mayoría de todos los libros aparecidos en esta década, fueron editados en Estados Unidos, España y, en menor proporción, México. Textos seleccionados de cuarenta y cinco de ese centenar de obras, conforman la antología *Poesía en éxodo*, un volumen que por su carácter recopilatorio y de resumen de la década, resulta de obligada consulta. Su compiladora, Ana Rosa Núñez, quien además de ser poeta ha realizado una generosa labor por estimular y conservar la creación literaria en el exilio, explica en el breve prólogo el criterio que rigió la selección: se trataba de recoger la producción poética de los «archiveros del dolor» (13) del destierro cubano, dándole prioridad a su «mensaje de dolor, nostalgia y melancolía» (13). Esa opinión la reafirman y amplían varios de los antologados. Así, Humberto Medrano, en su introducción a uno de los libros, sostiene que «en estos momentos, todo elemento de expresión debe ser empleado como arma de combate» (41). Y por si quedase alguna duda al respecto, añade: «El verso ha de ser rifle». Rafael Esténger, otro de los incluidos, reconoce su apuesta deliberada «por la vía del compromiso, que es peligrosa y sin duda ingrata» (17).

Nostalgia y denuncia

Esos términos definirán las dos grandes líneas temáticas por las que se orientará esta poesía, cuyos límites, advertimos, rebasan el marco cronológico de esta década y, por supuesto, de la antología de marras. Exilio y tristeza, es innegable, van siempre de la mano. Pero cuando se trata de un escritor o un artista, esa tristeza debe ser transformada en un nuevo estímulo, en acción creadora, y no permitir que se quede en árida nostalgia. En estos autores, el desgarramiento se traduce en una poesía evocadora del paisaje, de aquellas imágenes conservadas en la memoria. Se va a parar así en el costumbrismo folclorista y la sensiblería, en una poesía que, en buena parte, es nostálgica, evocativa, y está atiborrada de calles, pueblos y ciudades pertenecientes a un tiempo que poco a poco se ha ido perdiendo en el pasado. Algunos poemarios poseen títulos que resumen con elocuencia su contenido: *Lágrimas de tierra adentro, La Cuba de mis recuerdos, Nostalgia inconsolable, Mi Habana, Pensando en Cuba, Lejos de mi patria, Rumores de mi bohío, Patria en lágrimas*. En tono exaltado se canta en ellos a la «Cuba de las palmas en la brisa,/ del azúcar disuelto en la sonrisa/ y las playas pobladas de sirenas» (Núñez 196), en una visión mitificada en la que cielo, bandera, angustia, dolor, caña de azúcar, mar, sol, sombrero de yarey, cocodrilo verde, Perla de las Antillas, destierro y patria son motivos de los cuales se abusa hasta el cansancio. En este camino de recuperación, se retoma la décima, que comparte con un versolibrismo tradicional la preferencia de los autores, en lo que a formas y estructuras métricas se refiere.

Se resucitan también un par de tendencias que alcanzaron cierta popularidad en Cuba en las décadas del cuarenta y el cincuenta: la poesía sentimental o romántica y la negrista o afrocubana. La primera tuvo, entre sus principales cultivadores, a José Ángel Buesa, autor por cierto de un estimable y hoy olvidado libro, *Lamentos de Proteo*, que nada tiene que ver con esa zona de su obra por la que más se le conoce y valora. Se trata de un sentimentalismo trasnochado y trastornado, que busca la reafirmación de la temática amorosa a través de vías de aceptación más o menos masiva. La mayoría de sus exponentes son mujeres a las que viene muy bien el término poetisas, con todo lo que éste conlleva de lirismo mal entendido, sentimentalismo caducado, acento cargante, cursilería y visión idílica de la realidad. Algunas de esas escritoras experimentarán, no obstante, una evolución en libros posteriores, y de ellas nos ocuparemos al analizar la década del setenta. Destacaremos de esa nómina a Mercedes García Tudurí (1904), quien se había dado a conocer en Cuba con un par de títulos, *Alas* (1933) y *Arcano* (1947). Dos décadas después de haber visto la luz el segundo, entregó a la imprenta *Ausencia* (1968), en donde bebe en la obra de los místicos españoles, para crear una poesía de austero refinamiento y tono más bien clásico, y concebida como un medio de ascensión espiritual. Por esa misma senda transita en *Andariega de Dios* (1983), que mantiene una unidad estilística y temática de gran dignidad.

Del choteo en su vertiente más epidérmica y estereotipada, se nutren autores como José Sánchez Boudy (1927), un escritor a quien el afán de abarcar todos los géneros y engrosar una descomunal bibliografía le han hecho mucho daño. En *Ritmos de solá* (1967) practica una poesía costumbrista que se apoya en la musicalidad externa, el lenguaje «popular» y los personajes típicos. El subtítulo del poemario, «Aquí como allá», define su voluntad de desafiar las reglas del tiempo y aferrarse a manifestaciones que ya en Cuba eran anacrónicas. En ese libro, al igual que en los siguientes que publicará en ese género, hallamos algunos de los tópicos y clichés con que se ha identificado al negro cubano. Son los errores congénitos en los que suele incurrir la poesía negrista escrita por blancos, pues porta en sí una falta de sinceridad y una visión desde afuera muy difíciles de superar. También se mueve dentro de esa tendencia *Tambor sin cuero* (1968), de Jack Rojas, en donde pueden leerse lindezas como «Siento a Cuba y se me parte el corazón con una guaracha» o «Veo a Cuba custodiada por un mar de maracas/ y a un bongó desparramándose por las pisadas» (Núñez 207). Rolando Campins (1940) probó suerte en esa veta folclórica con *Sonsonero mulato* (1969), que fue elogiado por la propia Lydia Cabrera, quien además de reconocerle al autor oído fino, gracia y frescura, destacó en el libro «la ausencia de demagogia envenenada aprovechando al negro» (Campins 92). Hay en esos poemas un refinamiento, un cuidado formal y una proyección lírica que no hallamos en los otros autores. Campins, sin embargo, no insistió en esa línea popular y evolucionó hacia una poesía más interesante en libros como *Habitante de toda esperanza* (1969) y *Árbol sin paraíso* (1971).

El otro gran bloque temático corresponde, como ya dijimos, a lo que los propios autores califican como poesía comprometida, de combate o de denuncia. Los títulos mismos de esas obras son un reflejo fiel de su alcance: *Cuba en la cruz*, *Angustia: Libro de versos patrióticos, cristianos y anticomunistas*, *Para Cuba que sufre*, *Isla sin alba*, *Marchas de guerra y cantos de presidio*, *En la ruta del deber, en honor y por la libertad de Cuba*, *¡Traición! gritan veinte mil tumbas cubanas*. Libros desbordados de acusación directa, inculpación vehemente, anticastrismo rabioso, en los que domina la pasión política y patriotera, con versos en los que se rima «tirano» con «hermano» y «crimen» con «oprimen». Sin darse cuenta, estos autores caen en la burdísima trampa del panfleto, la barricada o el alegato, que tanto se criticaba a los escritores de la isla y tan conveniente para encubrir realizaciones mediocres. Poco más merece decirse sobre ellos, aunque algunos, hay que reconocerlo, aceptaban su falta de pretensiones literarias.

Reivindicación de la poesía pura

Sepultados por esta poesía «comprometida», quedan a un lado varios autores y libros en los que debe buscarse la verdadera poesía escrita fuera de la isla. Así, perdidos en la antología antes citada encontramos algunas páginas que nada tienen que ver con el tono general que allí domina. Está, en primer lugar, el hermoso poema de Gastón Baquero, de quien nos ocuparemos más adelante. Aparecen también varios textos de Isel Rivero (1941) y Jorge García Gómez (1937), pertenecientes a sus respectivos libros *Tundra* (1963) y *Ciudades* (1964). El primero es un espléndido poemario, compuesto por nueve odas versiculares que, en conjunto, vienen a formar un solo poema. Isel Rivero rehúye el localismo y busca un lenguaje de proyección universal. Poesía sobria, cargada de intensidad y fuerza dramática, que entona un canto catártico impregnado de espiritualidad y humanismo al cataclismo final de la civilización, sobre la cual el escritor chileno Humberto Díaz-Casanueva expresó: «Posee el arrebato visionario, profético; acorrala implacablemente al símbolo, hasta hacerlo culminar en su propia evidencia» (solapa). *Tundra* es de esas obras por las que el paso de casi cuarenta años apenas se ha hecho sentir. La poesía de García Gómez es de otro timbre. *Ciudades* posee un fondo expresivo surrealista, e influencias como las de Rilke aparecen bien asimiladas y se plasman en textos tan logrados como algunos de los que componen la sección «Voces transfiguradas». La formación filosófica del autor se encubre y difumina en un claro juego lírico. Las ciudades a las cuales alude el título representan las «moradas, las viviendas de este hombre en el mundo» (García Gómez 3), cercanas a la circunstancia orteguiana. No figura, en cambio, en *Poesía en éxodo* Israel Rodríguez (1924), quien alcanzó nada menos que cuatro ediciones de sus *Poemas de Israel* (1964), en donde la sensualidad amorosa se mezcla con una espiritualidad de raíz evangélica. Rodríguez concerta las temáticas bíblicas y graves con una intención lúdica, lo cual le da al libro cierta gracia. Sus títulos posteriores, *Materia virgen* (1974) y, sobre todo, *Palabralfa* (1977), son, por el contrario, muy inferiores.

La preocupación por los problemas existenciales y la visión desoladora y angustiosa del mundo contemporáneo, presentes en los libros de Rivero y García Gómez, son compartidas por otros autores como Mauricio Fernández, José Antonio Arcocha y, en menor medida, Orlando Rossardi y Rita Geada. Ejemplo de entrega absoluta a la creación poética, Mauricio Fernández (1938), como ha apuntado Wifredo Fernández, uno de los pocos críticos que se ha ocupado de su obra, «se realiza en un suceder trágico, y más que trágico, nihilista» («El vivir» s.p.). En *Meridiano presente* (1967), *El rito de los símbolos* (1968), *Los caminos enanos* (1969) y *Región y existencia* (1969), todos libros muy breves, aborda temas más o menos recurrentes con un lenguaje de impenetrables imágenes y despojado de referencias locales: el miedo apocalíptico, el vacío de la existencia, el inexorable y destructor paso del tiempo.

Al igual que Fernández, José Antonio Arcocha (1938-1998) parece reaccionar contra la pobreza de la poesía populista y de denuncia y reivindica, en *El reino impenetrable* (1969), el despliegue tropológico e imaginativo. El suyo es, como él mismo señala, un reino impenetrable, desconcertante, en el que predomina un exotismo anacrónico y extravagante: reinas ahogadas, lagos en tinieblas, imperios otomanos, esmeraldas marinas, viajeras vikingas, mandarines destronados, focas nocturnas, palacios de antracita, pirámides gnósticas. A esos textos, lo mismo que a los de sus libros posteriores, *La destrucción de mi doble* (1971) y *Los límites del silencio* (1975), les falta contención. Arcocha abusa del encadenamiento de imágenes, que llegan a agotarse –y agotarnos– hasta caer en lo no significante. A diferencia de otros escritores, que lo son de las modalidades subjetivas, Arcocha lo es de las formas exteriores y decorativas. Rara vez se deja tentar por el deseo de la confesión autobiográfica. Entonces su poesía adquiere matices de humanidad, se perciben en ella leves ecos de nihilismo, tristeza, soledad; y entre esos textos cerebrales y recargados, puede uno hallar versos que dan una medida de lo que Arcocha hubiese podido dar de haber logrado un equilibrio entre lo formal y lo vital. Desafortunadamente, tras aquellos tres títulos parece haber abandonado la creación literaria, pues nada suyo se ha publicado, ni siquiera en revistas.

Orlando Rossardi (1938) firma otro de los buenos libros de los sesenta, *El diámetro y lo estero* (1964). Seis años después publicó *Que voy de vuelo*, en donde recogió, en realidad, textos escritos entre 1957 y 1965 no incluidos en el anterior. En su obra confluyen fuentes diversas. Está, en primer lugar, la huella de algunos autores españoles –Salinas, Lorca, Juan Ramón Jiménez–, a quienes debió leer durante sus estudios de Filosofía y Letras en la Universidad de Madrid. Se advierten también los ecos del surrealismo y de César Vallejo, como han señalado algunos críticos al comentar *El diámetro y lo estero*. Y están, en fin, las influencias de poetas cubanos como Mariano Brull y Emilio Ballagas, de quienes asimiló el gusto por la escritura pulida y la perfección formal. A partir de magisterios tan distinguidos, Rossardi ha moldeado una obra que no renuncia a la voz propia y a un discurso por cuyo cauce discurren sus obsesiones, su visión del mundo. Una de esas obsesiones es Dios, aunque aquí se trata de una presencia que nos llega un tanto intelectualizada y con el énfasis religioso muy atenuado. En particular en el primer poemario, se proyecta un temperamento indagador, analítico, que se sitúa, como en Fernández y Arcocha, lejos de la poesía de la experiencia, del tono confesional. Lo suyo es más la inflexión metafísica, la suculencia verbal, la distancia emotiva, el tema antianecdótico y una clara voluntad cosmopolita. En resumen, una obra poética de calidad fuera de discusión, a la que, no obstante, uno le reprocha su renuncia a transmitir, apasionar e implicar al lector.

Aunque no deja de participar de esa poesía pura, desasida y de fuerte hermetismo, Rita Geada (1937) representa una voz saludable y purificadora. En *Cuando cantan las pisadas* (1967), hallamos el lirismo delicado que Regino Pedroso destacó en su primer libro, *Desvelado silencio*, de 1959. Su poesía es de sesgos, de matices, de pinceladas, de algo suave, transparente, tenue; compuesta de sones leves –«rumores asordinados», dice ella en uno de sus versos– y levantada sin estruendo, susurrada más que gritada. Hay en ella un equilibrio adecuado entre sentimiento y raciocinio. Sus poemas se benefician además con un intimismo sencillo, un estilo sereno y desdramatizado y una palabra lírica de temblores existenciales (soledad, tiempo, esperanza, vida). En *Cuando cantan las pisadas*, como han apuntado Matías Montes Huidobro y Yara González, se defiende la certidumbre de que la poesía es un refugio seguro para alcanzar la perfección y la armonía (65). «Cada vez más en pos de la música/ de los infinitos y mágicos senderos» (65). Son versos de Rita Geada que pueden leerse también como una exacta definición de su poesía.

Las nuevas voces

Otros autores, algunos un poco más jóvenes que los analizados hasta aquí, también dan a conocer sus obras en esos años. En unos casos, como el de Mercedes Cortázar (1940), se trata del tercer libro (*Dos poemas*, 1965). En cambio, otros como Lourdes Casal (1938-1981), Dolores Prida (1943), Julio E. Miranda (1945-1998) y Teresa María Rojas (19...), publican por primera vez. Pese a los balbuceos e imperfecciones que cabe esperar de escritores primerizos o de escasa andadura, son, en conjunto, poemarios no desprovistos de interés, en los que hay espontaneidad, desenfado y afán de recuperar la comunicación con el lector. La trayectoria posterior de los cinco será, no obstante, muy diferente.

Tras un estimable estreno con *Treinta y un poemas* (1967) y una intensa actividad en publicaciones como *La Nueva Sangre*, a cuyo consejo editorial perteneció, junto con Campins y Cortázar, Dolores Prida se ha dedicado por completo al teatro, hasta situarse entre los nombres más relevantes de la dramaturgia hispana en Estados Unidos. Mercedes Cortázar no ha vuelto a publicar, desde entonces, un nuevo libro, aunque en periódicos y revistas literarias han aparecido poemas, críticas y relatos suyos, en inglés y en español. Lourdes Casal editó *Cuadernos de agosto* (1968), en donde figuran sus primeras reflexiones sobre el exilio, un tema al que luego dedicará muchas páginas. Incursionó después en la narrativa y el ensayo, para retornar a la poesía en su obra póstuma, *Palabras juntan revolución*.

Escritores como Pura del Prado, Juan J. Remos, Mauricio Fernández y Alberto Baeza Flores, saludaron con entusiasmo la salida de *Señal en el agua* (1968), de Teresa María Rojas. Baeza Flores reconoció en ésta «una sensibilidad primigenia y atormentada, que ha conocido el dolor y la angustia, la noche y la alborada» (66). No estamos ante un libro redondo: hay en él textos triviales —pocos, es cierto—, en otros se hace evidente la inexperiencia de la autora, y puede señalarse, en fin, alguna caída en el sentimentalismo. Incluso, hubiese sido recomendable una selección más severa, aunque con ello eliminaríamos la posibilidad de seguir la evolución de Rojas a lo largo de los doce años que cubre el poemario. Pero por encima de esos reparos, *Señal en el agua* representa un saludable y prometedor comienzo, al que se han sumado hasta la fecha otros cinco títulos. Pertenece Teresa María Rojas a esa categoría de poetas que buscan la comunicación desde una promesa de emotividad y llaneza, que aspiran más a gratificar que a perturbar al lector. Su poesía no es difícil ni rebuscada, sino todo lo contrario; se distingue por su claridad y sencillez, una sencillez, aclarémoslo, sin simplicidad. *Señal en el agua* es, en resumen, un libro de sinceridad y modestia, de paisajes y días, de materia prima de vida.

Julio E. Miranda, por último, se mantuvo activo hasta su fallecimiento, y gracias a su capacidad de trabajo, que se hizo proverbial entre sus amigos, y a su vertiginoso ritmo de producción, acumuló una bibliografía tan amplia como valiosa. El hecho de ser un errante impenitente y haberse formado en sitios como España, Bélgica y Venezuela, país en donde vivió de manera permanente desde 1976, confiere a su obra literaria un sello distintivo que la diferencia de la del resto de sus compatriotas. Para comprobarlo, basta comparar *Mi voz de veinte años* (1966) y *El libro tonto* (1968) con los poemarios editados en el exilio en esta década. Ambos son libros de aprendizaje. Entre uno y otro existen diferencias notorias, pues ya desde entonces se advertía una de las características de la producción poética de Miranda: su capacidad para sorprender. En el primero se permite volver la vista a la aún cercana adolescencia, meditar sobre la edad, cantarle a la mujer amada. *Mi voz de veinte años* es aún un libro inmaduro que tiene mucho de yuxtaposición de partes no integradas, de suma de ensayos titubeantes. *El libro tonto* se inscribe en una corriente más experimental, cercana a la poesía concreta de moda por esos años. Hay en sus páginas un discurso crítico y un humor inquieto y, en ocasiones, destructivo. Son además textos marcados por la época en la cual fueron escritos –casi todos están fechados entre enero y abril del emblemático 1968–, y en ellos encontramos referencias a los hippies, la guerra de Vietnam, y a figuras de la pintura, la música, el cine. En esos poemas está presente, por último, la desconfianza de Miranda por la metáfora, el brillo verbal, las galanuras retóricas y, sobre todo, la literatura seria y aburrida.

Documentar la realidad

Una tendencia similar a la de la poesía política domina en la prosa de ficción de estos años, en particular en la novela. A la publicación, en 1960, de *Enterrado vivo*, de Andrés Rivero Collado (1936), siguió una veintena de obras, en las cuales testimonio y acusación directa constituyen la motivación central de los autores. En general, se trata de narraciones demasiado ceñidas a los hechos que documentan, con un afán de veracidad que les entorpece la imaginación y la capacidad creadora. Son testimonios muy bien intencionados, políticamente justos, pero que a nivel de estructura, estilo y concepción de personajes resultan endebles. Como era previsible, en esas obras predomina la opción de un realismo más o menos convencional, asfixiante y a palo seco. No obstante y a diferencia de la poesía, alcanzan en conjunto cierto interés, y algunos títulos poseen valores parciales que cuajarán, a finales de la década, en las primeras novelas dignas de atención. Por otro lado, hay que agradecer a esos autores la preocupación por dejar constancia de aspectos de la realidad cubana que los escritores de la isla no podían mostrar.

El gran tema de todas estas obras es, naturalmente, la revolución, vista desde ángulos que van de la destrucción del núcleo familiar –ese microcosmos sobre el cual tanto vuelve nuestra literatura– a las salidas clandestinas del país, pasando por el adoctrinamiento de los niños y las instituciones penitenciarias. Casi todas se localizan en La Habana o en ámbitos inequívocamente urbanos. Una de las contadas excepciones es *Los Ferrández* (1965), de Manuel Linares Lanuez (1909), que sigue la historia de tres generaciones de una familia campesina hasta inicios de los sesenta, cuando comienzan las primeras expropiaciones de tierras. Hay en los autores una visceral toma de partido contra el castrismo, y no escatiman detalles a la hora de exponerlo. Se nota, por ejemplo, un especial énfasis en destacar los rasgos de crueldad e inhumanidad de los personajes revolucionarios. En *En las garras de la paloma* (1967), de Raoul A. Fowler (1905), un joven delata a su hermano, que va a dar al pelotón de fusilamiento. En *Ya el mundo oscurece* (1961), de Salvador Díaz Versón (1905-1982), un adolescente de doce años denuncia a sus padres por expresar opiniones críticas sobre la revolución. En *Los buenos* (1972), de Miguel F. Márquez, una presa es golpeada por las guardias antes de que la conduzcan al paredón. Se adopta, pues, de entrada, una visión esquemática de buenos y malos, a la cual en algunos casos se suma, como ha señalado el investigador norteamericano Seymour Menton, un sustrato racista (58).

A medida que avanza la década, se hace patente la voluntad de algunos autores de diversificar y ampliar sus horizontes temáticos, aunque, eso sí, sin abandonar la que se mantuvo como su gran obsesión. Basta comparar *Enterrado vivo*, sobre un exoficial batistiano que se oculta para escapar de la justicia revolucionaria, con títulos como *De buena cepa*, de René G. Landa (1922), *El olor de la muerte que viene*, de Rolando Álvarez de Villa (1915), *Territorio Libre*, de Luis Ricardo Alonso (1929), todos de 1967, o *Ayer sin mañana* (1969), de Pablo A. López. Landa relata el secuestro de Fabio Grobart por un grupo de exiliados con la colaboración de un periodista norteamericano. López, por su parte, presenta dos relatos paralelos: en uno denuncia los horrores de las prisiones cubanas y en el otro, el conflicto de un profesor universitario que va a parar a la cárcel. Álvarez de Villa desarrolla una trama que se ubica en la Crisis de Octubre de 1962, y en la cual cuenta las peripecias vividas por un agente de contraespionaje de la CIA que se infiltra en Cuba y no puede tomar la lancha que lo llevaría de regreso. El autor incluyó, además de las escenas que tienen lugar en la isla, otras ambientadas en Estados Unidos, donde residen el padre y el hermano del protagonista. Aparece así el mundo del exilio, del cual se ocuparán, entre otros, José Antonio Meses (*La invasión*, 1965), Ángel A. Castro (*Refugiados*, 1969) y Manuel Cobo Sousa (*El cielo será nuestro*, 1965). El hecho merece consignarse porque con él se introduce, aún con timidez, un motivo que a partir de la década del setenta pasará a convertirse en tema de buena parte de la prosa de ficción. En varias de esas novelas se muestran ya los primeros síntomas de desilusión del exiliado ante la existencia deshumanizada, el desorden sexual y el consumo de drogas en algunos sectores de la sociedad norteamericana. No es casual, por eso, que el protagonista de *Los primos* (1971), de Celedonio González (1923), decida, tras diez años de destierro, regresar con su familia a Cuba; o que el de *Los desposeídos* (1972), de Ramiro Gómez Kemp (1914), se traslade a España. Vinculado a ese aspecto, está el de los cubanos que llegan a Estados Unidos de manera clandestina a través del mar. Es asunto central de *Francisco Manduley: la historia de un pescador de ranas* (1965), de Eugenio Sánchez Torrentó (1926), basada en las experiencias de personas que arribaron a la Florida en pequeñas embarcaciones; y aparece en pasajes de *Los desposeídos*, *Los primos*, *Ya el mundo oscurece*, *Los Ferrández* y *El grito* (1966), de Orlando Núñez Pérez, sobre un joven maestro que, desengañado por las mentiras y falsas promesas del régimen, escapa de Cuba.

Con *Territorio Libre*, que narra la historia de un desencanto, se inicia la obra de Luis Ricardo Alonso, con quien la narrativa del exilio alcanza un profesionalismo y un nivel cualitativo considerables. El libro recrea con bastante acierto la sociedad cubana durante los primeros años del castrismo. Karelia, su personaje central, se debate entre su amor por Santiago y sus firmes ideas revolucionarias. Al final, éstas pueden más y acaba denunciando a su compañero, que planeaba alzarse con otros amigos. La novela se cierra con una Karelia arrepentida de su decisión. En los libros de Alonso hay preocupaciones y búsquedas formales. Aplica técnicas cinematográficas para lograr mayor agilidad en la narración, destruye la secuencia convencional, hace coexistir varios planos temporales. Con una de sus obras, *El candidato*, fue finalista en el Premio Planeta 1969, y como todas las suyas, a excepción de la primera, apareció bajo el sello de la editorial española Destino.

El otro nombre significativo de esta década es el de Pedro Entenza Escobar (1932-1969), fallecido prematuramente en un accidente de tránsito. Meses antes, había publicado su primera novela, *No hay aceras* (1969), con la que había quedado finalista en el Premio Villa de Torrelló de ese año. La trama es sencilla, y ocurre en poco menos de veinticuatro horas. Cuenta el frustrado intento de volar un buque soviético que se halla en el puerto de La Habana. Entenza ofrece una imagen coral y multifacética de la ciudad, a través de fragmentos de la vida de más de veinte personajes. Adopta técnicas contemporáneas, como el flujo de la conciencia, y al igual que Dos Passos incorpora al relato anuncios de radio y televisión, propaganda política, viñetas. No escapa del todo al estereotipo en algunos caracteres, pero a diferencia de gran parte de los escritores de ese período, más preocupados por mostrar la brutalidad y los atropellos de las fuerzas castristas, retrata de manera convincente el clima de terror y frustración. Una de las cualidades de *No hay aceras* es precisamente su capacidad para revelar la atmósfera de aquellos primeros años de la revolución. Entenza dejó terminada una segunda novela, *Penélope*, que hasta hoy ha permanecido inédita.

En lo que se refiere al cuento, poco hay que decir de los cerca de veinte libros que se publicaron. Algunos autores adoptaron corrientes y temáticas más tradicionales, como el criollismo costumbrista (*Polvos y lodos*, 1968, de Alberto Andino Porro). Otros participan del empeño testimonial, que en la mayoría de los casos desemboca en la denuncia y el alegato. Sánchez Boudy incursiona también en ese género y da a conocer

Cuentos grises (1966) y *Cuentos del hombre* (1967), dos de sus obras más decorosas, en donde opta por el relato de terror a la manera de Poe y por las sicologías anormales. Valores mucho más estimulantes posee *La anunciación y otros cuentos cubanos* (1967), de Matías Montes Huidobro (1931), un conjunto de narraciones en las cuales su autor demuestra una rica fantasía y una amplia gama de estilos. La infidelidad conyugal figura como asunto dominante, sin que falten los descensos al mundo del subconsciente y la crítica sarcástica de la revolución. Por sus páginas desfila una galería de seres frustrados e infelices, casi todos mujeres. Contrariamente a lo que el título del volumen hace suponer, no hay aquí sabor regionalista ni concesiones al pintoresquismo, sino una cubanía más raigal.

El mejor libro que se edita en esta década es, sin embargo, *Los malos olores de este mundo* (1969), de Ramón Ferreira (1921). Lo primero a destacar en esos nueve cuentos, que presentan una imagen desolada e intensa de nuestra sociedad en los últimos años del batistato, es que se aprecia en ellos la huella distintiva de la buena narrativa y la fuerza de un talento maduro. A propósito de *Tiburón y otros cuentos* (1952), su primer libro, Alejo Carpentier escribió que era un ejemplo admirable de cómo el drama cubano puede alcanzar la tensión sicológica y la dimensión universal de la tragedia clásica. Similar elogio puede aplicarse a *Los malos olores de este mundo*. Su estricta ubicación en Cuba no le resta amplitud universal. Ferreira no pone énfasis en el color local ni las exterioridades; se preocupa más por profundizar en la vida interior de los personajes y por elevar sus conflictos a problemas humanos. Imperan en estas narraciones los tipos masculinos, como el pobre hombre que lucha por recuperar el empleo que perdió durante la dictadura de Batista («Los malos olores de este mundo») o el esposo que permite que su mujer se prostituya («Un color para este miedo»). En dos de los cuentos, «Las manos de Dios» y «El lazo de oro», Ferreira realiza un preciso y jugoso análisis del miedo al homosexualismo del cubano, mientras que en «Un color ...» aborda desde un ángulo diferente y con nuevos matices el tema del racismo. En textos como los citados, Ferreira prueba que es uno de los narradores cubanos que mejor sabe administrar la intensidad dramática, los estados angustiosos, las situaciones conflictivas. Como tantas obras significativas editadas fuera de la isla, *Los malos olores de este mundo* apenas halló eco cuando apareció. Sólo unas poquísimas reseñas, además de un juicio superficial y desacertado («un libro que no realza la reputación de Ferreira») de Seymour Menton en su ya citado estudio sobre la novela de la revolución (233).

Las cabezas de cartel

Mas para hallar las obras realmente importantes de esta década, tenemos que remitirnos a los autores que cuando salieron de Cuba eran ya nombres consagrados: Gastón Baquero, Eugenio Florit, Calvert Casey, Guillermo Cabrera Infante. La única excepción la constituye Severo Sarduy, quien no había publicado hasta entonces libro alguno, pero al que bastaron un par de novelas para situarse de inmediato entre los pesos pesados de la literatura cubana contemporánea.

«Uno de los mejores libros publicados en todo el período que va de la guerra a nuestros días, y el mejor (en mi criterio) de cuantos se publicaron en aquel año de abundante y bondadosa cosecha». Así valoró el poeta español Francisco Brines la salida de *Memorial de un testigo* (1966). No fue el único en saludar con entusiasmo el libro de Gastón Baquero (1918-1998); también lo hicieron, entre otros, Gerardo Diego y Guillermo Díaz-Plaja. Sus anteriores poemarios, *Poemas* (1942), *Saúl sobre la espada* (1942) y *Poemas escritos en España* (1960), eran libros significativos. *Memorial de un testigo*, en cambio, es obra de una madurez plena y esencial. Como la de sus compañeros de Orígenes, la poesía de Baquero es grave, profunda, pero se distingue de la de aquéllos por su frescura, su atmósfera sutil, su sensibilidad y su ternura. Algunas de esas cualidades aparecen ahora más acentuadas, pues el escritor se abre a una poesía, «en principio, más cordial, ligera y acogedora» (Olivio 113). A lo largo de los veinticuatro poemas que integran el libro, la mayoría bastante largos, hallamos nombres, citas y alusiones que dan cuenta de la cultura enciclopédica del autor. *Memorial de un testigo* es, por tanto, un poemario culto, aunque nunca erudito ni petulante. Ante todo, porque las referencias culturales están fundidas en la estructura del poema y tratadas de modo jubiloso, lúdico, entrañable, impregnadas de una inocencia maliciosa y sin el más ligero asomo de solemnidad o retórica. En más de una ocasión, al analizarlo o comentarlo, se ha hablado de realismo mágico, por la armonía con que Baquero concerta las dimensiones y los elementos imaginarios con la realidad cotidiana e histórica. No hay, para él, separación entre lo culto y lo popular, entre arte y vida. Él mismo ha apuntado que le interesa, sobre todo, «inventar, fabular, imaginarle a una realidad cualquiera la parte –el completo– que creía le faltaba» (*Magias* 14). Mas no se queda su poesía en ese tratamiento mágico de los temas intelectuales, sino que también ofrece el testimonio de sus angustias existenciales. En textos como «Cuando los niños hacen un muñeco de nieve», «Palabras de Paolo el hechicero», «Memorial de un testigo» o «Silente compañero», hallamos sus incertidumbres metafísicas, su melancólica soledad, su arista patética, su religiosidad depurada. *Memorial de un testigo* es, en definitiva, la obra de un poeta en estado de gracia. Habrá que aguardar después hasta 1984, año en que aparece el volumen antológico *Magias e invenciones*, para tener el siguiente contacto con su producción poética. Baquero era todo lo opuesto a un escritor abundante y fácil, plegado a la actualidad como valor supremo, algo tan común en los tiempos que corren. El resultado de su exigencia está ahí: una obra no muy extensa, pero de una solidez y una calidad compactas.

Eugenio Florit (1903-1999) es el otro gran nombre de la poesía cubana del exilio. A diferencia de Baquero, fue un autor más fecundo y publicaba con una regularidad que ya querrían para sí muchos jóvenes. Entre *Siete poemas* (1960) y *Lo que queda* (1995), fue edificando una bibliografía de respetable extensión, en la que cada nuevo título significa un consistente argumento a sumar a una obra que es una auténtica espiral de calidad. Respecto a su poesía anterior, no hay en estos libros rupturas violentas, sino ampliaciones, profundizaciones, enriquecimientos. Se mantienen la parquedad metafórica, la diafanidad del lenguaje, la tersa sencillez expresiva, la voz serena, profunda, personal, y esa elegancia que llevó a Juan Ramón Jiménez a calificar a Florit de «esquisito de nacimiento». Su regodeo en lo íntimo y su mirada hacia dentro, no le impiden los comentarios y reflexiones sobre los grandes problemas del mundo contemporáneo (la guerra, la soledad, la violencia), y hasta se permite en ocasiones ciertos impulsos de rebeldía: «Ay, Señor (con una S bien mayúscula), Señor,/ ¿qué mundo es éste que se te está escapando de las manos?/ Anda, Señor, agárralo. Llévalo a ti. Que te lo quitan./ ... ¿Y Tú, Señor, qué piensas de todo ello?/ ¿No dijiste al hacerlo que todo estaba bien?/ Pues ya ves cómo andan las cosas. Y todo lo que falta .../ A ver, Señor, cómo te las arreglas/ para que todo esto no se vaya al diablo» (109). Aunque, al igual que Lezama Lima en sus «Sonetos infieles», Florit se rectifica y da él mismo la respuesta que se espera de un hombre de firmes convicciones religiosas: «Después de todo, el mundo está bien hecho./ El mal hecho es el hombre, son los hombres ...» (122). No hay en su poesía rebuscamientos expresivos. Su escritura descansa sobre la sistemática contención de los recursos sonoros, rítmicos, semánticos. Todo esto, repetimos, en una poesía que se empeña en ser fiel a sí misma, sin que aquí fidelidad sea sinónimo de repetición, decaimiento o uniformidad.

Guillermo Cabrera Infante y Severo Sarduy son, desde los años sesenta, las principales cabezas de cartel de nuestra narrativa. Ambos representan además dos espléndidos empeños de encontrar en literaturas extranjeras nuevos caminos para nuestra novela. El primero en la tradición anglosajona (Sterne, Twain, Joyce, Carroll); el segundo, en la francesa (estructuralismo, *nouveau roman*). Uno y otro coinciden, asimismo, en la desconfianza de la literatura testimonial o ideológica y de las pretensiones sociologistas. Aún no había abandonado la isla, cuando Guillermo Cabrera Infante (1929) obtuvo, en 1964, el Premio Biblioteca Breve, entonces uno de los más prestigiosos y codiciados en todo el ámbito hispanoamericano, con *Vista del amanecer en el trópico*. Aquel original fue sometido por el autor a una reescritura, y apareció en 1967 como *Tres tristes tigres*. Parte del texto eliminado se convertiría, años después, en otro libro en el que Cabrera Infante recuperará el título inicial. *Tres tristes tigres* es, ante todo, una celebración de la noche habanera de los años cincuenta, de su atmósfera sensual, llena de música, placer y alegría, sintetizada en esa única y larga noche del libro. El escritor prácticamente sólo se ocupa de la vida bohemia. No le interesa aquel costado heroico de la realidad cubana que mostró en *Así en la paz como en la guerra*. Apenas incluye alguna referencia al terrorismo, la lucha contra Batista y la represión policial. La novela –su autor prefiere llamarla colección de relatos– está recorrida por una inconfesada, irónica, pero evidente nostalgia por aquel mundo cuyo final era ya inminente. En ese sentido, puede considerársele, como sostiene Alfred Mac Adam, un texto elegíaco (554). *Tres tristes tigres* es, por otra parte, un libro sobre el lenguaje y sobre la escritura de la oralidad, una de las constantes en la obra de Cabrera Infante. Hay, en primer lugar, una recreación del habla vernácula, aspecto que él ha explorado como pocos. Él mismo ha declarado que su novela «está escrita *en cubano*, es decir, en los diferentes dialectos del español que se hablan en Cuba, y la escritura no es más que un intento de atrapar la *voz humana* al vuelo, como aquel que dice» («Literatura»). Sus páginas están llenas así de juegos de palabras y tratamientos del lenguaje que buscan algo más que un efecto gratuito. De ahí el gran abismo que la separa de otras novelas del exilio en las cuales se imitan sus técnicas. Estamos, asimismo, ante una obra de complejísimo entramado, con varios narradores e historias y múltiples planos y perspectivas, pero que tiene la virtud de portar en sí misma las claves para facilitar su lectura. Una lectura que, por lo demás, constituye una gozosa experiencia.

El lenguaje también aparece como centro esencial en *Gestos* (1963), la primera novela de Severo Sarduy (1937-1993). Adscrita a los métodos y técnicas del *nouveau roman*, transige hasta cierto punto con la narrativa tradicional, al desarrollar un hilo argumental –muy leve, es cierto– y conservar aún vestigios de mensaje y comentario. Sarduy se acerca al tema del terrorismo urbano, del cual luego se ocuparían otros autores cubanos y latinoamericanos, y presenta a una negra, lavandera de día y cantante por las noches, que hace volar una planta eléctrica. La verdadera confirmación del escritor se produjo con la salida de *De donde son los cantantes* (1967), una de las novelas hispanoamericanas de ese período que va más lejos en su radicalismo y voluntad de transgresión. A diferencia de *Gestos*, aquí no hay ubicación histórica o temporal, sino sólo una localización espacial: Cuba. Sarduy realiza una síntesis metafórica de la cubanidad, que como él sostiene, es en sí misma una síntesis. La muestra como una superposición de tres culturas: la española, la africana y la china, que le dan al libro su estructura tripartita y sus signos y estratos lingüísticos. Coincide con Cabrera Infante en la dependencia al lenguaje hablado e incluye las canciones populares como otra forma de oralidad. Y como hará en sus novelas posteriores, carga la narración de elementos plásticos y deliberadamente exteriores. Con *De donde son los cantantes*, que un crítico italiano definió como el resultado del cruce entre el *nouveau roman* y el chachachá, Sarduy se manifiesta como heredero y continuador del barroco cubano, representado, según él, por Lezama Lima y no por Alejo Carpentier, quien es en realidad un neogótico. Marca además el inicio de una mirada oblicua de la isla, en la cual traza desde París un mapa «de la mulatez, de la homosexualidad, del travestismo, de la escritura» (Armand 16)

Al lado de esos ambiciosos proyectos narrativos que son *Tres tristes tigres* y *De donde son los cantantes*, destaca por la modestia de sus presupuestos y registros *Notas de un simulador* (1969). Su autor, el prematuramente desaparecido Calvert Casey (1924-1969), sigue siendo hasta hoy uno de los grandes olvidados de nuestra literatura. Personaje curioso, que nació en Baltimore y se suicidó en Roma, dejó una obra brevísima (además del título citado, la integran otro volumen de cuentos, *El regreso*, 1963, y uno de ensayos breves, *Memorias de una isla*, 1967). En una carta de 1962 le había escrito a su amigo Fernando Palenzuela: «Lo único que deseo es que, pase lo que pase, no tenga que abandonar a Cuba. Tengo esa cosa pueril que se llama el nacionalismo, el amor al lugar donde se ha crecido (...) que a mí, hoy por hoy, me mantiene aquí» («Calvert» 25). Mas el giro que fue tomando la situación política del país, con el sometimiento de la libertad de expresión y el acoso a los homosexuales, lo llevaron a abandonar la isla a mediados de 1965. El único libro que alcanzó a editar en el destierro –la edición española de 1967 de *El regreso* contiene, no obstante, algunos textos que no figuran en la cubana–, recoge, en realidad, páginas escritas antes. De hecho, uno de los cuentos, «In partenza», apareció en 1966 en la revista *Casa de las Américas*. Esta recuperación de manuscritos creados en Cuba será una de las fuentes de las cuales se nutrirá la literatura de la diáspora.

Como el resto de la exigua producción narrativa de Casey, las narraciones de *Notas de un simulador* poseen un sutil encanto difícil de definir. Participan de esa angustia kafkiana que estaba presente en *El regreso*, y que hace recordar algunas páginas de Beckett. Está también la muerte, una presencia y un tema que en él fueron obsesivos. Casey emplea una prosa de misterioso poder, sinuosa y fluida, un lenguaje, como ha apuntado Vicente Molina Foix, aparentemente primitivo y raramente purificado, que alcanza su cubanía sin pretender ser «popular» (40). Lo mismo que sus personajes, cuya inconfundible autenticidad no les hace perder su inteligible universalidad. No es *Notas de un simulador* un libro que se distinga por la variedad de su espectro temático, que el propio autor admitía era privativo. Lo más admirable en él es su capacidad para crear atmósferas a partir de situaciones más bien cotidianas. En «In partenza», por ejemplo, se describe la extraña sesión de despedida que la cocinera del narrador le prepara, y a la que sólo asisten amigos de aquélla. En «Pollacca brillante», se trata de los preparativos de viaje del protagonista, que vive en Polonia. Casey también escribió en inglés la novela *Gianni, Gianni*, que consideraba su obra más original y honesta, y de la cual sólo se salvó un capítulo, «Piazza Margana», una de las páginas más insólitas y sorprendentes de la narrativa cubana contemporánea. «Todo puede perderse también, como tantas otras cosas, en la inadvertencia y el olvido. Como la vida, todo puro azar, pura torpeza» («Calvert» 26). Treinta y dos años después de su muerte, estas palabras de Calvert Casey adquieren el triste valor de un epitafio.

Aunque se trate de una obra ligada más al periodismo que a la literatura, por lo menos en un sentido estricto, merece figurar entre los libros significativos de los sesenta *Las mejores estampas de Secades* (1969, reeditado en 1983). Como su título anuncia, se trata de una selección, la tercera en forma de libro, de los artículos costumbristas escritos por Eladio Secades (1906-1976), asiduo colaborador en publicaciones como *Alerta*, *Diario de la Marina*, *Bohemia* y, ya fuera de Cuba, *Zig Zag Libre*. Como cronista de costumbres, Secades posee amenidad, gracia, estilo personalísimo y una gran perspicacia para captar y definir rasgos de nuestra idiosincrasia. No se queda en el costumbrismo más externo y efímero, como ocurre con los imitadores y sucedáneos que le han salido en el exilio. Algunos trabajos suyos son, en rigor, ensayos breves en los que aborda con tanto encanto como inteligencia asuntos extraídos de la realidad cubana de su tiempo. Esas cualidades vienen arropadas además en un humor sagaz, ingenioso y muy criollo. Pero como él mismo comentó en más de un artículo, debe vérsele como el cronista de una Cuba que ya para entonces estaba en vías de extinción: la de la nochebuena a la vieja usanza, las visitas de cumplido, la despedida de duelo, las compras a plazo, el velorio casero, el juego de terminales. Dedicó, sí, algunos textos al mundo del exilio, en donde pueden hallarse lúcidas observaciones: «El orgullo del cubano en el exilio es romántico y retroactivo. No se ufana de lo que es y tiene, sino de lo que tuvo y dejó de ser» (9); pero sus mejores y más perdurables páginas se refieren, para usar sus propias palabras, a «la Cuba perdida de los pensadores de lechería y los pregones callejeros» (45). Con Secades, murió el último gran representante de nuestro costumbrismo, un género que algunos autores han tratado de resucitar y poner de nuevo en circulación, sin que hasta hoy sus esfuerzos hayan conseguido ir más allá de una tentativa desfasada y estéril.

Revistas, un proceso incesante

A medida que se engrosaban las filas de los escritores de la diáspora, empezaron a gestarse los primeros intentos de dotar a esa literatura de vías para su difusión y promoción. Se inicia así el activo proceso de edición de revistas y suplementos literarios, que se ha mantenido hasta hoy de manera más o menos permanente. Una tras otra, aparecen en esta década publicaciones como *Protesta* (1962), *Cultura y Verdad* (1963), *Cuadernos Desterrados* (1964), *Nueva Generación* (1964), *Cuadernos del Hombre Libre* (1966), *Resumen* (1966), *Punto Cardinal* (1968), *Revista Cubana* (1968) y *La Nueva Sangre* (1968). En general, fueron financiadas con recursos privados que sus editores aportaban, entre otros objetivos, con el de contar con un vehículo seguro para la obra propia. Esa misma razón las condenaba a una vida efímera, pues poco era el dinero que se recuperaba a través de la comercialización, por venta directa o mediante suscripciones.

Un caso excepcional en ese panorama, lo constituye *Exilio*, que durante los nueve años que duró (1965-1973) consiguió sacar veintiocho números, cada uno con una tirada que llegó a alcanzar los mil quinientos ejemplares. Se publicaba en Nueva York, y su dirección la asumió Víctor Batista Falla, quien además costeaba la edición; como subdirector fungía Raimundo Fernández Bonilla. Esa estructura fue modificada, y desde el número V-VI se sustituyó por un consejo de redacción que integraban ambos y que se mantuvo hasta el XI, a partir del cual Batista y Fernández Bonilla figuraron como directores. Finalmente, se logró consolidar un equipo de consejeros, compuesto por Julián Orbón, Humberto Piñera y Carlos M. Luis, que funcionó hasta que la revista dejó de salir. Su entrada coincidió con el cambio exterior de *Exilio*, que redujo sus dimensiones y aumentó el número de páginas. No fue la única innovación. Si en la etapa anterior se concedía mayor peso a las interpretaciones socioeconómica de nuestras raíces, en ésta se dio mayor atención a los trabajos de y sobre la literatura cubana más reciente, la que se escribía fuera de la isla. Un salto cualitativo importante representó la incorporación de colaboradores extranjeros, pues permitió a la revista ampliar sus contenidos. Aparecieron así trabajos de María Zambrano, Jomi García Ascot, Luis Leal, Julián Marías, Jaime Alazraki, Alvaro Cunqueiro, Iván A. Shulman y José Ferrater Mora, entre otros. Más que transformaciones radicales, *Exilio* experimentó a lo largo de sus nueve años un crecimiento orgánico y una continuidad enriquecida.

En uno de los primeros editoriales, los redactores expresaban que entre sus principales objetivos estaba, «en primera instancia, aristar el tono intelectual del exilio cubano, acogiendo, con amplio criterio, las diferentes vertientes que comprende el legado histórico de la cristiandad». Proclamaban su intención de «alcanzar una visión del mundo desde el ser cubano», y reconocían en ese sentido el precedente del Grupo Orígenes, «la generación cubana que con más rigor ha fijado, por vía del conocimiento poético, las bases para una reflexión ontológica propia», y de la cual se declaraban continuadores («Presentación» 3-4). Por si no fuera suficiente, Fernández Bonilla dedicó un ensayo a la «Rapsodia para el mulo», uno de los más conocidos poemas de Lezama Lima. Ese reconocimiento, por lo demás lleno de nobleza, significaba en el exilio cubano de los sesenta un acto de osadía, ya que, independientemente del incuestionable prestigio intelectual de los poetas originistas, se trataba de escritores que se hallaban en la isla y que, en algunos casos, se habían adherido a la revolución. No faltaron, como era de esperar, las reacciones y protestas, entre las cuales estuvo la airada carta de un lector que expresaba su indignación por que se calificase de «creador» y «hombre preocupado por el mundo del espíritu» al autor de *Paradiso*, cuando se trataba, según el firmante, del «comunista Lezama Lima, gongorista de pacotilla, poetastro cojo de poesía, manco de moral y tartamudo de criterio» («Cartas a la» 59). Pero ante todo, la reacción ante el valioso esfuerzo de *Exilio* se manifestó a través del desinterés y el silencio. Trabajos que debieron haber servido para promover el debate y la confrontación de opiniones, como el estudio comparativo de la economía cubana de los siglos XIX y XX, apenas hallaron eco. Como afirma Batista Falla, era natural que «en un exilio con afanes bélicos y de propaganda ideológica» y «más interesado en argumentos para combatir que en el conocimiento de la verdad», el discurso de la revista tuviese que desentonar (Carta). Menos controvertida resultó la parte estrictamente literaria. Al menos, eso se deduce de la amplia y representativa nómina de colaboradores, en la que hallamos a los nombres ya consagrados (Baquero, Ferreira, Lydia Cabrera, Novás Calvo) junto a exponentes de las nuevas promociones como Mercedes Cortázar, Octavio Armand, Lourdes Casal, José Mario, Rolando Campins, José Kozer, Rita Geada y Pancho Vives. Sus editores demostraban así dar cabida a una extensa gama de tendencias, aunque sin descuidar el criterio de calidad y rigor que siempre imperó en *Exilio* y que también está presente en el cuidado de la edición.

Hay que notar, por último, para concluir esta revisión de los sesenta, que con los primeros escritores que abandonaron el país y las primeras obras que se editan en el exilio, comienza en la isla una política oficial de silencio y desconocimiento premeditados. Partiendo de la norma de que quien se mueva no sale en la foto, se aplica en editoriales y publicaciones periódicas una férrea e inquebrantable censura con los autores de la diáspora, por apolíticos, discretos o silenciosos que sean. Para ilustrar, un ejemplo. En el generoso *Diccionario de la literatura cubana*, preparado por un equipo de investigadores del Instituto de Literatura y Lingüística de la Academia de Ciencias de Cuba, no aparecen Baquero, Arenas, Lino Novás Calvo, Sarduy, Cabrera Infante y muchos otros. Sí figuran Lydia Cabrera, pero su bibliografía no recoge los títulos editados en el destierro; y Eugenio Florit, que lleva en su nota biográfica esta indignante coletilla: «Desde Estados Unidos, donde radica desde hace muchos años, mantiene una posición hostil a la Revolución» (350).

Esta mezquina política de negación y exclusión se aplicó, inclusive, en antologías y números monográficos preparados en el extranjero. Ahí están, por ejemplo, *Nueva poesía cubana* (1970) y el número extraordinario de *Cuadernos de Ruedo Ibérico* dedicado a Cuba (1967). En algún caso, como *Narrativa cubana de la revolución* (1968) se abrió un poco la mano para dar cabida a nombres de fama internacional como Cabrera

Infante y Sarduy, cuya ausencia habría resultado demasiado escandalosa. Una entrega especial de *Ínsula* (n. 260, julio-agosto 1968) motivó una carta del respetado crítico José Olivio Jiménez, quien señaló a estas selecciones el no partir del hecho inobjetable de que «Cuba, hoy, es una realidad de dos caras, una moneda de dos rostros. La Cuba interior, llamemos revolucionaria, de estructura socialista (...) y la Cuba exterior, la desterrada y dispersa» (10). En este sentido, hay que constatar entre las excepciones el volumen *Poesía cubana contemporánea* compilado por Humberto López Morales, que recoge, junto a autores de la isla, a Baquero, Florit y Rossardi. Algunos años después, este último preparó, con similar criterio, una muestra mucho más nutrida, *La última poesía cubana*, que tiene entre sus méritos el digno y loable propósito de reunir «la poesía cubana de la Isla, con la otra del exilio, no menos cubana», sin concesiones a «partidismos de uno u otro color ni a políticas de estrechas miras» (Rossardi 38-39).

1970-1979: EL DESPEGUE

> Esto y no otra cosa
> es el exilio;
> la ventana
> y afuera
> una ciudad que no nos dice nada
> con sus rincones áridos
> y sus silencios torvos
> y sus aceros
> donde para nosotros
> ningún amor aconteció.
> Esto
> es la distancia y la llovizna
> que como en lo cercano
> cae sin tregua
> haciendo
> más húmeda e interna la añoranza.
> Unos cabellos rubios, un rostro
> fugaz tras los cristales
> y siempre la pregunta entre usted
> y lo que observa y el vacío
> que usted conoce si padece
> del destino tortuoso de estar en la
> > distancia.
>
> Pedro Jesús Campos, *Del exilio*

Para las letras del exilio, la década del setenta marca su etapa de despegue, la aparición de los primeros retoños e incluso de recogida de frutos. Esto se hace notorio, en primer lugar, a nivel cuantitativo. Los libros editados en esos dos lustros duplican y hasta triplican los correspondientes a la década anterior, aunque ya se sabe que las estadísticas no constituyen un medio seguro para captar y resumir resultados y logros en la actividad artística. Las dimensiones de este avance hay que medirlas por otros parámetros.

Si en los sesenta el panorama estaba dominado de manera casi absoluta por quienes al salir de Cuba eran ya escritores consagrados (Baquero, Cabrera Infante, Casey, Lydia Cabrera, Florit), los setenta se inician con la irrupción de nuevos y prometedores valores que representarán no sólo un engrosamiento de las filas, el siempre necesario relevo, sino que además significarán una aportación literaria con un saldo general más que satisfactorio. Gracias a esa inyección de sangre joven, se produce una ampliación de los temas y los recursos expresivos, y la calidad y la preocupación formal empiezan a imponerse sobre el grito anticastrista y la denuncia arrebatada, sin que por eso los escritores desestimen los temas sociales ni renuncien a ofrecer una imagen crítica de la realidad que, por razones de intolerancia y censura, sería impensable en las obras creadas en la isla. El tema político sigue estando presente, pero de otra manera: más distanciada y reflexiva que tremendista y exaltada. Poco a poco, este proceso de decantación y criba irá poniendo las cosas en su justo lugar: el amateurismo y el voluntarismo, que tantos estragos causaron en la década precedente, serán desplazados de modo paulatino por el rigor, la seriedad, la búsqueda del profesionalismo. Desafortunadamente, este incipiente desarrollo de la creación no se traduce en una respuesta favorable del público lector, algo que hasta la fecha sigue siendo uno de los grandes problemas de la literatura cubana del exilio y, en general, de toda la literatura hispana que se escribe y edita en Estados Unidos. Sí se nota, en cambio, un aumento del interés de críticos y profesores de las universidades norteamericanas –muchos de ellos, de origen cubano– por varios de estos autores. Empieza a gestarse así una bibliografía pasiva de proporciones estimables, que alcanzará en los ochenta un notable incremento. Será esa élite, compuesta por los sectores más cultos y especializados, el principal auditorio en el cual se apoyarán los creadores.

Al ingreso en la arena literaria de nuevos autores –unos alcanzaron a adquirir alguna formación en la isla, a otros les tocó «crecer y descubrir la palabra en el exilio» (Muñoz 14)–, hay que sumar, como factor que influye en este crecimiento, el cambio de actitud y perspectiva que se opera en la diáspora, y que marcará, a partir de esta etapa, la actividad cultural y artística. Tras diez años de destierro, los cubanos, o por lo menos buena parte de ellos, pasan a admitir que la tierra «provisoria» podía ser, en realidad, definitiva, y comienza a desarrollarse en ellos la conciencia del exilio total, de algo con lo cual había que contar. Esto será asumido e incorporado por los escritores, que lo convertirán en uno de sus temas fundamentales. Y si se habla de factores que estimulan y favorecen el despegue de los setenta, no podemos olvidar el establecimiento de las primeras editoriales que se dedican a publicar única o preferentemente a nuestros autores: Universal, Playor y Senda Nueva de Ediciones.

Diversidad de estilos y poéticas

A partir de esta década, se inicia en la poesía un dinamismo estable y una rica variedad de estilos y poéticas, preámbulo del período de plenitud que alcanzará en los ochenta y los noventa. Se nota un viraje que modifica de manera visible sus modos y recursos expresivos: el cuidado formal desplaza al contenidismo, al compromiso y a esa poesía que en los años sesenta cristalizó en estéticas populistas y reaccionarias.

Una ojeada al censo poético de los setenta, arroja una extensa lista de escritores en activo de diversas edades y promociones. Encontramos, por ejemplo, a Eugenio Florit, un exponente de la llamada Segunda Generación Republicana, así como a dos miembros del Grupo Orígenes, Justo Rodríguez Santos (1915-1999) y Lorenzo García Vega (1926). Hay además una amplia representación de la Generación del Cincuenta: Amelia del Castillo (1925), Ana Rosa Núñez (1926-1999), Pura del Prado (1931-1996)), Raimundo Fernández Bonilla (1931), Carlos M. Luis (1932), Martha Padilla (1933), Mireya Robles (1934), Luis Mario González (1935), Gladys Zaldívar (1936), Edith Llerena (1937), José Corrales (1937), Félix Cruz-Alvarez (1937), Severo Sarduy, Rita Geada, Frank Rivera (1938), Fernando Palenzuela (1938), Mauricio Fernández, José Antonio Arcocha y Orlando Rossardi. Asistimos, por último, a una importante incorporación de nombres nuevos, que corresponden a lo que en Cuba se conoce como Quinta Generación, cuyos integrantes nacieron, aproximadamente, entre 1939 y 1954, y que tuvieron en las Ediciones El Puente y el suplemento cultural *El Caimán Barbudo* sus núcleos iniciales y sus órganos de difusión. En esa promoción debemos situar, en principio, a Juana Rosa Pita (1939), José Mario (1940), Elena Iglesias (1940), Roberto Cazorla (1940), Rolando Campins, José Kozer (1940), Pío E. Serrano (1941), Luis Cartañá (1942-1989), Eliana Rivero (1942), Rafael Catalá (1942), Teresa María Rojas, Luis F. González-Cruz (1943), Uva. A. Clavijo (1944), Emilio Bejel (1944), Julio E. Miranda, Wifredo Fernández (1945-1977), Omar Torres (1945), Lilliam Moro (1946), Octavio Armand (1946), Maya Islas (1947), Felipe Lázaro (1948), Esperanza Rubido (1950), Lourdes Gil (1950), Orlando González Esteva (1952), Laura Ymayo Tartakof (1954), Xavier Urpí (1955) e Iraida Iturralde (1954). A esa nómina debemos añadir algunos nombres tardíos o dispersos, como los de Pablo Le Riverand (1907-1991), Carlos Miguel Suárez Radillo (1919), Oscar Gómez-Vidal (1923-1995) y Raoul García Iglesias (1924), cuya ubicación es más imprecisa.

Esta inserción de los autores de la diáspora dentro de las generaciones y grupos establecidos en la literatura cubana, debe tomarse, sin embargo, sólo como como una guía para una ubicación cronológica aproximada, que parte, a su vez, de un ordenamiento ideal que no puede captar el fenómeno literario en toda su complejidad y riqueza. Estamos además ante autores que si bien comparten vínculos generacionales, escriben en contextos socio-culturales muy diferentes, por lo que sus obras siguen derroteros no siempre coincidentes. Así, los poetas de la Generación del Cincuenta cultivan menos que sus contemporáneos de la isla el coloquialismo, una corriente que estos últimos desarrollaron «en medida casi mayoritaria» (López 11). Fueron más dados al surrealismo (una fuente en la que también bebieron algunos de sus compañeros de promoción como Fayad Jamís y José A. Baragaño), el lirismo intimista, el trascendentalismo, la poesía pura y un neorromanticismo al que se afiliaron, sobre todo, algunas autoras. Cumplen así uno de los requisitos básicos que definen, según Ortega y Gasset, a una generación, el cronológico, pero no el otro, referido a una estética dominante.

Algo parecido sucede con los poetas jóvenes de la diáspora, cuya obra no puede decirse, evidentemente, que esté informada por la realidad revolucionaria, como apunta Guillermo Rodríguez Rivera acerca de los autores de la isla (101). Hay temas que unos y otros abordan (la mirada a la niñez y la adolescencia, la familia, el amor, la muerte, la propia poesía), incluso son comunes algunas influencias (Neruda, Vallejo), aunque otros, como las de Gelman, Parra, Dalton, Retamar, Jamís, tengan menor o ningún alcance en la poesía de la diáspora. Tampoco hay entre los escritores del exilio de una y otra generación una verdadera conciencia de grupo. Entre otras razones, porque la dispersión y las distancias geográficas actuaban en contra. De hecho, muchos de ellos no se conocían entre sí ni estaban al corriente de lo que los otros estaban haciendo. En definitiva, tampoco hay que ser demasiado exigentes y pedirles a esos autores que no sólo escriban buenos poemas, sino que además se inventen unos rasgos generacionales que, después de todo, tampoco son tan necesarios.

De manera que resulta difícil hablar en la poesía de esta década de vertientes estilísticas dominantes ni de promociones cohesionadas. Debe hablarse más bien de una suma de trabajos y poéticas individuales, de una apertura de los autores hacia todos los recursos útiles a su expresión. En todo caso, si un hecho debe resaltarse es la definitiva incorporación de la mujer, lo que no debe confundirse, como tantas veces ocurre, con poesía femenina. Se trata exactamente de eso, de la saludable incorporación de la mujer a la creación poética general.

Poetas en primera persona

De todos los géneros, es la poesía en donde se aprecia de modo más notorio la irrupción de la nueva hornada de autores. No sería del todo apropiado hablar de generación. Tampoco de un grupo exponente de una corriente o tendencia específica. A estos poetas puede aplicárseles lo que el cineasta francés Claude Chabrol declaró cuando lo interrogaron sobre la cohesión de la *nouvelle vague*: «La Nueva Ola no existe, existe el mar». No se trata de un grupo unido, con principios generales, afinidades claras, propósitos compartidos, criterios estéticos similares y una trayectoria literaria y vital más o menos semejante. Su denominador común es pertenecer a una amplia lista de escritores jóvenes que empiezan a escribir y se dan a conocer por estos años, que están ahí y hacen cosas. Sus influencias son heterogéneas, han bebido de muchas y diversas fuentes, y si algo los une es la voluntad de escribir una poesía diferente a la de la década anterior. Algo lógico, si se piensa que, en su mayoría, vienen con otro bagaje, más acorde con las necesidades del momento. Pese a ello, no fomentan los recelos generacionales, pues saben que el arte y la cultura de un país se hacen con la participación de todos, con la pluralidad de aportaciones, con la contribución de sucesivas promociones. El paisaje que configuran es, por tanto, un auténtico conglomerado de estilos, lenguajes e itinerarios poéticos, que ni siquiera posee como aglutinante las consabidas fechas de nacimiento. En él tienen cabida por igual el despojamiento de elementos decorativos externos (Mireya Robles), el erotismo delicado (Eliana Rivero), el tono intimista que se abre hacia márgenes más amplios (Juana Rosa Pita), la vuelta a la musicalidad y las combinaciones estróficas (Luis Cartañá), la reflexión metafísica (Wifredo Fernández) y las búsquedas experimentales (Octavio Armand, Julio E. Miranda).

Varias son las voces nuevas que ya desde sus primeros poemarios logran atraer la atención. *De cal y arena* (1975) es el libro con el que se dio a conocer Eliana Rivero, y viene a ser una especie de puente entre la poesía opulenta y hermética de los sesenta y las nuevas corrientes a las que se afiliarán muchos de los autores jóvenes. De la primera, Rivero conserva cierta propensión a la sugerencia y a una expresión conceptual y simbólica. Se abre a la vez a un lenguaje más directo y coloquial, que

no la lleva a caer en el prosaísmo gracias a la tensión de las imágenes y
a la emoción lírica. Sutileza y naturalidad pasan a ser así dos notas
sobresalientes en el poemario, en el que la autora se muestra poco dada
a snobismos, superficialidades y otros vicios en los que a veces incurre la
lírica actual. Sin ser poesía testimonial o de la experiencia, sus textos
están permeados de impulsos vitales y de un matiz confidencial e inmediato que consigue implicar al lector. En *De cal y arena*, Eliana Rivero
reunió un conjunto de buenos poemas –figuran entre los más logrados
«In memoriam», «De pronto, así», «Genus poética» y «Viaje»–, que tiene
el mérito adicional de no ser una acumulación arbitraria.

Con Lilliam Moro, por el contrario, nos hallamos ante una creadora
que ha roto relaciones con cualquier sombra de surrealismo, purismo o
contenidos abstractos, y que busca la comunicación con el lector desde
unas bases de llaneza y emotividad. Moro pertenece a una tendencia que,
a partir de los años sesenta, tuvo una gran aceptación entre los nuevos
poetas de Cuba y, en general, de la mayoría de los países del ámbito
hispanoamericano. Escritores que, cansados de vivir en las palabras,
reivindican su experiencia humana y la transforman en poesía; que promueven la eliminación de le retórica, la vaguedad seudopoética y el
hermetismo, y buscan hacer de la escritura algo más vivo, más humano.
Se trata de una poesía confesional, conversacional, con elementos narrativos y anecdóticos, que se caracteriza en lo formal por el despojamiento
verbal, la sencillez de los recursos expresivos y la preferencia por la
dicción coloquial, por «las gastadas palabras de familia» de las que
hablaba Jaime Gil de Biedma. En esas coordenadas se mueven los textos
de *La cara de la guerra* (1972), demorado primer libro de quien desde
mediados de la década anterior era ya conocida por poemas suyos que
habían aparecido en publicaciones como *Unión* y *La Gaceta de Cuba*, y
que estuvo incluida en la *Novísima poesía cubana II*, de El Puente, que
nunca llegó a salir. Moro reunió aquí una selección de textos escritos en
Cuba y en España, a donde llegó en 1970. Esa proximidad a las vivencias
de la isla impregna a *La cara de la guerra*, que es, en gran medida, un
ajuste de cuentas. Reinaldo García Ramos, al prologar su segundo poemario, comentó que en éste la autora nos habla aún «con una voz volcada
hacia la Isla, desgarrada de nostalgias fecundas, sobresaltada a veces por
la decisión de exiliarse, pero sobre todo aceptando las nuevas experiencias» (12). La familia, los amigos, las lecturas e ídolos juveniles, los
paisajes más frecuentados, constituyen los temas por los cuales Moro
despliega su mirada para convocar sus recuerdos y compartir la dicha
emocionada de lo ya acontecido. Estamos ante páginas llenas de cotidia-

neidad, de situaciones e ingredientes del día a día, ceñidas y definidas por un marco urbano que, en ocasiones, asoma con nombre propio: «En La Habana todas las calles conducen al mar» (76). El detalle más insignificante puede hacer que la memoria se active. Esa nostalgia está corregida por un peculiar sentido del humor, por una ironía rotunda y, a la vez, amable. Moro se transmuta en ese sujeto lírico incrédulo, risueño y sincero que recorre el libro, y que ella misma define como «la última romántica o la más tremenda escéptica» (43). Pero por encima de esa amarga convicción de que «la vida podía haber sido diferente» y de que «no vendrán a devolvernos los años que perdimos», se impone el amor, que no por azar abre y cierra el poemario, aun cuando la autora no oculte su temor: «cuando el amor se acaba/ ¿qué se hace?» (55).

Otros autores parten también de elementos vivenciales y cotidianos para construir su poesía, aunque el tratamiento es diferente. Luis F. González-Cruz, por ejemplo, parte de acontecimientos concretos y cotidianos para elaborar su poética, pero en sus textos las experiencias personales aparecen más objetivadas y vistas desde una distancia antiemotiva. En *Tirando al blanco/Shooting Gallery* (1975) adopta un discurso en el que lo concreto y los elementos materiales tienen un peso considerable: dos de las cuatro secciones del libro se llaman significativamente «Corporales» y «Minerales». El poemario, sin embargo, no se reduce a eso, sino que abarca otros tonos y registros, algunos de los cuales el autor maneja con más acierto que otros. Como bien apunta Julio Matas en la breve nota de la contraportada, la suya es una poesía «airada y nostálgica, irónica y sonriente, pero siempre estremecida como el mar de infancia por ella invocado». Textos como «La demolición», «Venecia I», «Madrid I», «Próceres del verbo» y «U.S.A. I», respaldan esa afirmación. *Tirando al blanco/Shooting Gallery* fue además uno de los primeros títulos publicados en edición bilingüe, con el propósito de poder llegar así a un público más amplio.

Poesía que se alimenta también de experiencias personales, es la de José Corrales. Aquí el poderoso impulso vivencial asume una tesitura claramente existencial. Su primer libro (antes había participado con cinco textos en la carpeta colectiva *Nada tenemos en común*, 1974), *Razones y amarguras* (1978), llevaba un subtítulo muy elocuente: «Poemas del que llega a los 40». Y eso hallamos, en efecto, en sus veintitrés poemas: las preocupaciones del hombre que arriba a la madurez, sus desagarradores sentimientos ante la ineludible fuerza del tiempo. El libro se abre con «El día de mi cumpleaños», en cuyo primer verso aparece la idea del suicidio, que se convertirá en uno de los motivos más obsesivos y reiterados, incluso en textos posteriores. El nihilismo y la soledad son dos notas que también están presentes; esta última parece apuntarse como una de las causas de su pesimismo y su amargura. Mas se trata de la necesidad de amor, de la compañía de alguien tangible y cercano: «No es lo mismo darse vueltas/ y encontrar un cementerio/ la almohada en lugar de tu cabeza/ allá tan lejos cuando en la noche yo suspiro/ y busco y palpo y me agoto en desconcierto/ soñando con your legs between las mías/ llamándote a gritos come my baby» (21). Esta doble corriente de suicidio e instinto de supervivencia, de derrota y esperanza, de muerte y amor, vertebra todo el poemario, como ha apuntado Mireya Robles, y lo dota de una tensión que lo enriquece y complejiza (27). Responde además a un existencialismo de raíz religiosa, que hace que esta poesía del hastío y la renuncia esté matizada por el optimismo y el aliento. Al final, las razones triunfan sobre la amargura, y en el poema que cierra el libro Corrales expresa: «Es posible que esta tarde/ entierre los despojos que me quedan/ ... porque el tiempo no ha llegado/ en que yo le diga adiós a los poemas/ ni a tus muslos corriendo entre la yerba» (75). Obra intensa, de una angustia vital, *Razones y amarguras* es un buceo valiente y descarnado en el abismo del autor, en ese infierno que, como enseñaron los existencialistas, llevamos en nosotros.

Imaginación con nombre de mujer

Cuatro autoras que publican sus primeros libros en esta década coinciden en su dedicación y fidelidad a la poesía (no se les conoce incursiones en otros géneros, en lo que a literatura de creación se refiere). Todas se mantienen hasta hoy en activo, tienen ya, como mínimo, tres títulos editados y textos suyos figuran en varias antologías. Comparten, por último, una similar preferencia por una poesía más depurada, densa y parca respecto a la orientación coloquial. Cada una posee, no obstante, rasgos que la singularizan: un lenguaje intrínsecamente metafórico (Edith Llerena), un discurso de tendencia neobarroca (Lourdes Gil), un lirismo metafísico y críptico (Maya Islas), un tratamiento sensual de la imagen (Iraida Iturralde).

La definición de poeta intrínsecamente metafórica pertenece a la propia Edith Llerena, quien proclama así su convicción en una poesía estetizante, opulenta, que redime lo cotidiano y lo ordinario mediante el poder alquímico del lenguaje. Son ésas las pautas que rigen los textos que forman su primer poemario, *La piel de la memoria* (1976). La autora los distribuyó en dos bloques o secciones, el primero centrado en el amor y el segundo, en el paso del tiempo. Algunos de los críticos que se ocuparon del libro, emplearon términos como caudal, manantial y sucesión para tratar de sintetizar esa eclosión verbal e imaginativa que personaliza su escritura. Una escritura que en sus momentos más logrados aparece controlada por una inteligencia sensible. Eso le permite abordar asuntos peligrosamente sentimentales con un cabal sentido de la contención. Además del amor, la memoria es el otro tema dominante. Desde el pasado, los recuerdos acuden y «se oye al monstruo de la memoria/ chirriando las maderas de su desván» (40). En este segundo bloque, Llerena halla también espacio para textos más conceptuales y reflexivos; no faltan otros, como «La araña que bendijo» y «Para liquidar a un poeta», en los cuales vuelca sus preocupaciones sociales, con algunos asomos de rebeldía. Nos referíamos antes a la verbalidad como una de las cualidades de su poesía. No siempre, sin embargo, actúa como un valor positivo. La autora manifiesta cierta propensión a entretenerse más de lo necesario en esa capacidad, lo que hace que algunos poemas se vean lastrados por una saturación de imágenes que obstaculiza la fluidez del discurso. Asimismo, incurre en ocasiones en un rebuscamiento léxico que la lleva a inventar adjetivos tan disonantes como arpégicos, clavicórdica, noviembral, catedralicia, aguacereado. De todos modos, *La piel de la memoria* anunciaba a una poderosa voz lírica, que a la vuelta de unos pocos años se cumplirá en una segura y ascendente trayectoria literaria.

En su siguiente libro, Edith Llerena demostró que era una poeta en pleno esfuerzo por dominar su oficio. Sin ser una obra totalmente redonda, en *Canto a España* (1979) se notan ya algunos indicios de rectificación y control. Hallamos aún algunos de los problemas que deslucían su anterior poemario: cierto rebuscamiento sintáctico y, sobre todo, una sobreabundancia de adjetivos –posee, hay que reconocerlo, una envidiable habilidad para encontrar adjetivos desusados y precisos–, pero al mismo tiempo se advierte una preocupación por embridar el torrente metafórico. Su lenguaje es ahora un poco más despojado, y su lirismo ha ganado en delicadeza y ternura. El largo poema que compone el libro es un amoroso homenaje a la tierra que la ha acogido y bajo cuyos aires puede aliviar «el cansancio que arrastran/ las densas mareas/ del destierro» (50). En el texto, la historia, los paisajes y las gentes de España aparecen vistos y recreados desde el prisma poético, pero la escritora consigue eludir el repertorio de lugares comunes, tópicos y referencias estereotipadas. Incorpora además a ese discurso una subjetividad angustiada que confiesa tribulaciones y situaciones existenciales muy específicas. Eso contribuye a que *Canto a España* esté impregnado de una tristeza dulce, una pausada nostalgia, una sensibilidad dolorosa, y a que alcance momentos de conmovedora y buena poesía.

«En todo americano hay siempre un gongorino manso», afirmó con rotundidez José Lezama Lima, para puntualizar la constante barroca que atraviesa, desde sus orígenes, el arte latinoamericano en sus expresiones tanto populares como cultas. *Neumas* (1977), de Lourdes Gil, se alista de manera inequívoca en esa tradición, y lo hace precisamente bajo el magisterio del autor de *La fijeza*. Magisterio que aquí, advertimos, no implica sumisión ni dependencia, como se puede inferir de la tenacidad con que algunos califican la poesía de Gil de lezamiana. Se impone además otra precisión: en su caso, debe hablarse más bien de neobarroco, es decir, de barroco puesto al día. Los doce textos recogidos en *Neumas* muestran su clara apuesta por una escritura refinada, culta, trabajada, que tiene la pasión por la belleza y la idea en el centro de sus claves poéticas. Esa exploración, como ella misma denomina a su obra poética, cristaliza aquí en un lenguaje de ascendencia barroca, sintético y conciso, salpicado por el brillo de la imaginación fonética y léxica y por el regodeo en el valor sonoro de la palabra. Esta atención a los planos estético e idiomático, unida a la voluntad de recuperar el tema frente a la popularidad de la anécdota, dan al libro cierto grado si no de hermetismo –ese término tan antipático, que decía Jorge Guillén–, sí de dificultad. Aun así, muchas de sus páginas nos seducen por esa enigmática belleza que precede al intelecto. No puede decirse tampoco que sea un libro desprovisto de aliento vital e intensidad emotiva. Sólo que da la impresión de que Lourdes Gil apela a un frío ropaje conceptual y culterano para resguardarse del confesionalismo exacerbado y el desbordamiento caótico.

Sólo un par de títulos bastaron a Maya Islas (seudónimo de Omara Valdivia Isla) para despuntar como una voz diferenciada. Se dio a conocer en 1974 con *Sola ... Desnuda ... Sin nombre*, un libro en el cual el contenido erótico y el romanticismo eran las notas distintivas (no es casual que los nombres de Bécquer, Amado Nervo y Neruda figuren entre sus influencias). Aquellos poemas crearon expectativas que se cumplieron en *Sombras papel* (1978). Islas se decanta ahora hacia una sensibilidad de mayor refinamiento, un discurso más existencial y metafísico y temáticas más universales. Es notoria asimismo la incorporación de elementos de la mitología maya y el misticismo, lo cual tiene que ver con los viajes que por esos años realizó a México y la India y con la lectura de teorías esotéricas como las de José Díaz Bolio. Los símbolos, las imágenes duras y la gravedad conceptual adquieren en esos textos un papel relevante.

Sombras papel es una obra en cuyas páginas no faltan los aciertos, y que muestra a Maya Islas como una hábil creadora de un mundo poético inquietante e imaginativo. Estamos, no obstante, como sostiene Mireya Robles, ante una poesía de «grandes revelaciones, de imágenes personales, que encierra un profundo conocimiento esotérico no siempre asequible al lector» (*Profecía* 5). Muchas veces, como se pone de manifiesto en el citado estudio para su comprensión debemos apoyarnos en nociones y referencias ajenas al poema y, por tanto, fuera de nuestro alcance. Así, cuando Islas escribe: «Al temblor del nervio apresurado/ extraigo historias de un espasmo que no existe» (*Sombras* 15), se refiere «a una teoría según la cual, la memoria es en cierta forma, una proteína que se transporta a través de la conducción de nervio a nervio» (*Profecía* 7). En cualquier caso, se trata de una escritura correcta pero distante, que alcanzará mayores logros en la medida en que se despoje de esa agobiante carga de enmascaramiento en la interpretación difícil.

La publicación de *Hubo la viola* (1979) significó el gratificante descubrimiento de Iraida Iturralde. Estamos ante el primer libro de una escritora que, sin embargo, no parece una principiante. Por el contrario, tras la elaborada red de su escritura advertíamos la presencia de una creadora ya formada. Iturralde se estrena literariamente con una propuesta tan compleja como atractiva. El poemario reúne diecisiete textos distribuidos simétricamente en cuatro partes y una cesura o pausa intermedia. Cada bloque va precedido de una cita (Jung, la *Biblia*, Rudolf Steiner, José Martí) que lo esclarece y sustenta, y de uno a otro hay una progresión, un cambio de registro deliberado. Leído en conjunto, *Hubo la viola* nos transmite una sugerente movilidad, un núcleo inquieto. En los primeros poemas, la autora pone de manifiesto su filiación barroca. Apuesta por un lenguaje refinado, cultista, pero que no llega a caer en la retórica vacua o fría. Contribuyen a ello la tremenda fuerza de su riqueza léxica y, sobre todo, el tratamiento sensual de las imágenes y las palabras. En los cuatro textos siguientes, dedicados a la figura bíblica de Josafat, Iraida Iturralde asume una formulación más épica y narrativa, a la vez que pasa del plano sensorial al mítico. Viene luego un paréntesis, en el que reflexiona sobre la palabra poética, y al cual siguen los poemas referidos al puro conocimiento, para concluir con la incorporación de «una experiencia muy directa donde lo femenino tiene especial significación» (Rodríguez Padrón 12). En ese discurso plural y rico, hallamos páginas tan admirables como «Esmaltado un caballero en el espejo de su sombra», «Josafat ungido», «Goetheanum», «La hora del poeta», «Purgatio in coitus», en las cuales la autora revalida su convicción en la imagen como elemento esencial de la poesía. Libro cuya brevedad es compensada por la belleza e intensidad de sus textos, *Hubo la viola* dio a conocer a una poeta muy a tomar en cuenta.

Leales, tránsfugas y polifacéticos

Tras *Del aire y la piedra* (1974), un primer libro en el que se dejó seducir por los elementos ornamentales y la espontaneidad, algo común entre los poetas que empiezan, Emilio Bejel publicó en 1977 *Ese viaje único* y *Direcciones y paraísos*, títulos en los que se aprecia una clara evolución. En lugar de la artificiosidad y la abundancia, ahora dominan la contención y la sobriedad, y su poesía se caracteriza por «el principio del rigor, por la extrema vigilancia de lo dicho que determina la precisa brevedad de la configuración expresiva» (Lastra 5). Esa voluntad de contención alcanza en algunas páginas una escueta pureza, como en «poesía», perteneciente al segundo libro. Bejel rehúye el vocabulario cotidiano, el tono conversacional; prefiere la sugerencia a la confesión, el clima al lamento. Asimismo, concede gran valor a lo visual, a lo pictórico, y consigue cuadros de pintura leve y sosegado ritmo descriptivo, en los que la palabra tiene el frío objetivismo de una cámara cinematográfica. Abundan en ellos las referencias a la naturaleza, aunque en general apenas remiten al paisaje caribeño. En la sección «Caminos» logra algunos buenos ejercicios intertextuales, entre los cuales sobresale uno elaborado a partir de un conocido poema de Neruda. Apuntemos, por último, que sin modificar en lo esencial su expresión, Bejel se abre en *Direcciones y paraísos* a un lirismo más cálido y de moderada coloración intimista.

En la contrapartida estética de Emilio Bejel, se halla la poesía de Uva A. Clavijo. En la «Nota previa» que encabeza sus *Versos de exilio* (1971 y 1976), la autora expresa: «Estos versos, sin duda, deben violar muchas normas de la Poesía. Quizá no tengan pies ni cabeza, pero tienen alma. No sé si son buenos o malos, pero son míos. Creo que ello es suficiente justificación para darlos a la luz con una mezcla de timidez y pudoroso orgullo» (7). Apunta allí algunas de las líneas básicas que desarrollará en su poesía e incluso en algunos títulos de su producción narrativa. *Versos de exilio* no se destaca, en efecto, por su técnica depurada o su virtuosismo formal. Sus páginas poseen, en cambio, la virtud de ser sinceras y de hablar con llaneza de temas que a la escritora le interesan y conciernen: el amor a la pareja y a los hijos, la lealtad a las raíces, el destierro. Dentro de esa voluntaria modestia y de esas estructuras poemáticas sencillas, que corresponden a una poética de lo cotidiano, Clavijo consigue textos como «Declaración», que hoy cobra una renovada actualidad

A diferencia de la mayoría de sus coetáneos que empiezan a publicar en esta década y que siguen escribiendo hasta hoy, Frank Rivera, Omar Torres y Mireya Robles se inician en la poesía para dedicarse posteriormente a la narrativa. No puede decirse que las causas de ese transfuguismo, de esta mudanza de género, haya que buscarlas en la escasa calidad de sus libros precedentes. No alcanzaron tal vez la resonancia de sus respectivas novelas, *Las sabanas y el tiempo*, del primero, *Apenas un bolero* y *Al partir*, del segundo, y *Hagiografía de Narcisa la bella*, de la tercera, pero en modo alguno deben considerarse obras desdeñables ni secundarias en sus bibliografías. En el que es hasta hoy su único poemario, *Construcciones* (1979), Rivera reunió una veintena de textos que parten de tres impulsos creativos: el amor, el paisaje y las vivencias culturales y artísticas. Aparecen distribuidos en cuatro bloques, «Vórtices», «Cristales», «Urbs Terrarum» y «Construcciones», el primero de ellos con el amor como centro. En las otras tres secciones, Rivera recorre geografías y escenarios diversos: la luz del Egeo, las noches de Macedonia, el verano junto al lago de Starnberg, los amaneceres en los Alpes, las nieves del Hofgarten, en páginas en las cuales las referencias culturales no desplazan del todo a los sentimientos, sino que en ocasiones se proyectan sobre ellos. Similar asociación realiza cuando la visita a Venecia lo lleva a invocar la sombra de Vivaldi que recorre galerías y ventanales «con anhelos secretos de eternidad» (27), o cuando «las horas finales del Jardín» (29) le hacen recordar algunos versos de Rilke. Crea así un discurso en el cual memoria, paisaje, emoción controlada y referentes estilizados del arte occidental conforman un registro entre nostálgico y vitalista. Una poesía pulida, callada y de leve apariencia, que se distingue por la contención expresiva no sólo en los temas, sino también en el lenguaje, y cuya sinceridad no se ve oscurecida por el oropel de algunas metáforas. Asimismo, no hay en el libro intenciones de destacar rasgos de cubanía. Rivera apuesta, por el contrario, por un deliberado cosmopolitismo, acorde con los ambientes que recrea.

Cuando dio a conocer su primer poemario, Omar Torres contaba ya con un sólido nombre dentro del movimiento teatral hispano de Nueva York, como actor y dramaturgo. Buena parte de esa labor la desplegó desde el Centro Cultural Cubano, del cual fue uno de los fundadores. Esa voluntad de conservar y defender la identidad que recorre su producción para la escena está también presente de manera indeleble en su obra poética. Aparece, por ejemplo, en buena parte de los textos reunidos en *Conversación primera* (1975) y *Ecos de un laberinto* (1976), en donde además abundan las referencias al problema del destierro y del destino del exiliado. Esta doble actitud de volver la vista atrás sin dejar de asumir el presente, se mantiene en su siguiente libro, *Tiempo robado* (1978). Como en los precedentes, aquí la persistencia de ese tiempo robado al que alude el título posee un peso significativo. Torres, que entre otras definiciones, conceptúa a su poesía como «una cuerda floja/ que se extiende sobre mi pasado» (*Tiempo* 11), desgrana un discurso intimista y evocador, en el que sabe desasirse de las trampas de la sensibilidad y la añoranza, gracias a cierta voluntad de objetivación y distanciamiento. A eso se suma la incorporación de otros argumentos: así, en el libro resuenan algunos de los conflictos, angustias e inquietudes de nuestro tiempo (la soledad, la incomunicación, las separaciones), ese «meditar sereno y discreto» señalado por Eugenio Florit, que aportan sus reflexiones existenciales. El autor dedica uno de los dos bloques del poemario al amor, y consigue allí algunas páginas tan logradas como «A la recherche de ta jupe fidèle», «Una vez por semana» y «Ella y el silencio», este último un buen ejemplo de cómo extraer las posibilidades expresivas a una situación ordinaria y cotidiana. *Tiempo robado* significó un notable paso de avance respecto a *Conversación primera* y *Ecos de un laberinto*. Éstos eran, pese a contener aciertos estimables, poemarios de búsquedas y tanteos. En contraste con la profusión de referencias que en ocasiones acercaban peligrosamente a textos como «En la calle ocho del Southwest» a la estampa costumbrista, Omar Torres apuesta ahora por un estilo más sobrio, por una poesía más atenta a la sugerencia y al matiz que a definir contornos y trazar identidades. Sin dejar de ser desenfadada, sincera, actual, se advierte en su escritura un proceso más selectivo, un lenguaje más cuidado, un adensamiento en el decir. Libro menos conocido de lo que su calidad merece, *Tiempo robado* da la medida de la madurez literaria y vital alcanzada por su autor.

Por su parte, Mireya Robles aporta en *Tiempo artesano* (1973) un proyecto de sencillez que parece oponerse a la poesía conceptual, hermética y enjoyada que abunda en esta década. La suya es una escritura callada, intimista, tras la cual se evidencia una voluntad regida por la austeridad. Sus textos se muestran desprovistos de seducciones exteriores, en una clara renuncia a todo «lo que pueda desviar al poema de su vocación esencial, que es la de señalar la consciencia de lo desconocido» (Verhasen 11). Adopta un lirismo introspectivo y un lenguaje conciso, despojado de aditamentos retoricistas, ajustado a lo que quiere decir. Con esa estética de elementos mínimos, Robles traza un itinerario de dudas, certidumbres, fracasos, esperanza, soledad y amor, en el que subyace una melancolía recóndita y asordinada. Un discurso poético, al parecer, transparente, que se revela lleno de pliegues de significación.

Casos distintos son los de Alina Hernández, Elena Iglesias y Laura Ymayo Tartakof, tres nombres que también hacen en estos años su primera aparición pública. No se trata, como Rivera, Torres o Robles, de que hayan cambiado de género, sino que desde entonces han mantenido un prolongado silencio que sólo la última,tras casi dos décadas, acaba de romper. Alina Hernández editó en 1976 *Razón del mar*, en donde, según expresa Alberto Baeza Flores en el prólogo, asume la escritura como modo de recuperar, atemperar o atenuar una ausencia (10). Su libro es un canto de amor a la patria dejada atrás y una vehemente proclamación de fidelidad a los orígenes. Hernández se entrega a «ese marino sueño del regreso» (Baeza 10), y elabora una treintena de textos iluminados por la claridad del Caribe, que se distinguen por su acento delicado y nostálgico y su entrañable tono lírico. En una corriente distinta se inscribe la obra de Elena Iglesias. En *Península* (1977), enhebra un discurso voluntariamente abstracto, sin territorios o contornos reconocibles. Se trata de un libro de valores dignos, pero que reúne páginas demasiado heterogéneas, que adolece de cierta falta de vertebración. Algo que la autora consigue superar con habilidad en *Mundo de aire* (1978), conjunto de páginas breves de temática amorosa, en las cuales desarrolla una poesía concentrada y epigramática en ocasiones.

Por su parte, Laura Ymayo Tartakof ensaya en *Mujer martes* (1976) una escritura nítidamente femenina, pero liberada de militancias y reivindicaciones. Sus referencias son, en ese sentido, otras. Por ejemplo, Gabriela Mistral, con quien entabla un diálogo intertextual en «Temor». La pareja, los hijos, la naturaleza, «algunos sueños que murieron temprano y otros que sobrevivieron» (27), constituyen la materia con la cual «trenza y anuda la raigambre de sus versos» (14). Es la suya una poesía vitalista, por su comunicación con todo lo viviente, inundada por una palpitación lírica, que rebosa candor y llaneza en composiciones como «Verano», «Pues, señor, ésta era una niña» y «Gretel me enseñó a marcar bien». En otras asoma una punta de humor benévolo y refinado, como en las que agrupa en el bloque «Clasificados».

Otro de los escritores a quien la temprana desaparición impidió consumar una trayectoria más plena, fue Wifredo Fernández. En vida, alcanzó a ver publicados, además de tres libros de ensayo, un par de poemarios, *Palabra de hombre* (1973) y *Amanecer de la ceniza* (1976). Póstumamente, toda su producción, incluida la inédita, apareció recogida en *El libro de Wifredo* (1978). Quienes se han ocupado de su obra, convienen en resaltar su profunda naturaleza meditativa. Así, Carlos Alberto Montaner señala en la contraportada de *Palabra de hombre* que estamos ante «la expresión poética de un espíritu tremendamente reflexivo», mientras que Pío E. Serrano, en el prólogo a *El libro ...*, comenta que para Fernández la poesía es un ejercicio de conocimiento que nos permite «penetrar en los inquietos pasadizos de una conciencia nerviosamente alerta, desgarradoramente lúcida» (10). No debe extrañar, si se toma en cuenta que el escritor era de formación filosófica. De ahí le viene la pasión de definir y conceptuar. Se trata de alguien que pareciera sostener que la poesía se hace a partir de ideas y que ve en ella un medio para entender la realidad. En ese sentido, su escritura tiene puntos de contacto con la de otro poeta cubano también fallecido prematuramente, Eduardo López Morales, con quien comparte además la preferencia por los versos largos. Más que en contar o cantar, Fernández se interesa en pensar. Él mismo escribió en uno sus textos que «el poeta debe ser la palabra-problema» y «no un cero infinito hecho de matáforas» (46). Reflexiona sobre la libertad, la historia, el hombre, la soledad, la muerte, los ideales, y concede el papel protagónico al raciocinio. Esa fuerte condensación conceptual hace de su obra un conjunto grave, denso, falto quizá de otros matices. Su temprana muerte no le permitió desarrollar algunos registros más vitales y emotivos que aparecen insinuados en páginas como «Yo tuve un tío suicida», «Mi vida es hoy de una mujer» y «Heredad y memoria».

En este abreviado repaso a los escritores que debutan en este período, no podemos omitir a Orlando González Esteva, quien da a conocer un par de títulos, *El ángel perplejo* (1975) y *El mundo se dilata* (1979). En realidad, veintiuno de los treinta textos recogidos en el primero aparecen reproducidos en el segundo, con la incorporación de varios inéditos. No obstante, algunos como «Testamento de la piel», «Raíces» y «Coloquio de la isla», habían aparecido en las Memorias de los Concursos Jorge Mañach, donde habían resultado ganadores de premios y menciones de honor. Es frecuente que los poetas tiendan a olvidar (incluso a negar) sus primeras obras. González Esteva es uno de esos casos, aunque las razones no sean fáciles de entender. Estamos ante páginas escritas en una muy precoz juventud, que tienen mucho de ejercicios preparatorios. No es extraño, pues, que hallemos «rimas gastadas, voces ajenas, más de una estrofa traída por el pelo y cierto tono altisonante y civil» (*Mundo* 7). El peso de los aciertos es, sin embargo, superior al de los errores, y por encima de éstos se impone una voz original, aunque aún indecisa. En *El ángel perplejo*, el bisoño autor navega a contracorriente de modas y gustos: vuelve a la rima y al soneto, la estrofa clásica por excelencia. Tristeza, angustia, soledad, amargura y «un montón de recuerdos que a veces me sirven de algo y a veces no me sirven ni para calentar la almohada» (*Mundo* 7) rezuman esos poemas, entre los cuales hay alguno bastante insólito, como el número X, de resonancias piñerianas. Mas no es aquí donde está el González Esteva más interesante, pues con frecuencia suele ocurrir que el acento personal se diluya en beneficio de una retórica ajena. La escala de su talento hay que medirla en las secciones «Otros Poemas», «Nuevos Poemas» y «Raíces» (estas composiciones, fechadas entre 1971 y 1974, son sus primeros poemas) de *El mundo se dilata*. La infancia es el territorio esencial de muchos de esos textos, en los que el escritor deambula por los laberintos de la memoria. Un ruralismo fresco y jugoso nutre de savia y raíz su discurso, a la vez que rescata un vocabulario casi olvidado. Naturaleza evocativa, capacidad sugeridora, carga emocional, más un rastro melancólico, dotan a su poesía de un encanto testimonial y emblemático. Asimismo, en «Mosaico», «Cojollo» y las admirables «Carajitas» están, en embrión, los módulos de su obra posterior e insinúan la jocosidad y la nostalgia que luego se explayarían en las maravillosas décimas de *Mañas de la poesía*. En resumen, un poeta que se inicia de la mejor de las maneras posibles y de quien estaba claro que nuestra literatura podía esperar más de una benefactora sorpresa.

En el autor de *El ángel perplejo*, precisamente, tiene Félix Cruz-Álvarez uno de sus lectores más penetrantes y apasionados. En un comentario sobre *Homenaje a las furias* (1977), González Esteva apunta que es un libro que «resume maestría, hondura, universalidad de principio a fin», y en el cual «se dan cita, además de un innegable talento creador y de un soberbio dominio de las formas, los grandes temas de siempre, renovados, enriquecidos por un tema mayor: el destierro» («Sobre *Homenaje*» 5-E). No era, aclaramos, el primer libro publicado por Cruz-Álvarez. Un par de años antes dio a conocer *Sonetos*, volumen del cual nos ocuparemos más adelante, y en 1973, *Varadero: sueño con mareas*. Pero es en su tercer título donde su aliento poético alcanza niveles más altos. *Homenaje* ... recoge, en realidad, tres cuadernos: *Elegía terrenal* (1973-1974), *La reja y el viento* (1963-1973) y *Posada para el ángel* (1974), algunos de cuyos textos, los más antiguos, fueron escritos en Cuba. Respecto a sus poemarios anteriores, representa una evolución y un crecimiento. Poco queda del lirismo y la añoranza de *Varadero* ..., o del cálido ambiente hogareño de los *Sonetos*. Estamos ahora ante una poesía más estremecida, más vehemente, que habla de soledad, angustia y desarraigo. El autor adopta una escritura profundamente humana, que hurga en los hondos misterios de la existencia con una intensidad y una lucidez poco usuales. De esas vivencias surgen estos testimonios dolientes, estos signos interpretativos de su paso por la vida, de su experiencia vital. El «trágico fustazo del destierro», las urbes deshumanizadas con «sus gentes apresuradas y vacías», el amor filial descubierto quizás demasiado tarde, la esposa, el hijo y la poesía como amparos redentores, la persistencia de los recuerdos: sobre esos motivos inciden buena parte de los poemas. Pero es acaso la muerte la presencia más poderosa y obsesiva, el tema que Cruz-Álvarez aborda desde una mayor pluralidad de ángulos y aquel que cristaliza en páginas de una sobrecogedora belleza. «Dedicación de mi silencio», «Encuentro del reino», «Las noches», «Estrofas para mi muerte» y los admirables «Sonetos por mi padre muerto», son ejemplos de poesía de muy alto vuelo, lo mismo que «Desafío del verde», «Elegía terrenal» y «Wilson Station». El escritor muestra una clara preferencia por el verso amplio –Rodríguez Santos habla de largos períodos que se le antojan «bíblicos y sinfónicos»– y por los textos de cierta extensión. En el libro figuran, no obstante, algunos muy breves que constituyen, como «Inútil», verdaderos hallazgos. Hay un gusto por los valores de la palabra esencial, por el discurso químicamente puro, así como una voluntad de alejarse de guiños a la moda y del sometimiento a lo contingente y transitorio. Libro para leer y releer, pues reclama –y merece– una atención demorada, *Homenaje a las furias* debió haber servido para que Félix Cruz-Álvarez fuese incluido en la nómina de nuestros mejores poetas. No ha sido así, y produce un cierto sonrojo comprobar que, al cabo de más de veinte años de la salida de aquel estupendo poemario, el desconocimiento siga acompañando a su obra.

Hemos reseñado hasta aquí títulos pertenecientes a más de una decena de nombres que salen por primera vez a la luz pública en esta década. El censo, sin embargo, no es completo ni exhaustivo. ¡Tantos son los que pugnan por contar con un espacio (y, de ser posible, dos o tres) en la abultada bibliografía de estos años! Quedan aún algunos escritores de quienes nos ocuparemos un poco más adelante, sin que descartemos alguna omisión involuntaria. Y sobre otros que tal vez se echen en falta, es más aconsejable correr un discreto velo de silencio. Se trata en general de autores que dan a conocer poemarios llenos de los tanteos y vacilaciones propios del principiante, de originales faltos de reposo o que sencillamente no debieron salir de la gaveta.

Constancia y dedicación

Si hubiese que buscar en nuestras letras contemporáneas un ejemplo de consecuencia, tenacidad y dedicación a la poesía, pocos podrían disputarle ese mérito a Juana Rosa Pita. Desde la aparición, hace ya más de dos décadas, de su primer libro, ha ido edificando una obra compuesta, hasta la fecha, por veinte poemarios y varios plegables y plaquettes, que dan cuenta, por un lado, de su entrega alucinante y absoluta a la creación poética; y por otro, de un orbe literario de todo punto notable, que pese a distinguirse por su voluntad de cohesión, reserva siempre un módico espacio a la renovación y la apertura a nuevos registros. Su primer poemario, *Pan de sol* (1976), alcanzaba ya un nivel de calidad más que digno. Eran textos de una factura irreprochable, en los que abundaban las imágenes oníricas y surrealistas, y en los cuales la autora demostraba un correcto manejo de las formas poéticas. Poesía ceñida, parca, de preciso diseño, nada propensa a la barroca suntuosidad, y basada en la concentración, el buen gusto y la prescindencia del más ligero asomo de populismo. De las tres cualidades que debe reunir un poeta genuino: intensidad, pureza formal y emoción, *Pan de sol* poseía las dos primeras. Por eso, resultaba, en conjunto, un poemario bien escrito, pero de escasa emotividad, frío. Aun así, conseguía algo nada fácil: daba la medida de un arte poético que nos hacía vislumbrar en una voz naciente, aunque no primeriza, una madurez que venía bien encaminada. *Las cartas y las horas* (1977) confirmó ese pronóstico. En sus cincuenta poemas, distribuidos por igual entre las veinticuatro horas –con uno adicional, «Deshoras»– y sus correspondientes cartas, Pita vuelca sus interioridades y zozobras espirituales. Esta inclusión del individualismo se irá acentuando de libro en libro, hasta hacer de la suya una escritura de fuerte acento confesional. Corregida, eso sí, por la austeridad y la reticencia, así como por la preocupación por conjugar sentimientos e ideas. En *Las cartas y las horas* se notaba la inquietud por concebir sus libros según un criterio unificador, y no como una simple compilación de textos dispersos. Para ello, toma como punto de partida un núcleo capaz de permitir el desarrollo de un discurso imaginativo. Su lectura es guiada y auxiliada por los elementos y motivos recurrentes –los «signos de indicio»– que vienen a actuar como fragmentos de ese todo que es el libro. Eso exige que se haga, por lo tanto, una lectura circular, para así ir más allá de la anécdota lineal y aprehender la significación global. Este principio, considerado por algunos como indispensable para lograr un buen poemario, lo aplicó Juana Rosa Pita para armar su tercer libro.

Mar entre rejas (1977) está dedicado al poeta Ángel Cuadra, entonces encarcelado en Cuba, así como «a sus compañeros de prisión» y «a todos los presos del mundo» (3). Todo el poemario está estructurado a partir de un diálogo de la autora con su colega y compatriota, con quien establece un coloquio nutrido de referencias intertextuales. Eso hace que, a la vez, se mueva siempre entre dos polos: libertad/ encierro, ausencia/ presencia, esperanza/ espanto, sol/ oscuridad, y que el discurso se desplace del yo al tú. No se trata, sin embargo, de valores invariables o inamovibles. A veces la escritora los invierte, en un canje amoroso y solidario. Es éste un libro poblado de dolor, pero sobre todo de amor, de mucho amor. No hay en sus páginas cabida para el odio. Ni siquiera hay rencor contra los muros, ese Dios al que nuestro tiempo ha rendido tributo, y al cual Juana Rosa Pita dedica un hermoso y lúcido texto, «Elogio de las cárceles». Neruda, Fray Luis de León, Quevedo, Vallejo, son algunos de los ecos que se identifican en el poemario, logrado ejemplo de adecuación de pensamiento y sensibilidad, belleza y testimonio, ética y estética.

Tras ese acercamiento a un tema inmediato, próximo a lo vivencial, Pita vuelve en *El arca de los sueños* (1978) al universo abstracto y conceptual de sus títulos anteriores. Mas la ganancia en accesibilidad que significó *Mar entre rejas* ha dejado su huella. Ésta se advierte, por ejemplo, en la búsqueda de una más natural comunicación con el lector y de un lenguaje que sin renunciar a la elaboración, es un poco más sencillo y directo. Se conserva, en cambio, el acento lírico de raíz existencial, aquí tal vez un tanto más limpio e intenso. Como ocurre con sus mejores obras, éste es un libro que requiere tanta relectura como complicidad. La autora desarrolla una sugestiva y compleja reflexión acerca del mundo de los sueños, y la aplica para proyectar luz sobre otras cuestiones que la obsesionan. Una de ellas es la propia poesía, el misterio de la creación poética, un asunto al cual ha dedicado un considerable número de textos. Algo que vale la pena recalcar es que estamos ante una poesía que, pese a su aparente humildad expresiva, descansa sobre una sólida plataforma intelectual, sobre unos cimientos de pensamiento y cultura. A eso Juana Rosa Pita suma un yo de carne y alma, una confesión personal que le confiere al discurso vibración y sinceridad.

Manual de magia (1979) vino a revalidar varias constantes que se hallaban presentes, algunas aún en esbozo, en los poemarios precedentes. Ante todo, está la pasión por la síntesis, por la eliminación de todo lo superfluo. Su sencillez, que, repetimos, es engañosa, está construida mediante una minuciosa eliminación de todo tipo de retórica. Una operación de tamiz y poda que no sólo se remite al lenguaje, sino que se extiende también a la selección: todos sus libros, sin excepción, son bastante breves, lo mismo que los poemas, que rara vez superan la página. La extensión de los de *Manual de magia*, por ejemplo, oscila entre los cuatro y los diez versos. Es además una escritura que posee algunas constantes, algunos núcleos temáticos. Uno de los más obsesivos, el amor, pasa a ser motivo dominante de su quinto título. Alcanza en él algunos de sus mejores momentos, en poemas que se convierten en crónica de sentimientos inasibles y, por eso, perdurables. En un texto incluido en el bloque «Isis», Pita recrea y hace suyo a ese conocido personaje de la mitología occidental. Volverá a ensayar ese procedimiento en *Eurídice en la fuente*, editado en 1979. Ese año también da a conocer, dentro de la *Antología Solar*, el breve ciclo «Vallejianas», siete hermosos poemas de un cálido acento comunicativo y una entrañable sensibilidad.

Eurídice en la fuente representa, en más de un aspecto, un título significativo en su trayectoria. Ante todo, porque en algunas de sus páginas se vislumbra una cierta inflexión hacia propuestas nuevas en su poesía. En particular, en varios textos de «Tiempo Natal» se abre a un tono y una expresión conversacionales tamizados y depurados. Eso coincide asimismo con la incorporación de temas inéditos o poco tratados por ella, como el de los recuerdos de la infancia, de tanto peso en el libro. El lirismo se encubre en ocasiones tras los elementos narrativos, se sirve de éstos para conseguir su propósito. No obstante, esas incorporaciones no representaban grandes quiebras o rupturas, o al menos la autora tuvo la habilidad de no hacerlas visibles. La suya es una personalidad perfectamente identificable; podrá cambiar de asuntos y recursos, mas el resultado seguirá teniendo su sello inconfundible.

Sin embargo, en *Eurídice en la fuente* no dejaba de haber algo de llamado de alerta respecto a la necesidad de una ampliación, de una renovación temática y expresiva. Empezaban a notarse síntomas de agotamiento, de repetición. Era ése el gran desafío que la escritora tenía ante sí para los próximos poemarios.

Una pasión en estado puro

Entre los nuevos nombres que trae esta década, es, sin embargo, José Kozer el más importante. Con él se inicia una de las trayectorias más afortunadas y duraderas de nuestra poesía actual y una obra que ha fundado su sólida calidad al margen de convencionalismos y modas. Nos ocuparemos aquí de los libros que publica en los años setenta, aunque en su caso, más que en ningún otro, no sea el método más idóneo. Su poesía conforma una unidad sucesiva, un crescendo hacia sí misma, y reclama por tanto esa lectura con sentido global que aconsejaba Rimbaud.

Hasta la aparición de *Padres y otras profesiones* (1972), la poesía de Kozer se hallaba dispersa en las revistas en donde empezó a colaborar desde mediados de los años sesenta. Esta demora en recogerla en libro actuó a su favor y le permitió acumular conocimiento y oficio. Pese a tratarse de un primer poemario, los críticos advirtieron algo que lo apartaba de la poesía que entonces se escribía en el exilio. Asimismo, estaban ya presentes algunos motivos que luego se convertirían en sus temas esenciales: los ancestros, la inmigración, la familia, la muerte, la reivindicación del origen judío. En especial, este último tendrá en su obra un gran peso y lo situará como el primer autor cubano que asume su hebraísmo. Esta confluencia de elementos contradictorios –nacido en Cuba, hijo de padre polaco y madre checoslovaca, comenzó a escribir fuera de la isla, en un contexto cultural y lingüístico hostil y extraño– le dará a su producción poética una notable riqueza.

De esta búsqueda de sí mismo participan *Padres y otras profesiones* (1972) y *Poemas de Guadalupe* (1973). Estamos ante una poesía que se nutre de la experiencia humana y que no teme revelar sus claves autobiográficas. Un desarraigo amargo y profundo y una dolorosa indagación sobre la condición del exiliado recorren esos textos. Desarraigo y exilio que son aquí dobles: el propio y el heredado de la tradición hebrea de diásporas y migraciones. En ambos libros se detectan las lecturas de Nicanor Parra, García Lorca, Vallejo, Neruda, bajo cuyo influjo Kozer reconoce haber escrito una buena cantidad de poemas, que si bien no le dejaron satisfecho por ser «poemas en falso», le dieron, en cambio, «la práctica redonda que tanto necesitaba». A aquellas influencias se sumarían más tarde otras como las de Auden, Lezama Lima, cummings y la poesía oriental, que él asimilará de manera creativa para elaborar un discurso propio, sustentado en el rigor y la exigencia formal.

Si aquellos tres borradores de aprendiz anunciaban a un poeta que iba en serio y que de vez en cuando dejaba escuchar su voz, *Este judío de números y letras* (1975) y *Y así tomaron posesión de las ciudades* (1978) muestran ya a un creador en plena forma. En el primero, que en 1974 mereció en España el Premio Julio Tovar, Kozer traza una especie de crónica existencial en donde las referencias al presente dan paso a la mirada retrospectiva a la infancia y la adolescencia, en una ojeada desde la lejanía teñida de vaga nostalgia. El sujeto lírico que transita esos textos pone parte de su interioridad a la intemperie, en una escritura personalizada que aspira a ser un sondeo esencial, un método cognoscitivo. Poesía de la experiencia, de orientación coloquialista, que se nutre de vivencias individuales objetivadas, en la cual el autor ensaya un discurso narrativo más atemperado en el que lo cotidiano y lo íntimo adquieren realce, aparecen más valorados. Kozer no cae, sin embargo, en la falta de sugerencia de la llamada poesía cotidiana. Sus poemas son elaborados, a la vez que reivindican su misión comunicativa. Se mueven dentro de una estética de asunción realista, pero atenta al detalle, a lo extraordinario de cada instante, capaz de hacer compatibles los terrenos de lo testimonial y lo lírico con la ética y el compromiso. Al padre y el abuelo les dedica sendos y hermosos poemas, que representan modélicas muestras de un arte poético sometido a las purgas del sentimentalismo y la retórica.

Que Kozer es un poeta de diferentes registros y poseedor de una amplia gama de estrategias formales, lo demuestra en *Y así tomaron posesión de las ciudades*, un libro en donde se aprecia un crecimiento de la complejidad expresiva y de los temas esenciales de su poética. Hay, en primer lugar, una ruptura de la sintaxis: elude las construcciones y la puntuación tradicionales, o se ciñe a unas propias, da lo mismo. Hay también una preferencia notoria por los períodos largos y por una poesía que gusta de la palabra bella, el estilo suntuoso y la renovación idiomática. Kozer experimenta aquí con una escritura fragmentaria, que desarrollará en obras posteriores, y que como ha apuntado Sabas Martín, tiene mucho de crisol, de arte combinatorio, de fusión y entramado (145). Esta escritura tiene que ver, por otra parte, con su intención de complejizar la realidad que recrea, de interpelarla desde distintos ángulos y núcleos. Se advierte así una vocación cosmopolita, perceptible ante todo en la inclusión de claves culturales e históricas. A lo largo de sus páginas, encontramos referencias a Polonia, la Rusia de los zares, los campos de concentración, Rosa Luxemburgo, Lenin, Florencia, Pushkin, Stalin, China, la Revolución de Octubre y Marcel Proust, a quien dedica un magnífico texto. Más que de motivos exóticos, se trata de darle dimensión universal a las experiencias propias, de proyectarlas en un contexto histórico. Las alusiones personales están ahí, sólo que ahora aparecen subyacentes, sugeridas.

Como en sus otros libros, hay en éste una gran dosis de cariño y ternura, en particular, cuando habla del padre y la familia. Tampoco falta la sobria pincelada irónica, un ingrediente que sabe administrar con especial acierto. La lectura de *Y así tomaron posesión de las ciudades* deja, en resumen, el sabor gratificante de un creador que está fundando su propio reino; de un poeta a quien define muy bien lo que sobre él apuntó el español Jorge Rodríguez Padrón, uno de sus estudiosos más agudos y fervorosos: una pasión en estado puro (9).

Reincidentes, veteranos, tardíos

A ese extenso catálogo correspondiente a las nuevas incorporaciones, hay que adicionar los títulos que publican en esta década varios poetas que debutaron en los cincuenta y los sesenta. Son los casos, entre otros, de Mauricio Fernández, Rita Geada, Luis Cartañá, Teresa María Rojas, Dolores Prida y José Mario, además de Ana Rosa Núñez, Amelia del Castillo y Pura del Prado.

Dos de los debutantes de la década pasada, Geada y Fernández, reinciden en ésta con obras en las que se aprecia la búsqueda de nuevos derroteros temáticos y expresivos. Poco queda en *Mascarada* (1970) de aquel discurso lírico delicado, apacible y armonioso que Rita Geada desplegaba en su primer libro. La sobriedad de recursos, uno de sus rasgos distintivos, deriva ahora hacia una sequedad y una desnudez en el lenguaje y una implacable sinceridad en el contenido. La escritora pasea su mirada por la realidad, y lo que ve la llena de espanto: máscaras, disfraces, un carnaval de terrores, un espantoso mercado, una «nueva Babel que nos circunda» (47), una «sucia farsa/ con su bien abastecido/ tinglado de marionetas» (15). El resultado de esa visión escéptica y desengañada cristaliza en un libro alentado por un pesimismo radical. En *Vertizonte* (1977), Geada retornará a un discurso más plácido y mesurado, a temáticas menos lúgubres y desesperanzadas. Abundan los textos dedicados al amor, así como otros en donde evoca paisajes y ciudades (San Francisco, Roma, Venecia, Cuenca, Sitges, La Habana), en «un acercamiento lúcido y pleno de vibración humana a la realidad de su contorno y de su hora» (Salvador).

Mauricio Fernández sigue en los setenta como un obstinado reincidente, e incrementa su bibliografía con tres nuevos títulos. Los dos primeros, *Calendario del hombre descalzo* (1970) y *El cortejo* (1972), no deparan rupturas ni cambios notorios respecto a su obra anterior. Volvemos a hallar la voluntad de cripticismo, la omisión de coordenadas de lugar y tiempo histórico y cierto grado de abstracción que convierten irremediablemente a su escritura en poesía para minorías. Pero al mismo tiempo hay que reconocerle un mayor grado de madurez, lo cual se pone de manifiesto en un discurso poderoso y bien articulado. Asimismo, bajo la dureza formal y verbal de los textos asoman a veces algunos hallazgos autobiográficos, algunos brotecillos de sentimientos. Ese acercamiento a una poesía más esencial y estremecida alcanza un mayor desarrollo en *En los días que suceden* (1973), en donde Fernández se abre a una expresión más natural, directa y, en consecuencia, más auténticamente humana, más sincera. Aparecen así elementos tan desusados en su obra como el tono narrativo, el clima cotidiano, la nota testimonial. El ánimo de renovación que alentaba a ese libro bisagra, halla una remozada continuidad en poemas más recientes como «Historias de aparecidos», «Agua murmurante» y «Con el danzón que la orquesta me niega», aparecidos en la revista *Poetas de Enlace*.

En *La casa de agua* (1973) y *Campo oscuro* (1977), en cambio, no se advierten innovaciones sustanciales respecto a la producción conocida de Teresa María Rojas. Se amplía, sí, el registro de su voz, pero sin modificar su tesitura poética. Lo conseguido en *Señal en el agua,* ahora se consolida y pule. Su escritura sigue siendo sosegada y límpida, como corresponde a una obra que quiere ser eminentemente comunicativa. Rojas, como apunta Carlos Alberto Montaner, más que buscar la metáfora sorprendente o el barroquismo verbal, quiere «transmitir estados de ánimo, darse al lector, entregarse, ser honesta» (contraportada). Expresadas así, esas caracterizaciones pueden resultar, sin embargo, demasiado simplistas, por lo cual se imponen algunas matizaciones. En las mejores páginas de esos libros, hay sencillez pero no simpleza; transparencia mas no vacuidad; lirismo mas no cursilería; emotividad gratificante mas no empalago sentimental. Estamos además ante una creadora que no disimula su condición femenina, por el contrario es fiel a ella, pero ante la misma sobran los tópicos –por los demás tan esquemáticos– de la reivindicación feminista o el erotismo. Como ha advertido Mary Seale, en *Campo oscuro* la deliciosa inocencia alterna más a menudo con la soledad y la desesperación (7). Rojas, en efecto, alcanza registros de dolorosa intimidad cuando evoca sus días de infancia en Cuba, o cuando sus observaciones e introspecciones la llevan a fijar la atención en las aristas menos gratas del mundo que la rodea, si bien prevalece en todo momento un fondo de optimismo que triunfa sobre la amargura. Asimismo, el dolor aparece sólo insinuado, como para que el lector se vea obligado a la relectura. Y está, en fin, esa nota de humor socarrón e ironía leve y cordial que da a su poesía parte de su gracia y frescura. Dos buenos libros, en resumen, pletóricos de afectividad, emoción y limpio decir.

Antes de pasar definitivamente a la creación dramática, Dolores Prida volvió una vez más al género en el cual se dio a conocer, con la contribución de siete textos para el cuaderno *The IRT Prayer Book* (1974), en el que también participa Roger Cabán. Los autores nos invitan a un viaje al submundo del metro neuyorquino, a partir de dos vehículos expresivos: «el lente de la cámara, implacable en sus revelaciones físicas, y el lente de la poesía, atrevido en sus impresiones físicas» (s.p.). Prida se ciñe a un discurso realista que no desdeña las notas sórdidas, y muestra ese paisaje cotidiano sin brillos retóricos. Abre así los ojos ante los aspectos más degradados y terribles de la realidad social, y con esa materia prima logra un puñado de páginas directas y efectivas, modesto contrapeso al esteticismo formalista de tanta poesía atemporal y cosmopolita.

No hablemos de la desesperación (1970) es el primer libro que José Mario da a conocer en el exilio, y que vino a sumarse a los seis publicados por él en la isla. Recoge allí textos escritos entre 1965 y 1967, en los que, partiendo de sus vivencias, pretende dar un «testimonio desgarrado» de la juventud cubana en aquellos años. Si se leen entre líneas, podemos hallar en esas páginas connotaciones sociales indirectas o soterradas. Así, Matías Montes Huidobro y Yara González consideran que el libro deja traslucir el conflicto entre el individuo y la sociedad que no le permite vivir en paz (87). Mas para haber logrado lo que se proponía, Mario debió haber plasmado los contenidos de manera un poco más accesible, menos críptica, y evitado disgregaciones estériles, simblismos pretensiosos, confusionismo gratuito. De ello resulta que, sin estar desprovisto de interés, *No hablemos de la desesperación* sea un esfuerzo malogrado. Contiene algunos buenos poemas («arte poética en homenaje a atis», «bar», «ángel»), versos sueltos, centelleos fugaces, pero no alcanzan a conformar un discurso coherente.

Dentro del panorama literario de la diáspora, Luis Cartañá constituye un caso singular. La constante movilidad fue una nota distintiva en su trayectoria vital que su obra poética recoge y refleja. Emigró de Cuba muy joven, se estableció en Estados Unidos y aprendió allí la lengua inglesa. Pasó luego a España, donde además de graduarse en Derecho, publicó su primer poemario, *Estos humanos dioses* (1967), y se relacionó con algunos de los escritores que José María Castellet bautizaría como los «novísimos». Uno de aquellos jóvenes, el catalán Pere Gimferrer, ha señalado que pese a su condición de transeúnte, Cartañá se convirtió en uno más, por concordar con ellos en el intento de «engarzarse con el fausto verbal y la belleza iluminada de los fundadores de la vanguardia hispánica» (7). De España, Cartañá regresó a Estados Unidos, y al poco tiempo obtuvo una cátedra en la Universidad de Puerto Rico. Se inserta sin dificultad en el ambiente cultural boricua y admite sentirse identificado con los poetas de la Generación de 1960. Incluso en el prólogo a otro de sus libros, Rafael Soto Vergés se refiere a él como autor cubano-puertorriqueño (8). Sus últimos años los vivió en Miami, ciudad en la cual fijó su residencia tras su retorno de una nueva estancia en España. Esa persistente errancia explica por qué sus poemarios aparecieron en sitios tan distantes entre sí como Mayagüez y Barcelona. Fueron además ediciones reducidas y de limitada circulación, lo cual puede ayudar a entender el exiguo conocimiento que sus compatriotas tienen de su poesía. La hace tiempo anunciada salida de sus *Poesías completas* abrirá en ese sentido una vía de acceso a la divulgación de su obra.

De los tres títulos pertenecientes a esta década, *La joven resina* (1971), *Canciones olvidadas* (1977) y *Límites al mar* (1978), el segundo puede servir como una puerta posible para penetrar en el universo del escritor. Se trata asimismo de su obra más difundida: seis ediciones hasta la fecha. Allí Cartañá se afilia a lo que algunos críticos denominan neorromanticismo intimista, tendencia que cobró fuerza en Hispanoamérica a mediados de los años sesenta. Estamos indudablemente ante un temperamento romántico que recupera la temática amorosa desterrada por la poesía social. Nada que ver, sin embargo, con el romanticismo empalagoso y trasnochado que cultivan algunos compatriotas suyos. Ante todo porque sus fuentes son otras, además de muy variadas: de San Juan de la Cruz a Rimbaud, pasando por Neruda y el surrealismo. Eso le proporciona a su escritura una amplia gama de matices y registros. Puede pasar así de la diamantina sencillez de versos como «Desde niño no he vuelto a tener/ un caballo de madera y una espada de mar/ amarrada a mi cintura» (17), a las imágenes deslumbrantes y la libre asociación de cuño surrealista, en un discurso que es un permanente estímulo a la imaginación del lector. Doce años después de su fallecimiento, Luis Cartañá sigue siendo un poeta a descubrir.

Aunque también aborda con frecuencia asuntos como Dios, el amor, la naturaleza, la soledad, el afán de justicia, el respeto de la libertad y la dignidad humanas y el dolor del destierro, Cuba es el tema recurrente en la obra poética de Ana Rosa Núñez. Ella misma así lo ha corroborado: «Siempre ha habido un motivo fundamental en mis versos: Cuba. Aun en los momentos de mayor lirismo, aunque no la nombre, la carga emotiva es eso, Cuba» (Carta). En *Viaje al casabe* (1970), *Réquiem para una isla* (1970) y *Escamas del Caribe: Haikus de Cuba* (1973) vuelve sobre un motivo que ya estaba presente en *Las siete lunas de enero* (1967) y *Loores a la palma real* (1968), ambos pertenecientes a su producción del exilio. En *Escamas del Caribe*, se aproxima a la patria a través del rescate de nuestras raíces caribeñas. Antes fue el regreso a nuestros orígenes prehispánicos, a las culturas siboney y taína, en *Viaje al casabe*. No se trata de una tendencia nueva en la literatura cubana. Ya en el siglo pasado la ensayaron autores como Joaquín Lorenzo Luaces, José Fornaris y El Cucalambé, exponentes de la rama de la poesía nativista conocida como siboneyismo. Ana Rosa ve con un sentimiento de añoranza aquel pasado virginal, inocente, primigenio. En *Los oficia-leros* (1973), en cambio, abandona los escenarios y referencias locales y rinde un afectivo y respetuoso homenaje a los representantes de varias profesiones modestas: el globero, el carbonero, el cartero, el afilador de tijeras, el basurero. El libro da una buena medida de la lírica cálida, sensible y humana de Ana Rosa Núñez, de su temperamento ordenado y sereno.

Entre los principales valores destacados por la crítica en la obra de Amelia del Castillo, están su ternura, su matiz melancólico, aunque no amargo, y su sosegado revivir de días entrañables. Sus poemarios *Urdimbre* (1975) y *Voces de silencio* (1978) participan de lo que tradicionalmente se identifica con poesía femenina: delicadeza, sensibilidad para lo mínimo, intimismo. En *Voces ...*, la autora trata temas de acusada raigambre lírica como el amor, la naturaleza, la soledad. Muchos de esos poemas se sostienen sobre un andamiaje de recuerdos nostálgicos y mustios. De ahí que estén permeados de una cernida tristeza, una añoranza contenida. Ambos son libros correctos, pero que vienen a aportar muy poco, y en los que se advierten, sobre todo en el segundo, ciertos síntomas de fatiga de un estilo que tiene ya poco que decir. En la siguiente selección de la escritora, *Cauce del tiempo* (1980), se advierte un esfuerzo por superar esa estética, una moderada voluntad de renovación, aunque paradójicamente lo hace dentro de los moldes de una tradición tan antigua como la poesía mística.

A diferencia de Ana Rosa Núñez y Amelia del Castillo, sus colegas generacionales y escritoras que producen con cierta parsimonia, Pura del Prado retorna en esta década con una obra que, desde el punto de vista cuantitativo, es bastante copiosa: cuatro títulos que, en total, suman unas seiscientas compactas páginas. Su campo temático es además un poco más abierto, pues aunque el «amor del espíritu y el de la carne» aparece como argumento dominante en *Otoño enamorado* (1972) e *Idilio del girasol* (1975), incursiona, como otros de sus compatriotas, en los asuntos sociales y políticos (*La otra orilla*, 1972) y los mitos y las tradiciones afrocubanos (*Color de orisha*, 1972). Este último aspecto, la insistencia en temas habituales de nuestra literatura, tiene estrecha vinculación con una de las líneas básicas que guían su escritura: el apego a la tradición, el rechazo de la ruptura. Con esto vuelve a plantearse una cuestión que, pese a que nunca ha sido debatida a fondo, tiene en las letras del exilio un gran peso: la tradición. Como apuntó Pedro Salinas en su sagaz ensayo *Jorge Manrique o tradición y originalidad*, se trata de un patrimonio que lejos de ser un estorbo para el artista, constituye un impulso, un estímulo a su creatividad. El gran peligro al hacer uso de ella consiste en no saber emplearla, en repetirla de manera mecánica, en no revitalizarla con la fuerza propia de un yo original. Ése es precisamente el riesgo que Pura del Prado no consigue resolver, y lo que hace que su poesía se acerque a lo que más que tradición, es tradicionalismo.

De nuevo estamos en el reino de la rima y la métrica, y en una estética que halla en la lírica el campo más propicio para el desborde emocional. Hasta aquí nada que objetar si la autora no cayese en el exceso y la demasía. Hay, por un lado, una falta de control en la exposición de los sentimientos, lo cual hace que muchos textos deriven hacia la sensiblería. Véanse, para comprobar lo que decimos, poemas como «A una maestra americana», «Funeral», «La negra solterona» o «Romanticismo quinceañero». El principal reparo que uno le pone a textos como los citados es que se quedan en la resonancia sentimental, renunciando a planos más exigentes y profundos. En ellos se cumple, desafortunadamente, la tesis que sostenía André Gide de que con los buenos sentimientos se hace mala literatura. Incluso, entre las elogiosas reseñas sobre esos libros que se publicaron en la prensa miamense, no faltaron señalamientos en ese sentido. Anita Arroyo se refirió a su «verso fácil y espontáneo, siempre cargado –sobrecargado, quizás– de sentimiento», así como a sus «excesos de lirismo», su «superabundancia» y su «abrumadora catarata de incontenidas emociones» (5). También José Ángel Buesa, al presentar *Otoño* ..., disculpa a la escritora los «excesos de equipaje» (87). Asimismo, un libro como *Color de Orisha* se resiente por la exhuberancia de información, al punto de que ésta llega a adquirir más valor que los propios elementos poéticos. Tampoco esto pudo omitirlo otro de los entusiastas admiradores de Pura del Prado, al reconocer que «es un libro repleto de palabras que no entiendo, nombres de yerbas, de maderas, de frases en ñáñigo ... Lo entiendo sólo a medias» (Guas 5).

Como otros autores de la diáspora, Pura del Prado fundamenta buena parte de su obra en la nostalgia y la añoranza. Eso la lleva a volver sobre un pasado ya exhausto, no tanto en sí mismo como por la manera desde la cual es abordado. La sugerencia del lenguaje es sacrificada en aras de la claridad del mensaje y de la eficacia extraliteraria, en una escritura con demasiados débitos al costumbrismo y el prosaísmo. La autora incurre en lugares comunes como «luna redonda», «estrella fugaz», «desnudos senos», «ojitos trigueños», «agua transparente», «espuma blanca», «el néctar de sus mieles», «cutis moreno»; o en imágenes tan imperdonables como «ojos de nata traslúcida», «ojos lumínicos», «el requesón de la ternura» o «siquitrilla metálica», esta última para referirse a la Torre Eiffel.

Resulta lamentable que Pura del Prado consagre sus mejores esfuerzos a una estética cuyas posibilidades están ya agotadas, y que, además, no contribuye a que sus virtudes y aciertos puedan ser debidamente evaluados. Una selección apretada y rigurosa de su nutrida producción eliminaría el que en un mismo libro los logros alternen con las caídas, las cimas con las simas, y serviría para que su derroche de vitalidad y aliento optimista, su ternura casi infantil, su aceptación libre y franca del erotismo adquiriesen mayor relieve. Una escritora, en fin, cuya obra hubiese ganado mucho de haber contado con lecturas más actualizadas.

Nos referiremos, por último, a cuatro autores que, como apuntábamos páginas atrás, se incorporan tardíamente a la creación poética: Carlos Miguel Suárez Radillo, Raoul García Iglesias, Pablo Le Riverand y Oscar Gómez-Vidal. De todos, es el último quien firma una obra más estimable. En su caso, se trata además de una recuperación, más que de un inicio tardío, ya que tras veintiocho años de silencio, desde que editó su primera recopilación, retornó a la poesía con un par de títulos, *El otro mundo de Tina* (1975) y *Definiciones* (1979). En el segundo recoge cuarenta y dos textos en los que alcanza una extrema condensación verbal y una entonación metafísica que procede de la inspección inmediata. Libro despojado de regodeos narrativos, ornatos culturalistas u otros alardes puramente literarios, no deja de tener algo de voluntad de hermetismo y de reto al lector, por las inclinaciones de Gómez-Vidal a la conceptualización y al frío control del material con que trabaja.

Sexualidad sin eufemismos

En esta oleada de neorromanticismo a la cual asistimos en esta década, se echaba en falta un tratamiento más carnal, más sexual del tema amoroso. Si exceptuamos unos cuantos textos de Pura del Prado y algunos, mucho más recatados, de Teresa María Rojas, es un ingrediente que la mayoría de nuestros escritores escamotean y mutilan. No se trata, sin embargo, de una carencia imputable sólo a los cubanos. En realidad, el erotismo no es el fuerte de las letras hispanoamericanas, que, como fiel reflejo de sociedades profundamente reprimidas y pobladas por incontables tabúes y prejuicios sexuales, se distinguen por su esencial puritanismo.

Resulta por ello muy saludable que dos autores, Ileana Rivero y Félix Cruz-Álvarez, redescubran el erotismo como tema poético y lo tomen como punto de partida para elaborar sus respectivos libros, *Cuerpos breves* (1976) y *Sonetos* (1975). El poemario de Ileana Rivero viene a confirmar la sobriedad, el buen hacer y la severidad conceptual, estética y constructiva que ya se ponían de manifiesto en *De cal y arena*. Aquí se revela como una sutil e inteligente poeta de amor, capaz de abordar la sensualidad sin eufemismos y, a la vez, preservar la sugerencia como principal soporte de su discurso. No hay titubeos ni mojigatería al referirse a la relación sexual. El hecho de que sea una mujer quien los firma, dota a esos textos de una perspectiva peculiar. A diferencia del masculino, en general más visual y genital, el erotismo femenino, como han notado muchos especialistas, es más táctil, más auditivo, y se liga a los olores, la piel, el contacto (Alberoini 8). De ahí que Rivero preste tanta atención al aspecto sensorial. Hay, por ejemplo, un poema dedicado al olor de la piel masculina, a la mezcla de perfumes que ésta le sugiere («Olor»). En «Y más», describe la húmeda sensación que le deja en las manos la camisa empapada de sudor de su pareja. En «Tacto» capta y expresa con pleno acierto el fruitivo recorrido por su cuerpo. *Cuerpos breves* no se reduce, sin embargo, a un puñado de páginas enlazadas por su unidad tonal y temática, sino que además poseen una honda trabazón interior. La escritora introduce asimismo una reflexión sobre la creación poética, sobre la (in)utilidad de contar el amor, de devolverlo hecho palabras y versos, de copiar «en la tinta/ todos los besos/ el ardor entero», lo que «se podía haber dicho/ entre dos cuerpos» (14). Con el que es hasta la fecha su último poemario editado, Eliana Rivero aporta al paisaje de nuestra poesía un libro que posee el atractivo de la obra bien hecha, una lección de rigor, de escritura ceñida, personal y contemporánea.

Otros bien distintos son los derroteros que sigue Félix Cruz-Álvarez, quien, en primer lugar, se decanta hacia poéticas más tradicionales. *Sonetos* es un libro con pocas novedades (que no siempre son garantía de hallazgos), pero con muy estimables aciertos. Su lectura no depara sorpresas, pero tampoco frustraciones. Más que un poemario de temática amorosa, se trata de una veintena de textos en los cuales despliega un discurso profundamente testimonial en el que, como señaló Pura del Prado, hallan cabida «sus ternuras, su aficionada pasión de enamorado, su paternidad luminosa, su amistad confidente» («Ventanas» i). Así, junto a las piezas que dedica a su esposa, reunidas en la sección «A Xiomara», están otras escritas para su hijo («Tríptico de Rafaelito») y sus amigos («Dedicaciones»). Son páginas creadas, además, desde la paz, la serenidad y la dicha del ámbito hogareño, que parecieran ocuparse sólo de «los recuerdos del ayer gozoso». El poeta se sirve de la palabra limpia, habla desde adentro y llena de emoción al verbo, para hablar del amor de siempre, del amor impermeable a modas y tendencias. Similar nivel y dominio técnico mantiene Cruz-Álvarez a lo largo del libro, que destaca por su nítida sensualidad, por la mesura de recursos y por la vitalidad que del mismo se desprende. *Sonetos* constituye un cuidado producto de artesanía que demuestra que tradición no es, necesariamente, sinónimo de conservadurismo. La publicación, un par de años después, del admirable *Homenaje a las furias* probó que, rimas y combinaciones estróficas aparte, estábamos en presencia de un legítimo poeta.

Faltaba, sin embargo, la otra versión de la sexualidad, la más transgresora, la que debe ocultar su nombre, la que más rechazo e incomprensión concentra sobre sí. La trae precisamente un escritor al que no puede reprochársele el no correr riesgos ni eludir los asuntos más controversiales y comprometidos. A Severo Sarduy pertenecen los únicos textos explícitamente homoeróticos que se publican en esta década. No llegan a integrar un libro, tampoco son muchos –no pasan de cinco o seis–, pero representan un hecho lo suficientemente desusado como para que lo registremos aquí. Son poemas experimentales, cercanos a la órbita de su producción narrativa: «Rompes contra el suelo los cantarillos de agua podrida, te sacas el sexo, hueles a oliva, te aprietas el glande, lo marcan tus dedos manchados de azafrán» (*Big Bang* 50). No faltan el toque provocador, el humor lúdico y los ramalazos de gustosa cubanía: «Mete!/ Y si ardor o pudor o amor ay, saca!/ Lamida maruga, mojada matraca/ entra mejor. Si en este brete/ se te/ cae, recobra su natura de estaca:/ hueso embadurnado de laca,/ de perro mascado tolete.// Foutez allègremen! La vida es eso:/ darle hasta que se caiga la sin hueso/ untada con K.Y. (sabor a menta)» (*Big Bang* 107). En páginas como «Ketjak» y «Cuerpo divino», Sarduy adopta, por el contrario, una escritura menos llamativa, más escueta, intensa y formalmente austera.

La alargada sombra de Orígenes

Que Orígenes es el conglomerado más identificable, prestigioso e influyente que nuestra poesía ha dado en el siglo XX, es una afirmación que, pese a lo taxativa y categórica, pocos estarían dispuestos a impugnar. José Lezama Lima, Gastón Baquero, Eliseo Diego, Fina García Marruz, Cintio Vitier, para citar los nombres más relevantes, ocupan un amplio y esencial sector de nuestro panorama literario, en donde han ejercido y ejercen un benéfico y fértil influjo. Así, en buen número de los libros editados en los últimos años por los poetas jóvenes de la diáspora se advierte la huella del autor de *La fijeza*. De igual modo, entre sus contemporáneos en la isla se asiste actualmente al descubrimiento de la obra de Baquero, cuyos textos circulan fotocopiados o reproducidos a máquina.

Dos de los miembros del grupo, Justo Rodríguez Santos y Lorenzo García Vega, salieron de la isla en la década del sesenta. Ambos continuaron escribiendo, y en los años siguientes dieron a conocer las primeras muestras de esa producción. Rodríguez Santos reunió la suya en dos volúmenes, *El diapasón del ventisquero* (1976) y *Los naipes conjurados* (1979), en donde despliega todos sus conocimientos sobre métrica y versificación, que son considerables. Métrica y ritmo son los recursos en los cuales basa su discurso, que conserva como principales valores la musicalidad, la elegancia del idioma, la sobriedad de la forma y el sentido subrayados ya por Cintio Vitier al comentar sus primeros textos . Con su acostumbrada agudeza para el análisis crítico, Vitier señaló entonces a Rodríguez Santos que su «mayor enemigo es esa misma facilidad con que obtiene la perfección y que le ha permitido escribir sonetos antológicos» (97). Al autor de *Luz cautiva* la versificación se le da sin dificultad, se desenvuelve cómodamente en las combinaciones estróficas tradicionales, pues posee, como él mismo ha dicho, un oído atento a la corrección formal y la técnica. Pero, ¿puede uno conformarse con que un poema «suene» bien o sea, como decía Jorge Guillén, sólo ingenio versificado? ¿No se le exige a la poesía algo más que convencer estéticamente mediante el sonido? Es ése el primer obstáculo que dificulta la lectura de estos dos poemarios: se trata de una escritura limpia, cuidada, que no conmueve ni apasiona; que se reduce a palabras desprovistas de carnalidad. Son además libros que no deparan sorpresas, que provocan en el lector esa desmotivadora sensación de conocer de antemano lo que va a encontrar en las páginas siguientes. Todo escritor, es cierto, acaba por elegir el lenguaje y los recursos expresivos para los cuales está más dotado. Pero también lo es que todo artista debe crecer en cada obra, y no contentarse con reproducir los mismos hallazgos. A eso se añade que estamos ante un autor que escribe mucho –todos sus libros son muy voluminosos–, y eso contribuye aún más a que resulten monótonos y a que inciten poco a proseguir su lectura. El suyo es el típico caso del escritor que gana cuando se le antologa. Rodríguez Santos, por otra parte, no se plantea remozar las formas clásicas que adopta como moldes con sensibilidad y temas contemporáneos. Sus sonetos, madrigales y liras se leen bien, pero parecen escritos hace ya muchos años. Entre otras razones, porque no ha sabido liquidar sus nexos con la estética modernista, en la cual aprendió muchos de los ritmos y motivos que hallamos en su poesía. Incluso, una de las parcelas más atractivas de las que se nutre, el mundo onírico, no procede, como cabría esperar, del surrealismo, sino de «la mitología literaria más al uso entre los modernistas y otros fabuladores semejantes» (Ramos 97). Asimismo, y al igual que aquellos escritores, opta por la aristocracia del espíritu, y en su espacio poético difícilmente encuentra cabida el mundo que le rodea. Un poeta, en resumen, que no ha sabido saldar su deuda con el modernismo, a cuya estética sigue pagando tributo.

Nada más distante de las concepciones poéticas de Lorenzo García Vega que la métrica, la rima, la arquitectura armoniosa o el delicado artilugio de las estrofas clásicas. Ya al comentar su primer poemario, Lezama Lima resaltó la libertad de su escritura «con respecto a poesía de concepto rimado o encubierto, aseo total de un mundillo poético categorial» (741). Lo suyo es más la prescindencia de cánones y normas, la heterodoxia. Practica asimismo una especie de hibridación literaria, una combinación de géneros que cuaja en esta década en tres títulos bastante peculiares. Uno de ellos, *Ritmos acribillados* (1972), debe ser incluido en la creación poética, pese a que tal catalogación desconcierte a más de uno. El autor recopila allí cuarenta y dos textos que constituyen un intento de expresar de modo directo situaciones y personajes de claro origen narrativo. A diferencia, por ejemplo, de *Cetrería del títere* (1960), que era una tentativa no resuelta de adaptar a moldes narrativos algunos temas de su mundo poético (Villaverde 160). Apuesta aquí por la límpida sencillez de la escritura. No le interesan los efectos deslumbrantes ni los desbordamientos verbales, aunque tampoco hallaremos mal gusto, chirridos o disonancias. Como ha anotado Mario Parajón en el prólogo, desde la primera página el libro avanza hacia la humildad expresiva de una antipoesía que nada tiene de antipoética (17). No lo es, ante todo, por su pulido prosaísmo y porque el autor vierte asuntos realistas en una poética sobriamente lírica. «Tengo ganas de revelar algunos de mis recuerdos» (29), se lee en uno de los poemas que abre *Ritmos acribillados*. Y eso es lo que en gran medida hace, una revisión de los desvanes de la memoria: los cigarros fumados a escondidas, las fugas del colegio jesuita, las salidas nocturnas para robar los melones del vecino, las tardes de domingo, el único automóvil del pueblo. Esta poesía que es, sobre todo y en primer lugar, fruto de la experiencia, consigue una mayor eficacia introspectiva al enraizarse en historias verosímiles y cotidianas, en las que calles, barrios y personas aparecen con sus nombres propios. El gran mérito de García Vega reside en el tratamiento de una materia prima tan proclive a conducir al sentimentalismo y al mero ejercicio de nostalgia. El mensaje explícito de la poesía testimonial se enriquece con una confesión asordinada, una inflexión espiritual, una elegante melancolía y un lenguaje que deambula entre lo narrativo y lo onírico, con la sugerencia como principal baza. *Ritmos acribillados* no es un gran libro, pero sí un buen y hermoso libro.

Además de los libros de Rodríguez Santos y García Vega, debemos ocuparnos de sendos volúmenes que publican otros dos autores, Raimundo Fernández Bonilla y Carlos M. Luis. No se trata, como los anteriores, de origenistas de plantilla, sino de epígonos, de poetas más jóvenes en quienes el deslumbramiento y la huella de la literatura de Orígenes y, en particular, de su representante más sobresaliente y emblemático, resultan patentes. Ambos recopilan en esta década su producción de veinte años, en lo que puede tomarse como el resumen de una etapa creadora, y la dan a conocer en las Ediciones Exilio, el mismo sello donde también apareció el libro de García Vega. Coinciden asimismo en el dilatado silencio que desde entonces mantienen, y que explica, en parte, el olvido y la desatención que sus obras han merecido.

En *Hermas viales* (1972), Raimundo Fernández Bonilla organizó su labor poética en diez capítulos o libros, cada uno de los cuales corresponde a un «momento» de su trayectoria, «con sus características, estilo, estructuras y talante peculiares surgidos de la época en que fueron escritos» (7). Eso hace que en el volumen las formas métricas sujetas a esquemas de la tradición alternen con el verso libre. Se aprecia además una notoria evolución de la escritura de cuadernos como *Corsarios viales* y *Espada y Vitral* a otros posteriores. Se nota la propensión al ornato verbal y un culteranismo de cuño lezamiano, que más que responder a la estética del creador de *Muerte de Narciso*, forman parte de lo que pudiéramos llamar los tics más externos de su barroquismo. Esta vuelta al esteticismo gratuito y el hermetismo deliberado cristaliza en una poesía marmórea, es decir, rígida y fría, cuya lectura demanda un esfuerzo tal que acaba por desalentar. En los últimos cuadernos, Fernández Bonilla parece tomar conciencia de los peligros del lujo barroco y la verbosidad desbordante, y opta por un discurso menos histriónico y artificial, aunque las emociones artísticas e intelectuales siguen teniendo una evidente hegemonía sobre las humanas e ideológicas.

También Carlos M. Luis tiene una considerable deuda con Lezama. Él mismo ha sido el primero en reconocerla y citarle como uno de los creadores que más huella dejaron en su formación literaria: «su amistad y enseñanza fueron decisivas, sin él mucho de lo que puede haber de positivo en mi obra no hubiese existido». A esa influencia, hay que añadir otra, la surrealista, poco afín con la lezamiana si aceptamos su tesis de que la experimentación consustancial a las vanguardias fue púdicamente evitada por los origenistas («50 años», s.p.). El material recogido por Luis en *Entrada en la semejanza* (1973) compendia dos décadas de exploración poética. Suponemos se trata de una selección que reúne, en buena parte, páginas de los cuatro títulos precedentes, *Los Años-Días* (1954), *Simulacro de lo absoluto* (1957), *Horizonte en el Hombre* (1958) y *Espacio Deseado* (1967), ya que no se indica la procedencia de cada poema ni el año en que fue escrito (el libro carece hasta de índice). No es prudente, por tanto, aventurar juicios concluyentes sobre la evolución que experimenta su escritura. En cualquier caso, estamos ante una obra en la cual religión y poesía alcanzan una consistente fusión, sin que aquí la segunda sea asfixiada por su propio contenido. A Luis no le interesa, sin embargo, escribir poesía religiosa. La palabra, según él, le sirve para lanzarse a la búsqueda de Dios y encontrar en ella su presencia. Más allá de un mero ejercicio poético del lenguaje, se trata de «una ejercitación del espíritu» para hallar «su puente de diálogo con Dios». A lo cual agrega: «La expresión de un hombre religioso ha de forzar el lenguaje hasta la poesía» (*Entrada* 69). Escribe como parte de un esfuerzo para ponerse en paz consigo mismo, y en ese sentido sus textos poéticos se mantienen fieles a la idea de «irse ganando una fe» (69). Lo primero que uno agradece al escritor es que esa indagación en el horizonte religioso cuaje en buena poesía. Estamos ante un discurso de fuerte hermetismo, que en aras de conseguir un mayor nivel de elaboración, incorpora dificultades simbólicas y alusivas. Luis escribe con más inteligencia que pasión, y eso pone una cierta distancia entre su obra y el lector. Se muestra remiso a revelar sus secretos, a permitirnos el acceso, y pone demasiado empeño en ocultar las motivaciones, el sustrato vital que subyace en la génesis de los poemas, en escamotearnos las claves de su lectura. En los pocos textos en que sus valores emotivos no se atemperan en demasía, basta una brevísima pista para que el poema comience a descubrir algunos de sus enigmas y misterios. Así, una simple dedicatoria, «Para Cintio y Fina, poco antes de salir de Cuba», nos permite penetrar por vías menos alegóricas en estos versos: «Estar aquí con el lenguaje de los ídolos/ y no saber nada de la casa que se cierra./ (...) ¡Qué extraña sorpresa la escalera!/ la casa, siempre la casa que ya no se abre/ en algún momento nos está llamando/ su vacío sin tiempo continúa en el nuestro/ porque esperamos el disfraz que hemos de llevar/ en el coro suicida que se lanza al río» (105). En las mejores páginas de *Entrada en la semejanza*, Carlos M. Luis logra liberarse de «esa retórica de lo no vivido o soñado» que para él no debe ser la poesía, gracias al espesor y la solidez de su discurso. Eso, entre otras cualidades, hace merecedora a su obra de más de un acercamiento, tal como le expresó Lezama en una carta.

No es una simple coincidencia que los libros de García Vega, Fernández Bonilla y Luis apareciesen apadrinados por la revista *Exilio* (desafortunadamente, su catálogo se redujo a esos tres títulos), toda vez que desde los primeros números esa publicación expresó su admiración por el Grupo Orígenes, por su sustancial aportación a nuestra cultura, así como la voluntad de recoger y continuar esa ejemplar tradición. Algo parecido se da con una de las revistas que surgen en esta década, *Alacrán Azul* (1970-1971), de cortísima trayectoria (no pasó de dos números), y cuyos editores demostraron una clara y fervorosa adhesión al credo surrealista. Autores como André Breton, Tristán Tzara, Jean Pierre Duprey y José A. Baragaño, entre otros, merecieron trabajos críticos (al último se le dedicó un amplio homenaje), y estaba anunciada, para la tercera entrega, una encuesta sobre la significación del surrealismo en la poesía moderna. Para la aún incipiente literatura de la diáspora, *Alacrán Azul* resultaba un proyecto demasiado ambicioso y adelantado, aunque valorada desde hoy queda como una de las publicaciones más interesantes y cuidadas. La revista cedió su nombre a la colección con la cual las Ediciones Universal inició su andadura. Uno de sus primeros títulos,

Amuletos del sueño (1971), pertenece precisamente a Fernando Palenzuela, director, junto con José Antonio Arcocha, de *Alacrán Azul*. Los textos que componen el libro, fechados entre 1958 y 1962, aparecen distribuidos en seis secciones, y los encabeza una cita de Nerval en la que se reconoce el sueño como una segunda vida. Y ya se sabe, decir sueño es decir surrealismo. Palenzuela adopta fielmente la arbitrariedad imaginativa, la fantasía onírica y la impugnación del realismo y el imperio de la lógica puestas en circulación por el surrealismo, en un discurso que participa también de la intemporalidad de la poesía pura. Consigue así un conjunto de textos tan correctos como faltos de verdadero aliento y de honda sustancia humana. Ante todo, porque se quedan en un surrealismo estéril, el de la primera etapa, que no tiene más sentido que el del automatismo y la búsqueda del poema del inconsciente. Resulta paradójico, por otro lado, que no emplee el humor, reivindicado por Breton y sus seguidores como una de las armas más poderosas, y que hubiese contribuido a quebrar la gravedad de una poesía tal vez demasiado solemne. Con todo, había en aquella obra de iniciación suficiente dignidad como para que aguardásemos la siguiente estación del itinerario creativo de Palenzuela. Desafortunadamente, *Amuletos del sueño* quedó como su primera y última entrega poética.

Búsqueda y riesgo: la vía experimental

La vía experimental cuenta en el exilio con tres significativos representantes, que asumen la poesía como un revulsivo contra la escritura tradicional, para ellos limitada y estancada en su desarrollo. Son deudores de las vanguardias que renovaron el discurso poético y lo ampliaron dándole un nuevo concepto. Han asimilado además hallazgos de las técnicas publicitarias y el cartel, como son el juego tipográfico con la página o la revalorización de la letra y de los aspectos caligráficos. Y comparten con los concretistas la intención totalizadora, la noción de ideograma, la sintaxis visual, la yuxtaposición no discursiva de elementos y el espacio gráfico como agente estructural. Los tres se han volcado decididamente en el riesgo de la búsqueda, aunque cada uno posee una individualidad perceptible y la dirige por vías propias. Y si algo admira de sus obras más logradas, es el constatar que la audacia y la novedad pueden convertirse también en una experiencia poética de primer orden.

Nos ocuparemos, en primer lugar, de Octavio Armand, cuya obra ha sabido conservar hasta hoy el aliento innovador de sus primeros títulos. De su trayectoria sostenida dan cuenta siete poemarios y una colección de ensayos, si bien en su caso las parcelas de poesía y prosa no siempre se hallan bien delimitadas y muchas veces los géneros se entremezclan, contaminan o infiltran. Hombre culto y familiarizado con las principales tendencias de la literatura moderna, ha desarrollado también una importante actividad como editor de revistas, de las cuales *escandalar* ha sido la más famosa. Analizaremos de modo global los seis libros correspondientes a este período, siguiende el criterio de uno de sus estudiosos de que Armand «escribe en rigor un solo texto, caprichosamente desarticulado por el azar del copyright o los pies de imprenta» (Justo 21). Integran ese conjunto *Horizonte no es siempre lejanía* (1970), *Entre testigos* (1974), *Piel menos mía* (1976), *Cosas pasan* (1977), *Cómo escribir con erizo* (1979) y *Biografía para feacios*, que aunque aparece en 1980 agrupa textos fechados entre 1977 y 1979. Una primera lectura y, sobre todo, una lectura apresurada de esos libros puede llevar a asegurar que la poesía de Armand encaja muy bien en lo que Roland Barthes llamó el grado cero de la escritura: en vez de comunicar algo, el texto, en tanto mensaje, se inmola. En ese sentido, se toma demasiado al pie de la letra y sacándola de contexto la afirmación de Severo Sarduy de que la energía de la obra de Armand no expresa ideas, no vehicula conceptos, sino que «los *da a ver*», cuando la intención de quien eso expresó es demostrar algo bien distinto («Textos» 330). Hay, es cierto, una marcada valoración de los aspectos gráficos, y el escritor parece coincidir con las tesis de Max Bense, miembro del Grupo de Frankfurt, quien ve el lenguaje no sólo como portador de significado, sino además como acto fonético y visual. Todo eso, sin embargo, forma parte de una nueva concepción del hecho literario difícilmente explicable según los patrones convencionales, y en la cual el componente lingüístico no pierde valor, sino que gana otros.

De hecho, el lenguaje es una preocupación y un tema permanente en toda su obra, donde aparece bien de manera ostensible, bien subyacente. Él mismo ha declarado que ese interés responde a la necesidad del escritor de la diáspora de hacer del lenguaje su territorio, su patria. Cita a Cabrera Infante y Sarduy como los «grandes jugadores del lenguaje», y añade: «Nosotros tenemos que jugar más con el idioma porque estamos apartados de un paisaje, de una historia» (Ramírez 124). Ese proyecto se materializa, por un lado, en una utilización festiva, irreverente y desenmascaradora del lenguaje, y, por otro, en un riguroso tratamiento de la palabra. Apela con frecuencia a la paronimia, a las semejanzas fónicas, a las ilusiones semánticas, para desmontar y recomponer frases y términos: «Escaparse es caparse», «Tiranía= (t)ironía. Error=(t)error», «Todavía: toda vía: toda vida», «Bourgois Sea», «(ex)presarse= (ex)ponerse» (*Biografía* 67). Uno de los experimentos más interesantes, por partir de lo cubano como voz, corresponde al bloque *Penitenciales*, incluido en el volumen de ensayos *Superficies*, como una prueba más del afán del autor de quebrar la hoy erosionada rigidez de los géneros. Pertenece *Penitenciales* a los textos de Armand que tienden decididamente a lo visual y lo auditivo. Él mismo los llama carteles, y también se refiere a ellos como «un disco de 45 r.p.m. que se podrá escuchar de diversas maneras». Manipula allí frases de canciones populares y poemas, con las cuales construye sonetos, décimas, sones. Un ejemplo que puede servir para ilustrar es el soneto armado con la repetición del verso de Martí «Yo soy un hombre sincero». Trata de deslindar, como decía Antonio Machado, las voces de los ecos: «lo que Martí dijo una vez, lo dijo él; lo que se dice que Martí ha dicho –ecos/ estribillos/ refracciones– sustituye su voz, la anula. La repetición borra la plenitud de las palabras ... La repetición caricaturiza» (*Superficies* 146). Al multiplicar la cita de Martí, le da un sentido diferente y hasta antimartiano. Esta intertextualidad lúdica y desmitificadora proviene del surrealismo, del arte pop, pero también del choteo cubano, y vincula a Armand a nuestra tradición barroca. Como muestra, véase lo que el escritor hace, en «Refrán», con una frase muy conocida por todos sus compatriotas, «la historia me absolverá».

Al lado de esas incitantes provocaciones, la bibliografía de Octavio Armand incluye títulos como *Entre testigos*, *Cómo escribir con erizo* y *Biografía para feacios*, que sin renunciar a la radicalidad de su propuesta y al distanciamiento del discurso lógico, constituyen sólidas obras en las cuales demuestra su entidad como poeta. Ahí están muchas de sus mejores páginas, aquellas en las que su escritura cristaliza en una poesía básica, desnuda, en la que cada palabra cae en el sitio exacto. No obstante, son, como todos los suyos, libros para lectores curtidos, pues hay que leerlos con paciencia, con atención, con amor, para poderlos disfrutar. Es ése el método idóneo para acceder al universo poético de este creador exigente e imperturbable, que no se parece a casi ninguno de sus coetáneos.

Julio E. Miranda es el segundo nombre del que nos ocuparemos. No debuta en los setenta, como Armand, ni tampoco concuerda con él en desarrollar una actividad predominantemente poética, sino que comparte su dedicación con otros géneros, como la narrativa y el ensayo, y ha sido editor de varias revistas publicadas en Venezuela. A los dos poemarios con que se dio a conocer en la década anterior, Miranda incorpora en ésta cinco más: *Jaén la nuit* (1970), *No se hagan ilusiones* (1970), *Tablero* (1972), *Maquillando el cadáver de la revolución* (1977) y *Parapoemas* (1979). Los tres primeros pertenecen aún a su etapa de formación y tanteos. No constituyen en modo alguno libros desdeñables y sus páginas están salpicadas de aciertos y hallazgos; pero corresponden a un escritor que no ha precisado con claridad su sitio, que incursiona por igual en este o aquel estilo. En este aspecto, no dejan de sorprender su variedad de registros, su continua metamorfosis. Hay en esos textos tono coloquial y dialógico, tendencia hacia la cotidianeidad, supresión de puntuación y mayúsuculas, ruptura de la sintaxis, influencia de ámbitos de expresión no literaria (música popular, publicidad, cine, rock), humor benévolamente irónico. Todo ello en una poesía no carente de motivaciones sociales y éticas y a la que no falta su pizca de autobiografía.

Maquillando el cadáver de la revolución y *Parapoemas* son, en cambio, libros maduros, tan bien pensados como bien escritos, en donde Miranda alcanza una exacta correspondencia entre contenido y expresión. Estamos ya en presencia de lo que será el eje axial de su discurso, una poética provocadora, sugestiva, nada dogmática y bienhumorada, en la cual el experimentalismo aparece siempre llevado de las bridas y puesto al servicio de la inteligencia. Sin embargo, el autor se sirve de la escritura visual, pero no se pone a su servicio. Poesía e imagen se complementan armoniosamente. Miranda basa más sus búsquedas experimentales en el juego con las palabras, en la invención de nuevos vocablos, en la distorsión lúdica del lenguaje, en la ironía. Esta última es para él un elemento fundamental de su literatura: «La ironía me ha servido de mucho. Es una manera de distanciar el sentimiento que, artísticamente, puede ser más efectiva. Yo no pertenezco a la cultura del bolero ni a la estética del despecho. Soy normalmente irónico: es una de las máscaras, una de las defensas, una especie de fraternidad con uno mismo» (Carta). Y en efecto, pese a su condición de exiliado –si es que cabe aplicar ese término a un escritor a quien en Venezuela consideran como uno de los suyos–, su obra de ficción está libre de nostalgia, patetismo y excesos sentimentales. Por el contrario, la anima la voluntad de quitarle solemnidad al hecho poético y de potenciar ingredientes como el prosaísmo, la irreverencia, el humor. Y a propósito, vale la pena recordar una curiosa anécdota relacionada con *Maquillando* ... El provocador título y la circunstancia de ser su autor cubano y residir fuera de la isla, hicieron que, en su momento, muchos lo leyesen como un libro dedicado a la revolución cubana, aunque como declaró él en más de una ocasión, lo escribió pensando en las revoluciones, en «la crisis general de un sueño».

Miranda rehúye el énfasis, la altisonancia, el rebuscamiento estético, pero no desdeña volver a algunas de las preocupaciones de siempre de la poesía: la muerte, las persecuciones, la alienación, la desesperanza, la violencia. Asimismo, posee, como ha comentado Juan Liscano, una subyacente melancolía y un hálito de lirismo refrenado que actúan como contraparte equivalente de sus opuestos, la ironía, el humor, el desenfado. Armado de ese poderoso arsenal, desarrolla una escéptica, devastadora y desilusionada imagen de la realidad. Particularmente logrados son los poemas breves, entre los cuales hay algunos tan incisivos, eficaces y lapidarios como éste: «la guillotina cae/ sobre la mano que cortada cae/ sobre la máquina de escribir// es un método lento/ pero seguro» (*Maquillando* 79). Tanto en *Maquillando el cadáver de la revolución* como en *Parapoemas*, Miranda consigue una lozanía, lucidez e inteligencia que siguen perpetuándose en sus textos más recientes. Ambos sirvieron además para empadronarlo en esa especie de escritores, hoy cada vez más raros, cuya literatura no sólo es inteligente, sino que también se puede disfrutar.

En 1975 apareció en España la antología *La escritura en libertad*, que reunía un muestrario de la poesía experimental. Sus compiladores, Fernando Millán y Jesús García Sánchez, no incluyeron ningún texto de Armand y Miranda, pero sí de Severo Sarduy, quien desde inicios de los setenta venía desplegando una activa labor en ese campo. *Flamenco* (1971), *Mood Indigo* (1971) y *Overdose* (1972), recogidos después en su mayoría en *Big Bang* (1974), dan cuenta de sus fértiles exploraciones en la creación poética, una faceta un tanto oculta de su obra y, por eso, poco conocida. Como en los de Armand y Miranda, abundan en esos textos el juego con los límites entre prosa y verso, el grafismo al estilo de los concretistas y del Apollinaire de *Caligramas*, la libertad imaginativa, la voluntad de transgresión «Hay que arrasarlo todo/ la próxima vez ... fuego!», expresa en uno de los poemas (39). La nota distintiva viene dada por la peculiar geografía literaria del autor, de la que también participa, en igual o mayor medida, su producción narrativa.

Está, en primer término, la presencia del mundo plástico, como corresponde a un escritor que creyó en el poder imparable de la mirada. Es difícil hallar en esos poemarios una página en la que no haya referencias a pintores, colores, formas, juegos geométricos o elementos decorativos. Sarduy escribe como si pintara. Él mismo declaró en una entrevista que pinta con palabras y que le gustaría lograr con éstas lo que Mark

Rothko con sus cuadros: atrapar la ilusión. Practica además el mestizaje y la síntesis de culturas que siempre defendió, y que supo llevar hasta extremos insospechados. Amalgama aquí en un verdadero revoltijo: molinos árabes, la trompeta de Dizzy Gillespie, escrituras yorubas, Mondrián bailando el woogie-boogie, el Chori, los agujeros negros, los cuadros de Franz Kline, la música de Benny Moré, la nebulosa del Alacrán («¡de ahí la comparsa habanera del mismo nombre!»).

No hace falta advertir que se trata de una escritura que no siempre permite al lector un acceso fácil. Sin embargo, no debe éste desanimarse por lo críptico de algunos textos, en particular, los que aparecen en *Flamenco* y *Mood Indigo*. Entre otras razones, porque abandonar la lectura significaría privarse del disfrute de un Sarduy más amable, más divertido y, si se quiere, más claro. Un Sarduy, el de la sección «Otros poemas», que sabe integrar recursos poéticos tradicionales, como la rima, y motivos de la cultura popular cubana. Esta asunción de la herencia del pasado será la línea que desarrollará en sus poemarios posteriores, en donde adopta como estructuras dominantes el soneto y la décima. No faltan en el citado bloque páginas entreveradas de erotismo, ejemplos de su personalísimo humor y muestras, en fin, de un discurso de un rigor más austero y sobrio, dentro del cual Sarduy consigue algunos textos estupendos, como «Del Yin al Yang» y «Ketjak», inspirado en una ceremonia ritual de Bali. *Big Bang* aportó una faceta desconocida del creador de *De donde son los cantantes* y lo reveló como un modélico poeta menor. Por estos mismos años, Sarduy estrenó en Francia, RFA e Italia varias piezas radiofónicas que recopiló en 1978 bajo el título de *Para la voz*. De todas, es *La playa* la que más se ha representado. Son obras en las que reivindica la palabra como fuente de placer. Más que para verse, están escritas para ser escuchadas. Sus protagonistas no son personajes, sino voces, «voces móviles, voces sujetas a una incesante repetición: voces textuales» (Sánchez Robayna 20). Tampoco hay argumento, sino recuerdos, sensaciones. Transgresor de los códigos lingüísticos, el escritor quiso en esas piezas destruir el diálogo radiofónico como «forma arcaica de la comunicación entre dos voces en la cual siempre una trata de 'colonizar' a la otra» (*Para* 5).

A esos tres nombres, hay que agregar el del mucho más joven Xavier Urpí, quien debuta con *Instantes violados* (1978), un poemario bastante sorprendente si se toma en cuanto que cuando lo publicó sólo tenía veinticinco años. Algunas de las influencias antes señaladas vuelven a darse en el novel Urpí: las vanguardias, la poesía concreta, a las que se incorporan otras como las de Lezama Lima y el propio Armand, quien no sólo sirve de punto de partida a uno de los poemas, «huyendo el tamaño del (mi)to», sino que aparece como referencia intertextual en otro, «Teatro Todavida». Urpí también comparte con el creador de *Piel menos mía* la preocupación por el lenguaje, y como bien se apunta en la contraportada, en su discurso es esencial ese particular teatro del lenguaje que despliega, y que obedece a una voluntad de representación: lenguaje/ reflejo/ imagen. Obra decididamente transgresora, *Instantes violados* recurre a juegos visuales y tipográficos con las palabras y el espacio, reiteraciones, uso no convencional de guiones y paréntesis, inclusión de signos matemáticos. Un lector apresurado puede no ver en sus páginas más que una propuesta vistosa y exhibicionista, que se complace en sus alardes pirotécnicos. Algo de eso hay en el libro, sobre todo en el tercer bloque, donde el autor cae en cierto hermético rebuscamiento. Pero tras una primera impresión de sequedad abstracta y tan pronto se rebasa esa áspera apariencia, se descubre que ese enunciado abstracto se combina con ingredientes sensibles. A diferencia de la mayoría de sus contemporáneos, empeñados en buscar la comunicación directa a través del tono coloquial, la antipoesía o el intimismo, Urpí navega a contracorriente y transita por senderos más arriesgados, con un balance desigual pero estimulante.

Pluralidad y apertura

Al igual que ocurre en la poesía, en la prosa de ficción se asiste a un proceso de crecimiento que estará marcado por un significativo y notorio aumento del espectro temático y de los recursos formales y técnicos. El realismo deja de ser la vía exclusiva para el abordaje de la realidad, y se incorporan otras nuevas, como el tratamiento fantástico, la transfiguración poética, la mirada expresionista. Los autores extienden sus ámbitos geográficos e históricos y aparecen escenarios como la Caracas de los setenta, la Ginebra del siglo XVI o una India tan auténtica como simbólica, aunque en el fondo sean un modo elusivo, indirecto o analógico de hablar de Cuba.

En 1975 salió de la imprenta la antología *Narradores cubanos de hoy*, compilada por Julio E. Hernández Miyares. Las selecciones de este tipo son, en general, un método bastante desaconsejable para acercarse a la literatura cubana escrita extramuros, por el escaso rigor y la falta de criterio con que suelen hacerse. En este caso, no obstante, se trata de un volumen al que vale la pena acudir para ilustrar la pluralidad de estilos alcanzada por nuestra cuentística a mediados de la década. En el prólogo, Hernández Miyares señala, entre los representados en su catálogo, surrealismo (Matías Montes Huidobro), evocación lírica (Sara P. Fernández), humor sarcástico y alucinante (Carlos Alberto Montaner), ambiente local (Concepción G. Alzola), angustia existencial y metafísica (Fausto Masó, Mireya Robles). A esa nómina, sin embargo, puede aplicársele la socorrida refutación de que ni están todos los que son, ni son todos los que están. Están ausentes, por ejemplo, nombres como los de Julio Matas y Lourdes Casal, quienes para entonces habían publicado *Erinia* y *Los Fundadores: Alfonso y otros cuentos*, respectivamente, dos libros de mucho interés. Tampoco figuran Manuel Cachán, José Antonio Arcocha y Carlos Ripoll, que firman títulos de valores nada desdeñables. Sin olvidar, naturalmente, *Vista del amanecer en el trópico*, de Guillermo Cabrera Infante. Contrastan esas ausencias, algunas, como se ve, bastante notorias, con la generosidad del compilador al incluir autores que más de veinticinco años después, siguen siendo cuentistas sin obra.

Dentro de una concepción más o menos tradicional del género, se inscriben las obras que editan en este período Alberto Acosta Tijero (1920), Oscar Gómez-Vidal, Leopoldo Hernández (1921-1994), Roberto G. Fernández (1944), Pedro Ramón López (1945), Beltrán de Quirós (1945) e Ignacio R. M. Galbis. En *La pierna artificial* (1971), Acosta Tijero se acerca a temáticas rurales y amorosas, dentro de las cuales intercala ingredientes costumbristas. En algunas narraciones emplea el final sorpresivo, y no falta incluso alguna que por su tratamiento hace recordar a Kafka («El fracaso»), aparte de que también se advierten las influencias de maestros cubanos como Labrador Ruiz, Montenegro, Serpa, Luis Felipe Rodríguez y Novás Calvo. En conjunto, es un libro bien intencionado, pero más bien flojo, en el que el autor abusa, en textos como «Negro Bueno» y «La pierna artificial», de la nota emotiva y sensiblera, además de presentar personajes poco creíbles (sobre todo los positivos) y caer en descuidos en la sintaxis y el lenguaje. Si hubiese que rescatar de ese libro algún cuento decoroso, seleccionaríamos «Árabe», acerca de la rivalidad de dos caballos por una yegua. Hernández, por su parte, debuta con *Eric* (1971), una obra de pocas pretensiones escrita, como él mismo advierte, «con una pluma movida por el cariño y la verdad» (4). No son cuentos, sino más bien viñetas que tienen como protagonista a su nietecito. El tono, como resulta fácil adivinar, es ingenuo, idílico e inclinado al ternurismo. Su siguiente colección, *Cuentos viejos, breves, minúsculos* (1977), posee, en cambio, mayor rango imaginativo y un total predominio del componente ficcional. Transitan esas narraciones por una gama más o menos variada de temas, y abundan en ellas los seres marginados: músicos callejeros, suicidas, inmigrantes indocumentados, vendedores ambulantes. Es aún una obra de tanteo, en la que no faltan los errores e inexperiencias del novel. Hay, no obstante, entre las piezas más cortas algunas bien resueltas como «El número».

Confiesa Oscar Gómez-Vidal que los textos que componen sus *Diez cuentos de Ciudad Amarga* (1975) fueron «pensados y escritos, en su mayoría, bajo el hollín newyorkino, junto al agua embalsamada del río Hudson», aunque advierte que no imponen, «como escenario indispensable, ciudad exacta» (4) El universo de esas narraciones está vertebrado por una preocupación dominante: la condición humana en sociedades en las que esos valores se van olvidando. Sus protagonistas son perdedores, seres solitarios, indefensos, a veces patéticos («Catsup»), o tan desvalidas como el niño que vende billetes en «Sucede». El escritor se permite, en ocasiones, leves toques de humor e ironía que matizan la acibarada visión que según Pío E. Serrano recorre esta «acta de fe de la pérdida de la inocencia» («Prólogo» 6). Esas narraciones, breves, intensas y de eficaz ejecución, poseen además un insoslayable aliento vital. Con su siguiente obra, *¿Sabes la noticia...? ¡Dios llega mañana!* (1978), Gómez-Vidal revalidó su bien ganado puesto como cuentista. A partir de un motivo común, la supuesta venida de Dios, hilvana doce historias de planteamiento directo, inmediato y realista, salpicadas de referencias cotidianas, en las que sabe explotar la vieja fórmula de aleccionar, entretener y asombrar. A través de situaciones y personajes ambientados en un contexto preciso, las concentraciones urbanas de las sociedades actuales, muestra las reacciones que provoca tan insólita información, al poner en peligro la seguridad de un mundo «gobernado por los descendientes de Caín» (13). En esos cuentos hay sobre todo humor, sátira, drama, pero el libro reserva algún agradable hallazgo como «El vendedor de arena», en donde la imaginación asume un vuelo más poético. Gómez-Vidal escribe con lenguaje pulcro, nada pretencioso, pero expresivo. Asimismo, esas narraciones se distinguen además por la condensación, una cualidad esencial del género, y su lectura no deja tiempo material para el aburrimiento. Esos dos libros, cuya repercusión fue, sin embargo, tan escasa como injusta, acreditaron a Oscar Gómez-Vidal como un creador dotado de la cualidad primigenia del narrador de historias.

Las obras que firman Pedro Ramón López, Ignacio R. M. Galbis y Beltrán de Quirós representan, por el contrario, un sustancial descenso del rigor narrativo. *¿Te acuerdas de aquello, Ofi?* (1974), del primero, es un libro escrito con bastante torpeza y tosquedad técnica y plagado de tramas francamente burdas: un revolucionario que ha adoptado posturas críticas es llevado al suicidio por el mismísimo Fidel («¿Te acuerdas de aquello, Ofi?»); un hombre cornudo y aguantón asesina a su mujer cuando descubre que ésta lo engaña con un negro («¿Usted me entiende, señor Juez?»); una joven a quien le ha llegado la salida del país recuerda sus experiencias lesbianas («En la Granja»); Che Guevara, herido y prisionero, implora a los soldados que lo custodian que le maten («El Guerrillero»). Aún se hallaba en la isla, de donde logró salir en 1980, cuando Beltrán de Quirós publicó en Miami *Los unos, los otros ... y el ceibo* (1971), pequeño volumen que recoge doce cuentos —más bien viñetas— que describen la vida en las Unidades Militares de Ayuda a la Producción, las tristemente célebres UMAP, campos de confinamientos de disidentes sexuales, pero a donde también fueron a parar testigos de Jehová, negros de la religión abakuá, jóvenes católicos, disidentes políticos y adolescentes que desertaban del Servicio Militar Obligatorio. En busca de una mayor objetividad, el autor seleccionó, como apunta en la nota introductoria, aquellos hechos en los cuales intervino no como protagonista, sino como simple observador. El resultado es una obra que, pese a basarse en vivencias autobiográficas o de primera mano, carece de desgarramiento y se queda en un palidísimo, tímido reflejo del horror dantesco de las UMAP. Su lectura, contrariamente a lo que cabría esperar, no estremece ni conmueve. *Los unos, los otros ... y el ceibo* es además un libro reprimido, escrito con remilgos y prejuicios, en el que los homosexuales, principales víctimas de aquel engendro en donde se violaban todos los derechos humanos imaginables, son los grandes ausentes. A diferencia de los textos de López y Quirós, la realidad de la Cuba actual apenas aparece en dos de los *Trece relatos sombríos* que Ignacio R. M. Galbis edita en 1979. Sus escenarios son más heterogéneos —no falta alguno exótico—, lo mismo que sus temáticas. Pero para hablar con franqueza, es un volumen que no da para mucho y que descubre las deficiencias del principiante. Se trata de cuentos que, por lo general, se quedan en la cáscara, en la mera anécdota, que adolecen de cierta falta de tensión, y cuyos protagonistas muestran, como tipos humanos, una tópica o débil personalidad.

    Resulta poco probable que un libro con el nefasto título de *Cuentos políticos* (1971), que de inmediato levanta la natural desconfianza, pueda deparar alguna sorpresa agradable. Y sin embargo, esta primera incursión de Manuel Cachán (1942) en la prosa imaginativa reúne cualidades muy estimables. El autor ofrece, en efecto, algo de lo que promete. En sus breves narraciones hay rebeldía, ira, espanto, pero sin cargar las tintas ni caer en excesos. La anécdota es siempre tenue, se reduce a lo indispensable. Sobre esa apoyatura, Cachán acumula juegos con los planos temporales, vivencias e historias, intercala cartas entre los cuentos y construye pequeñas crónicas humanas, cargadas de desconsuelo y mordaz humor. Su siguiente colección, *Cuentos de aquí y de allá* (1977), muestra una clara superioridad respecto a la anterior. No hay ya titubeos, su pulso es seguro, su dominio técnico innegable y su apertura hacia otras estrategias y códigos narrativos denota una manifiesta voluntad de superación. Ratifica allí su inclinación por los núcleos argumentales simples, y sobre materiales tan leves e insignificantes monta una docena de historias construidas sin efectismos ni estridencias, en las que apuesta más por la sugerencia, la finura en la percepción de detalles, el dato. Emplea una técnica de insinuación inteligente y sutil: en cuentos como «El arca del padre Rosendo», «Los desheredados» o «Las piedras de Pedro», queda un territorio aludido, sugerido, que deliberadamente no termina de esclarecer y que exige la intervención del lector. Su prosa además ha perdido ingenuidad en la misma medida en que ha ganado fuerza y precisión. *Cuentos de aquí y de allá* recrea una realidad cotidiana situada muy lejos de cualquier realismo pedestre, y de su lectura nos queda la impresión desoladora de unos personajes enfermos, fracasados, engañados.

Un caso muy particular es el de *Julián Pérez, por Benjamín Castillo* (1970), un texto que, leído hoy, posee un interés puramente histórico y que debe ser valorado como lo que en realidad pretende ser: una *boutade*, una broma ingeniosa. Se trata de un cuento-burla que parodia el lenguaje y el estilo de muchos de los originales galardonados en certámenes como el Casa de las Américas, y que recrea el problema de la censura en Cuba. Su supuesto autor es una joven promesa formada por la revolución. Un relato suyo, *Julián Pérez*, obtuvo el citado premio y ha sido editado por la institución que lo convoca. Acompaña el texto un prólogo de un tal Pedro Gálvez Estrada, y a través del mismo nos enteramos de que dos de los jurados estimaron que la obra de Castillo era «denigrante para la Revolución y su máximo líder Fidel Castro» (5). Se reproducen asimismo una carta de la Casa de las Américas y un artículo aparecido en la revista *Verde Olivo*, en el cual Mauricio Segovia califica al escritor de contrarrevolucionario, delincuente y traidor. Como consecuencia, Castillo es acusado y enviado a la cárcel, donde dos días después se suicida cortándose las venas. Al pie de su cadáver, dejó escrito con su propia sangre y en letras muy grandes: VIVA JULIAN PEREZ. En el cuento que desencadenó la polémica y el inesperado desenlace, dos personajes reales, José Martí y Fidel Castro, pasan a ser héroes de ficción. Este último va a pronunciar un discurso en la Universidad de La Habana, en donde también interviene Martí, cuyo nombre era, como muchos recordarán, José Julián Martí y Pérez. El discurso del prócer independentista, armado a partir de textos suyos, se convierte en una severa acusación del régimen de Castro. Éste lo manda a llamar y sostiene con él una entrevista, en la que apenas permite hablar a su interlocutor, quien es condenado a muerte. Al final, resulta que todo ha sido imaginado por la mente desequilibrada del dictador, quien se muestra incapaz de frenar la insurrección popular que ha estallado en la isla. Sus propios colaboradores ponen fin a la revuelta, al darle muerte. Sólo en el colofón del libro venimos a descubrir el nombre del verdadero autor: Carlos Ripoll (1922). Para que la broma literaria sea completa, el volumen reproduce el formato, la cubierta y el diseño de las ediciones de la Casa. El principal mérito de *Julián Pérez, por Benjamín Castillo* consiste en el inteligente y malicioso empleo de la sátira y de los textos de José Martí –Ripoll conoce muy bien la obra martiana–, que adquieren un contenido subversivo y crítico insospechado. Entre bromas y veras, Ripoll revela cómo el castrismo ha traicionado los ideales del Apóstol e ilustra la situación de los intelectuales bajo un sistema totalitario.

El retorno de un maestro

Uno de los grandes maestros de la narrativa cubana de este siglo, Lino Novás Calvo (1905-1983), da a conocer, tras varias décadas de silencio, una selección de sus cuentos, *Maneras de contar* (1970), en donde figuran, además de sus piezas más famosas de los años cuarenta, otras escritas después de su marcha al exilio. Lo primero que hay que puntualizar es que estamos ante un libro heterogéneo, que responde con exactitud a su título. Aparecen en el mismo cuentos ya conocidos («La noche de Ramón Yendía», «Long Island»), textos nuevos («Fernández al paredón», «La abuela Reina y el sobrino Delfín», «Un buchito de café», «Una cita en Mayanima»), algunas recuperaciones («Un encuentro singular», «Aquella noche salieron los muertos») y algunos textos correspondientes a los años sesenta en los que se centra en el ilógico curso de los acontecimientos humanos y las profundas tragedias que suceden cuando, como en el caso de Cuba a partir de 1959, el conflicto ideológico polariza a los hombres (Souza 101). A este último grupo pertenecen «Un buchito de café», «Fernández al paredón», «El milagro», «El hombre araña» y «La abuela Reina y el sobrino Delfín». Novás Calvo llevaba mucho tiempo sin escribir, y eso se nota. Cae además en la trampa de la orientación política explícita, algo de lo que siempre rehuyó, y en varias narraciones se afilia, como otros autores de la diáspora, a «la estética del resentimiento» (Fornet 2). Se muestra maniqueo al pintar siempre a los personajes revolucionarios como asesinos de gatillo ligero, que abusan y roban a los campesinos; y sobre ellos acumula calificativos como «los empistolados allanadores de moradas» (326), «aquellos rostros barbudos y feroces» (324) o aquellos hombres que «no venían a juzgar, sino a matar» (303). En las contadísimas ocasiones en que en Cuba se ha aludido al libro, esa visión crítica que presenta Novás Calvo, que uno puede compartir o no, ha condicionado de manera contundente los juicios valorativos, que, no hace falta aclararlo, son por completo negativos. Resulta cuando menos sospechoso, que quien dejó cuentos magistrales, antológicos, extraordinarios y capitales para nuestra literatura, según algunos críticos, sólo escribiese luego páginas lamentables y no logradas artísticamente, de acuerdo a esos mismos especialistas. ¿Sólo por haber tomado el camino del destierro y asumir una actitud crítica respecto al régimen castrista, el abundante material inédito de *Maneras de contar* merece una evaluación tan poco razonada?

En realidad, cualquier análisis medianamente serio del libro debe partir de una cuestión primordial: al publicarlo, Novás Calvo tenía ya sesenta y siete años y llevaba un período demasiado prolongado sin escribir. Sus grandes obras, *La luna nona* y *Cayo Canas*, pertenecen a una etapa creativa de la cual lo separaban ya más de dos décadas. Es, por tanto, la obra postrera de un maestro, acaso fatigado, pero nunca inferior. Por lo demás, muchas de los defectos y debilidades de esas páginas los reconoce él mismo en las notas que las preceden. Así, de una de las narraciones admite que «más que cuento, es un reportaje» (316). De otra dice que quedó «muy inconforme» (263). Y de una tercera comenta que vaciló un poco en incluirla, pues le parece «malograda» (397). Mas esa sinceridad autocrítica no debe llevarnos a ser implacables con un libro que posee también aciertos considerables. En muchos de sus textos está presente, por ejemplo, ese lenguaje popular que su autor sabe recrear como pocos. Hallamos asimismo varios caracteres estupendamente concebidos. Algunos pertenecen, como el protagonista de «El milagro», a la categoría de héroes acosados y perseguidos que tienen un final tan absurdo como trágico y son víctimas de los acontecimientos sociales. Otro personaje inolvidable es el chofer tímido y apocado de «El secreto», que poco a poco va asumiendo la personalidad agresiva del propietario de la licencia de conducción que se encontró. Y entre las mujeres, está, para sólo citar una, la patética y agónica costurera de «A ese lugar de donde me llaman». Como es usual en él, el escritor les asigna nombres muy singulares: Esteban Quien, Pompona Morales, Modesto Verdeal, Eustasio Colomano May, Pincho Peláez, Juan Toolo. Incursiona además en el terreno fantástico («Mi tío Jacinto») y en estilos nuevos para él («El esposo invisible»). Y a base de introducir una dosis de inquietante misterio en la relación de una joven con su padre y en el modo en que ésta «ata» a sus pretendientes, consigue que un cuento como «Peor que el infierno» trascienda la trivialidad de la anécdota. Muestra una marcada preferencia por la narración en primera persona, que adquiere a veces la configuración de una carta o una grabación magenetofónica. Comete, en cambio, un disparate mayúsculo con uno de sus mejores relatos, «La noche de Ramón Yendía», al que somete a una operación de la cual sale sensiblemente menguado. Más que reescribirlo, le suprime algo así como un par de páginas del final, lo que si bien no modifica el contenido, sí disminuye el absurdo, uno de sus elementos esenciales.

El otro retorno significativo es el de Guillermo Cabrera Infante, quien catorce años después de la publicación de *Así en la paz como en la guerra*, vuelve al género con que se dio a conocer con *Vista del amanecer en el trópico* (1974). Más que narraciones propiamente dichas, el libro está compuesto por viñetas o capítulos breves, buena parte de los cuales proceden, como ya apuntamos, de una severa reescritura de la primera versión de *Tres tristes tigres*. Cuenta el autor que escribió después nuevos textos, y un día, al leerlos, se dio cuenta de que «tenían un común denominador: la violencia. La historia de Cuba aparecía con una violencia que desmentía a la plácida geografía tropical» (*Vista* 8). Surgió así esta nueva *Vista del amanecer en el trópico*, cuyo título pasó de ejemplar a irónico. Respecto a *Tres tristes tigres*, hay un cambio notorio de textura narrativa: Cabrera Infante se aparta aquí de la experimentación lingüística y del derroche que distinguían a aquella obra. En su lugar, adopta una escritura que da una engañosa impresión de transparencia.

Las ciento una viñetas trazan el proceso histórico de Cuba, desde la llegada de los españoles hasta la instauración del castrismo (el uruguayo Eduardo Galeano realizará, años después, un trabajo similar con la historia de Latinoamérica en sus *Memorias del fuego*). Pero aunque la base sea histórica, el escritor prefiere no identificar personajes ni proporcionar referencias cronológicas. Ese juego con la sugerencia, la ambigüedad y la mirada oblicua hace que los textos se mantengan dentro del ámbito de la ficción y el ambiente mítico. Hay, por otra parte, algunos que son ficciones que bien pudieron suceder tal como se cuentan, y a las que se puede aplicar lo que se dice en una de ellas: «La historia puede ser real o falsa. Pero los tiempos la hicieron creíble» (99). Es cierto que las claves extraliterarias enriquecen la lectura, mas no son imprescindibles. Ante todo, porque nos remiten, según Danubio Torres Fierro, a una realidad que para el autor «es apenas un punto de partida, una referencia cargada de potencialidad, un dato que acciona» («Eterno» 50). Forma parte además de una devaluación –la Historia convertida en historia– y una lectura de los sentidos ocultos y las entrelíneas de la historia de Cuba, gracias a las cuales se nos revelan algunas de sus constantes. Se ofrece así una visión trágica de un proceso que se transforma en el cuento de nunca acabar: «el hombre atrapado en su violencia, luchando contra ella con las armas de la violencia y volviendo a crear una nueva trampa de violencia» (Pereda 117). Una estructura circular y recurrente que corresponde a la concepción de caos concéntrico que el escritor tiene de la historia.

Pero los méritos de *Vista del amanecer en el trópico* no hay que buscarlos sólo en su desmitificación de ciertos cánones de nuestra historia y en el tratamiento despojado de retórica de hechos y personajes. En el libro, el tono narrativo importa tanto como el contenido. En ese aspecto, hay que destacar en primer lugar la inteligencia del punto de vista distanciado y, a la vez, comprometido del narrador, que recurre por lo general a la tercera persona. Utiliza la primera sólo en unos pocos textos, y en todos el cambio está bien justificado. Un ejemplo claro es la conversación telefónica de la madre de Pedro Luis Boitel, en donde sabe encontrar el tema y también la capacidad de apropiarse del mismo mediante un sistema narrativo adecuado. Como ya apuntamos, Cabrera Infante opta aquí por una estética sustentada en el control, la sencillez y la síntesis. Su prosa es sutil a base de ser transparente, emocionante a base de ser contenida. En suma, un libro admirable que representa el triunfo de la imaginación poética sobre el documento.

Contra la infección realista

La voluntad de romper con los moldes del realismo antropológico, que tiene la veracidad como canon estético, se materializa, durante la primera mitad de los setenta, en la publicación de varios volúmenes de cuentos. Una tendencia similar se había producido en la isla algunos años antes, cuando aparecieron títulos como *Tute de reyes* y *El escudo de hojas secas*, de Antonio Benítez Rojo, *Después de la gaviota*, de José Lorenzo Fuentes, *Once caballos*, de Dora Alonso, *Cuentos para abuelas enfermas* y *La vieja y la mar*, de Évora Tamayo, y *La reja*, de María Elena Llana, entre otros, que se ubican dentro de lo que Julio E. Miranda denomina quiebra del realismo y su correspondiente inflación fantástica (*Nueva* 85). *Instantáneas al borde del abismo* (1970), de Carlos Alberto Montaner, *Erinia* (1971), de Julio Matas, *Los Fundadores: Alfonso y otros cuentos* (1973), de Lourdes Casal, y *El esplendor de la entrada* (1975), de José Antonio Arcocha, participan también de ese género que, a falta de mejor nombre, se ha llamado fantástico. Algunos de esos autores merecieron del ya citado Seymour Menton el calificativo de escapistas, un disparate que resulta frecuente cuando se trata de esta literatura que, como ha esclarecido Julio Cortázar, no vuelve la espalda a la realidad aceptada como normal, sino que incorpora a ella la exploración de otras zonas, de los corredores de «lo otro», de esa otro universo misterioso e invisible que se halla a nuestro lado. Este proceso de ampliación de la realidad mediante el hallazgo de vías paralelas, irá poco a poco buscando su acomodo en la prosa de ficción escrita en el exilio. En particular, los libros de Matas y Montaner significan en ese sentido una apreciable contribución, y como contraparte al realismo más tradicional y ecuánime, ayudan a completar una visión totalizadora.

No se echa mano en esos libros a fantasmas, vampiros, brujas, trasgos ni hadas. No se recurre al conjuro del espiritismo, lo macabro o el horror. Sus autores no se sirven de los ambientes y decorados de la novela gótica ni ubican sus narraciones en escenarios exóticos. Por el contrario, se trata en muchos casos de historias más o menos cotidianas que pueden ocurrir en un parque de La Víbora, en la entrada de la Iglesia del Carmen o en el puesto de café de una calle habanera, al que un personaje llega a tiempo para tomar una taza de la colada de las siete. Pero una rasgadura de esa cotidianeidad permite que descubramos, bajo la endeble superficie de la realidad aparencial, un matiz de misterio, inseguridad e irracionalismo. O tal vez se trata de frágiles sugerencias, advertencias imperceptibles, indicios de mundos contiguos y equidistantes.

Instantáneas al borde del abismo ayudó de manera decisiva a consolidar el prestigio literario de Carlos Alberto Montaner, a quien muchos conocen más por sus incisivos, inteligentes y brillantes artículos periodísticos y sus beligerantes ensayos sobre cuestiones políticas. No era, sin embargo, su primera incursión en el género: un par de años antes había publicado *Póker de brujas y otros cuentos*. Eran diez narraciones de corte esperpéntico, en las cuales la ironía y el humor amargo irrumpían en situaciones dramáticas y trágicas, en donde su autor manifestaba su fascinación por los seres anormales y las sicologías retrasadas, motivos sobre los que luego volvería en su siguiente libro. Adopta allí un lenguaje neutro, desprovisto de cubanismos e ingredientes costumbristas; una sintaxis clara, aunque no simplista ni pobre; y una estructura que se mantiene fiel a las distribuciones de planteamiento, nudo y desenlace. Pese a tratarse de una obra de principiante, Montaner demostraba ya cierta destreza para contar historias a partir de lo específicamente narrativo y captar el interés del lector. *Póker de brujas ...* constituye una experiencia sofocante, angustiosa, y anunciaba a un escritor que merecía el beneficio de la expectativa.

Instantáneas al borde del abismo representó, en efecto, el paso adelante que de él se esperaba. Diez cuentos y un «Epílogo al borde del abismo» conforman el volumen. Son textos breves, escritos casi todos en primera persona –alguien ha anotado que son verdaderos monólogos–, que buscan sorprender por la singularidad de las historias más que por la novedad de su estilo. A diferencia de *Poker de brujas ...*, en donde llegaba a adquirir un peso lastrante, aquí el humor aparece administrado con mesura y sutileza, lo cual lo hace más eficaz. Montaner se decanta más hacia las narraciones esencialmente trágicas. Desfila por esas páginas un abigarrado y alucinante tropel de personajes: un religioso a quien el afán de santidad y mortificación lleva al desastre; una mujer menopáusica para quien el sexo es una guía para la locura; un escritor megalómano; un historiador de la literatura que se convierte en exhibicionista por una extraña idealización de los mitos que estudia. Hallamos una vez más las atmósferas asfixiantes, las pasiones primitivas, el mundo irracional. Pero ahora el narrador se interesa por esos momentos inmediatamente anteriores a la locura, por la línea que separa a ésta de la cordura. Otro elemento nuevo es la motivación sexual como causa de la demencia, presente en varios cuentos.

A diferencia de los cuentos de Montaner, más próximos al grotesco y el esperpento y a creadores como Valle-Inclán, Cela y Arreola, Julio Matas (1931) cultiva una narrativa rigurosamente fantástica y sus influencias son otras. Aquí y allá se descubren los ecos de Kafka, Piñera, Saki, Borges, sin que en su caso signifiquen dependencia, copia o sumisión, ni dejemos de reconocer por eso la presencia de un autor seguro de su mundo y su estilo. En *Erinia*, recoge las narraciones que aparecían en *Catálogo de imprevistos* (1963), editado en Cuba, junto a nueve textos inéditos. Pese a esto, la colección posee una gran coherencia, y en ella Matas prueba que el género fantástico posee una variedad inagotable. Opta por estructuras más bien lineales, y en algunas piezas apela al clásico recurso de la narración dentro de la narración («Historias de entreguerras», «Un plagio»). Detrás de esa sencillez, que se extiende también a las historias, despliega una gran sabiduría, una perfecta técnica y una indudable malicia narrativa, tres cualidades que pone al servicio de mostrar lo cotidiano y lo increíble como dimensiones de una misma existencia. Las mejores páginas del libro —y unas cuantas lo son— ilustran cómo construir una buena y eficaz literatura fantástica sin trastocar violentamente los límites de la realidad ni cortar las amarras con ésta. En títulos como «Erinia», «Gárgolas y mendigos», «Crecimiento», «Un gran actor», «Sangre de perros», lo fantástico acontece en un marco de verosimilitud, los personajes se expresan en un lenguaje coloquial, lo cubano se acopla con lo cosmopolita. Pero una simple quiebra de lo habitualmente admitido sirve para sembrar en el lector la sombra de la duda: ¿dónde está la frontera entre lo sobrenatural y lo concreto o inmediato? Es una demostración más del talento de Matas, pues sólo los buenos narradores son capaces de mantener esta ambigüedad tan inquietante y de sugerir sin preocuparse de resolver.

El libro está poblado de personajes solitarios, alienados, extraños y fracasados. El escritor los contempla desde una distancia piadosamente irónica, aunque no falta la nota de humor triste y escéptico. Algunos coinciden con los de *Instantáneas al borde del abismo* en los conflictos y las frustraciones sexuales: la mujer cuyo esposo quedó impotente en la guerra («Normandía»), el transexual que debe empezar a vivir como mujer («Roberta en perspectiva»). Al lado de los cuentos más largos, aparecen otros más breves, que a veces no exceden la página, entre los cuales hay verdaderas joyas como «Recuerdos de un velorio». Con *Erinia*, su autor consiguió una obra fresca, bien escrita, llena de hallazgos y francamente buena. Paradójicamente, apareció en medio de un sonoro mutismo, a excepción de dos reseñas, una firmada por Lourdes Casal y la otra por el hoy famoso novelista español Eduardo Mendicutti. Después, Julio Matas mantuvo un prolongado silencio como narrador durante más de veinte años. Tal vez por esa dilatada ausencia, su nombre suele olvidarse con demasiada reiteración cuando se hace el recuento de la prosa imaginativa escrita fuera de la isla.

Si los títulos de Montaner y Matas se distinguen por su coherencia temática y formal, el de Lourdes Casal, por el contrario, apuesta por el eclecticismo y la variedad. Ya en la «Justificación» que lo abre, la autora defiende su opción: «Eleggua que le guiña un ojo a Marx y la vela del lunes posada sobre el último libro de Althusser (...) Ya en nuestro primer poema, *Espejo de paciencia*, se entremezclaban faunos y caimitos, centauros y viajacas» (11). A lo cual añade: «Sólo en Cuba pondríamos a Afrodita a comer pitahayas y ofreceríamos olelé a San Pascual Bailón. Yo soy cubana. Vale» (11). Hay así en el volumen muestras de realismo mágico («Rodrigo de Triana»), absurdo («Salvador en cuatro tiempos»), costumbrismo matizado por la ironía («María Valdés o la colina de la Universidad»), evocación del pasado («Love Story según Cyrano Prufrock»), sátira social («Los zapaticos me aprietan», «Juegos»), indagación en las raíces («Alfonso»). No estamos ante páginas que desplieguen virtuosismo técnico ni evidencien demasiado dominio de los recursos expresivos. Poseen, en cambio, un fresco desparpajo, una alegría en la narración que creíamos perdidos y una ingenua osadía que las dotan de un indudable encanto. Algunos cuentos son francamente flojos, como «Cecilia Valdés ...», que si se lee bien es por la sabrosa cubanía de su lenguaje y por conseguir algún momento simpático. En otros, Casal divide la historia en bloques independientes que no acaban de funcionar como estructura unitaria, y que pese a su empeño, reafirman la autonomía. Al extremo de que aislados, están entre los mejores textos del libro (es el caso de «El elevador»).

Los Fundadores... es un libro hecho, en gran medida, a partir de recuerdos y vivencias. Pero a diferencia de otros de esta década y la anterior, no hay en el mismo nostalgia retroactiva ni lacrimosa, sino tono festivo y lúdico. Lourdes Casal se burla de casi todo, y más de una vez lanza sus dardos contra cierta sensibilidad femenina. Emplea además un absurdo que no es intelectual ni metafísico, sino que se mueve dentro de marcos familiares y está atemperado por el humor. Una medida de lo que hubiese podido dar en obras posteriores, la tenemos en una narración como «Rodrigo de Triana». Una mañana, el sueño de un hombre es interrumpido por un ruido de mazazos y martillazos. Acude a saber la causa, y se topa con que ante su puerta están construyendo una trinchera. Inicia entonces un peregrinaje ante funcionarios y burócratas que será tan inútil como el del José K de Kafka. Al final, todos los misterios se tornan claros: aquella trinchera de tierra roja, que le era extraordinariamente familiar —«como la tierra roja de Matanzas» (66)–, era una preciosa tumba recién cavada. Y al acostarse en su interior, descubrió que «pocas cosas hay comparables a la paz de una tumba nueva» (66).

Mucho más modesto, tanto en aspiraciones como en resultados, es el libro de José Antonio Arcocha. A diferencia de Montaner y Matas, prefiere una escritura más apacible, sosegada y serena, y apuesta por una fantasía intermedia, cargada de humor negro, ironía y un leve toque de absurdo con ecos chejovianos. En las narraciones que figuran en *El esplendor de la entrada*, muestra un claro gusto por contar historias. No pretende innovar ni demostrar nada. Sus textos se limitan a existir por derecho propio y a entretenernos. Tienen además el mérito adicional de su brevedad (la mayoría no pasa de la página), por lo cual pueden ser leídos mientras se aguarda el autobús o el metro. Algunos, como «Jack», se encuentran sin duda entre los más cortos de la narrativa cubana: «Sostuvo por un momento la delicada cabeza. Contempló sin decir palabra cómo sus ojos se cerraban: su cara toda parecía esperar la ardiente caricia. Silenciosamente, sacó la navaja» (21). La totalidad del libro dibuja una desolada imagen del ser humano, a través de los tipos tristes, solitarios y frustrados que pueblan sus páginas. Si hubiese que destacar del conjunto un cuento, no dudaríamos en elegir el que le da título, en donde Arcocha consigue una lograda pieza de misterio a partir de una anécdota trivial e intrascendente. *El esplendor de la entrada*, primera y única incursión de su autor en el género, deja un saldo no óptimo, pero sí gratificante y esperanzador.

Poesía, magia y sabiduría popular

Entre la producción narrativa de esta década, no podemos olvidarnos de una autora que suele ser más conocida por otras facetas de su obra, aunque en su caso las divisiones resultan imposibles. Nos referimos a Lydia Cabrera (1899-1991), quien además de reeditar algunos de sus títulos clásicos –*Cuentos negros de Cuba, Por qué, Refranes de negros viejos, La sociedad secreta abakuá, El monte*–, da a conocer, entre otros textos inéditos, *Ayapá: Cuentos de jicotea* (1971). Allí recoge toda la mitología creada por los negros cubanos en torno a ese extraño y astuto quelonio, vehículo y alimento vital de Changó e ingrediente importante en la confección de remedios, hechizos y amuletos en la santería. Son veinte historias breves, acompañadas de un vocabulario mitológico, que desbordan poesía, magia, sabiduría popular. A veces adoptan la forma de fábulas que sorprenden por sus heterodoxas moralejas y su doliente melancolía. Como ocurre con la mayoría de sus libros, la lectura de *Ayapá* constituye una auténtica fiesta, y asombra por su rigor investigativo tanto como por su talento para transformar esa cultura transmitida de boca en boca en prosa sencilla, elegante, y en narraciones llenas de lozanía y encanto, dotadas de una admirable capacidad de seducción. Artista de una curiosidad incesante, tocada por una dimensión mágica y trascendente, Lydia Cabrera logró en *Ayapá* un manojo de narraciones de las que pueden decirse similares elogios a los que merecieron de Lino Novás Calvo sus otras dos recopilaciones: son cuentos que valen por todo, «personajes, argumento, estilo, tema, estructura y ... poesía. Sí, una poesía callada, escondida, agachada que se mete en todo y todo lo empapa» («Los cuentos» 19).

Aparte de Lydia Cabrera y Lourdes Casal, la otra autora digna de atención es Uva A. Clavijo. Su primera incursión en el género es *Eternidad* (1971), un puñado de recuerdos de niñez y juventud que plasma en cortas viñetas. Las travesuras, los días escolares, los amigos, el cambio de colegio, la muerte del padre, el descubrimiento del amor, el matrimonio, la maternidad, los hijos que crecen, la fidelidad a las raíces: de todos esos momentos de su vida va dejando constancia en prosas de tono lírico y estilo sencillo, delicado. Se va armando así el retrato de esa «mujer sentimental, sensible y sensitiva» (4) de quien nos habla Eugenio Florit en el prólogo, y cuya calidez humana se transparenta en el libro. Clavijo consigue algunas de las mejores páginas en el difícil, resbaladizo ámbito de la emoción y los sentimientos. Las claves del buen tino con que sortea ese riesgo son dos: la contención y la naturalidad. Eso explica por qué esta pequeña y modesta obra suscitó cuando se publicó tantos comentarios elogiosos (además de Florit, se ocuparon del libro Luis Mario, María Elena Saavedra, Anita Arroyo, Pura del Prado y Martha Padilla). *Eternidad* está escrito desde la sinceridad y el conocimiento; por eso rezuma verdad, calor humano, ternura. Tras ese prometedor estreno, la escritora dio a conocer *Ni verdad ni mentira y otros cuentos* (1977), en donde recopiló doce narraciones en las que se mueve dentro de temáticas y estilos variados, aunque en varias predomina el tratamiento fantástico de la realidad ordinaria. En ese terreno alcanza algunos de los títulos más logrados –«La Copa», «Un punto en la nieve», «Don Distraído», «Inexplicablemente». Pero sin que deba menospreciarse lo conseguido, no puede decirse que estemos ante una obra del todo lograda. En sus páginas hay aún mucho de voluntarismo ingenuo a nivel técnico, y aquel lirismo suave y orgánico de *Eternidad* se convierte ahora, en narraciones como «Ni verdad ni mentira», en un ternurismo blando y lastrante. Clavijo demuestra, en cambio, que posee imaginación para inventar historias atractivas, así como capacidad para condensarlas hasta quedarse con lo esencial, prescindiendo de todo lo accesorio y referencial.

Una ventana a la trastienda

Retomando la línea iniciada –con pobres resultados literarios, como ya vimos– por la prosa de ficción, algunos autores ponen sus obras al servicio de la desmitificación de la realidad cubana y las convierten en una ventana abierta a la trastienda de la isla. Una novelista que tras su salida de Cuba ha alcanzado una celebridad bastante considerable, Hilda Perera (1926), firma uno de los títulos más representativos de esta etapa: *El sitio de nadie* (1971). La obra fue finalista en el prestigioso Premio Planeta, de España, y entonces logró la respetable cifra de veintiún mil ejemplares en la primera edición. Aquel certamen, por cierto, estuvo rodeado de cierta controversia, ya que el galardón fue concedido a un original de Jesús Zárate Moreno, fallecido unos meses antes, cuando las bases del Planeta daban a entender que se trataba de recompensar a escritores vivos.

La acción de *El sitio de nadie* se sitúa durante los primeros años de la revolución, hasta poco después de los sucesos de Playa Girón, en 1961. Según ha expresado la novelista, su propósito fue abordar la difícil situación del individuo que se sintió atraído por la justicia del proceso revolucionario y que luego no puede aceptar sus excesos. Dicho en otros términos, es la historia de un sueño utópico que se va diluyendo. Su primer acierto es que no expone de manera explícita sus planteamientos ideológicos, sino que los cristaliza en las conflictivas reacciones de unos personajes a quienes los acontecimientos sociales llevan a disyuntivas inaplazables. Unos son partidarios del nuevo régimen, otros se oponen al mismo y desean abandonar el país, lo cual genera una lucha sorda entre ellos. La autora presenta no sólo a cubanos decididamente contrarios a la revolución, sino también a otros como Teresa, la narradora, que pese a provenir de una familia de clase media acomodada, la recibió con simpatías y hasta con júbilo. En ella, logra un personaje interesante, bien trazado. Teresa cree en unas nuevas ideas que, no obstante, admite no entender, y a la vez siente nostalgia por un mundo, el suyo, que se viene abajo. Esta crisis de los antiguos valores penetra en la vida de otros personajes –algunos, conmovedoramente humanos– para quienes los cambios políticos se traducen en matrimonios deshechos, suicidios, separaciones y destierros. Como ámbito y fondo vital de estas existencias atormentadas y sin salida, están La Habana y la revolución, que aparecen dadas a través de las desgarraduras que provocan en los protagonistas. Sobre esta materia viva, en la cual uno cree advertir registros autobiográficos, Perera ha construido una novela amarga, sincera, que se lee bien gracias a su prosa fluida y sus diálogos ágiles. Asimismo, demuestra oficio para acoplar recursos e ideas. No puede decirse, sin embargo, que *El sitio de nadie* sea una novela sin reparos. La perjudican los reiterados cambios del punto de vista narrativo –de la primera persona, pasa al narrador omnisciente– y el desarrollo descompensado de algunas situaciones. Pero consigue imponerse como una obra donde la memoria, el desarraigo, la acusación y el testimonio personal no estorban, sino que se combinan en una novela honesta, sentida.

En esta misma década, la escritora publicó *¡Felices Pascuas!* (1977), ambientada en el mundo del exilio. En ella hace «el *close-up* sicológico de una mujer en esa edad desconcertante desde la que contempla las dos laderas de su vida» (Aldaya 118), en el marco de una familia de exiliados que reside en Miami. En este caso, el destierro no es el tema que domina. Perera se interesa más bien por los conflictos familiares a los que la protagonista debe dar respuesta. Estamos ante una obra introspectiva, narrada en primera persona, escrita con un estilo eficaz. La autora cuida los excesos melodramáticos, sin que la historia pierda la suficiente carga de emoción y patetismo. Sin virtudes sorprendentes, pero sin defectos notorios, *¡Felices Pascuas!* confirmó a Hilda Perera como una narradora dotada de una sutil capacidad para ahondar en los problemas humanos.

Para su primera incursión en la novela, Carlos Alberto Montaner escogió un tema que ha atraído a otros autores cubanos: el de la brutalidad de las cárceles. En *Perromundo* (1972), lo mismo que en sus cuentos, evita las ubicaciones geográficas y temporales precisas, aunque a lo largo del libro hallamos discretas pero inconfundibles referencias que permiten establecer asociaciones con la Cuba de Castro. Eso hace que tampoco encontremos alusiones políticas demasiado chirriantes o dogmáticas, lo cual es muy de agradecer en una obra en la cual el análisis de la violencia y la deshumanización posee un gran peso. De hecho, es uno de los principales riesgos que ha sabido sortear: la eficacia de *Perromundo*, de acuerdo a Alberto Baeza Flores, está en «narrar, en no salir de los límites de la novela, en no convertirla en un discurso de plaza pública o en panfleto de la cladestinidad» («Notas» 143). En el libro hay denuncia, pero está matizada y enriquecida por una perspectiva existencialista que le da densidad y hondura. La historia no se cuenta de manera lineal, sino a partir de presupuestos experimentales. Montaner alterna tres planos narrativos (primera, segunda y tercera personas), fragmenta las coordenadas temporales y espaciales, mezcla distintas tipografías, echa mano a soluciones teatrales y cinematográficas, y con todo ello ofrece una visión múltiple y más abarcadora de la realidad. Se mueve una vez más en un estilo en el cual se siente cómodo, el expresionismo, y que le viene muy bien para este estremecedor descenso al infierno carcelario.

Las novelas de Perera y Montaner no son las únicas que muestran una imagen crítica de la sociedad cubana. Otros autores también lo intentan, aunque con resultados artísticos muy inferiores. Con todo, por lo menos vale la pena dejar constancia de la salida de títulos como *Un obrero de vanguardia* (1972), de Francisco Chao Hermida, *El viaje más largo* (1974), de Humberto J. Peña, *Entre el todo y la nada* (1976), de René G. Landa, *Anecdotario del Comandante* (1976), de Arturo A. Fox, *¿Ha muerto la humanidad?* (1976), de Manuel Linares Lanuez, y *Los intrusos* (1978), de Miriam Adelstein.

El exilio como escenario

También en la novela se asiste a la incorporación de nuevos nombres. No se trata necesariamente de autores noveles ni de principiantes. Matías Montes Huidobro y Rosario Rexach (1912), por ejemplo, eran ya conocidos por su labor en otros campos, el primero en el teatro, la segunda en el ensayo. Tampoco era un deconocido Fausto Masó (1934), quien en 1960 obtuvo una mención en el Premio Casa de las Américas con *La sangre de los buenos*, que no llegó a editarse porque al poco tiempo el autor salió de la isla. Más propiamente debutantes puede considerarse a Pancho Vives (1931-1993) y Celedonio González (1923), de quienes hasta entonces nada o casi nada se conocía.

Matías Montes Huidobro y Rosario Rexach coinciden en sus primeras obras en un asunto similar, el exilio, aunque en lo que se refiere a cualidades literarias ambas no pueden estar más distantes. Rexach recrea en *Rumbo al punto cierto* (1979) el mundo de la diáspora cubana y, en particular, el ambiente intelectual y artístico. Por sus páginas desfilan, además de los personajes de ficción, otros reales y bien conocidos:

Jorge Mañach, Cundo Bermúdez, Carmina Benguría, Teté Casuso, Eugenio Florit, Jorge Estopiñán, Gastón Baquero. A la larga, la vertiente documental predomina y como novela *Rumbo al punto cierto* no acaba de poseer una verdadera entidad. A eso hay que añadir las limitaciones que, de entrada, la autora se autoimpone. Como bien expresa en una nota al final, opta por una organización lineal y lógica, para no «hacer difícil la lectura al lector promedio» (209). Renuncia asimismo a lo que ella llama el tremendismo y la anormalidad, las palabras obscenas, los trastueques temporales, el absurdo y el alogicismo. Parece desconocer que no se puede abordar una realidad tan compleja desde formas y pensamientos tan encorsetados, y que a estas alturas es imposible escribir ignorando las aportaciones de maestros como Joyce, Kafka, Henry Miller, Proust y Faulkner. O por lo menos, es poco probable que se les pueda ignorar y salir indemne.

Otra cosa bien diferente es lo que hace Matías Montes Huidobro en *Desterrados al fuego* (1974), con la que mereció la única mención en el Concurso Internacional de Novela convocado por la prestigiosa editorial mexicana Fondo de Cultura Económica. El reconocimiento fue otorgado además por lo que se dice un jurado de lujo: Juan Rulfo, Carlos Fuentes, José Miguel Oviedo, Ramón Xirau y Juan Goytisolo. El libro se inicia con la salida de la isla de un matrimonio. Él es escritor y será quien nos cuente en primera persona sus aventuras y desventuras en el nuevo lugar de residencia, «una inmensa y desolada ciudad industrial situada al norte del país y bajo unas condiciones climatológicas en realidad despiadadas» (103), a donde llegan solos y sin conocer a nadie. A través de una institución benéfica reciben un par de abrigos, que llegarán a adquirir la categoría de personajes. El protagonista habla de «hacerle frente a los abrigos» (25) y le dice a Amanda, su compañera: «si estamos unidos tú y yo contra ellos, nada nos podrán hacer» (25). A medida que pasan los días y él se da cuenta de que han ido a parar a un país extraño, tan frío como indiferente, en donde imperan los valores materiales, el abrigo empieza a funcionar como escudo que lo mantiene aislado y protegido del mundo exterior. Comienza así a «vivir» dentro de él, en lo que llama, recordando sus lejanas lecturas de Freud, «un retorno uterino» (31). Halla en su interior paz, acogida maternal, y hasta llega a sublimizar a través suyo los instintos sexuales. Eso coincide, por otro lado, con un cambio en el ritmo de la vida de Amanda, cuyo trabajo como operaria en una fábrica de disfraces le deja escaso tiempo para charlas y confidencias. El abismo entre ambos se va ahondando y su mundo se fracciona entre «lo que ocurría dentro de mi abrigo» (33) y «lo que ocurría dentro del suyo» (33). Sus rumbos además difieren y se sitúan en polos opuestos: hiperactividad, incorporación a la vida social, limpieza (Amanda); inacción, aislamiento, suciedad (narrador). Este último aspecto cobra en la novela gran importancia. El proceso de huida sicológica, provocado por el choque con una cultura ajena, tiene entre otras manifestaciones la degradación autodestructiva. El protagonista da a la suciedad y la podredumbre connotaciones místicas: si somos la secresión de la carne, se argumenta a sí mismo, debemos buscar nuestra reafirmación en el producto de nuestra propia materia (sudor, orine, semen). Considera asimismo que esa desconstrucción de su cuerpo, cuyos estragos eran ya visibles, constituía la mayor de sus creaciones.

En sus paseos solitarios, llega un día a un parque en donde encuentra a un vagabundo. Gracias al abrigo que éste lleva, reconoce en él a un colega, a uno de los suyos. El contacto con él es lento, demorado, sin ansiedad ni prisas, «como si se tratara de una ceremonia secreta, un acto religioso, una misa en el tiempo que ejecutábamos bajo la gris bóveda celeste» (143). Entre ambos se establece, no obstante, un trato primario, mediante sonrisas, miradas, silencios. El relato de ese ritual diario da pie a páginas tan admirables como la descripción del abrigo del vagabundo. El desequilibrio mental del narrador alcanza entonces su punto culminante. Cae en la alucinación, el delirio, la distorsión. En el último capítulo, lo hallamos ya restablecido e instalado con su esposa, sin que sepamos cómo consiguieron este módico bienestar que les permite incluso viajar por el extranjero.

Si nos hemos extendido un poco más de lo usual en la trama, es para destacar la originalidad de la novela de Montes Huidobro respecto a otras de similar temática. Al escritor no le interesó mostrar el exilio desde el ángulo político, y el recuento de los hechos anecdóticos de los infortunios de la pareja no es sino el flanco más externo. De todas las obras que nuestros autores han dedicado al tema, *Desterrados al fuego* es, sin discusión, una de las que mejor lo trasciende y le da otra proyección, otra densidad, otra dimensión conceptual. Nunca pretende ser una crónica, con hechos presentados en un orden más o menos cronológico, sino lo que Danubio Torres Fierro llama «el minucioso, matemático y exasperante registro de un proceso de cambio y mímesis que se desencadena a partir del exilio» («Libro» 55). Intensa y profunda como muy pocas, en su más honda verdad es una metáfora sobre la descomposición y desarraigo de un hombre que no logra asimilar un cambio radical. Con esa caracterización, Montes Huidobro crea un personaje atormentado y rico, un antihéroe existencialista muy representativo del mundo contemporáneo. Su peregrinaje espiritual por una sociedad superdesarrollada se plasma en un testimonio lúcido, sofocante, opresivo, que, sin embargo, nunca cae en la desesperación o la tragedia porque lo recorre un humor soterrado y autocrítico que desacraliza, distancia e ironiza.

El gran dominio de los recursos narrativos que demuestra el autor no impide que a partir de la segunda mitad, concretamente desde el capítulo VI, la novela pierda la brújula y se lastre con un experimentalismo pueril que la vuelve pesada. Se produce una quiebra en el estilo, hay reiteraciones de cosas ya dichas, acumulación desordenada de datos, lo cual se traduce en dispersión y pérdida de coherencia del relato. Significativamente, en la versión inglesa, *QWERT and the Wedding Gown* (1992), el escritor eliminó los capítulos VI, VII y «El ave Fénix» y añadió, en su lugar, uno nuevo. Esta versión definitiva, con la cual la novela logra una calidad sin fisuras, debería ser publicada en español sin demora. Servirá para que muchos descubran a un singular y formidable narrador. Montes Huidobro publicó en 1977 una novela epistolar en clave humorística, *Cartas de cabeza*, que parece ser más bien un descanso para tomar aliento tras esa obra mayor que es *Desterrados al fuego*.

Se suman nuevos nombres

Aparte de Montes Huidobro, el otro estreno significativo es el de Fausto Masó, uno de los subterráneos de nuestra literatura. Sorprende que un narrador tan bien dotado y con una primera obra tan lograda como *Desnudo en Caracas* (1974), sea escasamente conocido entre sus compatriotas. No ocurre así en el medio intelectual de Venezuela, donde se le distingue y considera. De su primer libro, del cual se hicieron dos ediciones en esta década, se ha llegado a decir que es una de las mejores novelas venezolanas contemporáneas.

En *Desnudo en Caracas*, se cuentan las andanzas de Samuel Fernández, un hombre que ha llegado a la capital procedente del interior, y que va probando fortuna en el periodismo, la publicidad, el sector gastronómico, los seguros, para terminar confundido por la policía con un guerrillero y obligado a salir del país en un avión que, para su mala suerte, lo lleva a Bolivia. El libro está narrado en primera persona por el protagonista, quien nos da una imagen bastante sarcástica, no exenta de cierto tono autocrítico, de su aprendizaje moral y sentimental en una sociedad obsesionada por la competencia y el afán de lucro. «Aquí se vive muy bien si no se está abajo» (26), le comenta un amigo cubano que vive en Los Angeles. Así que Samuel hará todo lo posible por ocupar en la escala social un puesto entre los vencedores. Esa ambición de ser algo, de adquirir una posición, aparece ya desde las primeras páginas: «Yo nací para manejar un Mustang. Me gusta caminar mirando hacia arriba, tomar cerveza, atropellar a la gente con un auto totalmente equipado que tenga cristales y faroles que se oculten al tocar un botón» (9). Masó retrata en Samuel a un tipo snob, descarado, no muy escrupuloso, aunque tal vez le falte un poco más de maldad y de agallas para conseguir el triunfo con el que tanto sueña.

Eso lo lleva, por otro lado, a acumular en sus aventuras amorosas un fracaso tras otro: Vicky, la jovencita culpable de que corriese «un río de semen por los patios de un liceo feliz y próspero» (51); María Amelia, intérprete de una exitosa telenovela a quien el asedio de los periodistas casi conduce a la locura; Liudmila, la adolescente amante de los helados de fresa y los dibujos animados, que lo convierte en «un catálogo viviente de enfermedades venéreas» (62). Hay en el libro, como se ve, una apreciable dosis de humor, sin que la comicidad llegue a ser corrosiva ni sangrante. Masó tiene el acierto de montar un texto eminentemente narrativo, de armar una historia que se impone por las buenas, sin necesidad de artificios ni ostentaciones experimentales. Está escrita además con estilo fluido, natural, aparentemente sin pretensiones, pero siempre cuidado. Autor de obra tardía, con *Desnudo en Caracas* Fausto Masó obtuvo un notable en su examen de ingreso en la prosa de ficción.

Pancho Vives se dio a conocer con *Claudia a Teresa* (1974), novela en la que opta por un camino deliberadamente marginal. Para hallar algún punto de contacto con lo que entonces se escribía, hay que acudir a la también marginal Nivaria Tejera, que como Vives demuestra escaso interés por la anécdota, por contar cosas, por preocuparse más por el *cómo pasa* que por el *qué pasa*. En *Claudia a Teresa*, la historia contada tiene poquísimo peso. En unas confesiones cargadas de naturaleza rememorativa, Claudia, la protagonista, realiza un viaje al fondo de la memoria. Sobre esa base, el escritor levanta un discurso hecho a partir de impresiones, recuerdos y evocaciones, salpicado de vez en cuando por leves apuntes narrativos de escaso relieve y apenas insinuados, lo que hace que la anécdota nos llegue brumosa y evanescente. Elude así casi todo lo que forma parte de los códigos tradicionales del género. A su libro hay que reconocerle la cohesión entre el relato y el enfoque o tratamiento narrativo, pero a la vez hay que objetarle el limitado interés de lo que cuenta. Tampoco estamos ante una obra redonda: a partir de la mitad, se introducen reflexiones y comentarios de tono teórico y ensayístico que vuelven fastidiosa su lectura. Como bien apunta la propia Claudia, «toda esta disquisición fluye tan pretensiosa como gratuita» (35). Mas pese a estos reparos, *Claudia a Teresa* aporta a nuestra prosa imaginativa hallazgos nada desdeñables. En sus páginas se insinúan ya ciertos rasgos estilísticos que conceden a Pancho Vives un perfil original: gusto por la narración introspectiva, fidelidad al registro de hechos minúsculos y sensaciones fugaces, buceo en zonas laberínticas y poco exploradas de la sicología femenina. Un texto, en fin, que no está nada mal para empezar. Un buen ejercicio de precalentamiento para acometer proyectos mayores.

Celedonio González, por último, inicia su andadura con mucho impulso: en el corto plazo de siete años da a conocer cuatro títulos, tres novelas y un tomo de cuentos. En *Los primos* (1971), sigue la trayectoria de tres personas de una familia que adoptan posturas diferentes frente a la revolución, lo que a su vez las llevará a seguir rumbos divergentes: unos determinan permanecer en la isla, otros emigran. En *La soledad es una amiga que vendrá* (1971) reúne narraciones de corte costumbrista, mientras que en *Los cuatro embajadores* (1973) vuelve al ambiente de la diáspora, donde se desarrollaba buena parte de su primera novela, para contar, con cierta dosis de humor, la vida de varios cubanos que trabajan en un famoso hotel de Miami. Muestra allí las relaciones no siempre cordiales entre cubanos y norteamericanos, así como el descontento y la amargura de muchos exiliados para quienes aquélla es una sociedad «incalificable, sin vínculos espirituales y con un denominador común: el dinero» (23).

Con respecto a esos libros, algunos críticos han señalado el moderado salto cualitativo que significó *El espesor del pellejo de un gato ya cadáver* (1978), novela en la cual se plantea metas un poco más ambiciosas. Combina tres historias yuxtapuestas, localizadas en Cuba, Estados Unidos y las selvas de Bolivia, que tienen como nexo de unión el lugar de origen de sus protagonistas. En uno de los bloques, Timba Figueroa resuelve abandonar a su familia e ir a reunirse con su hijo mayor, que reside en Estados Unidos. Una vez allí, tiene dificultades para entenderse con su nuera, por lo que se muda para Miami, donde muere. En el segundo, Yumbo, que ha sido enviado junto con otros compatriotas para iniciar la lucha guerrillera en Bolivia, empieza a desengañarse de la misión y abandona el campamento para ir en busca de Tanya, la combatiente a quien antes violó. A su regreso, se enfrenta a la desconfianza de sus compañeros, que acaban por darle muerte. En el tercero, un narrador pasa revista a su vida, desde la juventud en un pueblecito de la provincia de Santa Clara, donde también nacieron Yumbo y Timba, hasta su vejez en el destierro. Los tres personajes comparten además la búsqueda de un sueño inútil, de una ilusión: una mujer (el narrador), la revolución (Yumbo), el hijo pródigo (Timba Figueroa). En ese sentido, se puede afirmar, como sostiene Sharon Magnarelli, que la meta del libro es el desmantelamiento de esos tres mitos (30).

En conjunto, las tres novelas poseen deficiencias notorias. Su prosa es pobre, plana y demasiado apegada al naturalismo lingüístico. Otro tanto puede decirse a nivel técnico y narrativo. En la primera, en particular, González se decanta por una acentuada atención al contenido, en detrimento de los aspectos formales. Su mayor virtud hay que buscarla en la visión que ofrecen del exiliado. En las tres se hacen patentes sus ganancias y triunfos, pero también sus frustraciones y quiebras. Como expresa un personaje de *Los primos*, en Estados Unidos «nos han ayudado, despreciado, reconocido y hasta se han burlado de nosotros» (53). Similar lucidez y realismo demuestra el narrador de *El espesor del pellejo de un gato ya cadáver*: sabe que aquél no es su sitio, pero también que el regreso es imposible, entre otras razones, porque la Cuba que hallaría no es la que conserva en la memoria. González escribe además desde una distancia que le permite ser un poco más objetivo y contemplar a sus paisanos desde otra óptica, más risueña y sarcástica. En las páginas de sus obras aparecen así personajes como Alberto Ramírez, un viejo político de la república conocido como «la voz más alta de Southwest»; Callitas, el alardoso de la Calle Ocho; Lector, que se suicida por no poder soportar la nostalgia por la isla ; o los participantes de la reunión número 50.664 de la Asociación de Criadores de Caballos de Cuba. «Mis novelas, ha declarado González, gustan precisamente porque quienes las han leído sienten lo mismo que yo, y porque yo les he contado más o menos la vida de ellos aquí».

Dos autores que revalidan

Además de estos autores que prueban armas por primera vez, debemos ocuparnos de otros dos que publicaron sus primeras novelas en la década anterior: Luis Ricardo Alonso y Juan Arcocha (1927). El segundo, que en 1962 se dio a conocer en Cuba con *Los muertos están solos*, suma a su bibliografía tres nuevos títulos: *Por cuenta propia* (1970) y *La bala perdida* (1973), en donde recrea experiencias de carácter autobiográfico, y *Operación Viceversa* (1977), un thriller con ingredientes de sátira política. La primera se desarrolla durante los días del deshielo en la URSS, donde el autor era entonces corresponsal de Prensa Latina. Eran los años de la desestalinización, resumidos por el narrador como «los buenos tiempos, cuando yo todavía pensaba que la salvación podía llegar de Moscú» (24). Una imagen real y sin afeites del país está recogida en una serie de viñetas intercaladas entre los capítulos del relato en primera persona, a través de las cuales se va conformando un mosaico de la vida cotidiana en la antigua Unión Soviética: las artimañas de los habitantes de otras regiones para residir en Moscú sin que los descubra la policía, la falta de privacidad de los pisos colectivos, las colas diarias, el miedo de los judíos durante el estalinismo, las mentiras divulgadas por *Pravda*, la prostitución en los hoteles para extranjeros. Todo, eso sí, tratado ligeramente y sin revelar nada que no supiésemos ya. Pero insistimos, es lo más interesante de una novela que, en general, resulta más bien aburrida. En *La bala perdida*, Arcocha pasa revista a los años de 1962 y 1963, cuando trabajaba en la embajada cubana en París. El libro continúa el ciclo autobiográfico iniciado con *Por cuenta propia* y que se cierra, por ahora, con *La conversación* (1983). No hay el más mínimo intento de dimensión imaginativa o capacidad fabuladora. El autor ni siquiera se preocupa de disimular nombres y datos de personajes reales; y no hace falta ser muy inteligente para identificar, entre otros, a Pablo Armando Fernández, Cabrera Infante o Alejo Carpentier. El libro refleja las relaciones de la embajada con el mundo intelectual francés y muestra el inicio de la puesta en marcha de la línea dogmática en la política cubana. Pero al igual que la obra de la cual es, en cierto modo, continuación, *La bala perdida* tiene en su contra el que detrás suyo se halle un novelista que se empeña en no serlo, que finge, aunque desganadamente, que esas memorias que ha vaciado sobre el papel deben leerse como un texto de ficción. A eso hay que sumar que su vida no posee suficiente interés ni trascendencia. De ahí que sea una pena que cualidades como la correcta artesanía y la pulcritud de estilo se desperdicien en historias triviales que no consiguen atrapar.

Operación Viceversa representa una tentativa por salir de ese círculo temático, pero no logra ir más allá del buen empeño. Ante todo, porque parte de un argumento inverosímil y truculento: Tomás, en otro tiempo simpatizante de la revolución, desembarca en la isla al frente de un comando de la CIA para desbaratar un complot soviético cuyo objetivo es asesinar a Fidel durante una concentración. Arcocha repite el mismo error de otros autores, al presentar una imagen unívoca y maniquea de la sociedad cubana (calles llenas de baches y con la basura acumulada en las aceras, personas tristes y angustiadas, ausentismo laboral, hospitales sin medicinas, cantinas y bares cerrados, presidentas de CDR que desatienden las tareas de vigilancia), un método que, como varios siglos de historia de la literatura demuestran, es el menos aconsejable para abordar e iluminar la realidad.

Por el contrario, las tres novelas que publica en los setenta Luis Ricardo Alonso representan un conjunto de valores muy respetables. Se trata de obras elaboradas bajo las coordenadas básicas del realismo, en las cuales recoge a la par ingredientes de la tradición clásica y algunos moderados o ya admitidos recursos de la experimentación. *El candidato* (1970), que fue finalista en el Premio Nadal el año anterior, adopta la estructura del diario de un negro puertorriqueño que ha resuelto asesinar al candidato y virtual ganador de las próximas elecciones a la presidencia de Estados Unidos. Cincuenta y cuatro días antes de la acción, empieza a anotar su día a día, en una narración en la que los recuerdos de infancia y adolescencia se alternan con los acontecimientos actuales. En buena medida, esas anotaciones tienen como finalidad fundamental hacer comprender a quien las encuentre las razones que lo llevaron a urdir tan audaz proyecto. Tras ese paréntesis en sus asuntos y escenarios habituales, Alonso volvió al ámbito cubano en *Los dioses ajenos* (1971), un fresco cuya acción se localiza en el destierro. La novela sigue, en esencia, las peripecias de dos personajes, Carlos Gálvez y Ernesto Salcedo. El primero eligió el exilio, tras desencantarse con el rumbo tomado por la revolución, con los fusilamientos, la generalización de la mentira, el incumplimiento de las prometidas elecciones y la instauración de la regla de «obedecer sin pensar». Ernesto, por su parte, se quedó en la isla, aunque pronto se impone en él el desengaño y acaba uniéndose a un grupo de conspiradores, con el que interviene en varias acciones contra propiedades estatales. Es descubierto y condenado a treinta años de cárcel, de donde logra evadirse y huir hacia Estados Unidos. En realidad, se trata de un montaje de la Seguridad cubana para infiltrarlo en las organizaciones anticastristas y que realice allí labores de contraespionaje. La acción está contada a un ritmo cinematográfico, mezclando pasado y presente sin seguir una secuencia cronológica. Alonso crea una rica galería de personajes patéticos que deambulan como sombras por Miami. Falla, sin embargo, al concebir de modo esquemático a los representantes del bando opuesto. A los escoltas de la UMAP, por ejemplo, es imposible tomarlos en serio.

El Palacio y la Furia (1976) es también otro gran fresco, en este caso de La Habana prerrevolucionaria, con la lucha contra la dictadura de Batista y la represión policial como telón de fondo. Alonso introduce un tema apenas tratado por nuestra prosa imaginativa, la actitud de un sector de la iglesia frente a la agitación social que sacudía al país. No está de más recordar que, aunque la historiografía oficial se ha empeñado en silenciarlo, el ala católica de la juventud cubana tuvo en esa guerra una destacada participación. Para abordarlo, se centra en la compleja y atormentada personalidad de Mario Cali, un sacerdote que colabora con una célula clandestina que prepara el asalto al Palacio Presidencial. Al ser cotejadas con la realidad, sus ideas religiosas entran en crisis y lo sumen en un profundo dilema interior. Su trato con los jóvenes revolucionarios le permite discutir con éstos sus concepciones, y poco a poco empieza a entender que la religión a la que se ha consagrado también ha tenido efectos negativos en la sociedad, así como que matar puede ser un pecado necesario. Otro dilema al cual debe hacer frente es el del sincretismo entre la fe cristiana y la santería de origen africano. Halla para el mismo una respuesta que, para sus superiores, es tan sacrílega como su postura ante la política: «Si el Presidente de la República consulta los caracoles y después va a la iglesia, se retrata con el Cardenal, ¿por qué el pueblo no podrá rezar a Cristo, por la mañana, aunque haya bailado Obatalá por la noche?» (60).

Junto a Mario Cali, aparece una amplia nómina de personajes a los que Alonso da un tratamiento veraz. Los hace actuar como seres de carne y hueso, con temores y dudas, pero a la larga con convicciones por las que son capaces de entregar su vida. Nada que ver con esos héroes de una sola pieza que con frecuencia hallamos en muchas novelas editadas en la isla en los años sesenta y setenta. Asimismo y a diferencia de muchas de las obras creadas en la diáspora, los diálogos poseen un mayor nivel de elaboración: son inteligentes, ágiles, efectivos. Alonso consigue un atinado balance en la recreación del material. No cae en el tradicionalismo anquilosado ni en un experimentalismo gratuito. Emplea unos moldes narrativos flexibles, dinámicos, en los que se encuentra cómodo y seguro. Obra amena, interesante, *El Palacio y la Furia* es, sin reparos, una buena novela.

Tres pesos pesados

Varios son los aspectos, tanto artísticos como en lo referente a una posición irreductible ante la escritura, que concurren en las obras narrativas de Severo Sarduy y Nivaria Tejera (1933). Como su compatriota, esta última realizó buena parte de su formación en París, donde vivió de 1954 a 1959 y luego, desde 1965 hasta hoy. Como él, recogió y asimiló con óptica personal algunas experiencias de la narrativa francesa contemporánea, en particular del *nouveau roman*, y las enriqueció con una opulencia, un clima sensorial y una exhuberancia de inconfundible cuño caribeño. Ambos se incluyen, por otro lado, dentro de lo que algunos han llamado *posboom* y otros experimentalismo latinoamericano, al cual pertenecen, entre otros, Néstor Sánchez, Héctor Bianciotti, Salvador Elizondo, José Balza, Manuel Puig, Salvador Garmendia y Reinaldo Arenas. Sarduy y Tejera comparten asimismo una actitud crítica frente al *boom* de la novela latinoamericana. El primero, porque considera que desde el punto de vista técnico adquirió un estatus académico y sus innovaciones perdieron el impacto inicial. Tejera, por su parte, rechaza este encasillamiento de los novelistas en un clan, como si de una escuela o una nueva ortodoxia se tratara. Y habla de una comercialización del *boom* que considera lamentable. «Han caído en un espíritu de consumo, han traicionado la intención primitiva de esta nueva novelística, que era sobre todo una forma de ruptura con la producción inmediatamente anterior», expresó en una entrevista en 1971.

Severo Sarduy no oculta su proyecto de renovación: «Se trata ahora –después del *boom*– de criticar radicalmente el lenguaje, de pulverizarlo en todos sus niveles». A lo cual añade: «No hay obra moderna sin crítica del lenguaje, y no hay sociedad que se mantenga si su lenguaje se pone en discusión» (Carta). Sus declaraciones de principio no andan muy alejadas de las de Nivaria Tejera: «Creo que experimentar con el lenguaje es lo que más corresponde a una intención creadora, 'noble', de hacer avanzar la escritura». Transgresión, voluntad experimental, renovación a fondo del lenguaje, son los pilares sobre los cuales uno y otra sustentan sus novelas. Sarduy partirá de una reelaboración de determinados componentes de la estética barroca. Tejera, de la exploración de las posibilidades poéticas de la prosa.

En 1971, Nivaria Tejera obtuvo el Premio Biblioteca Breve con *Sonámbulo del sol*. Era la segunda vez que el preciado galardón iba a parar a manos de un cubano y la primera que lo ganaba una mujer. Tan pronto se dio a conocer la noticia, se destapó en la prensa española una polémica que hizo correr mucha tinta. Antes de que fuese premiada, la novela había sido publicada en francés por Denöel, en su colección Les Lettres Nouvelles. Estaba contratada por Seix Barral, editorial que auspiciaba el certamen, pero por deseo de la autora fue incorporada a éste tan pronto se convocó. Algunos periodistas llegaron a pedir por eso la invalidación del premio. Como entonces escribió alguien, era mayor el interés por dilucidar si debía considerarse inédita o no la obra, que por su calidad artística. Lo cierto es que, como aclaró Juan Ferraté, director literario de Seix Barral y miembro del jurado, el libro continuaba estando inédito en el idioma en que originalmente fue escrito.

En el panorama de nuestra novelística, *Sonámbulo del sol* es un texto novedoso y extraño. Pudiera decirse que es el relato triste de un hombre que tiene hambre y se dedica a deambular por las calles de La Habana de los años cincuenta, bajo un sol hirviente. Pero Tejera practica una narrativa que prescinde de la anécdota y rehúye contar cosas. Como apuntó José Luis Jover, uno de los defensores del libro, la historia de Sidelfiro no se *cuenta*, sino que en todo caso se *presenta* o se *representa*. Hay en esta postura puntos de contacto con la Nathalie Sarraute de la primera época, la de *Tropismos*, sobre quien Tejera publicó en Cuba un ensayo y a la cual ha declarado seguir de cerca. *Sonámbulo del sol* se compone fundamentalmente de un montaje de metáforas exhuberantes y sensoriales, y está escrita en un lenguaje que quiere ser vitalmente poético. Unas veces, adopta la estructura de la prosa traspasada de poesía; otras, la disposición vertical y el diseño gráfico de ésta. La escritora nos sumerge en un monólogo obsesivo, delirante, desarrollado hasta el infinito, un verdadero manantial de imágenes, un chorro discursivo permanente. Provee datos, fragmenta un mismo diálogo, acumula desdoblamientos, repeticiones e insistencias casi metemáticas, todo ello con el propósito de «entablar entre personaje y lector una posible respiración común», de trasmitirle a este último esa «atmósfera de calles discontinuas, vagas impresiones, vacío», e impregnarlo de la sensación de «lo cotidiano irrespirable» (Carta). Pese a su renuncia a contar una historia, hay en la novela un personaje, ese mulato de treinta y tres años que sobrevive gracias a algunos míseros y temporales empleos. Sidelfiro es un ser incomprendido, solitario, elemental, una conciencia vagabunda que encarna la filosofía de la impotencia y situada al margen de una sociedad que no está hecha a sus dimensiones y apetencias humanas. Su divisa es: lo importante es no morir. Pero sabe que no vive, que sólo sobrevive y jadea. Junto a él, hay otro protagonista de fondo: el implacable sol del trópico que todo lo descompone y que, como dijo Oscar Wilde, mata las ideas. Como en otras novelas cubanas, aquí se repite el propósito de recrear La Habana, en este caso a través de su latido y su vida interior. Pero a diferencia, por ejemplo, de *Tres tristes tigres*, que es una celebración de la noche capitalina, *Sonámbulo del sol* es una obra llena del sudor, el calor y la luz cegadora de la ciudad. Tejera consigue darnos una imagen de lugares y calles de La Habana, de sus sonidos, olores, sabores. Otro crítico español, Santiago Arizona, comentó que se trata de una novela «hecha desde los sentidos, desde la música, desde la cadencia, desde el ambiente». Se le ha señalado, no obstante, su falta de profundidad en los problemas humanos, la escasa adecuación de la forma al contenido, así como que lo lírico sea un elemento perturbador y fatigoso para el lector. La autora defendió su voluntad de romper barreras y límites que a ella, como creadora, no le sirven, y en cuanto a que el suyo sea un libro poco accesible, expresó: «Yo no creo en el lector medio. ¿Qué es el lector medio? Un señor que se acomoda a lo que le dan, y esto desde la escuela. Yo intento aportar algo, hacer que el lector escale, que trate de comprender» (Carta). Obra difícil, escasamente complaciente con el receptor y con algo de reto a su paciencia, exige de él un entrenamiento, una progresiva aclimatación a sus cánones. Es un libro que demanda un lector paciente, atento, dispuesto a entrar en una escritura alejada de los lugares comunes, pero cuya dificultad no es gratuita. Juan Ramón Jiménez sostenía que no hay por qué entender en su totalidad un poema; basta con que nos impregnemos un poco de su honda imaginación. Dejarnos impregnar de sus sugerencias, signos, enigmas y percepciones, es tal vez el mejor método para acercarnos a *Sonámbulo del sol*.

La publicación en 1972 de *Cobra* supuso un viraje en la recepción internacional de la obra de Severo Sarduy. La novela fue editada al poco tiempo en francés por Seuil y en inglés por Dutton and Co. En particular, la versión francesa alcanzó un gran éxito tanto de público como de crítica, y fue galardonada con el Premio Medici. Con *Cobra*, su autor inició además una trilogía –los otros dos títulos son *Maitreya* (1978) y *Colibrí* (1984)–, en la cual plasma su fascinación por las culturas orientales, presente ya en *De donde son los cantantes*, y que irá aumentando de libro en libro. A la pregunta de por qué ese acercamiento a Oriente, ha contestado: «Por motivos sexuales. En *Cobra*, la oposición de los sexos no podía terminar más que en un sitio donde, por definición, quedan abolidas todas las oposiciones: en el budismo (...) En *Maitreya* sirve de telón de fondo a una reencarnación, la del Buda futuro, pero también como arqueología de un personaje secundario /Luis Leng/, que en la novela de Lezama /*Paradiso*/ ocupa sólo unas líneas y que desarrollo en todo el relato. Cuba así queda como una conclusión, como una profecía o un sueño del Oriente (...) Finalmente, en *Colibrí* vuelve el Oriente, aunque la acción ocurra junto al delta de un gran río sudamericano» («Por qué» 39-40). Por otro lado, el profesor e investigador cubano René Prieto Taboada ha hallado semejanzas temáticas entre las tres obras, a las que denomina «trilogía del cuerpo obsesionante que los protagonistas desean poseer» (325).

Cobra reúne dos relatos que se entrecruzan. En el primero se cuenta la historia de un travesti parisiense de los años sesenta, reina del Teatro Lírico de Muñecos, quien se empeña en reducir sus enormes pies. Tras probar múltiples procedimientos (hormas, compresas, baños de agua fría y caliente, mordazas, armaduras de alambre), encuentra la solución en los cocimientos de hierbas y semillas. Mas del abuso de esos experimentos nace Pup, su reducción, su doble enano, su raíz cuadrada, del que logra deshacerse mediante una operación que le realiza el doctor Ktazob. En la segunda parte, Cobra, convertido ahora en un chico, es iniciado por una secta con la que interviene en experiencias tántricas. Al final muere y sus cenizas son esparcidas al viento. A manera de epílogo, hay un «Diario Indio» que sirve de nexo entre los dos relatos y que traza la parábola del viaje Occidente-Oriente que la novela propone.

Hablábamos de historia, y, en efecto, Sarduy no escapa a ella, aunque la embrolle, impugne y violente. Similar complejidad y barroquismo posee el lenguaje, que como en otros libros de este cubano cosmopolita, no es envoltorio del relato, sino el equivalente de su suntuosidad y riqueza. Hay además una concepción carnavalesca del discurso narrativo: sus expresiones más visibles son los homenajes, parodias y citas que aparecen a lo largo de sus páginas y que introducen notas festivas en una novela cuya lectura, sobre todo a partir de la segunda parte, se hace densa y reclama calma y cuidado. En ese revoltijo intertextual tienen cabida mitos tibetanos, motos, mandalas, prácticas sadomasoquistas, pinturas chinas, *black jackets* y un cirujano adicto a las viñetas villaclareñas de las marquillas de Partagás. *Cobra* constituye además un acercamiento a un tema, el de los travestis, sobre el cual volverá Sarduy en otros títulos. El travestismo, como él mismo ha dicho, le interesa como necesidad de transformarse en otra cosa, como última forma de transgresión. Algo que va más allá del fenómeno sexual para convertirse en una subversión metafísica, por el cambio total de la apariencia. A lo cual suma otro elemento: «En el travestismo está la anulación, el cero de la muerte» («Por qué» 39).

Sin perder su capacidad de provocación, aparte de ser una obra más perfecta y madura, *Maitreya* es, respecto a *Cobra*, una novela más lineal y narrativa. Sarduy llega incluso a reivindicarla como un relato que posee su lado policiaco o detectivesco, con todo lo que esto conlleva de incentivo y disfrute para el lector. Sólo que aquí no se trata de la caza de un asesino ni de la recuperación de una valiosa joya, sino de la busca de Dios, de la Divinidad. La primera parte se centra en la búsqueda del encarnado del Maestro, cuya muerte es narrada en el primer capítulo, y del cual heredará la palabra. En la segunda, asistimos a las peripecias de dos obesas gemelas de Sagua la Grande, La Divina y La Tremenda, una de las cuales ha desaparecido. En ambas narraciones, Sarduy aborda otro de sus motivos recurrentes, el de la repetición: el doble en el tiempo, en una; el doble en el espacio, en la otra. Hay asimismo una inversión de matiz paródico del nomadismo y la parábola trazadas en *Cobra*. Al contrario de ésta, en *Maitreya* se va de Oriente a Occidente, en un regodeo gozoso y reconciliado . Una vez más, realiza una libérrima recreación de los signos orientales, matizándolos con referencias occidentales y caribeñas.

El lenguaje de Sarduy, que Héctor Bianciotti ha calificado como uno de los más bellos de nuestros días, alcanza aquí una riqueza y un rigor modélicos, que cuajan en una escritura personal, suelta, sensual, plástica. Pocas veces en nuestra prosa de ficción el andamiaje lúdico y la factura narrativa, el riesgo vanguardista y la amenidad, la obsesión poliédrica y la concentración, han hallado, como en *Maitreya*, un equilibrio tan exacto. Las novelas de Severo Sarduy tienen un valioso y revelador complemento en su obra ensayística, en la que explica y analiza algunos de sus conceptos teóricos y en donde, en buena medida, se define a sí mismo e ilumina sus propias ficciones. *Escrito sobre un cuerpo* (1969), *Barroco* (1974) y *La simulación* (1982) –recogidos, con un preámbulo inédito, «Nueva sensibilidad», en *Ensayo general sobre el barroco* (1987)– son libros agudos e incitantes, que ganan si se les lee como un corpus orgánico y unitario.

Junto a las novelas de Nivaria Tejera y Severo Sarduy, el otro título significativo de esta década es *La Habana para un infante difunto* (1979), de Guillermo Cabrera Infante. «Hay escritores que escriben de lo que conocen; otros, como yo, escriben de lo que recuerdan», ha dicho éste. Y para demostrarlo, en su segunda novela emprende la recuperación de una parte de sus memorias eróticas, que aparecen contadas por un innombrado narrador con quien Cabrera Infante se identifica deliberada y hasta alegremente. La referencia personal se proclama ya desde el título, lo que se conservó en la traducción al inglés, *Infante's Inferno*. Se cuenta en el libro la historia de un provinciano que llega con sus padres a la capital, e inicia allí su educación sentimental y, en parte, cultural. Estamos, por tanto, ante una *bildungsroman*, una novela de aprendizaje, que toma de ésta la narración en primera persona y la articulación episódica. Ante el lector se tensa el arco vital de un adolescente que irá madurando hasta hacerse otro. Narración y estilo van evolucionando en la misma medida en que lo hace el protagonista. Inicia la novela un entrañable recuerdo infantil, la primera subida por una escalera, y la cierra la fantasmagórica e increíble descripción del viaje por la vagina de una mujer, en la penumbra de un cine de barrio, versión popular del descenso a los infiernos. Asimismo, la suave melancolía de los primeros capítulos da paso a un tono sarcástico y un humor inagotable.

El sexo y la iniciación erótica del narrador son el motivo dominante. A diferencia de muchos escritores hispanoamericanos, que mantienen frente al erotismo una posición puritana y reprimida, Cabrera Infante alcanza aquí unas cotas de osadía, franqueza y lujo de detalles impensables en nuestra literatura. El libro es un museo de mujeres (primas, vecinas y prostitutas con quienes el joven descubre el sexo), y en ese sentido se autocomplace en la reiteración, en la abundancia. Eso hace que padezca cierta falta de contención y caiga en una larga enumeración de sus amoríos y aventuras, así como de cines, bares, posadas y casas. Al no poseer una bien engarzada continuidad, sus valores más sólidos hay que buscarlos en fragmentos, en capítulos enteros que llegan a alcanzar en sí mismos entidad como relatos independientes. Si se le compara con *Tres tristes tigres*, en *La Habana para un infante difunto* hay una preocupación del autor por ser más asequible y por entretener al lector. Si en aquella novela predominaban las rupturas y la experimentación, aquí, en cambio, nos hallamos ante un trazado casi lineal. La galería de voces de aquel grupo de noctámbulos habaneros es sustituida por una sola voz, la voz contante, como la llama él. Aquél era además un libro de fragmentos; éste está construido a partir de episodios. Hay también una ampliciación del lenguaje, que abandona la recreación del habla popular habanera. Cabrera Infante conserva su inconfundible y personal escritura, llena de juegos culturales y lingüísticos y asistida por sus pasiones literarias y cinematográficas. Y está una vez más esa búsqueda nostálgica del paraíso perdido y ya irrecuperable, esa Habana que reconstruye con precisión insuperable y que más que servir de escenario, pasa a ser personaje importante. Este homenaje suyo a la ciudad debe prolongarse —si alguna vez la llega a escribir— con su tan prometida como esperada *Cuerpos divinos*, que se anuncia como una evocación de la vida habanera entre 1957 y 1962.

Primeros vehículos de difusión

En estos años se asiste al nacimiento de los primeros proyectos serios para datar a este literatura de vehículos de difusión. Así, coincidiendo con el inicio de la década empiezan a circular los primeros títulos de la Colección Alacrán Azul, con la cual Ediciones Universal (Miami), que funcionaba desde mediados de los sesenta como librería, comienza la difusión regular de autores del exilio. Antes había publicado una decena de libros aislados (poemarios, ensayos, un volumen de memorias, una novela) entre 1969 y 1970: es lo que debe considerarse como su prehistoria. A Universal le corresponde en ese aspecto el mérito de ser pionera. Es además la que posee un catálogo más extenso y ambicioso y la única de este período que ha logrado mantenerse en activo hasta hoy.

La publicación de cerca de novecientos títulos representa un consistente argumento para avalar este notable esfuerzo, detrás del cual está, como artífice y conductor, Juan Manuel Salvat. Es, no obstante, un dato que puede suscitar ciertos recelos no desprovistos de razón: ¿existe en la diáspora un cuerpo literario capaz de suministrar tan impresionante número de originales? La primera respuesta a esa inquietud nos remite directamente al desglose de la amplia relación de autores y obras que componen el inventario de Universal. La creación contemporánea, distribuida en las colecciones Caniquí (cuento y novela), Espejo de Paciencia (poesía) y Teatro, ocupa, en efecto, un importante y esencial espacio, que halla su complemento en las series Polymita (ensayo y crítica), Antologías y Clásicos Cubanos. Si a éstas sumamos las de Estudios Hispánicos, Formación Martiana, Arte, Cuba y sus Jueces, Cuba: Economía y Sociedad, Diccionarios, Textos, Temas Varios y dos excelentes sobre temas afrocubanos, Chichereú (obras de Lydia Cabrera) y Ébano y Canela, se tendrá un esquema más puntual de la labor sintetizada en las cifras de marras. Una labor que, como se puede inferir, procura cubrir campos e intereses muy diversos.

La principal objeción que uno le hace al catálogo de Universal se refiere a la desigual calidad de sus títulos. Así, autores cuya presencia es irrefutable y obras que se hallan entre lo más representativo y valioso producido fuera de la isla, aparecen junto a libros de una insignificancia desoladora y a muestras de una infraliteratura sólo apta para nostálgicos incorregibles. Es cierto que la inmensa mayoría de las empresas que funcionan en el exilio se ven obligadas, para sobrevivir, a incorporar el procedimiento de las ediciones costeadas por los propios autores, lo cual se traduce en la práctica en la admisión de originales que, en condiciones normales, difícilmente hubiesen sido aceptados. Algo inevitable, desafortunadamente, en un mercado que, entre otros problemas, confronta el del reducidísimo número de lectores. En los últimos años, no obstante, se aprecia por parte de Universal una mayor preocupación en tal sentido, y si bien no se ha eliminado del todo, sí se advierte una notoria disminición de ese intrusismo. Se nota también la voluntad de cuidar más el diseño y la impresión de los libros, un aspecto que ha sido el otro talón de Aquiles. Constituye un hecho saludable el esfuerzo por incorporar nombres como los de Armando Álvarez Bravo, Carlos Victoria, Enrique Labrador Ruiz, Reinaldo Arenas, Carlos A. Díaz y Ramón Ferreira, que prestigian y ennoblecen la nómina. Más recientemente, la editorial ha emprendido una acertada política de reediciones, que ha permitido recuperar obras hoy agotadas de Arenas y Cabrera Infante, que se suman a otras puestas antes en circulación de Jorge Mañach y Lydia Cabrera.

La otra editorial que desplegó una actividad digna de atención es Playor (Madrid), a cuyo frente se halla Carlos Alberto Montaner. Aunque su labor fundamental es la impresión de textos didácticos, a partir de 1971 algunos títulos de poesía y cuento lograron hacerse un hueco. Ese apoyo a los autores cubanos se regularizó al crearse la colección Nueva Poesía (1976-1990). La dirigió Pío E. Serrano, quien para evaluar los originales recibidos contaba con la ayuda de un Consejo Asesor. Más que por el número de títulos que dio a conocer (una veintena, en lo que a cubanos se refiere), Nueva Poesía cimentó su reputación en su apuesta por la calidad, tanto en el contenido como en la presentación. Eran volúmenes editados con sobriedad y esmero, que se distinguían por su formato discreto, sus atractivas cubiertas y su ajustada tipografía. Con una proyección más marcadamente política y un formato menos estricto, la Biblioteca Cubana Contemporánea acogía lo mismo un ensayo sobre la situación de los homosexuales en Cuba, una antología de poetas disidentes, un análisis de la economía cubana, que un testimonio sobre las UMAP. Géneros aparte, coincidían esos materiales en el abordaje crítico de la realidad actual de la isla y en la intención de mostrar su cara oculta. Por último, Nova Scholar, una serie más antigua y de perfil más próximo a la actividad de Playor, divulgó los trabajos de investigadores como

Gladys Zaldívar, Eliana Rivero, Orlando Rodríguez Sardiñas, Rita Molinero, Alicia G. R. Aldaya, Eduardo C. Béjar, Matías Montes Huidobro, Yara González y Luisa María Perdigó. Desde finales de los años noventa, Playor se dedica por completo al que fue su quehacer inicial, los libros de texto, y tanto Nueva Poesía, Nova Scholar como Biblioteca Cubana Contemporánea dejaron de salir.

Menos conocidas que Universal y Playor, por tratarse de proyectos realizados con medios más humildes, no hay que omitir en este repaso la contribución de Ediciones Solar (Washington, Miami, Boston), Senda Nueva de Ediciones (Nueva York) y Contra Viento y Marea (New Jersey). Con el fin de conquistar «un pequeño pero intenso y libérrimo rincón» para la poesía y cooperar a su difusión «en un mundo hostil y ajeno», Juana Rosa Pita y el argentino David Lagmanovich fundaron Solar (1976-1986), que alcanzó a sacar una veintena de títulos, en ediciones tan modestas como pulcras, cuyas tiradas llegaron a ser hasta de mil ejemplares. Como ha expresado Juana Rosa, quien a partir de 1979 llevó sola la responsabilidad de todo el trabajo, fue aquél «un proyecto poético y no mercantil», que en opinión de Alberto Baeza Flores dejó como balance «una fervorosa continuidad creadora y divulgadora, en la mejor línea» («Correo» 6). A Solar hay que reconocerle asimismo el activo e incansable empeño por recabar la libertad de Ángel Cuadra (1931), entonces confinado en una prisión en Cuba. Gracias a una gestión que Pita asumió como propia, vieron la luz sus libros *Impromptus* (1977) y *Poemas en correspondencia (desde prisión) / A correspondence of Poems (from Jail)* (1979), que sirvieron para revelar a una voz lírica de acento melancólico y extremo pudor para referirse a su condición de prisionero político. Solar coordinó además el *Homenaje Ángel Cuadra* (1981), para el cual se obtuvieron colaboraciones de firmas del prestigio de Jorge Guillén, Octavio Paz, Roberto Juarroz, Carlos Germán Belli, Javier Sologuren, Eugenio Florit, Heberto Padilla y Enrique Labrador Ruiz.

Por iniciativa de Alberto Gutiérrez de la Solana, surgió en 1977 Senda Nueva, cuya existencia se prolongó hasta hace poco, cuando fue vendida a otra firma radicada en Miami que ha sacado ya sus primeros títulos. Su catálogo lo forman siete colecciones que abarcan un completo espectro temático: bibliografías, narrativa, estudios y ensayos, poesía, antologías, lexicología y didáctica. En general, eran ediciones de correcta presentación, entre las cuales figuran obras de Florit, Alberto Guigou, Lourdes Gil, Xavier Urpí y Frank Rivera. De vida y producción mucho más efímeras fue Contra Viento y Marea, que limitó su actividad a los libros de creación, en especial, de poesía. Apostó además por los nuevos autores, y bajo su sello aparecieron, entre otros, poemarios de Omar Torres, José Corrales e Iraida Iturralde. En Madrid, José Mario dirigió primero El Puente (1970) y después, La Gota de Agua (1978-1981), donde publicó, además de varios poemarios suyos, otros de Edith Llerena, Heberto Padilla, Isel Rivero, Roberto Cazorla y Carlos Verdecia.

Un movimiento similar al de la década anterior se dio en el terreno de las revistas. Entre otras publicaciones de nueva creación, aparecen *Envíos* (1971-1973), *Imagen* (1973), *Punto y Aparte* (1973), *Cubanacán* (1974), *Krisis* (1975-1979), *Enlace* (1976) y *Noticias de Arte* (1976-199...), que sirvieron de cauce de expresión a los autores de la diáspora. Editada por el Departamento de Lenguas y Literatura Europeas de la Universidad de Hawaii, *Caribe* (1976-1979) también dedicó bastante espacio a las letras del exilio. Su director era Matías Montes Huidobro, y en el consejo de dirección estaban Eugenio Florit, Luis González-Cruz, Julio Hernández Miyares, José Olivio Jiménez y Humberto López Morales. Desde otra universidad norteamericana, la de Pittsburgh, Carmelo Mesa Lago edita *Cuban Studies Newsletters* (1972), que ha sufrido modificaciones de formato y contenido y desde 1975 pasó a llamarse *Cuban Studies / Estudios Cubanos*. También a José Mario se debe la salida del *Resumen Literario El Puente* (1979-1981), que alcanzó los cincuenta números.

Por otra parte, los editores de algunas publicaciones empiezan a promover el acercamiento a la isla. *Nueva Generación*, que venía circulando desde 1964, se autodefinía como «una revista de diálogo» que sostiene el criterio de que es posible acercarse a la realidad cubana seriamente y discutir sobre ella. A partir del número 20, empezaron a reproducir artículos aparecidos en Cuba, lo cual les ganó la hostilidad de algunos sectores del exilio. En el editorial de la entrega correspondiente a junio-septiembre de 1971, se referían a los ataques de que ha sido objeto la revista y denunciaban «el solapado terrorismo intelectual» (3) que predomina en la diáspora. En una similar línea de simpatía crítica hacia la revolución, se inscriben *Joven Cuba* (1974-1976) y *Areíto*, cuyo primer número vio la luz en abril de 1974, y de cuyo consejo de dirección era miembro Lourdes Casal, una de las principales animadoras de *Nueva Generación*. Ya en el editorial de aquella primera entrega se declaraba: «Somos cubanos. Simpatizamos con la lucha que derrocó en 1959 un régimen de corrupción y tiranía ..., sin dejar de reconocer que el proceso revolucionario ha implicado una serie de sacrificios, sufrimientos y errores» («Editorial» 1) . Además de trabajos sobre «temáticas propias a las comunidades en la emigración como también al proceso revolucionario cubano» (1), a lo largo de su prolongada existencia (su segunda época, con un equipo totalmente renovado, se inicia en 1987) *Areíto* prestó atención permanente al arte y la literatura. En sus páginas aparecieron textos de escritores como Dolores Prida, José Kozer, Roberto González Echevarría, Emilio Bejel, Eliana Rivero, Rafael Catalá, para citar sólo unos cuantos. Estrechamente vinculado a la revista y al grupo nucleado en torno a ella, se halla el libro *Contra viento y marea*, armado a partir de testimonios de jóvenes de origen cubano que llegaron a Estados Unidos cuando aún eran niños. Enviado al concurso que convoca cada año la Casa de las Américas, recibió en 1978 el Premio Extraordinario La Juventud en Nuestra América, lo que supuso su publicación en Cuba. Otra obra del mismo género y temática parecida, *De la patria y el exilio*, de Jesús Díaz, fue galardonada ese mismo año en el concurso de la Unión de Escritores y Artistas de Cuba. Era el espaldarazo oficial a un esfuerzo y unos propósitos que, como expresó una conocida revista, no podían ser indiferentes a las autoridades e instituciones de la isla. Reacción no menos previsible que la de ciertos sectores del exilio, que hicieron de *Areíto* el blanco de sus ataques, «que variaron desde el terrorismo hasta presiones contra estanquillos que vendían la revista» («Al pie» 168).

A todas esas publicaciones, hay que incorporar otras dos que pretendieron abrir nuevas perspectivas y dar entrada a formas y conceptos diferentes. *Escolios* (1976-1978) y *escandalar* (1978-1984) acogieron no sólo colaboraciones de escritores cubanos, sino que además se preocuparon por poner a éstos en contacto con lo que se estaba haciendo en Latinoamérica y Europa. De ambas, fue *escandalar*, que dirigía el poeta Octavio Armand, la que alcanzó mayor prestigio, lo cual puede medirse por las firmas que figuran en su nómina, y que incluye escritores del calibre de José Balza, Alfredo Bryce Echenique, José Bianco, Hélène Cixous, Salvador Garmendia, Alberto Girri, Julia Kristeva, Arthur Miller, Jorge Edwards, Griselda Gambaro o Álvaro Mutis, y que responden a las afinidades selectivas del director. A *escandalar*, a la que algunos critican el haber sido la tribuna monologante de Armand, hay que valorarla como lo que quiso ser: una revista de «orientación, aventura, búsqueda», atenta a «las corrientes y tendencias del arte y el pensamiento contemporáneos», y más interesada en la profundidad y la velocidad de las raíces que en la corriente o «el gesto transitorio que automáticamente borra a otro gesto transitorio» («Carta de despedida»). Unos objetivos que la publicación cumplió amplia y espléndidamente. Baluarte y motor de la creación de los autores cubanos, a todas esas revistas hay que acudir en busca de buena parte de nuestra memoria literaria.

Como un indicativo más de que algo estaba ocurriendo fuera de la isla, del 10 al 12 de abril de 1979 se realizó en París el Primer Congreso de Intelectuales Cubanos Disidentes, auspiciado por el Comité des Intellectuals pour l'Europe des Libertés. Su comité gestor lo componían Juan Arcocha, Alberto Baeza Flores, Gastón Baquero, Enrique Labrador Ruiz, Leví Marrero y Carlos Alberto Montaner, y lo presidió Eduardo Manet. El Teacher's College de la Universidad de Columbia, de Nueva York, acogió la segunda convocatoria del evento, entre el 28 y el 31 de agosto de 1980. En sus actividades participaron Iván Acosta, Luis Ricardo Alonso, Uva A. Clavijo, Eugenio Florit, Alberto Guigou, Hilda Perera, así como los recién llegados Reinaldo Arenas, Roberto Valero, Heberto Padilla y Vicente Echerri.

1980-1998: LA CONSOLIDACIÓN

> ... Y vi a Hamlet al lado de unos negros con tumbadoras que cantaban. ¡V-a-m-o-s-e-n-p-i-r-a!, y Hamlet les hablaba de Ofelia y sus rosas blancas, y los negros, emocionados, lloraban ... Era la guerra del pueblo, era la guerra donde las niñas se ponían guata en las tetas y los vírgenes decían que eran putas para que las dejaran irse del país ... Era la guerra donde mis amigos se besaban frente a los guardias en las estaciones de policía para que los dejaran irse ... Era la nueva guerra.
> Carlos A. Díaz, *El jardín del tiempo*.

Para la literatura del exilio, el cambio de decenio supondrá también el inicio de un nuevo período. Se trata no sólo del de su definitiva consolidación, sino además del más fecundo, interesante y animado. El incremento y arraigo de los rasgos y tendencias que aparecieron en el anterior, aumentará con la incorporación de las promociones que confluyen en los ochenta y noventa.

Un abigarrado y caudaloso tropel de nombres nuevos irrumpe en esta etapa, para sumarse al censo de los ya conocidos. En unos casos, son jóvenes que crecieron y se educaron fuera de Cuba. Algunos mantienen el español como vehículo expresivo, lo cual denota su voluntad de salvaguardar el idioma materno, de proteger la identidad, de establecer una demarcación consciente con el medio anglosajón. En cambio, otros han adoptado el inglés o bien escriben indistintamente en español, inglés o spanglish. Pertenecen a los llamados cubano-americanos, con quienes nuestros críticos e investigadores se enfrentan a un fenómeno totalmente nuevo: el de unos autores bicéfalos que escriben en inglés y piensan en español. Encarnan el drama de marginalidad y escisión que vive el hijo del exiliado, al que, como ha señalado Carlos Alberto Montaner, sólo le fue concedida la mínima cantidad de patria necesaria para bloquearle la total asimilación a otra, pero lo suficientemente escasa para impedirle gozar de la nostalgia. Para la mayoría de esos poetas y narradores, escribir representa una forma de búsqueda, de interrogarse sobre su conflictiva identidad. Una identidad que, para algunos que desde fuera la cuestionan, es incierta.

Una copiosa partida de estos nuevos autores salió de la isla a través del puente marítimo del Mariel (1980). Unos cuantos lograron editar allá sus primeras obras, para de inmediato ver cómo se cerraban para ellos las puertas de las editoriales y se abrían las del ostracismo e incluso las de la cárcel. Otros hacían sus primeras incursiones en la creación literaria. Y otros, en fin, eran absolutamente desconocidos. En común tenían el haber sufrido en carne propia la experiencia histórica de casi veinte años de represión, censura, amenazas, persecuciones y falta de libertad. Integraban lo que uno de aquellos emigrados, el cuentista y poeta Manuel Ballagas, llamó la Generación del Silencio. En conjunto, es el éxodo de creadores más importante de estas cuatro décadas, y su influencia en el panorama cultural de la diáspora fue decisiva, pese a que su aceptación resultó escabrosa y debió vencer reservas y prejuicios de un amplio sector de sus compatriotas. Su bulliciosa irrupción en el sosegado paisaje del exilio sirvió en buena medida de revulsivo, y fue el detonante de lo nuevo que empezaba a gestarse en la literatura.

Poco de conciencia colectiva y mucho de individualidades, hay en las obras de ficción que se escriben en este período. Estamos ante una actividad que responde más a proyectos personales que a una labor cohesionada. La mirada de los autores se hace así más heterogénea. Las fuentes ya no están tan priorizadas y se fractura el ritmo secuencial de admisión de las corrientes. Este eclecticismo, de cuño tan posmoderno, se traduce en una variedad que da fuerza a la creación, pues significa que los escritores no se aferran a esquemas unívocos o ideas consensuadas, así como en posibilidades que potencian con vigor y dinamismo las obras. No faltan, sin embargo, grupos que comparten afinidades, experiencias, amistad y lecturas, como el núcleo de las poetas de la zona de Nueva York, el de los cubano-americanos o el que tuvo como vocero a la revista *Mariel*. Otro de los rasgos distintivos es el indudable protagonismo adquirido por la literatura joven, que cuenta ya con sus clásicos y con autores muy bien dotados y de una gran seguridad en el manejo de sus medios expresivos. Sus textos se distinguen de los de sus compatriotas de otras promociones no tanto por las temáticas, que en muchos casos son las mismas, sino por el tratamiento.

Se aprecia en estos años un progresivo y notorio aumento de la actividad poética, un género que siempre ha vertebrado a nuestras letras y que ha sido el eje de su tradición. Ha crecido tanto el censo, que se hace necesario el uso de computadoras para controlarlos. En la muy variada escala de orientaciones y estilos que coexisten, se dan como notas a destacar la vuelta a formas métricas clásicas, la reivindicación y asunción de la herencia de Orígenes, el avance del coloquialismo y la poesía de la experiencia, el resurgimiento de una nueva poesía social, ya sin la servidumbre política, y una escritura donde se impone una sutil óptica femenina, que se advierte no sólo en los sentimientos que quedan a flor de piel, sino en el lenguaje y en la elección de los asuntos. En este panorama en el que proliferan los nuevos nombres, resalta la presencia de dos indiscutibles maestros, Gastón Baquero y Eugenio Florit, un dúo de veteranos que, hasta su reciente fallecimiento, no se resignaron a jubilarse.

También en la prosa imaginativa se produce una eclosión creadora, una verdadera avalancha de autores y obras, que en este caso es además sinónimo de inquietudes. Se aprecia una mayor preocupación por los recursos técnicos, una mayor apertura, un cambio de signo estético. En la novela, en particular, se nota de la resistencia de los creadores a transitar un camino único: hay exploración de angustias existenciales, recuperación de la novela histórica y de aventuras, sagas familiares, pesadillas disfrazadas de tiras cómicas, vodeviles eróticos, fantasías neobarrocas, crónicas de tiempos actuales. Abundan las zambullidas en el pasado más inmediato, tan cercano que aún sus heridas y magulladuras no se han cerrado. Varios de los títulos de los ochenta y noventa son auténticos ejercicios de exorcismo con los que los autores tratan de echar fuera sus fantasmas y vivencias. Esa indagación en la realidad cubana alcanza en algunas novelas resultados tan notables como inquietantes. Son, en el buen sentido del término, obras disidentes, cuya carga rompedora abarca tanto lo ideológico como lo artístico. Cristaliza así una corriente transgresora, que tiene en Reinaldo Arenas a su mejor exponente, y en la cual se inscriben Miguel Correa, Carlos A. Díaz, Roberto Valero, Carlos Victoria y otros, quienes reaccionan no sólo contra la línea oficial de la literatura de la isla, sino también contra las pautas conservadoras, puritanas y regresivas del exilio. El pariente pobre de este crecimiento es el cuento, género en el cual escasean no ya los libros significativos, sino simplemente los dignos de atención.

Veteranos en activo

Cuatro veteranos poetas, con varias décadas de andadura a sus espaldas, continúan en activo durante estos años. Dos de ellos, Gastón Baquero y Eugenio Florit, son referencias permanentes en nuestas letras, creadores cuyo magisterio sigue señalando caminos, revelando realidades, concibiendo nuevas formas expresivas. El tercero, Lorenzo García Vega, sin estar entre los nombres de primera fila, es un escritor que merece más atención de la que se le ha prestado. Y en cuanto al último, Justo Rodríguez Santos, edita un poemario con escasos alicientes que no añade méritos a su obra. Y en arte, como en otros campos, ya se sabe que lo que no suma, resta.

A falta de un nuevo libro, una antología de Gastón Baquero era un acontecimiento y un regalo. A lo que hay que sumar que, además de sus páginas más logradas y conocidas, en *Magias e invenciones* (1984) incluyó una treintena de textos pertenecientes a la última etapa. En muchos de ellos, como también en otros que aparecen en *Poemas invisibles* (1991), prosigue su afición a recrear y convertir en materia poética a personajes y circunstancias de la historia y la cultura: Oscar Wilde dicta la receta de un mágico coctel a Toulouse-Lautrec, Federico García Lorca pasea deslumbrado por las calles de La Habana, Joseíto White estudia el violín en el patio de su casa, Manuela Sáenz baila con Garibaldi un rigodón. Una tradición culta que, sin embargo, nunca se desvía hacia el culteranismo, que no cae en la baldía delectación esteticista de la belleza del pasado, sino que es actualizada y, sobre todo, convertida en familiar y cotidiana, y a la que puede aplicarse el calificativo de erudición festiva. De ello resulta una poesía sugerente, juguetona, imaginativa, que aúna lo sensorial con lo intelectual, la fantasía con el pensamiento. Estamos, por otra parte, ante una escritura en la cual Baquero despliega su defensa del mestizaje, para él una de las palabras más hermosas del idioma. No es fortuito que bautice a una de las secciones del libro como «Variaciones antillanas sobre temas de Mallarmé». El crítico español Víctor García de la Concha ha señalado al respecto el maridaje de tradición libresca y sensorialidad cubana, «que se metamorfosea de continuo produciendo una dramaticidad de gran riqueza expresiva» (Reseña de *Poemas* 8). Mas reducir la poesía de Baquero a un discurso con una fuerte apoyatura en elementos culturales, sería refrendar «la tonta clasificación de escapismo que algún pragmático realista quiere colgarle» (*Autoantología* 11). Sería además dejar de reconocer todo el latido humano, la desolada y emotiva reflexión y la melancólica tonalidad que rezuman poemas como «Con Vallejo en París –mientras llueve», «Bodas de plata», «La esperanza» o «La casa en ruinas». Textos que Baquero envuelve en una atmósfera de nostalgia y en el aura melancólica de los crepúsculos. *Magias e invenciones* y *Poemas invisibles* sirvieron para comprobar que su autor estaba transitando por la vejez con la frescura de un aprendiz, como si se tratara de una segunda juventud. Tanta es la lozanía y la inventida que hay en esas páginas. La salida de su *Obra Fundamental* (1995) ha servido para llamar la atención de los españoles sobre quien es, a juicio de Víctor García de la Concha, «uno de los más cuajados creadores líricos de nuestra lengua» (Reseña de *Poesía* 9).

Los últimos libros publicados por Eugenio Florit, casi todos en ediciones de corta tirada costeadas por él mismo, probaban que su poesía aún tiene qué decir. *A pesar de todo* (1986), *Castillo interior y otros versos* (1987), *Tercero sueño y otros versos* (1989), *Hasta luego* (1992) y *Lo que queda* (1995) dan cuenta de la actividad infatigable de este franciscano de la escritura. A eso hay que añadir su discreción, su noble modestia, su condición de escritor sin repliegues, retirado de la controversia y los halagos de la claque. De los presupuestos herméticos y puristas iniciales, Florit ha evolucionado a un discurso reflexivo, despojado, similar al que siguió su admirado Juan Ramón Jiménez. Ambos revelan una búsqueda consciente de intensidad, ensimismamiento, ascensión, que tiene puntos de contacto con la experiencia mística. Hay en esos poemarios, sobre todo en los dos últimos, mucha nostalgia, como era de esperar de un hombre octogenario. Hay también mucho patetismo, mas no por eso sus textos resultan menos intensos. Estamos innegablemente ante obras de senectud, pero nunca de decadencia. Florit no cede terreno a la capitulación, por el contrario, potencia la ecuanimidad, la armonía. No hay resignación ante la fatalidad inevitable, sino «la bellísima captación de lo que le permite ser más que hombre» (Alvar 8). En páginas como «Tercero sueño», «Lo mismo» o «Inútiles preguntas», no sabemos si admirar más la sinceridad de los sentimientos o la limpieza del estilo. El poeta descubre a cada paso eso tan humilde, pero a la vez tan eficaz, que es la secreta candidez de las cosas y del espíritu. En consonancia, retorna a la desnudez lírica, a la elementalidad de la palabra, a una escritura que se va depurando hasta la esencialidad. En sus últimos libros, Florit confirma la tesis de Saint-Exupéry de que la perfección o la excelencia se consiguen más restando que añadiendo. Obra que en vida de su autor poseía el aroma de un clásico viviente, representa un tramo decisivo en el itinerario de nuestra poesía.

Diecinueve años después de la salida de su último poemario, Lorenzo García Vega retornó al género en el que se dio a conocer con *Poemas para penúltima vez* (1991), donde agrupó toda su producción entre 1948 y 1989. La componen, además de *Suite para la espera* y *Ritmos acribillados*, dos títulos inéditos: *Fantasma juega al juego* (1978) y *Bicoca a pique* (1989). A esa recopilación, que no constituyen unas prematuras obras completas, sino sencillamente eso, una oportuna y necesaria recopilación, ha sumado *Variaciones a como veredicto para sol de otras dudas*, aparerecido en 1993. Saldadas ya sus deudas con la estética originista, García Vega se ha lanzado a la creación de una poética radicalmente innovadora respecto a la de sus contemporáneos, y que lo sitúa como un autor periférico y poco encasillable dentro de los usos y costumbres que imperan en la actual poesía cubana. Instalado, al parecer definitivamente, en el discurso prosístico, ha adoptado una sintaxis densa y fraccionada, una deliberada frialdad analítica y un estilo basado en la síntesis, la reticencia, el fragmentarismo, la elipsis. Tiene además dos de sus instrumentos favoritos en el *collage* y la ruptura de los límites genéricos. Ese escaso nivel de comunicabilidad hace que los libros de este autor solitario y automarginado estén condenados a un público lector restringido. Sus permanentes dificultades obligan a un calentamiento previo, antes de sumergirse en sus enigmáticas páginas, y a una lectura demorada, para no perder el norte. Asimismo, García Vega pertenece a ese considerable grupo de escritores del exilio con una trayectoria consumada, cuya obra no ha disfrutado, sin embargo, de una circulación normal.

Hasta aquí nos hemos referido a escritores literariamente vivos, que no se limitan a reiterar logros y hallazgos anteriores. En *Las óperas del sueño* (1981), por el contrario, nada hay, en sustancia, que sea nuevo o enriquecedor respecto a la obra ya conocida de Justo Rodríguez Santos. La métrica y la rima siguen siendo los recursos a los que obsesivamente apela para tratar de apuntalar un discurso concebido, como ya comentó Alfredo Ramos al ocuparse de *Los naipes conjurados*, como un lugar de cita de elementos retóricos. Versos como los allí incluidos resultan hoy lejanos, polvorientos, fatigosos. Literatura archivada, que nació con varias décadas de vejez. Una obra, en fin, en la que hay oficio y despliegue técnico, pero también pura fórmula.

Cinco de los Cincuenta

Un segundo gran bloque lo hemos conformado con una veintena de nombres que pertenecen o por lo menos equivalen a lo que en la poesía cubana se conoce como Generación del Cincuenta. Casi todos publicaron sus primeros libros entre los años sesenta y setenta, con bastante retraso respecto a sus coetáneos de la isla. Sólo tres de ellos debutan en esta década, aunque dos ya habían incursionado en otros géneros. Comenzaremos este repaso con cinco autores que realizaron parte de su obra en Cuba y cuya ubicación cronológica resulta, por tanto, mucho más precisa. Tres de ellos, Heberto Padilla, Armando Álvarez Bravo y José Triana, llegaron al exilio a principios de los ochenta. No así Nivaria Tejera, quien reside en Francia desde hace más de veinticinco años.

Pocos meses después de que las autoridades cubanas lo autorizaran a salir del país hacia Estados Unidos, aparecía en España el esperado nuevo poemario de Heberto Padilla (1932), tras su conflictivo *Fuera del juego* y el no menos caústico *Provocaciones*. Contrariamente a lo que muchos aguardaban de él, en *El hombre junto al mar* (1981) optó por un tono de sobrio intimismo, en el cual la acusación y la protesta apenas asoman, quedando reducidas a resonancias atenuadas y benignas. Padilla parte de unas vivencias personales finamente transmutadas y reelaboradas para construir un discurso más trascendente. El acento es inequívocamente el suyo, pero se han incorporado preocupaciones y asuntos nuevos o poco tratados por él: el amor, el diálogo con escritores y personajes de diferentes épocas (Byron, Heine, Octavio Paz, Góngora, Cernuda, Walter Raleigh), el mar y la luz del Caribe, el erotismo, el retrato personal a través del otro, la grandeza de los pequeños detalles. Sigue apostando por una poesía de polémica y formulación, en la cual la inteligencia es una de sus señas de identidad, pero menos directa y agresiva. Sin la brillantez acaso de sus libros anteriores –sobre todo, de *El justo tiempo humano*–, la escritura de Heberto Padilla alcanza aquí, no obstante, niveles de notable calidad en páginas como «Entre marzo y abril está mi mes más cruel», «Homenaje», «Autorretrato del otro», «El que regresa a las regiones claras» y «Herencias».

Siete títulos lleva publicados Armando Álvarez Bravo (1938) desde que llegó al exilio: *Para domar un animal* (1982, Premio José Luis Gallegos), *Juicio de residencia* (1982), *Las lejanías* (1984), *El prisma de la razón* (1990) *Naufragios y comentarios* (1993), *Trenos* (1996) y *Cabos sueltos* (1997) aunque los tres primeros los escribió cuando aún se hallaba en la isla. Es comprensible por eso que participen del refinamiento técnico, la apacible nostalgia y una poética desligada de cualquier inmediatez ideológica o social resaltados por los críticos en *El azoro* (1964) y *Relaciones* (1973). Unos atributos distintos de los que entonces definían las normas de la poesía cubana de ese momento (las temáticas políticas y de actualidad, el coloquialismo, la afirmación), y que contribuyeron a que su obra fuese un tanto marginada y escasamente difundida. En buena parte de los textos de *Juicio de residencia*, Álvarez Bravo se abre más a un poderoso impulso vivencial, marcado por el tono autobiográfico y la impronta confesional. Su escritura se vuelca en algunas ocasiones hacia una sencillez expresiva y se tiñe de realismo y de detalles de doméstica intimidad. En *El prisma de la razón* y *Naufragios y comentarios* se advierte la evolución de un creador cada vez más maduro, seguro de sí mismo y de su lenguaje, que aquí adensa y resume sus mejores virtudes. Hay, por un lado, cierta ampliación temática, y por otro, una incorporación de nuevos registros e inflexiones para conformar un discurso de variada orquestación. Los textos están esmaltados de melancolía, aflicción y un profundo nivel existencial, sin que falten las reflexiones casi escépticas y esa fina ironía que suelen dar los años. En sus dos últimos libros, el autor establece un intenso diálogo con sus recuerdos, en un intento de reconstruir al que ha sido para entender al que es. En esa línea, debemos llamar la atención sobre páginas tan hermosas como «Un cierto paisaje», «Retratos», «Homenaje a Ramón» y «Elegía». En otras, se desplaza hacia el terreno de su propio quehacer, lo cual lo lleva a asediar una y otra vez el misterio de la poesía, su sentido último, su naturaleza y alcance. Los espacios de la biografía y de la escritura van tejiendo así un discurso que dibuja el retrato de un sujeto poético: un Armando Álvarez Bravo con su experiencia personal e histórica a cuestas. Prolonga así un imprescindible itinerario cuya hoja de ruta es espléndida poesía, que cuarenta años después de la salida del primer libro, se abre a nuevas expectativas.

El hecho de compaginar esa actividad con otros géneros, tal vez sea una de las causas de la exigua circulación que ha tenido la obra poética de Nivaria Tejera y José Triana (1931). Conocidos ampliamente, la primera como novelista y el segundo como dramaturgo, pocos recuerdan o saben que ambos se iniciaron en la poesía, una parcela que nunca han dejado de atender. De los dos, ha sido Triana quien mantuvo un silencio editorial más prolongado: veintidós años después que apareciera en Madrid *De la madera de los sueños*, vio la luz en esa misma ciudad *Coloquio de sombras* (1981), que en realidad se reduce al poema que le da título, un hermoso texto elegíaco dedicado a Lezama Lima. Publicó luego *Aproximaciones* (1989), donde recogió cinco sonetos, una combinación estrófica a la que últimamamente ha vuelto. Su siguiente colección, *Cuaderno de familia* (1990), es una zambullida en el baúl de los recuerdos, en ese arcón donde se almacena la memoria de los días de infancia y adolescencia. Es, como no podía ser menos, una obra situada bajo el signo de la nostalgia, en la cual se impone el discurso de un sujeto poético que se repliega sobre sí mismo y convierte la subjetividad en tema y territorio a explorar. En *Oscuro el enigma* (1993), Triana tiende también a la evocación, pero acude ahora a una escritura más clásica, respetuosa de la métrica y de la rima asonante, tan poco usada en la lírica actual. Es cierto que cede un tanto al predominio de la forma sobre el contenido, pero aun así el libro alcanza momentos de auténtica fantasía poética, suficientes para que su autor deje de ser tan injustamente relegado. En *Vueltas al espejo / Miroir aller-retour* (1996) Triana recogió una veintena de textos, algunos de considerable extensión, con sus correspondientes traducciones al francés. Más de la mitad son sonetos, una forma estrófica de la cual conserva la estructura métrica pero no la rima (sonetos infieles los denomina él, tomando prestado el título que Lezama Lima dio a los suyos). El buen gusto y la coherencia y densidad de la materia expresiva, son los mejores aciertos de esas páginas, que constituyen, de momento, el último poemario que Triana ha publicado.

Tras recopilar en *La barrera fluídica o París escarabajo* (1972) su producción de los cincuenta y sesenta, Nivaria Tejera publicó en 1983 *Y Martelar* y *Rueda del exiliado*, una edición no venal donde incluye además dibujos. Dificultades similares a las de *Sonámbulo del sol* plantea al lector su poesía: la ausencia de puntuación, el frío cerebralismo, la búsqueda de la máxima objetividad, de manera que quede eliminada cualquier manifestación de autobiografismo explícito o encubierto, el estricto laconismo. Una poética que, según la propia autora, se niega al servilismo. En *Rueda del exiliado*, su poesía, sin dejar de ser ella misma, se carga de subjetividad y de preocupaciones existenciales, al abordar un asunto que la toca de manera directa. Una escritura refrenada en lo que se refiere a los sentimientos, pero igualmente intensa, en la que alcanza su definitiva madurez una obra destilada parsimoniosamente y sin concesiones.

A un par de títulos se reduce la obra que Manuel Díaz Martínez (1936) ha dado a conocer tras su salidad de Cuba, en febrero de 1992. Nos referimos a *Memorias para el invierno* (1995), un cuaderno con el que obtuvo en 1994 el Premio de Poesía Ciudad de Las Palmas de Gran Canaria, y el volumen antológico *Señales de vida (1968-1998)* (1998). En los cuarenta y tres textos que recoge el primero hay algunos fechados en 1963 y 1967, aunque la mayoría pertenece a los años que van de 1986 a 1994. No ha habido por parte del autor la pretensión de conformar con ellos un libro orgánico, como lo eran, por ejemplo, *El amor como ella* (1961), *Los caminos* (1962) o *La tierra de Saúd* (1967). Mas lo cierto es que hallamos en esas páginas dos señales que le otorgan coherencia: la nostalgia y las preocupaciones ontológicas (Prats 145). Se abre *Memorias para el invierno* con los «Sonetos en mi isla», en los que Díaz Martínez evoca la Plaza de la Catedral, el paso de un huracán, los atardeceres en el litoral. La Habana es recreada también en «Mirada para un paisaje», en donde la ciudad es contemplada a través de los ojos del viajero que llega desde el mar. Es una Habana vista desde la distancia, desde otra isla y desde ¿otro? mar, inventada desde la nostalgia. Hallamos asimismo un acercamiento al mito insular («Boceto de las islas») y a la mitología romántica habanera, a través de figuras de la Condesa de Merlin. En textos como «Contribución a la dialéctica» y «Me pregunto», Díaz Martínez adopta un estilo meditativo para reflexionar sobre algunos de los problemas existenciales de siempre. Y están, en fin, los homenajes a Kafka, Navarro Luna, Lezama Lima, Dostoievski, Sarduy y Machado. Unos y otros poemas admiran por la exactitud del trazo, la elegancia formal, el dominio del lenguaje, la musicalidad y el ritmo de su verso libre, el gusto y esmero con que han sido elaborados, cualidades que ratifican la plenitud de un notable poeta.

Afinidades que perduran

En uno de los capítulos anteriores, nos ocupamos de la obra de Mauricio Fernández, Orlando Rossardi y Rita Geada, quienes además de compartir afinidades generacionales, participan de ideas semejantes en la concepción del hecho poético. Los tres han continuado escribiendo, como lo demuestran los poemarios que dan a conocer en este período.

De los tres, Fernández es el de producción más parca: sólo un cuaderno, *Dos con Lezama, un tercero para Florit, dos para Silvia Eugenia y otros más* (1990), como «recordatorio a su existencia en la poesía y en homenaje a quienes aparecen en él». Sin que pueda hablarse de cambio en la dirección de su discurso, el autor se ha aligerado de sus adherencias puristas y se abre a una poética más vitalista, que no soslaya los rasgos de adscripción histórica y geográfica. Incluso cuando aborda asuntos y figuras del ámbito cultural les da un tratamiento más próximo. Con esas páginas de nivel muy respetable, Mauricio Fernández prolonga y revalida una larga trayectoria de dedicación a la poesía, marcada por la fidelidad a una estética y por desarrollarse ajena al discurrir de las modas.

Podríamos decir, siguiendo a Gastón Baquero, que también Orlando Rossardi escribe una poesía a la que algunos reprocharán el no guardar relación con las corrientes y tendencias de moda («Viaje» 14). En las páginas de *Los espacios llenos* (1990) hallamos, por el contrario, la lealtad al discurso que el autor inició en la década del sesenta y que tiene como claves básicas el purismo formalista y la defensa de la autonomía del texto respecto a la realidad inmediata. El prologuista antes citado habla de «una música que no le conocía» (13) y de que «no era ésta la voz que le recordaba» (13), aunque luego admite que en su última entrega poética Rossardi «es otro y el mismo» (13). Se trata, ante todo, de un Rossardi más maduro, que se ha liberado de imposturas y accesorios para ganar en seguridad y afinamiento. Puede por eso incursionar en registros y matices inexplorados antes por él. Hay, por ejemplo, todo un bloque, «Espacios de visitas II», que recoge textos para niños. El amor, los paisajes, los recuerdos y las gentes, son los ejes temáticos sobre los cuales se articula el libro, que incluye además varias páginas en las que el poema se vuelve sobre sí mismo en actitud metapoética. *Los espacios llenos* es un poemario equilibrado y cordial, que incorpora cualidades y atributos como la gracia del diseño, la agilidad de la dicción, el poder asociativo de los versos. En resumen, un buen libro, tal vez poco vivido, falto quizás de un poco más de estremecimiento, de sentir palpitante, pero un buen libro.

Rita Geada mantiene la sobriedad y la contención como notas dominantes de su poética en *Esa lluvia de fuego que nos quema* (1988). Más que una selección ordenada de textos, se trata de un libro que se estructura en torno a un centro de gravedad, el paso del tiempo, el desgaste físico y espiritual que produce en el ser humano. Frente a esto, la autora se rebela y propone, como ha apuntado Jesús J. Barquet, una realidad más auténtica, basada en la vida interior y construida a partir de la memoria («Pelea» 327). A esa meditación serena y sagaz sobre el tiempo, Geada ha sabido llevar también sus inquietudes existenciales, algunas de las cuales estaban ya presentes en sus otros poemarios. Escrito desde la madurez del medio siglo y la serenidad de su saber poético, *Esa lluvia de fuego que nos quema* es un libro auténtico y sugestivo que acredita la estatura literaria de Rita Geada.

Escrito en femenino

En 1990 apareció en Miami la antología *Poetisas cubanas contemporáneas*, un grueso volumen que recoge piezas de ochenta y una autoras. El censo dista de ser completo y mucho menos riguroso (faltan, entre otras, Juana Rosa Pita, Edith Llerena, Eliana Rivero, Mireya Robles, Teresa María Rojas y Belkis Cuza Malé), pero sirve para constatar la copiosa presencia de la mujer en el paisaje de la poesía de los ochenta y los noventa. Comenzaremos este repaso con cinco autoras que además de pertenecer al mismo grupo generacional, tienen en común el ajustarse, con más o menos exactitud, a lo que tradicionalmente se conoce como escritura femenina. No debe verse en ello, sin embargo, sentido peyorativo alguno. Si empleamos el término, tan impugnado por algunos, es para marcar las diferencias con un discurso poético más radical, con claras asimilaciones e influencias de los postulados feministas.

El intimismo y la inflexión lírica son cualidades que suelen relacionarse con la poesía firmada por mujeres. Lírica e intimista por excelencia es la obra de Amelia del Castillo. *Cauce de tiempo* (1982), *Agua y espejos* (1986) y *Las aristas desnudas* (1991) son libros más que dignos, escritos con pulcritud, lenguaje evocador y depurado y un neorromanticismo más atemperado y enriquecido con aportaciones del simbolismo, aunque no ofrecen innovaciones en lo formal y lo temático. *Cauce de tiempo* está transido de religiosidad, un motivo que se amplía y expande en ondas abiertas a lo largo del libro, sin que por ello la autora esquive el registro intimista. Ese discurso se prolonga en *Las aristas desnudas*, en donde hallamos páginas como «Después de tanta vida», «Porque», «Variantes de hoy» y «Saludo», muestras decididamente logradas de un poemario que, en conjunto, destila calidad. Este buen nivel se mantiene en *Géminis deshabitado* (1994), finalista en el Premio Carmen Conde, que convoca la editorial española Torremozas, en donde su poesía, como señala Florit en el prólogo, se muestra más plena y madura («Esta nueva» 8). Por su parte, Arminda Valdés Ginebra practica una escritura femenina liberada de las espantosas manías de la indefensión. *Sombras imaginarias* (1989), *Vigilia del aliento* (1990), *Sigo zurciendo las medias de mi hijo* (1991) y *Renuevo tras la lluvia* (1993) prolongan una trayectoria literaria que se inició en los sesenta. Poesía metafórica e imaginativa, transida de dolor y verdad humana, alcanza en *Vigilia*... sus mejores acordes.

La espontaneidad y el sentimiento constituían las principales virtudes del primer libro de Uva A. Clavijo. Sin embargo, las limitaciones y carencias de esa estética se hacen evidentes en *Entresemáforos* (1981) y *Tus ojos y yo* (1985), sus siguientes y, hasta la fecha, últimas incursiones en el género. La autora confunde el desenfado y la sencillez del lenguaje con la pobreza, y muchos de sus textos, a fuer de tratar de ser coloquiales y directos, caen en el prosaísmo y el descuido. Asimismo, el empleo de materiales tan resbaladizos como los sentimientos, la lleva a caer en la sensiblería y en un romanticismo caducado que se complace en sus tópicos.

De ese aire de familia que hallamos en los libros de Clavijo, Valdés Ginebra y del Castillo, no participan, o participan poco, los que editan en estos años Gladys Zaldívar y Ana Rosa Núñez. Así, la poesía de la primera rechaza, por salud de espíritu, las confesiones, los efluvios románticos, el tratamiento intimista. Incluso, el lirismo de una obra como *Zéjeles para el clavel* (1980) aparece bastante amortiguado y es en buena medida un valor consustancial a esa combinación estrófica. Lo suyo es más la formulación barroca, la abstracción poética, el despliegue léxico. Gusta la autora de beber en las formas y los motivos clásicos, lo cual, reconoce, «en plena apertura de los ochenta del siglo veinte ... no dejará de sentirse insólito desde muchos ángulos» (*Zéjeles* 5). Así, en *Fabulación de Eneas* (1980) se propuso interiorizar el personaje virgiliano, aquel héroe empeñado en fundar en una tierra extraña que le era hostil. En *Zéjeles para el clavel*, quiso recrear algunas de las evoluciones de esa estructura poética con fines cognoscitivos: «al retornar al origen y aprehender la visión primigenia, se recobra el punto de partida hacia otros caminos que, tal vez, no tendrían que desembocar inexorablemente en la destrucción» (*Zéjeles* 6-7). La densidad de su lenguaje lírico, en el que asoma de vez en cuando la huella del surrealismo, se abre a un mundo más humilde y cotidiano en *La Baranda de Oro* (1981). Hay en esos trece textos páginas dedicadas al caracol, las mariposas, un barquito de papel, la madreselva, el caballito de mar, el cocuyo. Libros como *La Baranda de Oro* y *Viene el asedio* (1987) dan cuenta no sólo del conocimiento y oficio de Zaldívar, sino también de su talento e imaginación, aunque a algunos de sus poemas les acecha el peligro del cripticismo, del hermetismo innecesario.

Similar riesgo corre parte de la producción de estos años de Ana Rosa Núñez, una escritora que, paradójicamente, siempre se había mostrado alejada del cosmopolitismo o la evasión y se interesaba en la comunicación con el lector. Particularmente, en algunos de los poemas de *Crisantemo, Chrisantemums* (1990) sus versos se vuelven más largos y su discurso se adensa y carga de referencias culturales, símbolos e imágenes que entorpecen su comprensión. En cualquier caso, se trata de un libro en el que logra momentos de genuina creación poética. En su siguientes colección, *Uno y veinte golpes por América* (1992), volvió a la brevedad y la concentración expresiva del haiku, para recoger en apretadas instantáneas un retrato de cada uno de los países de Latinoamérica. Algunas de las obsesiones e inquietudes que subyacen en el resto de su obra (Dios, el amor, la naturaleza, la muerte) reaparecen en *Sol de un solo día* (1993), donde consigue un balance más ecuánime entre el intimismo existencial de raíces cristianas y un discurso conceptual más trascendente.

Retrato de grupo con figura al fondo

Entre las escritoras de su generación, se destaca de modo relevante la obra de Edith Llerena y Juana Rosa Pita, dos creadoras que llevan cubierta ya buena parte de su trayectoria. Estamos, felizmente, ante dos proyectos inconclusos, en marcha, que aún siguen haciéndose y pueden dar mucho de sí.

Si en su anterior poemario cantó a España, en *Las catedrales del agua* (1981) Edith Llerena traza, desde la ensoñación y la memoria, los contornos de La Habana, una ciudad que es vista aquí, como expresa Gastón Baquero en el prólogo, tras el el velo húmedo del mar (5). De ahí que todo lo que de aquélla le interesa tiene que ver con esa blanda pradera de agua y salitre: la procesión que cruza en lancha la bahía, el anfiteatro donde «retumbaban las sirenas de los barcos» (16), el faro cuyo único destino es «abatir el horizonte» (16), el malecón que bordea los caprichos de las rocas, Casablanca, la «almohada del litoral» (16). Son éstos poemas de nostalgia, escritos desde el otro lado del mar por alguien que no acepta el olvido. No debe buscarse, sin embargo, una reconstrucción arqueológica de La Habana, sino una recreación de una ciudad y una época ya perdidas, que encuentra en la formulación barroca el vehículo más idóneo.De esa reivindicación nostálgica de un paisaje perdido, Llerena pasa a tratar un tema universal por excelencia en *Canciones para la muerte* (1982), un texto donde alcanza su expresión más intensa, su sitio definitivo. Parte, es cierto, de una tradición tan remota como abundante, pero consigue imprimirle un toque de originalidad, al cantar a la muerte desde concepciones vitalistas y rehumanizadoras. Son, lo anota Armando Álvarez Bravo en las palabras de presentación, poemas escritos para celebrar la vida (5). La autora se sirve para ello de pasiones tan humanas como el dolor, la ira, el miedo, la tristeza, el amor. Llerena adopta un discurso vigoroso y torrencial, de anchas tonalidades, riqueza de imágenes y sólida construcción. Libro coral conciso y deslumbrante, en circunstancias normales debió haber funcionado como un aldabonazo que reclamara el interés de lectores y críticos sobre la obra de la escritora. No ha sido así, ni siquiera porque su bibliografía incorporó después un par de títulos de muy buen nivel, *El placer de la palabra* (1986) y *Resacas del mar, aires y lunas* (1992), en los cuales figuran páginas de indiscutible calidad. En el segundo, se abre a una poesía de signo más confesional, fruto de vivencias auténticas e íntimas, en la cual hay un evidente aumento de la temperatura emocional. Desecha ahora las cerradas abstracciones y nos permite conocer las motivaciones inmediatas que subyacen en los motivos de creación. Asimismo, acredita su inclinación al recuerdo y a la compenetración con la naturaleza.

Juana Rosa Pita inició la década de los ochenta con uno de sus poemarios más hermosos, *Viajes de Penélope* (1980). Estamos ante la reelaboración de un mito que han frecuentado otros autores, pero que en este caso adquiere formulaciones y resonancias nuevas. Eso se debe, ante todo, a que Pita indaga en otras fuentes: la experiencia personal, el sueño, la meditación, las emociones, los paisajes (Satué 247). Hace además una lectura crítica y un cambio de valores respecto al modelo original, de los cuales resulta algo así como el revés del mito de Odiseo. Penélope pasa a ocupar así el rol protagónico. Es ella quien emprende los viajes, que aquí son interiores, pues tienen como meta la búsqueda de su propio yo. A ella corresponde también el mérito mayor, por haber sabido domesticar el tiempo y haberse sacrificado por una causa que no es la suya. La escritora se posesiona del personaje, lo hace suyo, pasa a ser ella Penélope. Va de la primera persona a la segunda y la tercera, hasta hacer los límites imprecisos, en lo que Jesús J. Barquet ha llamado «proceso de automitificación» («Juana Rosa» 132). El libro aborda temas como la soledad, la condición de la mujer, la espera, la libertad, pero es por encima de todo un canto al amor. A esa escritura intimista, serena, cuidadosa en la forma y de intenso lirismo, Juana Rosa sabe incorporar, no obstante, una suave fragancia de sensualidad.

En *Crónicas del Caribe* (1983), Pita nos propone otro viaje espiritual, otra errancia. Permanecemos también en el perímetro mitológico, sólo que ahora el proceso se ha alterado, y en lugar de partir, como en *Eurídice en la fuente* o *Viajes de Penélope*, de mitos preexistentes, crea uno propio. Testigo de ese peregrinaje es ese mar soñante y soñado, alucinante y alucinado, en donde leer es «perecer a manos de una imagen» (18). Una patria ondulante en la que hay por igual espacio para montañas y huracanes, humildísimos taínos y ángeles aforísticos, paisajes inundados de luz y apretado terror tras las espumas. A esa declaración de lealtad, siguió un breve volumen antológico, *Grumo d'alba* (1985), en el que figuraban varios inéditos. Continuando con su inalterable práctica de concebir los libros desde una idea directriz alrededor de la cual todo se ordena y supedita, en *Plaza sitiada* (1987) desarrolló una reflexión sobre la poesía, que parte de la imagen de ésta como una plaza sitiada «por las turbas del odio a la belleza» y defendida por el poeta «con la regia salud de su dicción» (17). Mas estamos lejos de un poemario que proyecta una sola lectura. Pita dota a estas páginas de la ambigüedad creativa de la verdadera poesía y complejiza su discurso con las obsesiones y recurrencias personales que se ciñen de manera casi concéntrica en toda su producción. Hay en estos textos repletos de intimidad un lirismo poroso y henchido de impulsos vitales, así como una combinación de ternura y desarraigo y una eficacia emocional admirables. Su característica y luminosa síntesis alcanza una evidente contundencia y llega a expresarse en dos o tres versos, como un momento intensivo o una definición categórica. Con *Plaza sitiada* la poesía de Juana Rosa Pita alcanza una de sus cotas más altas y se instala con solidez en su estación de madurez y plenitud expresiva.

En 1985, el Centro Internazionale di Lettura de Pisa le otorgó por unanimidad el Premio Ultimo Novecento, un galardón que recibieron antes el senegalés Leopold Sedar Senghor y el griego Febo Delfi. El jurado basó su decisión en «la fuerza vital que distingue su lengua poética», así como en la eficacia universal de su obra. De aquel viaje a Italia nació *Arie etrusche / Aires etruscos* (1987), que representa un oportuno cambio en su escritura. El lenguaje es ahora más natural, directo y preciso, y se ha despojado de la fascinación por el esplendor verbal. Su poesía aparece más teñida de realismo, más proyectada hacia el mundo exterior, e incluso la cotidianeidad hace acto de presencia. El lirismo además está más controlado y puede decirse que posee una severidad esencial. Como nota menos usual en su obra precedente, aparece un sutil gusto meditativo, lógico y conceptual, señalado por Pietro Civitareale en el prefacio del libro. El camino de contención, pureza y economía léxica iniciado con *Aires etruscos* cristaliza de modo espléndido en *Sorbos de luz / Sips of light* (1990), integrado por cincuenta y seis piezas compuestas por dos versos heptasílabos y uno eneasílabo cuyo orden puede variar. Pita toma como modelos admitidos el aforismo evangélico, la copla andaluza, la tanka japonesa, el indovinello toscano, el koan budista, y como éstos se propone hacer «una amorosa reverencia a la sabuduría y lo sagrado, la verdad y el bien» (6). Sus brevísimos textos, reducidos a la esencia poética por un inflexible propósito de concentración verbal, constituyen claves iluminadoras que se sintetizan en emociones interjectivas, adivinanzas candorosas con doble sentido espiritual, dicción del enigma, humor del paisaje. Ese proyecto ha tenido continuidad en *Sorbos venecianos* (1992), de edición artesanal y tirada muy corta, y en los *Sorbos de paz* que figuran en su último poemario.

La fascinación por Italia, un país y una cultura a las cuales la Pita declara sentirse muy afín, vuelve a expresarse en *Florencia nuestra* (1992), aunque su escritura se ubica entre las de *Viajes* ... y *Crónicas* ... Definido por ella misma como una biografía poemática, toma la historia de Bianca y Francesco para ofrecernos un decantado testimonio de «la vigencia del amor, la curvatura del tiempo y la hegemonía del misterio» (5). La más reciente entrega de ese viaje de ida y vuelta con el que busca «revertir la ruta de los ancestros» (Carta) es *Una estación en tren* (1994), con el cual ganó uno de los Premios Letras de Oro 1992-1993. Un recorrido en tren de Sicilia a la Toscana se convierte en un impremeditado homenaje a los navegantes italianos que, cinco siglos atrás, llegaron a América. Pero como siempre, el verdadero viaje, el más trascendente, es el viaje interior que el libro desarrolla, esa aventura del espíritu en la cual lo íntimo y lo cósmico convergen. La autora nos habla, en la dedicatoria, del descubrimiento en aquella ocasión de un mundo extraño, pero de inmediato aclara: «Mundo que no tiene otro espacio en el planeta que la propia nave del viaje: agujero blanco en el que dos vidas se funden» (VII). Algo que hace recordar la opinión de Lezama Lima, para quien los viajes son apenas un movimiento de la imaginación. Como tras la ventanilla del viajero, por las páginas del libro desfilan recuerdos e imágenes pertenecientes al pasado, al presente y a lo que presumiblemente está por venir. Tras ese poemario ceñido, sin resquicios ni accesorios, Juana Rosa Pita dio a conocer *Transfiguración de la armonía* (1993), cuya unidad temática es menos estricta que la de sus anteriores títulos, sin que por eso deje de ser una obra coherente. Hallamos de nuevo los temas caros a la escritora, y en ese sentido tal vez sea oportuno apuntar que lo admirable es su capacidad para crear, con elementos contados y sobre ideas muy fijas, una obra poética de incentivos continuados. Una obra tan personal como sólida, que ha ido construyendo libro a libro.

A esta selectiva foto de grupo, podríamos incorporar a Lourdes Casal. Su catálogo, es cierto, apenas se reduce a un par de poemarios, y en el plano cualitativo no alcanza la altura en que Llerena y Pita situaron el listón. Está, en cambio, por encima de muchos de sus compañeros de generación y, sobre todo, dejó un libro póstumo que, en más de un aspecto, posee un singular interés. Pocos meses después de que falleciera en La Habana, aparecía editado allí *Palabras juntan revolución* (1981). Se trata de la primera obra de un escritor de la diáspora que se difunde en Cuba, así como de la primera —y hasta ahora única— exiliada que consiguió realizar el viaje de regreso definitivo. Esos datos ilustran el complejo itinerario ideológico de esta mujer que salió de su patria en 1961, que doce años después estuvo entre los primeros emigrados que visitaron la isla en busca de un acercamiento entre los compatriotas de ambas orillas, y cuyos restos descansan en el Panteón de los Emigrados Revolucionarios. En muchas de las páginas de ese poemario se transparentan las tensiones, contradicciones y conflictos que ese cambio implicó. Testimonian, por un lado, el empeño por recuperar la identidad. Mas el paisaje ha cambiado, las gentes se han empequeñecido, sus voces se han vuelto pálidas y lejanas, y Casal comprende que «nunca se regresa a Itaca» (31). Está, por otro lado, su feroz lealtad a Nueva York, la nueva patria chica, por la que se sentirá extranjera en cualquier lugar. Una ciudad que, sin embargo, no fue la de su niñez: «no fue aquí que adquirí las primeras certidumbres,/ no está aquí el rincón de mi primera caída,/ ni el silbido lacerante que marcaba las noches» (31). Experimenta así la enajenación de vivir en una permanente dualidad existencial y sociocultural, con la certeza de saber que no habrá ya para ella sitio alguno que sea incuestionablemente el suyo, pues es «demasiado habanera para ser newyorkina,/ demasiado newyorkina para ser,/ —aún volver a ser—/ cualquier otra cosa» (31). Estas citas son suficientes para constatar que Lourdes Casal apuesta por un lenguaje directo, sin rebuscamientos formales y decantado hacia moldes realistas. Sus mayores cualidades hay que buscarlas precisamente en el encanto de lo sencillo, aunque no se trata de una escritura exenta de elaboración y sutilezas, así como en la verdad humana que desprende. Son ésos los méritos que hacen de *Palabras juntan revolución* un título significativo.

Diversidad de exploraciones y de resultados

De los poetas del Cincuenta que se dieron a conocer en las décadas anteriores, nos resta ocuparnos de Ángel Cuadra, José Corrales y Félix Cruz-Álvarez. Sus obras confirman la diversidad de estilos y propuestas que ya hemos señalado y evidencian la voluntad de los creadores de no transitar por un camino único, de no permitir que una sola tendencia colonice el ámbito de la poesía.

Tras su puesta en libertad en 1985, la producción poética publicada por Ángel Cuadra ha sido parca. Con muy acertado criterio, decidió distanciarse por un tiempo de la temática carcelaria y se asomó a otras nuevas. Por ejemplo, el amor, motivo sobre el cual se centran los textos reunidos en *Las señales y los sueños* (1988). Aunque se resiente de cierta monotonía, no deja de ser un libro pulcramente escrito, en donde el autor sabe dar cauce a los sentimientos sin dejarse sepultar por ellos. Al año siguiente, dio a conocer *Réquiem violento por Jan Palach*, un poema largo escrito en 1972, en homenaje al joven checoslovaco que se dio fuego en la Plaza Wenceslao, de Praga, para prostestar contra la invasión de las tropas soviéticas. Una muestra de poesía social ya no tan directa ni tan consignataria, más elaborada y atenta al lenguaje y a los aspectos formales. Como una continuación de la línea política de su obra inicial, Cuadra reunió en *La voz inevitable* (1994) un conjunto de páginas escritas, como él mismo aclara, bajo circunstancias muy peculiares: la lucha clandestina, los años que pasó en la cárcel y, finalmente, la vida en el exilio. Poesía temporal que no vacila en asumir ese riesgo, pero en la cual el alegato no se impone porque el autor logra apartarse lo suficiente de la materia testimonial.

Tampoco se ha prodigado mucho en estos años José Corrales. Su bibliografía en los ochenta y los noventa se reduce a tres títulos. En *Los trabajos de Gerión* (1980), con respecto a sus otros libros, hay lo que pudiéramos llamar una fidelidad crítica y renovada. Encontramos las claves distintivas de su poética, así como algunos de sus motivos recurrentes. Mas el que aquí se deja oír es un autor que ha madurado y muestra mayor control y un innegable enriquecimiento de sus medios expresivos. Su poesía es vigorosa, estimulante y ricamente ambigua. Corrales proporciona a su discurso una tensión dialéctica que lo complejiza, al hacer convivir lo narrativo y lo lírico, lo ordinario y lo trascendental, la lucidez y la pasión, la precisión léxica y la dicción coloquial, los elementos cotidianos y los símbolos. Libro que nos descubre un mundo personal y una aportación valiosa al panorama de nuestras letras, *Los trabajos de Gerión* posee la fuerza que caracteriza a las obras singulares.

Tras una década sin comparecer ante los lectores, Corrales se ha reincorporado en los noventa con un par de nuevos libros. En *Cajón de parafernales* (1991) recupera sus primeros textos, después de que éstos reposaran, muertos de pudor, «por más de veintiocho años en distintos cajones que no son ni han sido precisamente de parafernales» (5). Como él reconoce en las breves palabras con que lo presenta, aquel poemario sale a la luz pública gracias al esfuerzo y el ingenio del dramaturgo Manuel Pereiras, quien consiguió ajustar ese material a las características y el espacio de la serie «Hojas Vivas», cuya divisa es «1 libro en 4 caras». Hallamos allí el germen de su obra posterior, algunas de las inclinaciones temáticas y preocupaciones esenciales sobre las que luego insistirá, así como la apuesta por una poética que refleja algunas de las caras de su identidad. Despuntan ya el temperamento introspectivo y la naturaleza confesional del autor, quien indaga en la propia interioridad y nos hace percibir sus ecos más personales. *Las hambres terrestres* (1995) nos devuelve, en cambio, a su poética más reciente y, también, a la más arriesgada y heterodoxa. Corrales ensaya una poesía realista, escrita en un lenguaje prosaico que no excluye las llamadas malas palabras, los asuntos escabrosos y el feísmo, y que adopta un versolibrismo estricto. Nunca su escritura había sido tan narrativa, tan poblada de personajes, tan rebosante de imaginación. Nunca además había hecho tal despliegue de su instrumental humorístico y su incisivo estilete sarcástico. En esos textos teje con desparpajo y soltura un entramado en el que conviven las frases hechas y las referencias culturales, el coloquialismo recalcitrante y las citas en latín, la discursividad posmoderna y las canciones populares. Libro insólito en nuestro paisaje poético y recomendable para lectores de gustos abiertos, *Las hambres terrestres* descubre a un José Corrales en contra de lo políticamente correcto y a favor de la transgresión.

Félix Cruz-Álvarez comparte con Corrales el poseer una bibliografía no muy extensa en este período (se limita a un único libro), y también el mantenerse leal a una concepción del hecho poético que aparecía plasmada en sus títulos anteriores. Tiene aquélla como pilares básicos el gusto por poéticas más tradicionales, el carácter evocativo que domina en buena parte de esos textos, un lirismo natural, orgánico al autor, y la defensa de la independencia del poema respecto al contexto referencial de su tiempo. De esos rasgos participa *Entre el río y el eco* (1989), que agrupa páginas escritas entre 1975 y 1987 y que Cruz-Álvarez distribuye en tres bloques: «Después de la encedida primavera», «El sitio más hermoso de la tierra» y «Oscura mitad». Se advierte una marcada preferencia por los versos largos y serenos, y su exuberancia es ahora más fina y decantada. Con una espontánea nostalgia, el escritor nos habla de gentes, paisajes, cosas. Son vagamente perceptibles las voces de Lezama Lima, Quevedo, Rilke, Florit, sin que eso reste valores a una escritura de muy alto vuelo y a un conjunto de páginas que desbordan inspiración y fuerza expresiva. *Entre el río y el eco* es, no obstante, un libro que impresiona y admira sin acabar de convencer del todo. Reconocemos su esmero técnico, su acento sostenido, su belleza formal, mas echamos en falta un poco más de emoción y de materia vital, de manera que el lector común encuentre algo más que placer estético y pueda establecer coincidencias con sus alegrías, desasosiegos, desdichas y frustraciones. Cruz-Álvarez se ha sometido demasiado a lo que él mismo llama «lo estatuario de la forma», a una exacerbada saturación del artilugio poético más tradicional. En su obra se impone, a juicio nuestro, que el refinamiento empiece a desasirse de las ostentaciones exquisitas y busque una sinceridad más desnuda. Es algo que apuntamos mirando sobre todo al futuro, pues nos encontramos ante un creador que no ha dado de sí todo lo que puede.

Cinco que llegan tarde

Ocurrió ya en la década pasada y se vuelve a dar en esta etapa: el estreno de varios autores de vocación tardía. Unos provienen de otros géneros, como Pancho Vives y René Ariza. Otros, como Dysis Guira publican por primera vez, o bien contaban con antecedentes literarios, como Benigno S. Nieto, quien a comienzos de los sesenta dio a conocer algunos cuentos en *Lunes de Revolución*.

Como otros novelistas, Pancho Vives escribió poesía, aunque en su caso aspiraba a que fuese algo más que poesía de ocasión. Ese propósito estaba ya presente, pese a su aparente humildad de pretensiones, en la que fue su carta de presentación, *Un caduco calendario* (1991). Sin ser un libro significativo, Vives consigue en esos doce textos (uno para cada mes del año) páginas de calidad muy estimable, con momentos de mucho encanto y finura. Pocos meses antes de que falleciera, se publicó *La Luz bajo sospecha* (1993), una colección en donde manifiesta su apego a la rima y las formas métricas tradicionales. Su escritura se mueve dentro de ese tono de elegancia y buen gusto del cual también participa su prosa. No hay, con respecto a *Un caduco calendario*, un crecimiento. Se trata de un libro digno, no de todo desdeñable, escrito con pulcritud pero sin brillo, aquejado por una anemia de contenido y falto de verdades sentidas. A muchos de sus versos no puede negárseles belleza, mas se reducen a eso, a imágenes bonitas que no transmiten ni conmueven. Algo parecido puede decirse de *Érase una vez una anciana* (1994), aparecido póstumamente.

Gracias a un concurso convocado en 1985 por la revista *Linden Lane Magazine*, Benigno S. Nieto (1934) dejó de ser un autor inédito y pudo ver publicado su primer poemario, *Un ojo de asombro* (1985). En las palabras de presentación al mismo, Heberto Padilla señala como nota distintiva la presencia de una voz impersonal que va narrando lo que ocurre a gentes, lugares y cosas. Comenta asimismo que Nieto realiza una operación casi manual que «consiste en crear un retablo por donde desfilan personajes que se proyectan contra un fondo de escena» («Sobre» 11). Distanciamiento, objetividad narrativa y voluntad de épica cotidiana son, en efecto, los principios rectores de su poética. Al «hermetismo críptico» y los «juegos de la soledad barroca y esotérica», Nieto opone unos textos «llenos de vida» y «ajenos a la fácil retórica de la vaguedad» (25), según expresa en uno de sus poemas. El principal problema de *Un ojo de asombro* es que tales intenciones están muy por encima de los logros, y de ello resulta un discurso demasiado explícito, unívoco y empobrecido, en el cual son bastante obvios los titubeos e inseguridades del aprendiz.

Conocido fundamentalmente como dramaturgo, género del que nunca se desligó, René Ariza (1940-1994) extendió en el exilio su quehacer creativo a otros campos. Ediciones Universal ha publicado recientemente un volumen de textos narrativos, *Cuentos breves y brevísimos*, y en cuanto a su obra poética, una parte mínima de su abundante producción ha visto la luz en el cuaderno *Pequeña Antología Bilingüe* (1991) y en el libro *Escrito Hasta en los Bordes / Written Even in the Margins* (1993). Conecta el discurso de Ariza, ha apuntado Carlota Caulfield, con una línea de poesía testimonial que propone un «compromiso pleno con la condición humana» («Invitación» 2). Verso a verso se desgrana ante el lector un cuadro de tintes ásperos y sombríos del espacio urbano, de sus mecanismos de alienación y violencia. El autor nos descubre en esas páginas un «paisaje claveteado de precios«, en el que la luna va dando cabezazos «por entre las antenas de los televisores» y que está dominado por «el hedor de la agonía,/ las turbas de tristeza que deambulan,/ el diario laberinto del horror al descubierto» (23). Su angustioso retrato se plasma en rituales trágicos como «Tiempos de epidemia».

De muy difícil acceso, y por eso mismo escasamente conocida, es la obra de Dysis Guira (¿1933-1992?), quien desde su salida de Cuba pasó a residir en Argentina. Allí publicó tardíamente su primer poemario, *Persona, personas* (198...), al cual siguió luego *Pájaros de agua* (1983). Nos hallamos aquí ante una poesía plenamente simbólica, que opta por la palabra que sugiere frente a la palabra que define. La escritura de Guira rezuma además preocupaciones existenciales, aunque evita griteríos y lamentaciones. Su lectura provoca desasosiego, desesperanza, inquietud, mas las emociones aparecen expresas o subyacentes, de manera que actúen satisfactoriamente en la estructura del poema. Nombra a sus textos con títulos tan elocuentes como «Sea lo oscuro», «Arideces», «Gran verdugo», «Inútil» o «Funeral». En la nota que sirve de prólogo al segundo libro, Héctor Miguel Ángeli afirma que recorrer sus páginas produce la sensación de violar un diario íntimo (5). Y es cierto: en esos textos esmaltados de intimidad sentimos el latido palpitante, pudorosamente amortiguado, de un ser humano que le toma el pulso a su vida.

La poesía de Jorge Valls (1933) lleva la huella de las terribles circunstancias en las que fue creada. *Donde estoy no hay luz y está enrejado* (1981) y *A la paloma nocturna. Hojarasca y otros poemas* (1984), que por razones obvias vieron la luz en el extranjero, descubrieron a un poeta que, desde la oscuridad y el silencio de los pabellones repletos de rejas, es capaz de transmitirnos «un misterioso mensaje de hermosuras y siluetas» (contraportada). Admira, ante todo, que Valls eluda la doble trampa del alegato doctrinario y el discurso político y se decante por una escritura en la que la imaginación poética se impone sobre el testimonio personal. A tal punto, que Stephen Spender comentó que leyendo esos textos muchas veces se preguntaba: «¿sería yo capaz de decir, al leerlos, que éstos son los poemas de un hombre que ha pasado los últimos veinte años en prisión?» (12). Hay en esas páginas una concentrada expresión de los sentimientos, que son recreados desde una púdica perspectiva. En el segundo libro, Valls recopila dos colecciones. *Hojarasca*... la componen una veintena de poemas fechados en 1981. *A la paloma nocturna* es un profundo y hermoso homenaje a la Asunción de la Santísima Virgen, y su autor lo escribió en 1982, tras recibir la noticia de la muerte de su padre.

Un Puente, un buen Puente, que se ve

Nos corresponde ocuparnos ahora de un nutrido catálogo de nombres pertenecientes a lo que en Cuba se conoce como Quinta Generación, así como de las promociones que sucedieron a ésta. Empezaremos, para seguir un orden cronológico, con cuatro autores que integraron el grupo que se concentró en torno a las Ediciones El Puente. Su producción en esta etapa es muy exigua (se reduce, salvo un caso, a un único título por escritor), pero alcanza en conjunto una notable calidad. Se trata de libros en donde sus respectivos creadores demuestran haber arribado a la madurez en óptimas o, por lo menos, buenas condiciones.

En unos apuntes que aparecen en las páginas iniciales de sus *13 poemas* (1988), José Mario expresa que para él la poesía es una insumisión, una conciencia de nuestra naturaleza interior y la experiencia de la máxima libertad del individuo. Ésa ha sido la concepción del hecho poético que ha practicado desde sus primeros libros y que está presente en el que hasta hoy es el último. Tiene mucho que ver con los postulados básicos del surrealismo y los beatniks, dos influencias notorias en su obra. Pero como ha señalado Armando Álvarez Bravo, en *13 poemas* se hace evidente una atenuación en la semántica del alarido y en el desafío a los valores imperantes («Estantería» 7E). Se advierte, asimismo, un enriquecimiento a nivel temático y una tendencia a la concentración y la síntesis expresiva. Este proceso de crecimiento cristaliza en páginas tan logradas como «Oración de San Lázaro», «Un poema para N...», «1936: Juan Ramón Jiménez llega a Cuba» e «Isabel de Bobadilla».

Tras un prolongado silencio, durante el cual editó dos colecciones en inglés, *Songs* (1970) y *Night Rained Her* (1976), Isel Rivero reapareció en 1981 con *El Banquete*, una singular fusión entre el medioevo y el siglo XX. Prosigue y desarrolla las preocupaciones sobre el apocalipsis del mundo moderno que aparecían en *Tundra*, y las plasma en un libro paradójico y heterogéneo. Su lectura reserva momentos de gran fuerza e intensidad, lo cual no impide que esté erizada de dificultades, oscuridad y hasta fastidio. Hay en esas páginas todo un derroche de belleza textual y fantasía, mas acaba por ser un proyecto desbordado por sus propios excesos. Su hartazgo de retórica le confiere cierto matiz cerebral y distante, aunque no deja de poseer un poder de seducción al que es difícil sustraerse. *El Banquete* resulta así un poemario que pudo ser subyugante y se queda en llamativo; que pudiera haber sido excelente y se queda en respetable. En cualquier caso, se trata de una obra difícilmente encasillable en corrientes, tendencias o estilos, tras la cual se halla una de las voces menos previsibles de nuestra poesía.

Diecisiete años hubo que aguardar para que viese la luz el segundo poemario de Lilliam Moro. Ese largo silencio parece ser, en palabras de Reinaldo García Ramos al presentar *Poemas del 42* (1989), el tortuoso precio que algunos autores del exilio deben pagar entre un libro y otro (5). En su caso, ese tiempo ha servido para que su poesía ganara en madurez, concisión y hondura. Todo lo que podía haber de complaciente y halagüeño en *La cara de la guerra*, ha desaparecido para dar paso a un discurso duro, parco en imágenes y adjetivos, que es resultado de una inflexible labor de decantación formal y temática. Aparecen sutilmente transmutadas las traumáticas experiencias vividas en la isla, un material que la autora recrea sin énfasis y sin una sola concesión al sentimentalismo. Hay además una mirada al mundo que encuentra «al otro lado del espejo», donde también descubre arbitrariedades y desigualdades. A su manera, es ésta una escritura de aliento metafísico, sólo que no transita por los laberínticos caminos de la abstracción o el concepto puro, sino que parte de los hechos cotidianos para trascender lo inmediato e ir más allá. Asimismo, la gravedad de los temas no impide que un humor soterrado y sarcástico recorra estas páginas. Libro hermoso e idóneo para lectores exigentes, *Poemas del 42* confirma a una escritora en plena posesión de un admirable oficio y un gran talento.

Nos queda, por último, ocuparnos de Reinaldo García Ramos (1944), quien aunque debutó tempranamente con *Acta* (1962), sufrió después una implacable marginación de la que sólo pudo liberarse mediante la salida del país a través del Mariel. Eso explica que para tener un nuevo contacto con su obra, haya habido que aguardar ¡veinticuatro años!, hasta que se publicó *El buen peligro* (1986). Compiló allí parte de su actividad poética en Cuba (1969-1976) y el exilio (1980-1986). Son varios los aciertos a destacar en este breve pero intenso puñado de textos. Uno es su capacidad para mantener la unidad temática, tonal y estilística, pese a tratarse de páginas escritas en medios y circunstancias muy opuestos. En unas y otras hallamos similar sobriedad expresiva, similar precisión del lenguaje, similar medida en el empleo de imágenes y metáforas. Otro mérito de García Ramos es su inteligencia para transformar las experiencias autobiográficas en una brillante reflexión que trasciende el perímetro individual y el testimonio. Los textos correspondientes a las tres primeras secciones —«Lugar sitiado», «Personajes que pasan», «Los viajeros»— llevan la huella inequívoca de haber sido creados bajo la vigilante mirada de la censura. Para eludirla, el autor se vale, entre otras tácticas, de medias palabras, recovecos, insinuaciones, equívocos y hechos que reemplazados de contexto, adquieren otra lectura. De ahí que esos poemas hablen entre líneas de sueños frustrados, renuncias, amigos que se fueron, entorno asfixiante, escepticismo y de la angustia de quien vive en un régimen dominado por el terror. No es, sin embargo, una poesía amarga ni ensombrecida por el odio. Por el contrario, la anima una inderrotable capacidad de amor, tenacidad y fe en el ser humano. En el cuarto y último bloque, el escritor ensaya, perplejo e incrédulo aún, el lenguaje de la libertad, y con una módica cuota de optimismo inicia la asunción de ese «espacio a prueba» con el cual, «por ahora», cuenta (53).

En 1993, García Ramos dio a conocer su tercer título, compuesto por poemas fechados en Nueva York, entre 1987 y 1992. Si *El buen peligro* era un excelente libro, *Caverna fiel* viene a consolidar de modo rotundo la trayectoria de un creador de primer orden. Las señas de identidad que distinguen a su escritura: la pureza formal, la exactitud expresiva, el mesurado lirisimo, la sabiduría para transmutar las vivencias en reflexiones, alcanzan su plena madurez y cuajan en trece espléndidos textos. Estamos ante una poesía poco llamativa en apariencia, más honda que vistosa, que debe ser leída entre líneas para obtener el mejor provecho, y que como apunta Lilliam Moro, está cimentada en un estilo casi artesanal del que cada verso sale depurado como de un ejercicio de sobria devoción (contraportada). Obra que invita e incita a la relectura, cuenta con piezas como «London Kid», «Regla del descuento», «Baladita del crack», «Legado» y «Muchacho que corre de madrugada por París», que están llamadas a perdurar. Concluyamos diciendo de Reinaldo García Ramos uno de los máximos elogios que puede hacerse a un autor vivo: hace impaciente la espera de su próximo libro.

La pasión de la escritura

Por el volumen de su producción en este período y sobre todo por su sostenido nivel de calidad, nos ocuparemos ahora de la obra de José Kozer y Julio E. Miranda. Pertenecientes a la misma partida generacional, difieren, sin embargo, en sus estéticas y sus universos poéticos. En Kozer, asistimos a la recreación de una mitología familiar y una cotidianeiedad recurrentes, a través de una escritura radical que, aunque es difícil situar bajo una categoría concluyente, podemos adjetivar como un barroquismo de rasgos insólitos. En conjunto, es una obra que sigue un camino recto, sin grandes novedades o sobresaltos para quien conozca sus libros anteriores. Miranda, por su parte, apuesta por un discurso más eficaz, directo y exacto, en el cual el humor es esencial. Posee además una envidiable habilidad para desconcertar: puede ir del ludismo y los juegos lingüísticos al intimismo más lírico, para de inmediato pasar a una crónica exasperada del paroxismo de la vida en las grandes ciudades. Irreverente, escéptico y de una deslumbrante lucidez, domina una admirable variedad de formas, temas y registros.

Muy abultado es el catálogo que recoge la labor de José Kozer en los ochenta y los noventa. Lo integran once libros: *Jarrón de las abreviaturas* (1980), *La rueca de los semblantes* (1980), *Antología breve* (1981), *Bajo este cien* (1983), *La garza sin sombras* (1985), *El carillón de los muertos* (1987), *Carece de causa* (1988), *De donde oscilan los seres en sus proporciones* (1990), *et mutabile* (1995), *Una índole* (1993) y *Dípticos* (1999), a los cuales hay que sumar las plaquettes *Nueve láminas (glorieta)* (1980), *Díptico de la restitución* (1986), *Somero animal de la especie* (1988), *Verdehalago* (1990) y *Prójimos (Intimates)* (1990). Se trata, no obstante, de una muestra parcial de lo escrito por este fecundo creador, cuya producción anda, según sus propios datos, por los tres mil poemas. Las obvias limitaciones de espacio que impone una revisión panorámica como la que aquí realizamos, impide que podamos hacer un análisis, ni siquiera somero, de cada uno de esos títulos. En lugar de ello, nos detendremos en las características generales más sobresalientes de la escritura kozeriana.

Ha declarado Kozer que al escribir, le privan los mestizajes, algo que podemos suscribir sin reservas. En las letras cubanas, sólo Lezama Lima y Sarduy, por lo demás tan admirados por él, alcanzan en sus obras tan descomunal y enciclopédico popurrí. Sus fuentes hay que rastrearlas no sólo en los elementos que conforman su identidad, que tan importantes resultan en su poesía (su ascendencia judía, su nacionalidad cubana, su exilio en Estados Unidos), sino además en su enorme voracidad como lector, que le ha convertido en un hombre con amplios conocimientos sobre artes plásticas, historia, pintura, música, así como en un enamorado de las literaturas clásicas de China y Japón. Ese saber se plasma en su poesía no sólo en referencias culturales incorporadas al texto, sino también en modos expresivos asumidos de manera natural. Sin olvidar la acertada inclusión de citas y fragmentos breves en alemán, inglés, francés o yiddish. Todos esos componentes aparecen unas veces sintetizados, otras yuxtapuestos, otras en estado más o menos puro. Así, el orientalismo domina en *Jarrón de las abreviaturas*, mientras que en *La rueca de los semblantes* abundan los ambientes europeos y los textos poseen la emotividad y la ligereza mozartiana de un divertimento que puede abordar el réquiem de tiempos difuntos, o dicho en otras palabras, «un réquiem elegante y rococó, que puede también concederse la coquetería de un divertimento» (Matamoro 704).

Practica Kozer una escritura que es todo lo opuesto a la sobriedad y la síntesis. Su filiación barroca lo hace dirigirse más a la expansión, la abundancia, el inventario. No faltan entre sus páginas algunos modélicos ejemplos de brevedad, pero lo característico en él son los períodos largos, las frases complicadas. Hay asimismo una sintaxis muy propia y un uso personal de los signos de puntuación. Entre estos últimos, es posiblemente el paréntesis su tic estilístico más marcado. No se vale de él para aclarar, especificar o reforzar, como es usual, sino que mediante el mismo centra la atención o lo convierte en un recurso que distancia y sirve, como ha sugerido alguien, para revelar nuevos planos de la realidad consustancial a la nuestra, que se vislumbran por la ventana que es el paréntesis. Curiosamente, apenas lo emplea en uno de sus poemarios más voluminosos, *La garza sin nombre*. Gusta además de la ruptura de las normas sintácticas tradicionales, de los juegos verbales, de la alternancia del vocabulario culto y el habla coloquial (de vez en cuando, sus textos aparecen salpicados de cubanismos), de la magia de las palabras.

Son varios los poemas que Kozer ha dedicado a su padre, uno de los personajes más entrañables de su mitología familiar. Tiene ésta mucho que ver con su modo recurrente de volver al mundo de la vida diaria, del recinto hogareño, de las costumbres fijas. Él mismo ha declarado al respecto: «En realidad, mi obra es el testimonio de una cotidianeidad poética, transformadora, engañosa, mentirosa, pero, no obstante, una cotidianeidad» (Carta). En sus libros se habla del toque de Guadalupe para preparar el salmón al horno, del tomeguín que la madre encontró en el cesto de la ropa sucia, de la limpieza de los jueves, de los paseos con la hija al hombro, de la bata de casa con el dobladillo deshecho y un costurón en la solapa. Son, en fin, mitos personales, detalles autobiográficos y confesionales trascendidos a la escritura al proyectarse en un marco histórico que los universaliza. Sin embargo, se trata de una cotidianeidad engañosa, que produce inquietud y desasosiego en el lector, cuando éste descubre que las piezas comienzan a no coincidir en el conjunto y a dibujar una realidad distinta, insólita, que acaba por sorprender (Rodríguez Padrón 13). Hay por otro lado un discurso caudalosamente narrativo –no debemos olvidar que Kozer se inició en la literatura escribiendo cuentos–, en el que lo anecdótico es sometido a una constante deconstrucción. Todo ello puede servir para que se tenga una idea de la radicalidad y riqueza de una propuesta repleta de rigor y elaborada concienzudamente, que se resiste a los encasillamientos fáciles y los acomodos estacionarios. El modo más recomendable de acercarse a tan excepcional cuerpo poético puede ser a través de *Bajo este cien*, muestra antológica ordenada según un criterio temático, donde pueden apreciarse las estaciones de un largo camino caracterizado por una ejemplar voluntad de búsqueda.

Sin ser tan prolífico como su compatriota y coetáneo, Julio E. Miranda mantuvo un ritmo de producción muy respetable. Hay que tomar en cuenta además que su labor no se redujo, como en el caso de Kozer, a la poesía, sino que se extiendió a la narrativa, la crítica y la traducción. Sumados todos esos títulos, arrojan un amplio catálogo que justifica la fama de grafómano que tenía en Venezuela. En *El poeta invisible* (1982), Miranda reincide en el ludismo formal y gráfico con el espacio. Una cita de H.G. Wells, extraída de la novela de título parecido al del poemario, constituye una buena guía de lectura. Como el hombre invisible que vive en un clima frío, el poeta invisible se delata por las huellas que deja en la nieve de la página. La escritura es el tema dominante, al que hay que añadir el motivo de la nieve, una fascinación que comparten muchos cubanos. Ya lo comentó alguna vez Gastón Baquero: los hijos de las islas soñamos con la nieve antes de descubrir el mar de nuestra infancia. Como es usual en Miranda, hay en esas páginas humor inteligente, brevedad, reflexiones metaliterarias. Algo –más bien poco– de la poesía visual queda en los textos que conforman *Vida del otro* (1982), aunque su autor defiende que se trata de algo más que un juego. Representa además el inicio de un cambio estético que cristalizará de modo pleno en su siguiente poemario. Su discurso es ahora más eficaz, sintético, preciso, y logra una mayor serenidad conceptual, como una flecha que en su trayectoria se despoja de sí misma y llega ágil al blanco. Se asoma por primera vez a asuntos nunca antes tratados por él (la muerte, la dispersión que conlleva el exilio), recrea su afición por el cine en tres deliciosos textos, insiste en precisar su poética y cumple el desdoblamiento anunciado en el título: «quien escribe la vida del otro/ vive la muerte de quién?// quien escribe el muerte del otro/ muere la vida de quién?// quién del uno o del otro/ escribe sobre quién?» (68). Sin diferencias notorias en el tono y la voz, aunque sí en el desarrollo lógico que traen los años y el ejercicio, *Vida del otro* significó en su obra poética la primera prueba del arribo a la madurez.

Cinco años después, Miranda sorprendió a propios y extraños con su primer «arrebato lírico», una obra en donde se permite volcar su intimidad. Quien, como tantos escritores latinoamericanos de los sesenta y los setenta, rechazó la poesía «bella», terminó por rendirse a la belleza y a argumentos como el amor, el desencanto, la tristeza, el descreimiento. No hay que olvidar que el autor ha superado los cuarenta y que la imagen otoñal empieza a presentársele. Cuenta ya con un pasado al cual volver la mirada, aunque no lo haga con nostalgia ni actitud compasiva, sino con su inconfundible sentido del humor, aquí más tierno y discreto que otras veces. *Anotaciones de otoño* habla del amor y el desamor, entendido este último como expresión del abandono y la soledad. Sus textos nos descubren a un Miranda más hombre que intelectual, tan íntimo que pareciera conversar quedamente sobre los días finales de su jornada (Padrón 34). De ahí que más que nunca su discurso sea manifiestamente antirretórico y se acerque a la percepción inmediata de los acontecimientos. Aunque abundan en el libro las carencias y el conocimiento de la futilidad de la existencia, Miranda no traiciona su poética y conserva algo del trazo humorístico de sus títulos anteriores, así como una eficaz ironía distanciadora. Se va perfilando así el retrato estremecedor e íntimo de un ser humano lacerado que, sin embargo, no pierde la mesura ni la elegancia. En ese sentido, los poemas en prosa del bloque IV constituyen piezas tan admirables como modélicas. Escritor prolífico que tiende a la esencialidad, incluye en el poemario diecisiete textos en donde demuestra su habilidad epigramática y su lapidaria síntesis. Calificado por él mismo como su «best seller lírico», *Anotaciones de otoño* marcó su consolidación como poeta. Ha sido además el libro suyo que más elogios y comentarios ha recibido en Venezuela (para sus compatriotas, en cambio, Miranda sigue siendo hasta hoy un ilustre desconocido).

Como un libro atípico calificó el escritor *Rock urbano* (1989), un poemario que representa una abrupta ruptura respecto al oasis de verdad y hermosura que fue *Anotaciones de otoño*. El lirismo desaparece, lo mismo que las temáticas intimistas. El autor pasa ahora a otro discurso más sincopado, narrativo y poblado de personajes, que se amolda mejor a su propósito de presentar una descarnada crónica de la vida moderna en las grandes ciudades. En lugar del sujeto poético que comparte con el lector recuerdos y vivencias, hay ahora un testigo que cuenta de manera narrativa lo que ve y encuentra por las calles: el travesti que recorre la Avenida Libertador, el francotirador que se sube a la azotea de un edificio para imitar lo que vio en la cine, las secretarias que salen en suaves oleadas al atardecer, el divorciado a quien su esposa despojó de todo, el ascensor que no funciona, el cadáver que obstruye el paso por la escalera, los patrulleros que persiguen a un automóvil verde. Hay, como se ve, la voluntad de vincularse a la realidad más golpeante y terrible, lo cual puede tomarse como un retorno a la poesía social de los setenta. Miranda pone de manifiesto su madurez al manejar una materia prima tan cercana a la crónica sin caer en el tremendismo o el exceso. Lo consigue gracias a recursos como la burla, el juego crítico, la parodia y el ritmo musical del rock. Alguien se ha interrogado sobre si se trata de una obra menor en la bibliografía del escritor, para concluir con sensatez que es sencillamente un libro distinto.

Así cualquiera puede ser poeta (1991) nos devuelve a un Miranda más reflexivo y sosegado, que se sube de nuevo al carro de la poesía concreta y las elaboraciones visuales. Hay, no obstante, dos notas nuevas que debemos destacar: la experimentación aparece ahora como una vertiente asumida, de modo que el autor puede permitirse el lujo de burlarse de ella, de desacralizar sus procedimientos más efectistas y gratuitos. Libro breve, como todos los suyos, está lleno de textos rebosantes de riqueza y gozosos ángulos y se distingue por la frescura y vivacidad del lenguaje. Algunos han hallado ecos de Pessoa, William Carlos Williams y, a ratos, un dejo de humorada mística o misterio zen. Mas la voz que impera es la del Miranda de siempre, burlista, ingenioso, sintético, vital, que conjuga, como alguien señaló alguna vez, una equilibrada mezcla de viejo sabio y *enfant terrible*.

Todos esos libros trazan una trayectoria existencial que cubre desde la atmósfera rebelde y contestataria de los sesenta hasta el escepticismo y la desilusión de los ochenta y noventa. En conjunto, integran además un edificio literario asentado sobre bases muy sólidas, capaz de satisfacer, por su atinada convivencia de burla formal, inteligencia e ironía, a tirios y troyanos. En 1997, Miranda hizo balance de tres décadas de quehacer poético y preparó la antología *La máquina del tiempo*, donde recopiló piezas de sus cinco últimas colecciones, a las que agregó las únicas salvadas de «un libro más desechado que inédito». Eso no implica, aclara, que reniegue de los anteriores, sino que ha preferido limitar la fragmentación, pues «para quien ha pretendido escribir poemarios más que poemas, es decir, conjuntos de alguna manera orgánicos –pese o, quizás, gracias a una también buscada diversidad formal–, entresacar unos cuantos textos que sean 'los mejores', resulta desazonante» (5). En esa dubitativa muestra, una entre las varias posibles, el autor se mantuvo fiel a su inveterado apego a la brevedad y preparó un libro que no supera el centenar de páginas.

Un eclecticismo muy posmoderno

¿Qué tienen en común autores de poéticas tan disímiles entre sí como Teresa María Rojas, Rafael Catalá, Luis F. González-Cruz, Omar Torres, Octavio Armand, Pío E. Serrano y Rosario Hiriart? Más bien poco: el pertenecer a una misma promoción, el compartir algunos temas y preocupaciones, el haberse dado a conocer, salvo Hiriart, en la década anterior e incluso antes, como es el caso de Rojas. Y poco más. Las diferencias, por el contrario, son marcadas y no vienen sino a corroborar la pluralidad de tendencias, el muy posmoderno eclecticismo y la proliferación de individualidades que caracterizan a la actividad poética de estos años.

Para quien esté familiarizado con la producción precedente de Teresa María Rojas, *Capilla ardiente* (1980) no ha de deparar grandes sorpresas ni novedades notorias. La escritora se mueve dentro de las claves estéticas que ya le conocíamos: un lenguaje flexible, un neorromanticismo que esquiva el sentimentalismo blando y lacrimógeno, una sencillez expresiva como recurso de la sinceridad, una pincelada de ironía y humor que otorga a sus textos un toque deliciosamente etéreo. Vuelve a algunos argumentos tratados en sus otros libros e insiste en explorar, a su manera, la condición de la mujer. Como nota a destacar, está la complejidad y el refinamiento que aquí alcanza su escritura, sin que ello implique abandono de ese estilo espontáneo y suelto que la identifica. En el plano temático, debemos resaltar el contenido místico y religioso que impregna todo el libro, y que pasa a ser presencia dominante del bloque intermedio, «Carteo». Allí Rojas entabla una difícil relación epistolar con Dios que no excluye incertidumbres y forcejeos. Nunca hay, sin embargo, sobrecarga o énfasis del aspecto devoto, aparte de que éste es preocupación importante, mas no excluyente. El libro acoge así poemas sobre asuntos variados, que van desde travesuras como «Amaretto», «Brandy», «A beer» y «Creme de menthe», a los dedicados a familiares y amigos que figuran en «Personales», sin olvidar el carácter contestario de reflexiones sobre la moral y la sexualidad que promueve un texto como «Francisco». Con *Capilla ardiente*, Teresa María Rojas consiguió un poemario que, como escribió Félix Cruz-Álvarez sobre otra de sus obras, «tiene alma, tiene tensión, tiene mujer, tiene oficio». Rojas mantuvo luego un dilatado silencio que no romperá hasta 1996, año en que publica *Hierba dura (1956-1995)*, una antología que recopila piezas de sus cinco libros, así como una amplia muestra (más de la mitad del volumen) de su producción inédita.

Rafael Catalá ha centrado su actividad de estos últimos años en la formulación y puesta en práctica de lo que bautizó como «cienciapoesía». Consiste ésta, tal como él la expone, en una visión integradora de la realidad en la cual las ciencias, junto con las humanidades, toman parte activa en el quehacer poético. No mucho más puede deducirse de unas páginas en las que abundan las citas (Martí, Arturo Rosenblueth, Ortega y Gasset, Bohr, Michael Talbot, Paulo Freire, Camilo Torres) y los neologismos de creación propia (servomando, redituar, traslapación, equifinales). Mucha más luz arroja en ese sentido la lectura de sus libros *Cienciapoesía* y *Copulantes*, ambos de 1986. Títulos como «El humilde neutrino», «Telepatía quántica», «Prolegómeno para la teoría de sistemas», «Enfrentados a la relatividad», «El progreso y la ciencia» o «Detrás de la aritmética», indican cuáles son los asuntos abordados por Catalá, quien además inunda sus textos de fotones, quarks, procesos anabólicos, cartílagos, átomos y fluidos. No se trata ni mucho menos de una novedad en las letras hispanas. Recuérdese el empleo de imágenes y léxico científicos por algunos de los autores de las vanguardias, que dejó páginas como «Rayos X», de Rogelio Buendía, o «El tacto fervoroso», de Juan José Domenchina. O si se prefiere un ejemplo más cercano, ahí está *Tiempo de silencio*, la excelente novela de Luis Martín-Santos. El problema de muchos de los poemas de Catalá no sólo radica en que su discurso dista de ser novedoso, sino en que además su reflexión no es profunda, ni sus valores literarios alcanzan verdadera entidad. No todo en su obra, aclarémoslo, es «cienciapoesía». Hay en ambos libros piezas en las que su autor alcanza un balance artístico próximo a la medianía. Eso ocurre cuando abandona los temas impostados y la terminología seudocientífica y se dedica a escribir poesía a secas.

El tratamiento objetivo que aplicaba Luis F. González-Cruz a los textos que componían su primer poemario, se acentúa en *Disgregaciones* (1986). Tiene esto que ver con lo que Matías Montes Huidobro califica como una exploración sicológica que va de afuera hacia adentro, que hace que su discurso adopte en ocasiones una apariencia distanciada. Se relaciona además con la voluntad del escritor de confrontar los planos intelectual y vivencial, de someter este último a un proceso de conceptualización. Resultado de eso es el adensamiento de su escritura, que si bien se hace a veces un tanto abstracta y gélida, gana en profundidad. En algunas páginas, permite, no obstante, que recuerdos, vivencias y emociones afloren con más naturalidad y desembarazados de lastres intelectuales.

Crea entonces poemas como «La regla de Wendy Sutton», «Law and Order», «Galileo Galilei» y «Primera casa».

Otro autor que reincide en algunas de sus constantes temáticas es Omar Torres. La soledad, el hastío, el amor, el destino del desterrado, aparecen en muchas de las páginas de *De nunca a siempre* y *Línea en diluvio*, que vieron la luz en 1981. El despojamiento de referencias geográficas y cronológicas iniciado en *Tiempo robado*, es aplicado aquí de manera casi radical. Torres sólo se permite conservar algunas cuando habla, con un sedimento de nostalgia, de la patria perdida. O cuando refleja la angustia de no poderse desprender de los recuerdos. Sin embargo, se muestra ahora más dado a una escritura destemporalizada, cosmopolita, más preocupado por la búsqueda de la pureza poética que por la verdad humana. En ese proyecto resaltan algunos prosaísmos como «la vaca por la chiva», «cubaneo llanto», «ser objeto de relajo», que por su pobreza y falta de categoría literaria desentonan de modo chirriante en un discurso que pretende ser elaborado y sugerente. Hay que reconocer, no obstante, que Torres consigue en *Línea en diluvio* textos mucho más logrados y de un saldo estético mucho más plausible. Se advierte en ellos una mayor armonía entre concepto, lenguaje y memoria personal, y hacen suponer que el crecimiento que pronosticaba su ejecutoria poética anterior ha encontrado el camino correcto.

Dificultades e incumplimientos por parte de las casas editoriales en cuyos planes figuraban, han impedido que por lo menos un par de nuevos poemarios de Octavio Armand, *El bisonte de Miaux* y *Hacer la tradición*, hayan podido llegar a manos de los lectores. Ésa es la verdadera razón por la cual su catálogo se reduce en esta etapa a un solo título, *Origami* (1987), aparte de una antología de sus textos y ensayos, *Refractions* (1994), editada en inglés. Los poemas de *Origami* tienen ya poco que ver con el experimentalismo, la provocación y el juego con la superficie visual de sus primeros libros. Conectan más con la precisión léxica, el limpio lenguaje metafórico y la sólida calidad de *Cómo escribir con erizo* y *Biografía para feacios*. Retienen, sí, algo del humor inteligente y las analogías fonéticas que Armand suele incorporar a su poesía. Pudiera hablarse incluso de una mayor claridad en la escritura, si eso se puede aplicar a un creador que admite pertenecer a una tradición hermética que busca «proteger el objeto oscureciendo su signo» (Ramírez 123). Ello no implica que simplifique el contenido del discurso, que vuelve a incidir en indagaciones sobre la identidad personal y su disgregación y reconstrucción, la desnudez y la superficie, el signo que revela y, a la vez, enmascara la realidad. Reaparece también el motivo del espejo, frecuentado de manera persistente por Armand. Una poesía, en fin, que se sustenta en referentes autobiográficos ligados a alusiones al arte y la cultura occidentales, más interesada en inquietar e inducir a la relectura que en agradar y conmover, y escrita desde la independencia del francotirador.

No hay en la obra poética de Pío E. Serrano pretensiones experimentales ni afán rupturista. Tampoco busca apuntalar o ilustrar con ella especulaciones teóricas, y los temas abstractos, lo mismo que la grandilocuencia y el énfasis, congenian mal con su concepto del hecho poético. Tiene éste como principales claves una eficaz naturalidad confesional, un lenguaje elegantemente sobrio y de una sorprendente y engañosa sencillez, un temperamento profundamente lírico y una tendencia a la concentración poemática. Algunos de esos atributos los comparten, al menos en sus primeras obras, Orlando Alomá, Félix Contreras, Guillermo Rodríguez Rivera y Víctor Casaus, entre otros, pertenecientes al grupo de escritores jóvenes que se dio a conocer desde las páginas del mensuario cultural *El Caimán Barbudo,* y a los cuales Serrano se vinculó en la década del sesenta, cuando era profesor de Filosofía en la Universidad de La Habana. De aquellos años son los textos que conforman *A propia sombra* (1978), título al que luego se sumaron dos más, *Cuaderno de viaje* (1981) y *Segundo cuaderno de viaje* (1987). Los tres fueron recopilados casi íntegramente, a excepción de cinco o seis poemas que el autor excluyó, en el volumen *Poesía reunida* (1987).

Contrariamente a lo que cabría esperar de libros escritos a lo largo de más de veinticinco años, no se advierten en sus páginas cambios de registro y estilo notorios. Antes bien, ponen de relieve el apego de Serrano a cuatro o cinco inclinaciones temáticas –el amor, la muerte, los viajes, Cuba– y su lealtad a una poética que se nutre de la materia personal vivida y evocada. Es, en ese sentido, una obra que tiene mucho de recuento, de fe de vida. Los textos están poblados de recuerdos, lecturas, amistades, paisajes, sucesos cotidianos, nostalgias, costumbres, en fin, todo lo que ha dejado su huella en el ser humano que los firma. Como algunos de sus compañeros de generación, opta en muchos de los poemas por un tono coloquial, que se ajusta muy bien a una escritura situada en las antípodas de cualquier esteticismo o impostación retórica. No incurre, sin embargo, en los excesos prosaístas y el empobrecimiento en los que tantas veces derivó esa corriente. Ante todo, porque su coloquialismo es, como ha señalado Armando Álvarez Bravo, más bien un intento de despojar de magia y misterio la poesía («Escribir» 40). Su precisión verbal, su fina sensibilidad, su parco lirismo, su humor barnizado de melancolía, su discurso intimista y reflexivo, hacen que sus textos sean a la vez elaborados y comunicativos. A los asuntos entrañables, el escritor incorpora además otras páginas referidas a figuras y aspectos del arte y la literatura –«Memoria elegíaca mientras escucho a Glenn Miller», «Homenaje a Magritte», «Juego de niños (Pieter Brueghel)» y «En una exposición de Joseph Cornell» están entre las piezas más logradas–, con un tratamiento cotidiano y afable que hace recordar al Gastón Baquero de la última etapa. Pudiera hablarse en este caso de un buen poeta en tono menor, lo cual no implica en modo alguno pequeñez expresiva. O si se prefiere, de una trayectoria poética prudente, sin notas de mal gusto y con un alto sentido del pudor retórico.

De este grupo, nos queda ocuparnos de la obra de creación de Rosario Hiriart. Esa faceta de su actividad literaria se ha venido a revelar cuando ya contaba con una respetable labor en el campo del ensayo y la crítica y tras más de una década de dedicarse a estudiar y divulgar a autores como Lydia Cabrera, Francisco Ayala y Carmen Conde. Ella misma confiesa, no obstante, que desde la más temprana adolescencia cultiva la ficción, aunque lo hacía sin intención de darla a conocer. De los cinco títulos que hasta hoy ha dado a la imprenta, *Tu ojo, cocodrilo verde* (1984), *Primera palabra* (1985), *Nuevo espejo de paciencia* (1988), *Albahaca* (1993) y *Malpartida* (1993), sólo los dos últimos pertenecen propiamente al género poético. Los otros tres recogen prosas en las que se cuentan historias pobladas por múltiples personajes, por lo cual deben ubicarse más bien en la narrativa. Hiriart, interesada en la transgresión de los géneros, prefiere llamarlos textos líricos y no, por ejemplo, prosas poéticas. El argumento más sólido para que hayamos optado por analizarlos en conjunto y no en dos bloques separados es, sin embargo, la unidad temática y estilística que, por encima de diferencias menores, los hermana. Aun cuando en ellos la imaginación ocupa un espacio importante, todos esos libros están animados por el afán de preservar la memoria, esos recuerdos personales íntimamente ligados a la infancia y la adolescencia vividas en Cuba. Buena parte de esas páginas se dedican a rememorar, con algo de nostalgia, un espacio y un tiempo perdidos. Se salvan de caer en el tono plañidero gracias al control que la autora impone a ese material, y también a la dosis de humor socarrón y a la mirada de afable ironía que las matiza. La recreación de la vida doméstica, el sosegado lirismo, los homenajes intertextuales (Silvestre de Balboa, Teresa de la Parra, Lydia Cabrera) y el intimismo, son las otras notas que dominan. En *Malpartida*, su primer libro enteramente lírico, parte del soporte rítmico de nuestra música tradicional para tratar, entre otros motivos, el del amor. El proyecto cristaliza en un poemario fresco e imaginativo, alumbrado por el agradable resplandor de la ternura. En las viñetas que componen *Albahaca*, Hiriart mantiene un matiz decididamente lírico, aunque retorna a la prosa. Una prosa, como ha comentado José García-Nieto a propósito de otra de sus obras, que casi no lo es, pues está escrita a la misma orilla de la poesía.

Algo más que sonido y furia

Del humus del castrismo fue surgiendo una promoción de escritores rebosantes de energía, que llegaron a las playas del exilio ansiosos por recuperar el tiempo perdido y con el estimable capital de escepticismo que acumularon a lo largo de dos décadas de retórica oficial. Para muchos de ellos, las vías de acceso a las editoriales y publicaciones estaban cerradas desde hacía años. Algunos, inclusive, fueron a parar a la cárcel por el único delito de haber dado a conocer sus obras en el extranjero. Otros, en cambio, pasaron directamente de la condición de escritores inéditos al ostracismo.

Como a muchos otros de sus contemporáneos, les tocó padecer en carne propia los embrollos de las contradicciones políticas. Actores y testigos de esa etapa, ha apuntado Reinaldo Arenas, traen la frustración de haber soñado con «una revolución que se convirtió en campo de exterminio en todos los sentidos, de haber soñado con un futuro que en vez de avanzar tuvo un carácter regresivo, una revolución que nos devoró y luego nos escupió (a los que no: los trituró completamente)» («Dichosos» 12). Llegan, en fin, con el azote de «la maldición de la memoria y el desengaño» (12), pero también con la lucidez abrumadora de quien viene del infierno.

Se les suele llamar Generación del Mariel, mas el término es difícilmente aplicable: factores de edad, formación, planteamientos estéticos y obra invalidan esas perspectiva. No puede señalarse, por ejemplo, una orientación estilística que sea común a todos. Uno de sus integrantes, el prematuramente fallecido Roberto Valero, comentó que si en algo se parecen los escritores del Mariel es en tratar de no parecerse («Generación» 15). Coinciden, sí, en su aproximación crítica a la realidad que les tocó vivir en Cuba, mas las formas que adoptan para recrearla son muy heterogéneas. Lo común, en todo caso, es la experiencia de más o menos veinte años de revolución, con todo lo que eso conlleva de represión, censuras, histeria, amenazas, chantajes y falta de libertad. Alguien ha acuñado el término de Generación del Silencio; de ahí su apremiante necesidad de hablar, de expresar en voz alta lo que no les permitían decir.

Con el ingreso de los recién llegados por el puente marítimo del Mariel, las letras de la diáspora ganaron en cohesión y se dinamizaron de manera notable. En tanto que grupo, esos creadores empezaron a ser conocidos a partir de 1981, a través de publicaciones como *Término* (Cincinatti), *Unveilling Cuba* (Nueva York) y, sobre todo, *Mariel* (Nueva York), su proyecto más ambicioso y fecundo, que, sin embargo, no se limitaron a divulgar a sus compañeros y coetáneos, sino que también abrieron sus páginas a representantes de otras generaciones. Asimismo, promovieron otras actividades, entre las cuales la más sobresaliente fue el Festival de las Artes Tercer Aniversario del Mariel (1983), que reunió en Miami a pintores y escritores. Ya en la primera convocatoria de los Premios Letras de Oro (1986-1987), que auspiciaba la Universidad de Miami, la presencia de estos últimos se hizo sentir: uno de ellos, Andrés Reynaldo, resultaba galardonado en el género de poesía, mientras que otros dos, Miguel Correa y Carlos A. Díaz Barrios, figuraban entre los finalistas.

Los «marielitos» aportaban, por otro lado, una información más inmediata y fresca de la vida diaria en la isla. Su imagen se distanciaba así de la de muchos de sus compatriotas en el destierro, cada vez más extraviados en una Cuba mitificada e irreal. Esa distancia fue amplificada además por los propios jóvenes, quienes presentaron sus credenciales con un marcado énfasis generacional y se autoproclamaron los verdaderos exponentes de la cultura del exilio (de modo parecido irrumpieron en los años sesenta los escritores de la isla que se abrieron a la vida literaria desde las páginas de *El Caimán Barbudo*). Pero tras esa exacerbada afirmación juvenil, había algo más que sonido y furia. «Quizás nuestra premura en autodeterminarnos, ha precisado el poeta y ensayista Jesús J. Barquet, venga también del vacío coral que encontramos a nuestra llegada: encontramos árboles aislados, muchos muy bien plantados, pero les faltaba ... la conciencia de bosque, y esto los hacía débiles en su lucha» («Cartas» 25). Y añadía: «Es probable, sí, que un poco precipitadamente hayamos corrido a autodefinirnos, a recortar esa imagen virtual que tenemos de nosotros mismos, pero ha sido para ganar en coherencia, en perspectiva coral, en destino literario, en resistencia contra el tiempo y el enemigo común, quien prefiere vernos dispersos, separados, inclasificables y por tanto desnaturalizados, para más fácilmente derrotarnos» (25). Tampoco hay que olvidar que había en ello cierta reacción contra un exilio al cual el fenómeno del Mariel tomó de sorpresa y que aceptó a sus compatriotas con reservas. Durante bastante tiempo, constituyó un asunto polémico y, siguiendo inconscientemente el patrón de la versión oficial de las autoridades cubanas, el término «marielito» devino un estigma y pasó a ser sinónimo de criminal o delincuente. En las páginas que siguen, nos referiremos a la actividad poética de esos autores, con las excepciones de García Ramos, de quien ya nos ocupamos, y de Arenas, cuya obra analizaremos en conjunto más adelante.

Representativo de la literatura clandestina creada en la isla, es el *Libro de las exhortaciones al amor* (1985), primer y, hasta la fecha, único poemario de Juan Abreu (1952). Los textos que lo integran fueron escritos entre diciembre de 1972 y enero de 1973, durante una de las etapas más siniestras y de mayor represión de nuestra historia más reciente. Entonces, no sólo no pudieron ver la luz, sino que además su autor se vio obligado a destruirlos debido, según confiesa él mismo, a la tenaz vigilancia a que se vio sometido. Reescritos a fines de 1974, «en ómnibus repletos, en la fábrica donde trabajaba, en largos vagabundeos por las calles de La Habana» (24), se publicaron, una década después, en España. Desde las primeras páginas se advierte ya ese «enfebrecido deseo de contar el horror» que Reinaldo Arenas señala en el prólogo (5). Abreu refleja, sobre todo, lo terrible y hasta peligroso que era ser joven en aquellos años, cuando llevar el pelo largo era considerado una señal de desviación ideológica por la cual hasta se podía ir a la cárcel. De todo eso se habla en el libro con pasión, desgarramiento, irreverencia, furia e ironía, como corresponde a quien, además de testigo, fue también víctima. El poemario es, sin embargo, un canto al amor de la pareja. Un amor que, entre tanto espanto e intolerancia, le sirve de amparo y le fortalece la voluntad de vivir. Es en ese plano donde Abreu consigue sus mejores momentos, donde su escritura logra un nivel más estimable. Se trata, no obstante, de aciertos fragmentarios: leído globalmente, el poemario no logra desembarazarse de los titubeos e ingenuidades de una primera salida y evidencia la falta de una mayor depuración. Asimismo, muchos de los textos no poseen la trabazón suficiente, al incorporar a la temática amorosa ingredientes testimoniales que, por lo explícitos y poco sugerentes, disuenan junto a los más logrados y restan valor al conjunto. Un sentido crítico más severo hubiese podado ese material.

Al igual que Abreu, Roberto Valero (1955-1994) logró editar su primer poemario, *Desde un oscuro ángulo* (1982), después que salió de Cuba, donde aquellos originales eran «lectura de gavetas, sombras compartidas» (7). Le tocó sufrir también los atropellos de la represión y la mordaza: por escribir un poema dedicado a un preso político, fue detenido por la Seguridad del Estado, le prohibieron publicar en la isla o en el extranjero y, por último, lo expulsaron de la Universidad de La Habana. La obra con la cual inició su andadura comparte con la de Abreu, además del prologuista, el estar recorrida por «el fulgor vital del amor» («Angulo» 2). Son ésos los puntos comunes entre estos dos autores que encarnan, por lo demás, maneras polares de entender la poesía. La pureza evocativa y los registros autobiográficos conforman la espina dorsal de estos textos, en los que Valero despliega un lirismo asumido sin complejos, una emotividad más evidente, un discurso presidido por el yo protagónico. El libro es un inventario personal de recuerdos, amores, paisajes y seres queridos, que cobran de nuevo vida a través del eterno ejercicio de la memoria. Era aún una obra sin corregir, en la que a veces se nota un tono ostensiblemente bisoño. Pero tenía las posibilidades y la frescura de un primer poemario y lograba imponerse por su intensa sinceridad, su palpitante materia vital, su lenguaje espontáneo y límpido, en el que de repente nos sorprende una metáfora oportuna. Anunciaba además el nacimiento de un creador interesante, más atento a los reclamos interiores que a los dictados de la moda y con un instintivo apego a las menudencias de la vida.

Aunque escrito ya en Estados Unidos, *En fin, la noche* (1984) participa aún de las insistencias estilísticas (elocuencia lírica, sensibilidad, registros emocionales, resuelta andadura narrativa, mezcla de prosa y verso) y temáticas (el amor, la infancia como paraíso perdido) de *Desde un oscuro ángulo*. Es a partir de *Dharma* (1985) cuando su poesía empieza a incorporar otros motivos y a ganar en densidad. Como subraya Eugenio Florit en la nota introductoria, sus versos aparecen ahora «llenos de voz alta, la voz que le piden temas de destierro, de náufragos tratando de llegar a la tierra que pueda recibirlos» (5). Valero opta por un sujeto poético más instalado en su concreta filiación existencial e histórica, que no vacila en abordar los problemas sociales que más lo conmueven. En *Venías* (1990), se aprecia un claro desplazamiento de los asuntos habituales por otros nuevos o sólo insinuados antes. Es, en ese sentido, su libro más heterogéneo, y también el de calidad más desigual. Junto a páginas de méritos incontestables –«Al encontrar al turista que va a la isla», «Las islas son malvadas y nadie lo sospecha» y «Regresar», entre otras–, figuran varias que no son rigurosamente imprescindibles, como «Aniversario», «Para los tuertos» y «En cadenas vivir es morir», en las cuales el tratamiento de argumentos políticos no cuaja en textos estéticamente válidos. Su itinerario poético recobra el buen nivel con *No estaré en tu camino* (1991), que aparece en España bajo el prestigioso sello de la Colección Adonais. Del lirismo y el discurso rebosante de subjetividad de sus primeros títulos, Valero pasa aquí al canto épico de largo aliento, de tanta tradición en las letras latinoamericanas. El único y extenso poema que comprende el libro propone una cosmogonía, en la cual se invoca a los dioses mayores de las teogonías de religiones como la azteca, la árabe, la polinesia o la hindú. El escritor emprende un viaje a los orígenes ancestrales del universo, cuando el mundo divino y el de los seres humanos estaban tan próximos. No se trata, sin embargo, de una huida hacia el pasado para perderse en él, sino para buscar un catalizador del presente, para contrastar aquel período con el consumismo, la agresividad, el horror radioactivo y la existencia rígidamente tecnificada de la vida moderna. Asimismo, Valero alza la voz para expresar su angustia por la pérdida de los valores religiosos. Es entonces cuando sus versos alcanzan las más altas cotas de desamparo e intensidad. Se reconoce en estos versos una lectura bien asimilada de Neruda y Ezra Pound, así como un atinado equilibrio entre expresión y contenido. *No estaré en tu camino* reveló a un autor en pleno domonio de su facultad poética, cuya trayectoria vital y literaria quedó truncada por su temprana desaparición. Entre los materiales que dejó inéditos, se hallan un larguísimo texto, *Pero nadie sabe mi nombre*, así como varios poemas, compuestos después de que le fue diagnosticada una enfermedad incurable, en donde, al decir de Reinaldo García Ramos, se muestra «la agónica desesperación de la criatura que, sumida en el infortunio, pide explicaciones a un ser supremo» («Dos poetas» 37).

Como los de Abreu y Valero, el primer poemario de Jesús J. Barquet (1953) fue escrito íntegramente en la isla, entre 1971 y 1979. Pero a diferencia del *Libro de las exhortaciones al amor* y *Desde un oscuro ángulo*, *Sin decir el mar* (1981) muestra a un poeta que excluye de su obra el mundo y las circunstancias sociales, que se interesa en sugerir más que en comunicar, decir o buscar la conexión con el lector mediante su implicación moral o reflexiva. Sus textos, como bien se señala en la contraportada, llevan las señales inequívocas de la insularidad: la vocación de cielo abierto, la ensoñación de espacios entrevistos, el agobio del tiempo, la humedad de los contornos. Barquet limita al mínimo el apoyo descriptivo, reduce a casi nada los posibles vestigios de historia, expurga al extremo el sentimiento, todo ello en aras de devolver al lenguaje su voz primigenia. El resultado de ese radical desnudamiento de la escritura es un conjunto de páginas de una calidad poco usual en una primera obra. Resultaban, no obstante, poco favorecidas por su monótona severidad y por la apuesta por un discurso destemporalizado y un tanto gélido.

Por similares principios estéticos se rige *Sagradas herejías* (1985), un ambicioso proyecto que consigue una cabal armonía entre forma y mensaje. Hay, sí, un adensamiento del lenguaje y el contenido, así como la adopción de una estructura teatral, a la manera de los poemas dramáticos del Romanticismo. A lo largo de los cinco actos en que está dividido, la voz del autor se multiplica en las de cinco personajes que monologan, dialogan y revelan sus paisajes interiores: Tiresias, Sebastián, Manfred, el Hombre y el Ángel, procedentes casi todos de la herencia literaria occidental, como el propio autor ha precisado («A propósito» 26). Concurren además lo que Barquet admite como «ecos de antiguas lecturas»: Valéry, Thomas Mann, Huidobro, Ovidio, Platón, Lezama Lima, la *Biblia*, la poesía náhualt, Rilke, que aparecen incorporados a la compleja urdimbre del poema a través de referencias y alusiones intertextuales. Es una poesía cargada de preocupaciones filosóficas, que indaga en lo trascendente, en el misterio del ser, y que tiene el acierto de hacerlo con convicción, belleza y fuerza. A *Sagradas herejías* pueden objetársele sus inclinaciones herméticas y cierto distanciamiento ante el receptor, mas no su firme voluntad de desmarcarse de las corrientes de la poesía de curso legal. Es además una obra caracterizada por la exigencia y el rigor, que confirmó y robusteció la coherencia del mundo poético de Barquet.

Tras un lustro de silencio editorial, el autor de *Sin decir el mar* retornó en 1994 con un par de títulos, *Un no rompido sueño* y *El libro del desterrado*. Un poco antes, varios de esos textos habían visto la luz en las plaquettes *El libro de las estaciones* (1991), *El libro de las palabras* (1991), *El libro de los cuerpos* (1991) y *El libro de los puentes* (1993), a las que después se ha sumado *El libro de los héroes* (1994). Asistimos a lo largo de esas páginas a un proceso de renovación y síntesis de su escritura, que comprende tanto los elementos formales como los temáticos. Hay, en primer término, un aligeramiento del discurso. Barquet apuesta por una mayor concentración expresiva, así como por una poética más vitalista y anclada en la realidad inmediata. Se abre asimismo a asuntos más relajados e incluso incorpora una leve pincelada de humor, todo ello sin perder su impronta estilística. Varios textos se ocupan de la reflexión metapoética: «Epitafio», «Escribir es volver», «Decir del decir», «Poética», «Postergación del vacío», «Ser, no ser». Hay también homenajes a los escritores bajo cuyo magisterio se formó, entre los cuales destaca de modo especial a Lezama Lima. La marca de más de una década de exilio está presente, en particular, en las composiciones de *El libro del desterrado*, en donde da cuenta de los «saqueos a la hacienda personal» que esa vieja y ya revelada experiencia significa. «Por eso dime ahora dónde, cómo/ despertar/ sin que no me amanezca para siempre tu nostalgia» (23), expresa en un poema dedicado a Cuba. La respuesta a esa interrogante la da él mismo en páginas tan hermosas como «El regreso imposible» y «Coplas por la muerte de mi patria». Y están, en fin, otras piezas no menos logradas —«Patrióticas», «Salvación por la imagen»— en las que Barquet da cauce libre al impulso (homo)erótico. Sin olvidar la posmoderna, poco ortodoxa y provocadora visión de la historia que propone en *El libro de los héroes*. Todos esos títulos, cuyo balance general es más que satisfactorio, representan un coto literario sembrado de buena poesía y aún por descubrir.

La producción más o menos abundante de Barquet y Valero contrasta con la más parca de Rafael Bordao (1951). La bibliografía de este último la componen cuatro breves selecciones, *Proyectura* (1986), *Acrobacia del abandono* (1989), *Escurriduras de la Soledad* (1995) y *El Libro de las Interferencias* (1995), que sin conformar una obra poética de grandes atributos, poseen valores muy estimables. El primero era aún un libro inmaduro, en el cual se aprecian las influencias de Vallejo, Lorca, el surrealismo. Bordao mostraba allí su inclinación por la musicalidad, la rima interna y la sonoridad del verso, por una poesía meditativa y esencializada, por un estilo cuidado en su deliberada sencillez. *Acrobacia del abandono* marcó un paso de avance en esa línea de concentración expresiva. Su lectura nos presenta a un poeta intimista de espíritu romántico, orientado hacia la introspección, la soledad y la recreación de paisajes en los que predominan la placidez y la serenidad de un contemplativo. Alguna vez asoma la inquietud por la deshumanización de la vida moderna: según confiesa el autor, su libro es «una breve acrobacia en medio del desgarramiento que producen el exilio y una ciudad como Nueva York» (4), en donde reside desde hace varios años. De similar aliento lírico participa *Escurriduras de la Soledad*, que toma el mar como eje temático. Junto con *El Libro de las Interferencias*, demuestra que Bordao ha alcanzado una madurez muy respetable, si bien sus inclinaciones conceptuales y reflexivas impregnan a esos textos de cierta frialdad y aridez que les restan capacidad comunicativa.

A diferencia de la inmensa mayoría de los escritores, Carlos A. Díaz Barrios (1950) se dio a conocer como poeta varios años después de haber debutado como narrador, con un par de novelas que lo habían situado como un autor a tomar muy en cuenta. Se sabía, sí, que se dedicaba también a la creación poética, e incluso su nombre figuró entre los finalistas del Premio Letras de Oro 1988-1989 correspondiente a ese género, con *Caballos en la noche*. Pero nada más. De ahí que la salida de *Las puertas de la noche* (1993) supuso para todos un muy grato descubrimiento. El libro sorprendió no sólo por su asombrosa madurez, sino también por su brillante singularidad. Se trata de un largo poema en el cual el autor se enmascara tras el pintor Hieronymus Bosch, quien cuenta y recrea la llegada de los españoles al Nuevo Mundo. Quien transite por estas páginas se verá recompensado con una escritura vigorosa, cuidada y concisa, sin la menor concesión al fárrago o el adorno inútil.

Con *Oficio de responso* (1994), Díaz Barrios obtuvo en España el Premio Hispanoamericano Juan Ramón Jiménez. El respetado crítico español Miguel García-Posada, que formó parte del jurado, comentó que el libro es «una emocionada monodia, como el aludido réquiem, articulada en series acumulativas a través de las cuales se medita sobre la vida y la muerte». Y apunta que «lo mejor es el ritmo obsesivo, voraz, todopoderoso del texto, ritual, ensimismado, conjurador» («Para los aficionados» 11). A ese juicio tan autorizado como certero, sólo cabe agregar que nos hallamos ante unas páginas que transmiten la agradable sensación de lo perfecto y que cristalizan siempre en poesía de primer orden. Con una habilidad formal que administra con delicadeza y medida, Díaz Barrios aúna precisión y hermosura, transparencia y misterio, profundidad y sencillez. Las largas tiradas enumerativas conforman una red de sutiles hilos de significación que se va entrelazando de verso en verso. La salida de *El regreso del hijo pródigo* (1994), *La caza* (1995), *La claridad del pasisaje* (1995, Premio Letras de Oro 1993-1994) y *La Canción de Ícaro* (1999) ha venido a consolidar una trayectoria literaria en claro ascenso. Nos hallamos ante un poeta de voz madurada y susurrante, un afinado orfebre desembarazado de lastres cultistas y poseedor de un lenguaje que conjuga limpidez y misterio. En especial, en *La claridad del paisaje* Díaz Barrios ofrece una modélica muestra de síntesis y densidad poéticas, de sugerente tratamiento del idioma. Asimismo, en esos textos culmina, de momento, un meditado y firme proceso de depuración de su discurso, elaborado desde estructuras cada vez más simples, sutiles y armónicas. Defensor decidido de una poética que defiende su pureza e independencia de la realidad inmediata y concebida como medio de captación de la trascendencia, Carlos A. Díaz Barrios ha logrado con su sólida y rigurosa obra hacerse un hueco propio entre los valores más firmes de su generación.

Como muchos de sus compañeros de grupo, Esteban Luis Cárdenas (1945) comparte antecedentes comunes de marginación y censura. Condenado a diez años de cárcel por intentar huir del país y a cinco por haber escrito un volumen de cuentos que contenía «propaganda contrarrevolucionaria», pudo salir de la isla en 1980. En algunos textos de su primer poemario, *Cantos del centinela* (1993), no faltan por eso veladas referencias críticas a la situación actual de Cuba –véanse «Las doncellas de la isla» y «Plaza de la Revolución»–, pero lo más representativo y logrado de su producción se orienta hacia una poética de signo formalista, que se nutre menos de las circunstancias históricas y de la realidad y retorna a la caligrafía suntuosa, la riqueza imaginista y eso que Gerardo Diego llamaba «el logro de una diana estética». Pudiera hablarse incluso en su caso de barroquismo, aunque se trata de un barroquismo podado, de una desmesura frenada. *Cantos del centinela* es, en cualquier caso, una obra de muy buen nivel, capaz de convencer a cualquier lector medianamente exigente. Esa calidad se mantiene en *Ciudad mágica* (1997), en donde Cárdenas pasea su mirada por un paisaje urbano poblado por policías, prostitutas, drogadictos, locos, borrachos y seres solitarios, y en el cual se tejen historias y se traman «circunstancias y víctimas» (33). El autor se inclina ahora por una escritura más realista, ligada a los hechos y personajes del entorno inmediato, y no esquiva develar sus aristas menos gratas. Defensor de los valores sugestivos de la palabra, Cárdenas recurre a un prosaísmo desvirtuado, que no da cabida a los registros vulgares o de cuña coloquial.

El último «marielito» del que nos ocuparemos aquí es Andrés Reynaldo (1953), el único del grupo, junto con García Ramos y Arenas, que contaba con obra publicada en Cuba, *Escrito a los 20 años*, Premio David de Poesía en 1978. En el exilio, su catálogo incorporó un nuevo título, *La canción de las esferas* (1987), y también un nuevo reconocimiento, el Premio Letras de Oro 1986-1987. No se trata en este caso de textos escritos en la isla. Tampoco estamos ante una poesía intimista, de voluntad cosmopolita e intemporal ni animada por afanes trascendentes. Reynaldo apuesta por una escritura temporalizada, realista, más volcada hacia afuera, hostil al engolamiento de la voz, en la cual se manifiesta su talante vital. Se acerca más a lo que se conoce como poesía de la experiencia, de cuyos rasgos distintivos (acercamiento a la realidad más cotidiana e inmediata, narratividad, espacio urbano), en principio, participa. La veintena de poemas que reúne el libro traza una especie de crónica existencial, en la que el tratamiento del presente da paso a la mirada retrospectiva a la niñez y la adolescencia. El autor levanta acta de vivencias y actitudes y hace un recuento de amores, nostalgias, sueños, fracasos. Bajo la aparente sencillez de estas páginas, hechas con las palabras de todos los días y que manejan con acierto los registros de lo coloquial, el lector atento descubrirá la riqueza estilística que las alienta, su capacidad para admitir sin resentirse detalles líricos, imágenes metafóricas, aladas sutilezas, superposiciones espaciales, referencias cultas. Un texto como «Noviembre en New England», por ejemplo, es una buena muestra de la variedad de tonos que maneja. Catorce años después de la salida de *La canción de las esferas*, se echa en falta la publicación de una nueva entrega poética de Andrés Reynaldo.

El núcleo neuyorkino

En 1991 apareció en España la antología *Poetas cubanas en Nueva York / Cuban Women Poets in New York*, en la que se compilan textos de cinco autoras. En el prólogo que la acompaña, Perla Rozencvaig expone los criterios a partir de los cuales se las reunió. Todas pertenecen a la misma partida generacional –nacieron entre 1945 y 1954– y el esfuerzo de su apuesta literaria lo concentran por entero en la poesía. Llegaron cuando eran niñas o adolescentes a Estados Unidos, país en donde residen desde por lo menos hace más de veinticinco años y en el que recibieron su formación profesional. Aprendieron el nuevo idioma –cuatro de ellas asumieron la traducción de sus poemas–, pero escriben en español, como un modo necesario de preservar sus raíces, su identidad nacional. Coinciden en ese sentido con otros escritores hispanos radicados en Estados Unidos, que se empecinan en emplear su lengua materna en una realidad idiomática predominantemente inglesa. Es lo que uno de ellos ha llamado insularidad lingüística (Conteris 67). El hecho de vivir y trabajar en un área como la de Nueva York, tan marcada por el bilingüismo, hace que sus obras se encuentren en la intersección de dos culturas y que se nutran de «lo que prefieran o necesiten de cada una», a la vez que «dan constancia del horror que produce en cierto momento el choque de ambas» (Rozencvaig 8). Poseen, no obstante, una conciencia histórica bien definida, y su escritura, según Librado Hernández, representa en buena medida «un proyecto recuperativo no sólo frente a la asimilación sino como afirmación del ser» (Reseña de *Poetas* 25). Tres de ellas se dieron a conocer en la década del setenta: Maya Islas, Lourdes Gil e Iraida Iturralde. Las otras dos, Alina Galliano y Magali Alabau, empiezan a publicar en los años ochenta. Sus respectivas obras, como ya veremos, responden a propuestas estilísticas bien disímiles, pero tienen un rasgo que las une: las cinco son exponentes de una generación posfeminista.

En los dos títulos que publica en este período, Maya Islas mantiene una insobornable fidelidad a sí misma y a las claves de su escritura.

Tanto *Altazora acompañando a Vicente* (1989) como *Merla* (1991) poseen evidentes analogías formales y temáticas con su producción precedente, si bien hay que señalar en ambos una síntesis de los elementos que componen su poética. En el primero, parte de uno de los textos más famosos de Vicente Huidobro, *Altazor*, para establecer un diálogo, más que con el escritor chileno, con su personaje («Huidobro no hubiera podido entender este rescate, pero Altazor sí», expresa Islas). Animada por una concepción más abarcadora del feminismo, hace descender a Altazora «con el propósito de salvar, de abrir conciencia, de divinizar a sus hijos» («Arquetipos» 21), y sustenta su poemario en ideas como el aspecto femenino universal y la Deidad como Madre, así como en una sutil economía verbal conciliada con cierta discursividad. La misma estructura de páginas que responden a un aliento unitario se reitera en *Merla*, obra de aliento metafísico compuesta por cincuenta y un poemas. Islas sigue el principio creacionista formulado por Huidobro de que el poema debe ser una realidad en sí y no la copia de una realidad exterior. Pero en ese camino confunde lo trascendente y lo profundo con lo oscuro y lo hermético, como si lo claro y directo, lo cotidiano y referencial fuesen sinónimo obligado de superficialidad. Eso conduce a su poesía a caer en la aridez y la sequedad, en la imagen por la imagen. Eso hace también que, pese a su corrección, se reduzca a un acertijo artificial e inflado que no conmueve ni convence.

Con *Vencido el fuego de la especie* (1983), Lourdes Gil prosigue el discurso de filiación neobarroca que inició *Neumas*. Como ella misma ha comentado, su poemario persigue una coherencia, un acoplamiento para todos esos tramos de cultura que heredamos los nacidos en el Nuevo Mundo. Aunque admite que, al final, se torna más metafísico e indaga en los posibles derroteros de la violencia que llevamos como raza o como nación. Una escritura que es tributaria de la de Lezama Lima, pero que no incurre en el mero calco de los componentes más epidérmicos, sino que opta por la asunción inteligente de esencias y médulas. Si se le compara con su modelo, es además menos hirsuta, más reconciliada con la sintaxis tradicional, más al servicio de la fruición que del misterio (Reseña de *Vencido* 15). Del viaje al origen, a la fundación que sugiere *Vencido el fuego de la especie*, la escritora pasa a la exploración de los espacios interiores y el mundo del subconsciente que representa *Blanca aldaba preludia* (1989). Ana María Hernández ha apuntado que se trata de un libro de síntesis, en el cual coexisten los juegos conceptuales con textos de gran ternura y fina sensibilidad. Entre estos últimos, hay que citar «Mensaje de Denys Finch-Hatton a Karen Blixen, conocida para el mundo como Isak Dinesen», un hermoso texto en el que Gil adopta un lenguaje más sobrio, transparente y desembarazado de oscuridades y lastres cultistas. *Empieza la ciudad* (1993) es para Armando Álvarez Bravo «una aventura del espíritu, cuyas invisibles raíces están en la ciudad de la infancia de la autora, La Habana» («Estantería» 7E). Para la recuperación de ese espacio perdido, se vale de la imagen, de la palabra, del acto mismo de la escritura, que es para ella oficio consagrante. El libro contiene también un bloque en donde Gil reflexiona sobre la poesía, se abre a las sugerencias de otros sistemas y declara su homenaje a las lecturas que más la han marcado. *El cerco de las transfiguraciones* (1996) agrupa dieciséis textos en los cuales Lourdes Gil enmascara y/o transfigura su voz para proyectar sobre «un fondo que mezcla y absorbe las vivencias del pasado con las reflexiones de un presente que arroja una luz retrospectiva» (I.M.A. 93). Es éste un libro que está, todo él, permeado por esa melancolía inherente a la retrospección, a ese imposible viaje de la memoria a lo que ya no existe. Páginas como «Jarros de savia iluminados», «Catalina de Alejandría visita la Loma del Mazo», «Confesiones de la Condesa de Merlin o lamento de la escritora que regresa a la isla» o «Residencia en la tierra», tienen mucho de elegía, y en ellas comparecen las reminiscencias y los fogonazos autobiográficos.

También hay continuidad respecto a su producción precedente en *Tropel de espejos* (1989), en donde Iraida Iturralde da rienda a su barroquismo expresivo. Nos hallamos, como en el caso de Lourdes Gil, ante una poesía de difícil acceso, que por sus alusiones cultistas, sus complicados símbolos y sus herméticas referencias, demanda una lectura pausada y minuciosa. La autora tiene a su favor su desbordante sensualidad, que aquí se pone de manifiesto no sólo en el plano léxico e imaginista, sino además en el tratamiento de la temática amorosa en el que afluye un erotismo bien asimilado. Gracias a esa satisfacción sensual de la palabra, su lenguaje, como ya anotó Jorge Rodríguez Padrón a propósito de su primer libro, no se dispersa en un vacío retórico ni se desnuda en exceso, hasta quedarse en una frialdad irrelevante. No puede decirse que *Tropel de espejos* aporte nada nuevo a la obra de Iraida Iturralde, pero respeta sus líneas estilísticas y consigue un conjunto de páginas de muy buen nivel, lo cual no es poco.

En 1989 vió la luz el volumen *Hasta el presente*, en el cual Alina Galliano (1950) recopiló la que entonces era su «poesía casi completa». Antes sólo había publicado *Entre el párpado y la mejilla* (1980), que aparece reproducido junto a los ocho poemarios que después escribió. Nueve títulos que ocupan, en total, más de trescientas páginas, lo cual representa una producción muy copiosa. Una vez leídas, la primera impresión que nos dejan es que hubo algo de precipitación de la autora al dar a la imprenta ese libro. Apenas hay diferencia entre un poemario y otro y, lo que es peor, entre unos textos y otros. Su escritura sigue un itinerario demasiado lineal, exento de renovación o crecimiento, a lo que se suman su escaso repertorio temático, que la lleva a incurrir en repeticiones, y su insistente empleo de esquemas similares. No es sino a partir del séptimo poemario, *La passante*, cuando se advierten indicios de registros nuevos, aunque siempre dentro de la misma línea común de intimismo marcado por la presencia del yo femenino. Esa intimidad que se confiesa a través de un discurso personalizado, sigue siendo el epicentro de *La geometría de lo incandescente (en fija residencia)*, que mereció uno de los Premios Letras de Oro 1990-1991. Se trata de veintiocho textos que, en realidad, conforman un largo poema en el que, como se señala en la contraportada, se muestra «el testimonio íntimo de una relación amorosa, al mismo tiempo que se describen ... paisajes interiores que recrean al ser amado». Galliano, debemos reconocerlo, hace un buen uso de un material que con bastante frecuencia suele conducir al tono almibarado, la cursilería y el desbordamiento sentimental. La contención, la depurada sensibilidad y una escritura seria, pulida y de leve apariencia, son cualidades que denotan madurez. Se trata además de una mujer que escribe poesía sin caer en el tópico femenino.

Nada hacía suponer que en su siguiente obra iba a partir del mundo de la religión afrocubana para arriesgarse en el difícil proyecto de recrear, desde esa base argumental, el paisaje político de la Cuba de hoy. El resultado es *En el vientre del Trópico* (1994), en donde se cuenta la leyenda de una isla cuyos habitantes olvidaron invitar a Elegguá a su «fiesta grande, fiesta de fiestas» (53). Más aún, a ese descuido añaden desaires, ireverencias y promesas falsas a otros orishas, lo que desata su ira y su castigo. Aparte del hecho poco usual de que una escritora de su promoción incursione en un campo tan alejado de los atributos de la moda y los gustos actuales, hay que sumar otro detalle no menos desusado: *En el vientre del Trópico* fue grabado por la declamadora Carmina Benguría, y los dos casetes se distribuyen junto con el libro. Para Jesús J. Barquet, con *En el vientre del Trópico* Alina Galliano enriquece la poesía negrista cubana con una dimensión épico-lírica no practicada antes con similar profundidad temática y solidez formal, y no duda en considerarlo «un valioso y arriesgado aporte renovador» («Épica» 38).

Magali Alabau (1945) es no sólo la figura más sobresaliente de este grupo, sino además una de las voces más personales de la poesía cubana de hoy. Su irrupción en el panorama literario fue tan impetuosa como prometedora. Con apenas un mes de diferencia, en 1986 veían la luz *Electra, Clitemnestra* y *La Extremaunción diaria*, dos obras que, en circunstancias normales, hubieran dejado huella. Eran aún libros con las imperfecciones y descuidos que delatan la presencia del novel, mas dejaban la impresión de anunciar a una creadora poseedora de un mundo poderoso y propio. Casi nada tenían que ver, por otra parte, con lo que suele relacionarse con la poesía escrita por mujeres. Quienes acudan a esas páginas en busca de una escritura propensa al intimismo, la elocuencia lírica, la delicadeza o el tono sentimental, harán mejor en abstenerse de su lectura. Se ahorrarán así el tropezarse con versos muy poco usuales. La crudeza de los contenidos, la transgresión del lenguaje y la singular visión de la realidad, son las notas dominantes de ambos poemarios.

Electra, Clitemnestra propone una reinterpretación, una inversión del mito de Electra: aquí no se trata de limpiar el honor del padre traicionado, sino de vengarse de la madre por negarle su amor. El final de este conflicto pasional de raíz lésbica es espeluznante: Electra mata a Clitemnestra, le arranca con las manos el útero, lo lava y se lo come, «devorando el primer recuerdo de su vida» (33). Alabau continúa una vertiente de la dramaturgia universal que reelabora los mitos griegos desde una óptica actual y que en la cubana está representada por piezas como *Electra Garrigó, Los siete contra Tebas, Medea en el espejo, Ceremonial de guerra* y *Las hetairas habaneras*. Su procedencia teatral (Alabau estudió artes escénicas y durante varios años fue actriz y directora) se pone de manifiesto no sólo al escoger dos personajes eminentemente teatrales que, según ella misma confiesa, le hubiese gustado interpretar e incluso dirigir, sino en los ecos de origen dramático que se perciben. Reinaldo García Ramos va más allá y sostiene que el libro posee la estructura de una obra clásica, cuya distribución sería: Primer Acto (exposición): poemas I al VIII; Primer Intermedio (tono reposado, contemplativo): IX y X; Segundo Acto (nudo): XI al XV; Segundo Intermedio (meditación): XVI; Acto del Desenlace: XVII al XIX («Sobre dos» 19). Como todos sus poemarios, éste ha sido interpretado como una lectura feminista de la figura de Electra. Lo es en tanto presenta lo femenino como subversión, como una fuerza revulsiva. Más cuestionable resulta si nos remitimos al final, en donde una mujer muere de modo brutal a manos de otra. En todo caso y como el resto de su producción, es un libro feminista que no cae en los defectos de una obra de militancia. Del plano mítico, pasamos en *La Extremaunción diaria* a la crónica de la vida en las grandes urbes. Alabau realiza una profunda inmersión en la soledad, la miseria, la alienación y el desamparo de los sectores más marginados de Nueva York. Sus textos se hacen aquí más largos, más narrativos. Su discurso fluye como un aluvión poderoso e incontenible, en el que las imágenes se concatenan con una lógica que recuerda la del flujo de la conciencia.

El motivo de la búsqueda y el viaje que aparecía de manera recurrente en el anterior poemario, vuelve a ser tratado en *Ras* (1987), que es, cronológicamente, su primer libro. Rechazado hoy por la escritora, que suele omitirlo en su bibliografía, no alcanza la calidad de sus títulos posteriores, pero les sirve de eficaz y modesto complemento. Dos años después publica *Hermana*, por el cual el Instituto de Escritores Latinoamericanos de City University le concede el Premio Latino de Literatura. Desde los primeros versos, queda establecido el eje básico sobre el cual se sostiene el largo poema: «Vamos a recorrer los cuartos en que anduvimos/ juntas/ las casas,/ las sombras,/ la noche, el mosquitero,/ los zumbidos. También la madrugada/ y los patios» (13). Está, una vez más, el tema del viaje, que aquí abarca varios niveles o estratos: es una travesía a la niñez, a Cuba, a los orígenes. Es también el viaje que hacía cada domingo al sanatorio donde estaba recluida su hermana Matilde, a quien dedica un homenaje tan hermoso como estremecedor. *Hermana* plantea, sin embargo, otras claves de lectura mucho más complejas. El recuerdo de la hermana encerrada en el manicomio converge y se confronta con la agónica existencia de otra mujer, no menos sola y enclaustrada, que vive en la isla de Manhattan. El libro representa, por un lado, una tentativa de liberarse de una historia que Alabau necesitaba exorcizar. Y por otro, es una exploración de la otredad, de la lucha del ser humano por completar su personalidad: «La enfermedad mental de la otra, la hermana, es el reflejo de la ausencia en la otra que vive en esta orilla» (41). Tampoco hay que olvidar que quien lo firma sufre la traumática experiencia del exilio, tan ligada a la dualidad y la escisión. Con *Hermana*, Magali Alabau logró un puñado de páginas esmaltadas de bullente humanidad, dolor y palpitación existencial, en las que se aprecia el inconfundible sello de lo auténtico.

El elemento mitológico, que en *Hermana* subyacía como un fino sedimento, emerge de nuevo a la superficie en *Hemos llegado a Ilión* (1992). Sobre ese reiterado empleo de las leyendas griegas, la autora declaró: «Los mitos son portadores de alguna verdad que ha sido herméticamente sellada. Quizás revelaciones de un tiempo ancestral disponibles y, sin embargo, escondidas». En su caso, al igual que en el de otros escritores cubanos de la diáspora, eso responde a una estrategia distanciadora que confiere al poeta una conveniente protección, ya que, como ha señalado Reinaldo García Ramos, mediante aquélla puede asumir «las circunstancias actuales con toda su sensualidad o dramatismo, sin correr el riesgo de sacar la obra de su universo temporal y exponerla a la dentallada de la simple historia» («Fortaleza» 27). Alabau toma ahora la figura de Perséfona, la hija de Zeus y Deméter que fue raptada por su tío, situación para la cual su padre halló una solución salomónica: pasará una mitad del año en la tierra y la otra, en el mundo sombrío del Hades. Parte asimismo de un hecho real, un breve viaje que realizó a la isla, y lo transforma en una metáfora sobre la búsqueda y recuperación de «otra parte de sí, de otra parte que le pertenece a uno» (17) Va a Ilión para reencontrarse con los fantasmas y las sombras que, años atrás, determinaron su destino. A destacar, las pinceladas de corrosivo humor e ironía y la inserción de frases cercanas al diálogo cotidiano, detalles ambos desusados en su discurso poético. *Liebe* (1993) es, de momento, lo último suyo que ha salido de la imprenta. Es un cuaderno que recoge, en edición bilingüe, un par de poemas, «Rezar en Roma» y «Liebe», que insisten en el material autobiográfico (la muerte de la madre) y en esa extraña mezcla de desarraigo, tremendismo, dolor, violencia, registros emocionales y transgresión que se ha convertido en su tarjeta de presentación. Está asimismo esa saludable complejidad con la cual impugna el acomodamiento del lector. Los siete títulos que componen su catálogo sitúan a Magali Alabau como una creadora a salvo de cualquier epigonismo y llamada a sobrevivir frente a las veleidades de las modas.

Clásicos en blue jeans

Lo hemos apuntado antes: pese a que sus integrantes andan entre los cuarenta y los cincuenta y cinco años, esta generación cuenta ya con sus clásicos. En el caso de la poesía, dos de los autores que sin disputa merecen esa condición son Orlando González Esteva y Amando Fernández, cuyas respectivas obras ocupan ya un capítulo esencial de la literatura cubana de los ochenta y los noventa.

Al primero nos hemos referido en el capítulo dedicado a la década del setenta, en la cual se dio a conocer con un par de títulos. La salida del tercero, *Mañas de la poesía* (1981), significó todo un acontecimiento y personalidades literarias de prestigio como Leopoldo de Luis, Jorge Guillén y Eugenio Florit así lo proclamaron. Octavio Paz comentó que aquellos poemas lo impresionaron de inmediato «por su inventiva, su frescura, su desparpajo y su rigor» (*Pájaro* solapa). Existen razones de peso que justifican ese entusiasmo con que el poemario fue saludado. Estaba, en primer lugar, el hecho mismo de que, frente al desdén de la mayoría de sus coetáneos, González Esteva retomase la décima y lo hiciera además con un rigor y un dominio de la rima, la métrica, el ritmo inusuales en un creador de su edad (la mayoría las escribió a principios de 1978, cuando sólo tenía veinticinco años). Unos textos en los que, por lo demás, no hay afeites de ocasiones, giros modernos ni vocabulario «actual». Por el contrario, hay una profunda y sagaz indagación en nuestra cultura popular: abundan los dicharachos, los fragmentos de canciones, los cubanismos, las referencias a personajes del folclor. Es ésa una de las fuentes sobre las que ha trabajado, y en sus manos se convierte en una veta de singulares hallazgos; de ella ha extraído gran parte de la sabiduría, el humor y la vitalidad que impregnan esas páginas. La otra fuente de donde se ha nutrido es la larga tradición, tanto popular como culta, que tiene la décima en Cuba. Luaces, Fornaris, el Cucalambé, Ballagas, Guillén, Florit, Eliseo Diego, Lezama Lima, son algunos de los que han utilizado esta estrofa. Autores todos que González Esteva ha leído, aunque no copiado. Sus décimas son suyas, propias.

Uno de sus grandes méritos es precisamente haber creado una obra original a partir de una materia prima archiconocida, sobada. La mulata santiaguera, la múcura que está en el suelo, el músico parrandero, la guayabera, Sansón Melena, el sinsonte, el arroyo que murmura, eran motivos y tipos que estaban ahí desde siempre, pero que aquí parecen recién inventados. La cubanía no se limita, por otro lado, al aspecto temático, sino que también aflora en ese carácter jovial, disparatado, burlón que recorre el libro y del cual ni el propio hecho poético queda eximido. Un humor, no obstante, que posee su trastienda y en cuyo fondo yace agazapado un suave matiz de malancolía, insatisfacción, tristeza. Poemario delicioso, cuyas décimas, como quiere el autor, cantan con una melodía tan natural como perfecta –además de poeta, es músico–, en el que junto a las expresiones populares y los cubanismos, hallamos giros inusitados y pinceladas surrealistas. «Esto es un ajiaco, un mosaico, un cantero donde lo trágico y lo jocoso, lo universal y lo cubano se han dado cita para levantarle un pequeño mundo al fracaso, a una nueva especie de Sísifos tropicales hija de las mañas de la poesía», se lee en la nota introductoria (7). El libro representa un notable salto de los balbuceos de la voz primeriza a la auténtica, honda e inventiva de la madurez. Se trata, por último, de la obra de un escritor que combate su condición de desterrado insertándose en la tradición poética a la que pertenece. «Una tradición, declaró a Aurelio Asiaín, a la que me he aferrado contra viento y marea, y con un solo propósito: continuar en la isla. El que busque en mis versos la presencia de mi larga vida en los Estados Unidos, la huella de la literatura anglosajona, no la encontrará, a pesar de que me eduqué en ese país y vivo en él. Encontrará sólo a Cuba» («Jardín» 55).

Casi diez años median entre las fechas en que fueron editadas las décimas de *Mañas de la poesía* y los sonetos, liras y romances de *El pájaro tras la flecha* (1988). «Las coplas, los romances, las liras, nos ha aclarado el autor, se estaban escribiendo desde 1981, quizá desde 1980. Los sonetos fueron los últimos en llegar (¿1987?) y quizás, otra vez, debieron constituir un libro aparte» (Carta). Eso explica las notorias diferencias que hay entre unas composiciones y otras. Unas diferencias que no sólo tienen que ver con la lógica y natural evolución debida al paso del tiempo, sino que también responden a una voluntad de cambio. Según González Esteva, las décimas eran un callejón sin salida. De insistir en el disparate, la jocosidad y los motivos criollos, corría el riesgo de repetirse. Hay, sí, obsesiones que se mantienen, pero varían las maneras de confrontarlas, de forcejear con ellas. Algunos críticos han resaltado, no obstante, que ambos poemarios constituyen capítulos de un mismo proyecto, y de hecho figuran juntos en el volumen que, por iniciativa del propio Octavio Paz, apareció bajo el reputado sello de la Editorial Vuelta. Si, como ha advertido Aurelio Asiaín, en *Mañas* ... «soplaba un espíritu festivo y el mundo parecía entregado a la ebriedad de un baile de máscaras», en *El pájaro tras la flecha* encontramos, en cambio, «un poeta reflexivo, levemente melancólico a ratos y preocupado por los misterios de la creación, el paso del tiempo, los fantasmas de la memoria y la omnipresencia de la muerte» («Lección» 61). Esas diferencias no son, sin embargo, muy radicales. Las dos colecciones participan de similar pasión formal y del retorno a las formas cerradas. La tendencia al juego y el gracejo sigue estando presente, aunque su cubanía es ahora más encubierta, menos sonora. En uno de los primeros poemas, González Esteva afirma que Madame Bovary nunca le hizo caso, y la recuerda, «desnuda ante el ocaso,/ saludando las naves de Colón» (45). Identificamos el acento coloquial, los elementos populares, la sorprendente y engañosa sencillez. Mas el tratamiento de los asuntos ha variado, se ha hecho más grave, más profundo. A nivel temático, hay una ampliación de argumentos como la infancia, el destierro, la patria. Y como el acto creador, que es abordado desde ángulos diversos (el azar, el silencio, el espacio en blanco, el lector, la imaginación), y que el autor formula como interrogantes para las cuales no tiene respuestas. Tantos son los textos que dedica a ese apasionante problema, que alguien ha dicho que su poesía es más bien una poética. Paz, Borges, Eliseo Diego, Rilke y Quevedo son las influencias más visibles, lo cual no resta méritos a un discurso que sabe conjugarlas con un acento propio. *El pájaro tras la flecha* es un libro hermoso, estimulante, compacto, de una maravillosa frescura y precisión, en el cual imagen y ritmo forman un instrumento totalizante, que confirma el talento, el oficio y las mañas de su autor. No es de extrañar por eso que impresionara vivamente a los críticos y escritores mexicanos, que no escatimaron los, por lo demás justificados, elogios. Otro al que impresionaron aquellos textos fue Severo Sarduy, quien dedicó al poeta, como era de rigor, un soneto. La edición de Vuelta permitió así que su obra circulara y pudiese ser conocida fuera del estrecho marco de sus compatriotas de la diáspora.

Con *Mañas de la poesía* y *El pájaro tras la flecha* se actualizó, por otra parte, el debate sobre la ruptura con la tradición en la poesía moderna. Ante ese problema, González Esteva expone sus argumentos: «¿Qué es lo novedoso o lo original, si no lo tradicional en ciernes? La tradición es, simple y llanamente, lo revolucionario perdurable» («Formas» 168). Lo que, en otros términos, puede resumirse como qué es lo nuevo, si no lo vigente. Lejos de considerar la tradición como un lastre o una camisa de fuerza, sostiene que es, por el contrario, una cantera de posibilidades, un trampolín. Recuerda también el ingrediente mágico y el potencial lúdico de esas formas, «la enorme libertad hacia dentro que puede conquistarse en ellas, y su calidad de *ouijas*, esos tableros destinados a ponernos en contacto con voces desconocidas a través de combinaciones inesperadas de letras y símbolos» (123). Asimismo, con ese retorno a la métrica y la rima pretende huir de la modernidad y la falsa innovación, así como de «dos de los grandes males que plagan la poesía actual: la improvisación y la sordera» (124). Obedece además a su búsqueda del canto. Su gran acierto es retomar de lo tradicional aquello que le ayuda a ver el mundo, obtener de ella su potencia creativa y no su disposición evocadora desde la añoranza del viejo orden. Una lección que deberían aprender nuestros degradados copistas de Guillén y Ballagas. Esa actitud tampoco es ajena a la fatiga de la vanguardia, un deslumbramiento en franca recesión.

Veinticinco años después de la salida de *El ángel perplejo*, González Esteva tiene demostrado que es un escritor sin prisas. Así, para que viera la luz su siguiente libro, hubo que esperar hasta 1994, cuando apareció su *Elogio del garabato*. Obra singular, su génesis, como él mismo cuenta, también lo fue: «En 1992, entre el huracán Andrew y la presentación de un Festival de Música Cubana, reuní una serie de apuntes dispersos, y al cabo de dos semanas de labor intensa y alucinada, comprendí que me encontraba frente a un nuevo librillo. La primera impresión, ya más sereno, fue de verdadera incertidumbre: lo había escrito en prosa. Me pareció una broma y como tal, hasta cierto punto, se lo mencioné a Octavio Paz. No sabía, francamente, si aquello tenía sentido. Octavio mostró curiosidad y me pidió una copia del manuscrito. Semanas más tarde recibí noticias de que éste había dado instrucciones para que se publicara en la nueva colección de *Vuelta*» (Carta). Lejos de ser un compendio de textos desperdigados y escritos en broma, se trata de una obra de una coherencia sin fisuras, en la cual González Esteva parte del motivo del garabato, tan sugerente como inasible, y se lanza a descubrirlo por todas partes y en todas las cosas: la pintura de un niño, el relámpago, el jugador que revuelve las fichas del dominó, la estela de las balsas extraviadas en el Estrecho de la Florida, el negro poseído por su santo, el movimiento pélvico de Elvis Presley, las interpretaciones de Sarah Vaughan, el hombre que lustra su automóvil, la última radiografía de Labrador Ruiz. Inicia este juego reflexivo con un admirable prólogo, «Razón del elogio», en donde cuenta cómo entretenía el aburrimiento de la vida provinciana con el estudio de las losetas de los pisos de su casa. Repasa luego las distintas acepciones del vocablo, algunas de las cuales, como hace notar, se contradicen; para, por último, dejarse poseer por «el demonio de la analogía» (19) y emprender el rastreo de la lógica y el trasmundo ocultos en todo sinsentido. Son páginas repletas de pensamientos brillantes, correspondencias esplendorosas, definiciones aforísticas, que el autor prefiere queden como «revelaciones a medias», como «epifanías emboscadas» (Carta). No hay que olvidar que para él escribir siempre ha sido una forma de búsqueda, de sondeo de ciertas zonas vírgenes de la imaginación, la realidad y el lenguaje. Y eso es en buena medida el libro, un puñado de iluminaciones, acercamientos, lazos, un juego que deviene medio cognoscitivo, un elogio de la imaginación, un compendio de sugerencias. González Esteva nos invita a observar el mundo con la mirada del niño, a profundizar nuestra percepción, a adentrarnos en el terreno de la poética de la minucia y lo cotidiano, a convertir en «galerías de arte las habitaciones más humildes» (26). En resumen, nos convoca a continuar nosotros la tarea por él iniciada. En ese aspecto, *Elogio del garabato* es un ejemplo y un incentivo, un modelo y una incitación. Estamos, por otro lado, ante una obra que rebosa cultura, mas «no cultura de citas desgajadas de troncos ignorados, colgadas de cabellos muertos, sino la que es producto de asimiladas lecturas y brota afuera con la naturalidad de la transparencia» (Aguilar León 6). Es además una cultura enriquecida con la vitalidad del humor y los guiños maliciosos. Eso hace que, de principio a fin, *Elogio del garabato* sea un verdadero banquete de frescura, esa frescura que dimana de las creaciones genuinas. Pueden advertirse, sí, reminiscencias de escritores como Borges, Cortázar, Gómez de la Serna, algunos de los cuales figuran incluso como referencias intertextuales. Creación y conocimiento, fantasía y erudición, originalidad e ingenio, se dan la mano en este libro encantador que muestra a un poeta en pleno dominio de sus medios expresivos y con una conciencia definida de sus propósitos estéticos.

En los noventa, González Esteva está conociendo un período de innegable fecundidad. Con apenas un año entre uno y otro han visto la luz los poemarios *Fosa común* (1996) y *Escrito para borrar* (1997), *Mi vida con los delfines* (1998), una poética de la redondilla, y *Cuerpos en bandeja* (1998), un «divertimento erótico» –así lo llama su autor– sobre las comidas cubanas. *Fosa común* es un largo poema –lo componen ochenta y tres redondillas– que se acerca al mundo diminuto y hacendoso de las hormigas. En los primeros versos, una enorme caravana de esos insectos penetra en el cuerpo del poeta y empieza a repartirse sus restos. Al motivo de la muerte, se incorpora más adelante el de la escritura: ese cuerpo devorado vivo por «las hormigas del lenguaje» simboliza el acto poético. Una vez más, están presentes la maravillosa amalgama de sencillez y profundidad, de naturalidad y rigor, de elementos populares y referencias cultas, así como el modélico empleo de las formas métricas tradicionales. En *Escrito para borrar*, González Esteva se acerca con análogo espíritu jovial a la redondilla, esa estrofa que, según él, se muerde la cola. Despliega nuevamente su desenfado característico, su capacidad lúdica, su humor de cuño criollo. Todo puede tener cabida en esas páginas: Sor Juana Inés de la Cruz empuña las maracas para acompañar a Celia Cruz, la Muerte se anima a echarse un bailecito al ritmo de un son de Ignacio Piñeiro, el Vesubio arde frente al Mar Caribe. Mas esa ligereza es sólo aparente; es la puerta abierta que el autor utiliza para entrar en preocupaciones y asuntos profundamente serios. No faltan, por supuesto, las citas explícitas y el homenaje a la música popular cubana, ni tampoco las reflexiones sobre la propia escritura. Con *Escrito para borrar*, González Esteva revalida como uno de los mayores talentos poéticos de su generación. Se trata además de un creador cuya obra, felizmente, permanece abierta.

Otro bien distinto es el caso de Amando Fernández (1949-1994). Estamos, desafortunadamente, ante una obra cerrada por la muerte, que vino a cercenar su carrera cuando se hallaba en el mejor momento. A diferencia de González Esteva, que publicó su primer libro cuando apenas tenía veintitrés años, su revelación como poeta es mucho más tardía, aunque compensó ese retraso con una notable fertilidad y con la entrega absoluta a una vocación a la que, hasta el final, se mantuvo fiel. Gracias a su irrefrenable pasión por escribir, acumuló en menos de una década quince poemarios y siete premios internacionales. Mas por encima de todo, queda un conjunto de una abrumadora calidad, que representa un modelo de coherencia, compromiso existencial, continuidad sin desfallecimiento y búsqueda permanente.

Su producción se inicia con cuatro títulos que pertenecen a su etapa de formación: *Perfil de la materia* (1986), *Herir al tiempo* (1986), *Azar en sombra* (1987) y *Pentagrama* (1987). Sin ser obras logradas –así las consideraba el autor, que las excluyó de su *Antología personal* (1991)–, poseían valores suficientes para avalar a un creador en quien podía vislumbrarse a un prometedor talento. Eran además, como expresó Luis Cernuda a propósito de su primera recopilación, *Perfil del aire*, textos de un poeta que desde el punto de vista de la expresión sabía más o menos a dónde iba. Con *El ruiseñor y la espada* (1988), Fernández supera el calificativo de promesa y consigue un poemario tan maduro como cuidadosamente estructurado. Asimismo, en su bibliografía constituye un libro significativo. Para Reinaldo García Ramos, marca un punto de culminación y redefinición (Reseña de *El ruiseñor* 26); mientras que para Armando Álvarez Bravo, se trata del primero que Fernández escribe en consciencia, «aquel a partir del cual –si hay suerte, iluminación y perseverancia– su discurso se abroquela y a la vez se hace disponible al desarrollo que fija» («Estilo poético» 4C). Lo primero que hay que resaltar es la singularidad de la voz poética que aquí se revela, no sólo dentro del panorama de los poetas de su promoción, sino en general de todos los del exilio. Nada hay en esas páginas de los temas típicos de la poesía que éstos suelen escribir. Fernández, que se consideraba un católico devocional, ha trazado un camino propio a través de un ámbito próximo al universo místico. No hay que olvidar que se educó en un colegio jesuita en España, donde vivió entre 1960 y 1980; y que se declaraba admirador de Lezama Lima, Florit, Aleixandre, José Ángel Valente y los poetas españoles de los siglos XVI y XVII. La suya es, no obstante, una escritura de religiosidad esencial. De hecho, en las cuatro primeras secciones del libro predominan los hechos cotidianos, el prosaísmo y un tono coloquial enriquecido mediante el lenguaje metafórico. Esa sencillez, más aparente que real, va disminuyendo de modo gradual en los otros tres bloques, para retornar a la orfebrería abstracta y la voz ornamentada que exploró en sus volúmenes precedentes.

Se trata, como alguien ha sugerido, de una vuelta un tanto escéptica al formalismo, como si intuyese ya sus limitaciones. El discurso se carga ahora de nuevas posibilidades, se hace más complejo, se abre a las angustias metafísicas, las reflexiones éticas y los cuestionamientos filosóficos. A eso se suma la vivencia religiosa, que impone su presencia en la elección de algunos temas y matiza el tratamiento de otros. Así, la muerte, un motivo insistente en la obra de Fernández, está abordado desde una perspectiva profundamente cristiana. No la enfrenta con quejas ni resentimiento –tal vez, sí, con algo de dolor–, sino con la serena dignidad de quien acata lo inevitable. Asimismo, en *El ruiseñor y la espada* están presentes otros elementos característicos de la poesía mística y de temática religiosa, como el pecado, la contricción, la transitoriedad de las pasiones humanas, la salvación por el espíritu.

Aunque editado en 1990, *Los siete círculos* corresponde a 1988, año en que mereció el Premio Antonio González de Lama, que convoca en España el Ayuntamiento de León. Con el mismo comienza una etapa en la cual la poesía de Fernández se vuelve más críptica, en la misma medida en que éste borra las huellas de sus textos y se vuelca a una escritura más objetiva. En el caso del libro que nos ocupa, el contenido religioso pasa a ocupar el primer plano. Se advierte ya desde el título mismo: la representación simbólica del número siete nos hace pensar, de inmediato, en la creación del mundo, además de que según la mística, es una cifra clave para el conocimiento superior. Asimismo, de acuerdo a la teosofía el alma pasa por siete círculos o ciclos, hasta alcanzar la perfecta comunión entre la espiritualidad y el intelecto. Un detalle a apuntar: el libro está dedicado al Grupo Orígenes y cada uno de los siete bloques está precedido por una cita perteneciente a uno de sus miembros (Diego, García Vega, Smith, Vitier, Gaztelu, Baquero, García Marruz), aparte de otra, al inicio, de Lezama Lima. El escritor abandona aquí las formas condensadas y los poemas breves por piezas de más largo aliento, que adoptan, en ocasiones, un tono narrativo. Hay en esas páginas un equilibrio entre el concepto, la intención y la palabra, así como un gran dominio expresivo y un control de la sensibilidad. Son cualidades que prueban los sólidos resultados que acompañan a este ambicioso proyecto, y que además acreditan la evolución ascendente de un creador que ha asumido su oficio con seriedad y dedicación.

En su siguiente poemario, *Materia y forma* (1990), se acentúa, hasta convertirse en pilar básico, el discurso abstracto. El autor vuelve la mirada hacia los elementos espirituales de la filosofía y la religión occidentales para cavilar sobre el presente. Se vale para ello de conceptos griegos que constituyen arquetipos de nuestro pensamiento –doce de los dieciséis poemas llevan títulos como «Apocatástasis», «Kayros», «Gnosis», «Thoetokas», «Aner». El problema es que al no permitir otras claves de acceso, éstos acumulan oscuridades y dificultades de las cuales resulta una obra intelectual, deshumanizada y de un saturado hermetismo. A esa concepción de la poesía se mantiene fiel *Espacio mayor* (1991), el libro que convirtió a Amando Fernández en el primer hispanoamericano que obtenía el Premio Juan Ramón Jiménez. Una concepción que se alza desde un afán de trascendencia –«en mi poesía hay siempre un plano trascendente, en el que se puede ver lo religioso como un tono que subyace», ha dicho él– y que tiene mucho de aventura espiritual e indagación metafísica. El poemario está dedicado «a la presencia de María Zambrano», otro de los nombres significativos de la herencia que Fernández reivindica. Estructurado al modo aristotélico en tres cantos, «El recinto», «Los retornos» y «El orden habitable», constituye en realidad un largo poema que ofrece distintas posibilidades de lectura. Para Conny Palacios, por ejemplo, hay ante todo una preocupación metapoética, que muestra al poema en proceso de hacerse, y que conjuga de una manera simbólica el momento preciso de la creación cuando el misterio cobra forma y se hace poesía (31). Armando Álvarez Bravo, por su parte, sostiene que la épica interior del texto reafirma la voluntad de hallar el paisaje y la circunstancia donde la vida adquiere un sentido de plenitud, ese espacio habitable donde refugiarse de un medio hostil. Un «espacio mayor» que se puede alcanzar a través de la poesía («*Espacio*» 6D).

No resulta fácil, sin embargo, hacer afirmaciones taxativas, ya que estamos ante una escritura vocacionalmente hermética, en la cual el discurso irracional tiene un gran peso. Esas dificultades para acceder a su significado no impiden que podamos disfrutar la belleza y elaboración que alcanza el lenguaje en *Espacio mayor*. Leer estas páginas es dar un espléndido paseo por los encantos de la creación verbal y la pasión por la palabra. Algo que el poeta reconoce procede de la abundancia sensual del idioma del neobarroco hispanoamericano, y que aquí se une a la visión filosófica del mundo de la herencia ascética castellana.

Con *Museo Natural* (1992), Fernández inicia una etapa de vehemente actividad, en la que, en menos de dos años, entregó a la imprenta seis títulos, cuatro de los cuales aparecieron póstumamente. La suya era una carrera vertiginosa contra la muerte, consciente como era de que estaba llegando a «la última estrofa del poema». Se advierte en esos libros una interesante evolución de su poesía, que sin abdicar de las claves que configuran su universo literario, deriva hacia una escritura que busca una relación más confesional e íntima con el lector y que cristaliza, al final, en páginas pobladas de humanidad e iluminadas de vez en cuando con los resplandores de la nostalgia y el recuerdo. En *Museo Natural*, con el que obtuvo el Premio Antonio Machado que concede el Ayuntamiento de Sevilla, extiende la mirada al mundo de la cultura. Recoge allí una veintena de textos, todos muy breves, en donde revela algunos de los creadores y obras que podrían formar parte de un hipotético museo privado: Schumann, Cernuda, el Laocoonte, Lezama Lima, el Cristo de Velázquez, Bernini, Leopardi, la Catedral de Sigüenza, Gerardo Diego, la Niké de Samotracia, Florit. Domina, como es previsible, el fervor purista y esteticista, eso que Dámaso Alonso, al comentar las *Soledades* de Góngora, llamó los puros goces y la densa polifonía de los temas de la belleza. El libro está distribuido en dos bloques, «La memoria y la música» y «Estancias retenidas», el primero centrado en músicos, pintores y escultores y el segundo, en poetas. En este último, el autor desarrolla un sutilísimo y admirable ejercicio intertextual. Pese a tratarse de un poemario de modestas pretensiones, *Museo Natural* no desmerece junto a otras obras del autor más extensas y ambiciosas. Su cripticismo, por otro lado, aparece un poco más atemperado, como si aquél quisiera aliviar su discurso del sobrepeso de intelectualismo y oscurecimiento. Esa búsqueda se interrumpe parcialmente en *Lingua Franca* (1993), armado a partir de diez poemas extraídos de *Materia y forma*, a los que incorporó cinco nuevos que forman un conjunto metapoético. La reflexión sobre la poesía, que en su caso consideraba una vocación, un llamado, es desde *El ruiseñor y la espada* uno de los temas centrales de su obra. Aquí insiste sobre ello en páginas como «Praxis de la expresión poética», «De officii», «Passo Honroso» y «Orbita elíptica».

Nuevos indicios de ese acercamiento a una poética más temporalista y humana se advierten en *El Minotauro* (1993), el último libro que Fernández alcanzó a ver editado. Son páginas que dejan una profunda huella de desolación y tristeza, pero nunca de abatimiento o amargura. Aparece, una vez más, el motivo de la muerte, tratado ahora con una intensidad y una fuerza de imágenes sobrecogedoras. En *Ciudad, isla invisible* (1994), los recuerdos y vivencias entran por fin en su poesía, a través de la evocación de La Habana. La ciudad es reconstruida aquí desde la imaginación y la añoranza y, sobre todo, desde la perspectiva de un poeta. Una visión que recuerda, por ejemplo, la que da, en su «Testamento del pez», Gastón Baquero, poema y autor invocados al inicio del libro. No se detiene Fernández en lo meramente descriptivo, en lo paisajístico, en la realidad física inmediata, pues «¿dónde encontrar la piedra/ que no sucumba al paso de la lluvia y los días?» (10). Para él, La Habana es un sitio mágico capaz de renacer «en cada instante», gracias al cual se sobrevive y al que, pese a haberlo perdido, no renuncia: «Desde lejos, ciudad, te sigo amando a solas» (15).

El radical alejamiento entre vida y obra se borra definitivamente en *El Riesgo Calculado* (1994), donde su discurso deja de ser estetizante y ahistórico e incorpora el clima humano y el aliento de vida que uno siempre echó en falta en su producción precedente. Con esos textos, da un paso decisivo en la búsqueda de un lirismo más liberado de preceptos y de una expresión más desnuda, en la cual, según ha señalado Reinaldo García Ramos, las coordenadas formales y la riqueza de imágenes se ponen al servicio de un diálogo con la trascendencia («Dos poetas» 36). En ese despojamiento, su escritura regresa a las fuentes de la existencia y la historia. El poemario, como ha apuntado Armando Álvarez Bravo, se puede leer como un diario hacia la muerte, como un testimonio selectivo de hechos y cosas de relevancia final en el que Fernández vuelca, como nunca antes había hecho, su profunda certidumbre de soledad («Amando» 6E). Elude, sin embargo, cualquier tendencia a la tragedia o el melodramatismo, y se enfrenta a su propia final con un coraje, una entereza y una dignidad ejemplares. De manera meticulosa, va dejando constancia de «cada una de las visiones» que el sufrimiento le depara. El sentido de la pérdida, el aislamiento y la conciencia del avance de la enfermedad alcanzan en páginas como «El capitán», «El mensajero» y «El estéril» una incendescencia espiritual pocas veces igualadas en nuestra literatura. Conviene hacer, por último, un breve comentario acerca de la sinceridad de este nuevo rumbo que tomó su poesía. No estuvo motivado, como en el caso de Jorge Guillén, Dámaso Alonso, Pedro Salinas, Emilio Prados y otros miembros de la Generación del 27, por las circunstancias políticas y sociales y por los problemas humanos que, a partir de 1936, les tocó vivir y que tendieron a reflejar en sus textos. Tampoco se debió a la crisis de la estética que el autor de *El ruiseñor y la espada* defendió desde sus primeros títulos. Respondió, lo ha señalado Reinaldo García Ramos, a la evolución existencial de un espíritu religioso que, al acercarse a los predios de la muerte, se va despojando de las ataduras circunstanciales para impregnarse del deslumbramiento místico e iluminar a plenitud su agonía («Dos poetas» 36).

En 1995 vio la luz *La rendición*, que un año había quedado finalista en el Premio Ciudad de León. El volumen recoge además dos cuadernos,

La túnica dorada y *Las miradas de Jano*, que agrupan su producción póstuma. La certeza del final inminente lo lleva a repasar de modo meticuloso la vida familiar, la infancia, la identidad a la que nunca se desprendió, y a poner su intimidad a la intemperie. Aparecen una vez más asuntos recurrentes como el anhelo humano de trascendencia y la soledad del acto creador. Asimismo la enfermedad aparece asumida con dignidad, y aunque muchas páginas están al filo de la melancolía, nunca caen en la mirada autocompasiva. Destaca entre esa veintena de composiciones, «Elegía para un gentilhombre», especie de testamento, de confesión estremecida, que viene a cerrar de manera admirable una obra en la cual no se aprecian síntomas de declive.

Con el fallecimiento de Amando Fernández, se interrumpió una breve pero intensa trayectoria poética. Admira que en un ambiente tan adverso haya podido crear una obra que por su complejidad, rigor y calidad, representa una de las grandes aventuras estéticas de la poesía cubana del exilio y, por qué no, de la poesía cubana a secas. Más allá de sus libros, dejó además una lección perdurable, al asumir el quehacer poético como un destino de raíz trágica que vivió de manera sacramental. Un sacerdocio que, como aprendió con Cernuda, no admite se le dé devoción secundaria ni compartida.

Termina el desfile

Concluiremos este repaso de la poesía de los ochenta y los noventa con una veintena de autores que completan la nómina del grupo generacional al que nos venimos refiriendo, y nos ocuparemos además de los exponentes de la novísima promoción. Lo iniciaremos con cuatro poetas que se estrenaron en la década del setenta: Laura Ymayo Tartakof, Felipe Lázaro, Emilio de Armas y Emilio Bejel.

Mas de tres lustros transcurrieron desde que la primera se dio a conocer con *Mujer Martes*. Cuando ya la creíamos retirada definitivamente de la literatura, reapareció con *Entero lugar* (1994), donde recopila cuarenta y un textos escritos en Suiza, Francia, México y su casa, como especifica en el título de cada uno de los bloques en que están repartidos. Descubrimos desde las primeras páginas características estilísticas y pautas temáticas ya familiares: la sobria frescura y espontaneidad del discurso, la atinada mezcla de registros afectivos y delicado humor y un candoroso lirismo respaldado por una indeclinable apuesta vital. Se advierte, sí, un crecimiento cualitativo que se refleja en una mayor contención verbal, un dominante tono de buen gusto y en el poder envolvente de los poemas. Y mayo conserva su clara preferencia por las fórmulas condensadas. Asimismo, opta por una poética contagiosa, cálida y vital, que se abre en ocasiones a elementos culturalistas que no lastran su voz. Otra bien distinta es la estética adoptada por Felipe Lázaro (1948), quien tras dos muestras de escarceos juveniles, *Despedida del asombro* (1974) y *Las Aguas* (1979), nos entrega en *Los muertos están cada día más indóciles* (1987) una obra con hallazgos más estimables. Textos como «Epitafio para un aprendiz de poeta», tal vez el texto más logrado de esa breve colección, y pueden dar una idea del matiz de patetismo, lejanía y desamor que permea a muchas de sus piezas.

Emilio de Armas (1946), por su parte, llegó al exilio con seis poemarios en su haber que vieron la luz en Cuba, lo cual resulta evidente en *Blanco sobre blanco* (1993), *Sólo ardiendo* (1995), *Semejanzas* (1996) y *Sobre la brevedad de la ceniza* (1998). Hay en esos poemas una pulcritud, una lograda convivencia de conocimiento, emoción y lecturas, una exactitud de la expresión, que denotan la madurez adquirida a través de una práctica pertinaz y disciplinada. Su sosegado lirismo se combina con un sentimiento lógico-reflexivo; ejemplos representativos de ello son textos como «A reposar la frente», «Calle de los enamorados», «Esopo ante el abismo» y «Vendrá la muerte». Entre los temas, el de la propia poesía aparece de modo reiterado a lo largo de esos libros, y en varias ocasiones de Armas define su poética. Asimismo, por la superficie y por el fondo de sus textos se mueven algunas de las preocupaciones habituales: el amor, la muerte, la amistad (a Raúl Hernández Novás están dedicado dos hermosos textos, «Adiós a la extraña fiesta» y «Embajador en el horizonte»). Sin aportar tal vez novedades a su obra ya conocida, esos libros viene a confirmar, por si hiciera falta, lo que ya era patente en sus obras anteriores: Emilio de Armas ha alcanzado la etapa de plena y lozana madurez. Emilio Bejel, por último, ha incorporado a su catálogo dos nuevos títulos: *Huellas / Footprints* (1982) y *Casas deshabitadas* (1989). En el segundo, un largo «poema contado», como él lo llama, se decanta hacia una poesía más narrativa y a un discurso más sustentado en las vivencias y recuerdos personales. Bejel se vale de una mezcla de registros y elementos formales que no acaban de empastar. Predomina así la acumulación de detalles y aciertos parciales sobre el conjunto, y contrariamente a lo que cabría esperar, estamos ante un libro que no está entre lo mejor de su producción.

De los debutantes en este período, hemos seleccionado a cinco que, por el interés de su obra, merecen ser analizados con atención. Uno de ellos es Jorge Oliva (1948-1986), otro de los escritores desaparecidos tempranamente. También él, como varios de sus compañeros de grupo, vio editado su primer libro, *Donde una llama nunca se apaga* (1984), gracias a haber recibido por él un galardón internacional, en este caso el que le concedió en 1980 la revista *Cuadernos del Caballo Verde*, de la Universidad Veracruzana (México). Resulta muy saludable que frente a tanto barroquismo inflado y gratuito y tanta poesía con afanes de trascendencia, alguien apueste por un discurso sencillo e inmediato, en el que apenas recurre a las imágenes, y cuyo lenguaje es primo hermano de la conversación cotidiana. Si en lo formal Oliva tiene una propensión a acercarse al habla coloquial, en el contenido busca una prolongación de la existencia diaria, del aquí y el ahora que le ha tocado vivir. Estamos, por tanto, ante una poesía empapada de la experiencia, con conciencia de temporalidad, y que como pedía Gabriel Celaya, reivindica lo humano contra lo precioso y habla de lo que todo el mundo en la calle sin hacer ascos ni ponerse de puntillas. «El olvido jamás» (17), declara Oliva de modo rotundo en uno de sus poemas. Ésa es una de las claves imprescindibles para leer el libro, que tiene en la memoria uno de sus sostenes fundamentales. Como todo exiliado que regresa de la órbita fantasmal a sus orígenes, el poeta se aferra a esos recuerdos que nos torturan, pero que también degustamos y nos dan identidad. Toda una sección, «Flash back: Guantánamo Bay», dedica a la evocación de la infancia, de su ciudad natal, de los seres queridos dejados atrás. Sn embargo, se refiere a ellos en presente, empleando lo que Aurora de Albornoz denomina presentización del pasado. Son páginas a la vez líricas, tristes y melancólicas, en las que se plasma una nostalgia no sentimental ni lacrimosa, sino otra nostalgia, «la verdaderamente desgarrante, la que sabe que su objetivo anhelado no existe ya» (24). Contrastan con ellas las que se refieren a Nueva York, reunidas en el bloque «Fade in: New York City (Los trabajos y los días)», en las que se traslucen la violencia, la soledad y la deshumanización de la existencia en una sociedad a la que, pese a los más de veinte años de residencia y al respetable estatus profesional que había alcanzado (era profesor en Columbia University), nunca se amoldó del todo. En esos poemas, por cierto y como señala Ramón Xirau en el prólogo, el ritmo se hace anchuroso, amplio, más discursivo y hasta versicular (12). Oliva aborda con similar acierto y con una frescura no desmentida otros asuntos –están, por ejemplo, sus homenajes a creadores como Dylan Thomas, Bach, Wadja, Visconti, Silvio Rodríguez. Lo hace desde un vitalismo reparador y esencial y desde la difícil austeridad de la sencillez, en una poesía directa y eficaz, que llega sin oscuridades ni rebuscamientos, pero también sin sensibilería ni sentimentalismo. Un libro, en resumen, gozoso y melancólico, lírico y bienhumorado, que creó muchas expectativas respecto a sus próximas obras.

Éstas se redujeron, desafortunadamente, a una, *Guantánamo Bay, el tiempo roto*, con la cual ganó en 1983 el XXIII Certamen Literario Internacional convocado por el Iberoamerican Writers Guild, de Nueva York. El poemario fue publicado en 1985 en República Dominicana, en la Serie Novilunio, pero Oliva mandó a destruir la edición por parecerle muy deficiente. A falta de un ejemplar, hemos trabajado a partir de una copia del original, obtenida gracias a la colaboración de Reinaldo García Ramos, amigo y compañero de carrera del autor. Hay en *Donde una llama nunca se apaga* un texto titulado «Washington Square: Crónica de los pobres amantes», en donde Oliva integra al texto modismos y expresiones del habla popular de los cubanos, así como una prudente pincelada de humor criollo. Esos dos elementos pasan a ser dominantes en el espectro expresivo desde el cual aborda varios de los poemas de su segunda colección. Algunos, como «Ipsissima Verba (ready-made)» y «1984: los argumentos del poeta», están construidos a partir de una relación de frases hechas tomadas de nuestra conversación ordinaria. No hay que confundir esto, sin embargo, con una vuelta al pintoresquismo populista estilo Sánchez Boudy y sucedáneos. Se trata de ampliar y enriquecer una escritura que ya desde el libro anterior definió su orientación coloquial y realista y su voluntad de buscar la calle, de reflejar lo cotidiano sin arroparlo de adornos. Se advierte, por otro lado, un claro crecimiento de su poesía, que se orienta ahora a un discurso más complejo y ambicioso. La muestra más brillante es «Al son del mambo (Proyecto de un viaje a La Habana)», un largo poema dividido en diecisiete fragmentos cada uno de los cuales tiene valor por sí mismo, sin dejar de cumplir su función en el conjunto, y en el que consigue páginas que por sí solas justifican el libro. En ese abarcador mosaico, los versos narrativos se interrumpen con detalles líricos, letras de canciones, anuncios publicitarios, citas de otros escritores y tonalidades voluntariamente prosaicas. *Guantánamo Bay, el tiempo roto* contiene varias composiciones que son el reflejo doloroso de una lúcida conciencia generacional y que adquieren por eso proporciones de memoria colectiva. Debemos citar, por último, «Invocación y desagravio a Carilda Oliver», uno de los más bellos poemas del volumen, en donde su discurso se abre a las posibilidades imaginativas y alcanza una textura elegíaca y refinada. Poco antes de fallecer, ha recordado García Ramos, Jorge Oliva estaba trabajando en un nuevo poemario que pensaba llamar *Cocina cubana*, para el cual había escrito un texto dedicado al arroz con pollo (en *Guantánamo Bay* ... figuran dos de similar temática, «A los tostones» y «Elogio de la guanábana»). Sería la próxima estación en ese viaje de retorno a las raíces que había emprendido, cumpliendo acaso lo que una vez expresó: «el que va a morir/ es quien regresa a la vieja casa/ a encontrarse con los suyos,/ con las piedras de la infancia» (*Guantánamo*).

Insuficientemente conocida, a causa de la exigua circulación que ha tenido, es la producción literaria de Vicente Echerri (1948). La integran dos títulos, *Casi de memoria* (1985) y *Luz en la piedra* (1986, Premio –*ex aequo*– José María Lacalle en 1981), en los que defiende y lleva a la práctica una concepción según la cual la poesía es «un deslumbramiento que toma posesión de los sentidos y de la inteligencia; un grito que es a la vez un cántico» (*Casi* 4). Confiesa el autor que no le molesta la claridad, «siempre que vaya acompañada de la música, del verso que es capaz de sostener la lectura en voz alta, aunque prescinda de la rima» (4). Reconoce, por último, la dignidad del lenguaje, pues escribir poesía es «entrar en el universo místico de la palabra» (4). Ésos son los cauces por los que discurre su obra, parte de la cual fue escrita en Cuba y reconstruida luego de memoria, cuando se hallaba en España. Son ésos, por tanto, textos de juventud que llevan la señal inequívoca de esa edad. Heberto Padilla señala en el prólogo a *Luz en la piedra* que sólo en un joven «la pasión del amor puede expresarse con esas asociaciones de equilibrio en las que aún prevalecen los símbolos de la infancia» («Prólogo» 10). En el caso de Echerri, la alusión al amor resulta inevitable, por ser la obsesión más sobresaliente que impregna sus poemas. De hecho, los dos libros se abren con citas en las que ese vocablo aparece mencionado. Una lectura más atenta nos permite descubrir que el amor es aquí un asidero desesperado en medio de una ciudad en la cual los edificios se han vuelto monótonos e impiden la imaginación, y se convierte en un atisbo de la eternidad al que hay que aferrarse. Hay piezas, como «Anunziata» y «Grapes of Wrath», en las que asoma un tímido e insinuado erotismo de cuño homosexual, que recuerdan a algunas de Jorge Oliva, de quien Echerri fue, por cierto, buen amigo. La nota que impera, no obstante, es elegíaca, algo que tiene mucho que ver con otra de sus preocupaciones, el paso del tiempo, la caducidad, lo perecedero, que imprime a estas páginas una tenue pero indeleble tristeza. Asimismo, soterrados bajo su tranquila superficie, el lector percibe los ecos de una vida que debió tener «un duro aprendizaje». *Luz en la piedra* y *Casi de memorias* dan cuenta de una obra mediana, sin ambiciones mayores, pero con un nivel global muy digno, suficiente para otorgarle a su autor un moderado crédito.

El paisaje y la memoria constituyen los ingredientes básicos a partir de los cuales David Lago González (1950) ha elaborado las páginas reunidas en *Los hilos del tapiz* (1994). Rolando Morelli afirma en el prólogo que todo en este libro ha sido rescatado de los sucesivos naufragios de la niñez, la adolescencia, la amistad, los sueños, la patria, el exilio y cuántas más por una aguda sensibilidad poética que transforma ese enorme amasijo de cosas en la materia prima de que está hecho (7). «La mañana», «Atardecer en Varadero», «Primer paseo por el Casino Campestre», «Puerto Príncipe», «Figuración de cuadro familiar en Cuabitas», son títulos que pueden dar una idea de la evocación morosa y amorosa que emprende Lago González, y que lo lleva a recrear con obstinación la vida en las ciudades y pueblos del interior, por lo cual el libro tiene mucho de mosaico provinciano. Sus mejores aciertos los consigue en el poder evocador, en la capacidad de crear ambientes y en un notable despliegue verbal y expresivo. Esto último, sin embargo, deriva con frecuencia a una desmesura más nociva que útil, que lo lleva a recrearse demasiado en sus hallazgos, lo cual resta fuerza al poemario. En la breve nota que abre *La Resaca del Abandono* (1998), Carlos Victoria señala que el segundo libro de David Lago «expresa de una forma brillante, secreta e intrincada, la historia de unas décadas de encierro en Cuba y de otras fuera del encierro en Cuba» («Prólogo» 10). De esa opinión conviene retener los adjetivos secreta e intrincada para no llamarnos a engaños: no estamos ante una poesía testimonial o de la experiencia, ni tampoco ante una crónica generacional hilvanada coherentemente. Estas diecinueve piezas son, en palabras del autor, el resultado de «la resaca ocasionada por la ebriedad del Absurdo», que se plasma en unos versos en los que se mezclan «recuerdos, especulaciones, frases sueltas» (12). La escritura de Lago se orienta hacia un mayor despliegue metafórico e imaginativo, un verso de largo aliento y un hermetismo, casi nunca gratuito, que dificulta el acceso a un lector profano. Significa indudablemente un salto cualitativo respecto a *Los hilos del tapiz*, y en sus mejores páginas el autor consigue momentos de gran intensidad y belleza.

En este retrato de grupo, Manuel J. Santayana (1953) ocupa un puesto tan particular como clandestino. A diferencia de muchos de sus contemporáneos, que privilegian el contenido y la emoción como elementos fundamentales o que se alistan a la poesía de la experiencia, él desplaza su interés a un discurso más clásico, abocado a la hermosura y al dominio de las formas clásicas y el lenguaje. Reivindica una tradición, la de la llamada poesía pura, que en Cuba representan, entre otros, Emilio Ballagas, Mariano Brull y Eugenio Florit. Este último precisamente se ha lamentado de la falta de cuidado y musicalidad de la producción de tantos poetas jóvenes, y por eso saludó la salida del primer libro de Santayana, *De la luz sitiada* (1980), para el cual escribió unas palabras de presentación. Sonetos, liras y décimas —«por suerte para mí tan abrazadas a las mías de ayer», comenta sobre éstas Florit («Palabras» V)– demuestran su facilidad para amoldarse a las estructuras tradicionales de la lírica castellana, aunque no faltan piezas en versos libros o sueltos. No exagera el autor de *Hasta luego* al afirmar que Santayana es dueño y señor de la forma de sus textos. Lo prueba este puñado de páginas inundadas de naturaleza, luz y calor. Las alusiones históricas y geográficas han sido eliminadas, y en vano buscaremos elementos de cubanía. Consciente de que el hecho poético no exige necesariamente un vínculo puntual e inmediato con su referencia real ni un contenido previo, el escritor prefiere ocuparse más del esmero formal y los valores estéticos. Unas cualidades que no pueden negársele a este maduro poemario de tono sobrio y sosegado. Algo de ese entronque con la tradición se conserva en *Las Palabras y las Sombras* (1992), aunque más a través de los tenues ecos de las lecturas de las que Santayana se ha nutrido (Fray Luis, San Juan de la Cruz, algunos románticos cubanos). Ahora, sin embargo, se han añadido otras como las de Eliot, Robert Lowell, Rilke y Mark Strand, cuya incidencia se refleja en el cambio que experimenta su escritura. Ésta, como apunta Manuel Ulacia en el prólogo, se ha vuelto más personal, más grave, más honda, y con un verso sencillo y claro, alejado del exceso metafórico, medita sobre el tiempo, la soledad, el amor, la infancia, la poesía (8). Acude a la cotidianeidad y la memoria, mas no adopta lo confesional como punto de vista. «Escribir es desaparecer», sostiene en un poema, lo cual no debe interpretarse como que el sujeto poético se enmascare o se convierte en fingidor, como quería Pessoa. Para no caer en la metafísica de la escritura o en un discurso de lo etéreo, busca una armonía entre el «escriba» y el mundo al que éste se refiere. Evita de ese modo la radicalidad del silencio del emisor, así como un mundo que, de tan puesto en entredicho, deja de suceder (Millán 41). Está una vez más la presencia insistente de la luz, que es no sólo la del espacio circundante, sino además la interior, y que pese a su delicada violencia, «ilumina sin cegar». Este par de estupendos libros dan la medida del talento de Manuel J. Santayana como un creador cuyo nombre conviene anotar. Habrá que estar atentos, pues, a su próxima entrega, aunque dada la rigurosa parquedad con que produce, tal vez haya que aguardar aún algún tiempo.

Contrasta con la corta abra de sus compañeros la mucho más abundante bibliografía acumulada en pocos años por Carlota Caulfield (1953). Desde que se dio a conocer en 1984 con *Fanaim,* su catálogo se ha ido incrementando a un ritmo más o menos fijo. «Mi poesía, ha declarado, es un coloquio conmigo misma. Hay mucho de peripecia autobiográfica en ella» (Carta). *Fanaim* representa su primera tentativa de redescubrirse a través del ámbito doméstico y del mundo de la niñez y la adolescencia. Volverá a ellos en *A veces me llamo infancia / Sometimes I call myself childhood* (1984). Se sumerge allí en un pasado sublimado por el recuerdo y la lejanía, visto con nostalgia y cariño. Eran textos de una escritora poco curtida aún, pero poseían una emoción directa y una candorosa ternura que lograban se les leyese con simpatía. Saldada ya sus deudas con aquellos años, Caulfield decide, usamos sus propias palabras, dejar de jugar a los escondidos, salir del laberinto y empezar a escribir sobre su propia femeneidad. Comienza así a quitarse poco a poco la máscara que no le permite ver su propio cuerpo ni festejar sus sensaciones, convencida, como Erica Jong, de que la exploración del mundo sólo es posible a partir de la propia autenticidad, del descubrimiento de sí mismo. A ese proyecto de autorreconocimiento pertenecen *Oscuridad divina* (1985, reeditado en 1987) y *El tiempo es una mujer que espera* (1986), obras en las que el discurso feminista se manifiesta a través de una reivindicación silenciosa. En la primera, coincide con otras escritoras de la diáspora, como Magali Alabau y Juana Rosa Pita, en la vuelta a la fuente mitológica, para explorar las raíces de la mujer contemporánea. Una exhaustiva búsqueda en civilizaciones de Australia, Polinesia, Europa, África y las dos Américas, cuajó en un conjunto de textos breves –instantáneas las llama ella– en donde las voces de setenta deidades se mezclan en lo que Rodolfo Häsler llama una ecuménica fiesta de lo femenino primigenio (Reseña de *A las puertas* 21). A pesar de su unidad temática, se trata de un poemario que se distingue por la multiplicidad de formas poéticas que concilia: varias piezas alcanzan la condensación evocadora del haiku; algunas se acercan a la reflexión aforística o a la feroz subversión de la greguería, mientras que otras reafirman sus raíces líricas. La autora desarrolla un discurso de máxima concentración, que tiene su adecuado complemento en la severa desnudez del lenguaje. De ese pasado surge además una escala de valores que la tradición patriarcal devaluó y reprimió y que Carlota Caulfiel rehabilita y legitimiza. *Oscuridad divina* plantea al lector algunas dificultades, a causa fundamentalmente de su estilo lacónico, que opera por sustracción, y de las abundantes referencias culturales. Para ayudar en esto último, al final aparece un glosario con datos resumidos pero útiles sobre cada una de las deidades de las que se habla. En cuanto a *El tiempo es una mujer que espera*, es un poemario sugestivo, valiente y de correcta factura, en el cual la autora aborda desde una clara perspectiva femenina asuntos como la instancia amorosa, el exilio, el tiempo, la memoria. El material está organizado en tres bloques, «Más allá de mis sensaciones», «Anotaciones franciscanas» y «Viaje en el tiempo de mi asombro», que corresponden a los planos temporal, existencial y sentimental que domina en cada uno. La brevedad sigue caracterizando a sus textos y son varios en los que consigue una síntesis epigramática. Su siguiente colección, *34th Street and other poems* (1987), la publicó en inglés (ella misma realizó la traducción, junto con Jack Foley). Son piezas que parten, ante todo, de su experiencia en Nueva York –el nombre alude a la Calle 34 del barrio griego–, aunque hay también alusiones a su niñez en Cuba y a sus ancestros irlandeses. Hay en esas páginas «una mujer que atraviesa la ciudad y recuerda» y que va dando cuenta de lo que encuentra en su itinerario, de la exisencia caótica y absurda a la «tremenda soledad del exilio» (16). *Angel Dust/Polvo de ángel/Polvero d'angelo* (1990) muestra una voz adensada por la madurez. Sus últimas publicaciónes son *Tríptico de Furias* (1991), un plegable que forma parte de una obra mayor, y *A las puertas del papel, con amoroso fuego* (1996). El amor reaparece como motivo recurrente en ambos, aunque ahora está pautado por un erotismo plenamente asumido. En *A las puertas del papel ...*, Caulfield se vale del hoy poco uilizado género epistolar para profundizar en los sentimientos amorosos.

Un autor que ha entrado con fuerza en el panorama de la poesía joven es Francisco Morán (1952). En 1997 publicó un par de poemarios, *Ecce Homo* y *Habanero Tú*, que se vinieron a sumar a otro, *El arte de la fuga*, editado en Cuba. Se trata en ambos casos de libros articulados orgánicamente, y no de un puñado de textos acumulados de manera aleatoria. *Ecce Homo* está presidido por un impulso homosexual que, como señala Jesús J. Barquet en la breve nota de la contraportada, erotiza suavemente los espacios urbanos y transforma «la sensual contemplación de la belleza en un acto de la más alta pureza intelectual». Morán rinde homenaje a «los otros» (Cernuda, Whitman, Wilde, Piñera, Verlaine, Casal, Lezama Lima), evoca a amantes perdidos entre los amantes, y, a su manera, traza la crónica sentimental de un muchacho a quien sus padres escondieron en «el rincón/ más oscuro de la casa,/ donde no llegaran la música de los pianos ni,/ por supuesto,/ las mariposas» (15), y que un día salió a luz y, orgulloso de su estirpe, gritó su nombre. *Haba-*

nero Tú, por su parte, recoge veinticinco piezas que aparecen distribuidas en dos secciones, «la más fermosa» y «A las puertas de la ciudad». En la primera, Morán nos habla de una isla (¿hace falta nombrarla?) de belleza abrumadora, cuyo recuerdo se le cuela por las hendijas de su cuarto en Rampart Street y lo hace vivir calado de nostalgia. La segunda está dedicada a La Habana, ante cuyas puertas pronuncia una oración que se halla entre los mejores poemas del libro. Depurado, de brillante imaginería, situado en las antípodas del prosaísmo y los registros coloquiales y preocupado por la elaboración estética de su escritura, Francisco Morán se reafirma, con estos dos títulos, como un nombre significativo en el mapa de nuestra más reciente poesía.

No ha sido hasta la publicación de su último poemario cuando Rodolfo Häsler (1958) ha sido incorporado al registro de los autores de la diáspora. Ello obedece a dos razones: salió de Cuba cuando tenía once años y desde entonces ha vivido en Europa; y es precisamente en ese libro donde por primera vez se asoma, al menos de manera explícita, a sus orígenes caribeños. Häsler, sosostiene Concha García, es un poeta que habla de experiencias trascendentes y «propone, mediante la palabra poética, un escapismo esteticista que mira hacia atrás porque el pasado es un modelo a seguir» (120). Así, en *Poemas de arena* (1982) evoca los paisajes de Jerusalem y de la Grecia y el Egipto clásicos, en una veintena de piezas en las que trata el sentimiento amoroso y los placeres del cuerpo con una refinada sensualidad, y en las que, en ocasiones, religión y paganismo confunden sus ritos. Creadas durante su visita a esos países, fueron escritas bajo la influencia –así lo admite su autor– de la poesía árabe. Mucho más transfigurada y con referencias menos cotidianas y reales, es la China que Rodolfo Häsler recrea en *Tratado de licantropía* (1988). Cantón, por ejemplo, aparece como una ciudad «sin dragón y sin fuegos de artificio», de la cual el poeta recuerda «el aroma de las hojas cayendo en los estanques para cubrir los destellos de los peces de colores» (30). Se trata además de una China que se erige en símbolo de lo lejano, de lo distante, tal como sugiere la cita de Susan Sontag incluida en el libro. El ambiente es ahora nocturno, oscuro, y la escritura sencilla, límpida, serena ha dado paso a otra más convulsa, arrítmica, de una riqueza de imágenes casi onírica, y a un Häsler profundamente desengañado, que prefiere arriesgarse y ensayar una voz, unas preocupaciones y un vocabulario nuevos (Parreño 24). Los moldes expresivos de raíz simbólica presentes en esos dos libros se mantienen en *Elleife* (1993), en el cual el autor se adentra en el misterio de la magia, en las explicaciones míticas sobre la existencia. Asimismo dedica todo un bloque al amor, un tema que le inspira páginas estupendas. *De la belleza del puro pensamiento* (1997) es, tal como se dice en la contraportada, ese pedazo de isla que todo cubano recrea allí donde vaya. En efecto, en esos cuarenta y tres textos Häsler se acerca a sus raíces. Su discurso, sin embargo, no aparece violentado, sino que, por el contrario, guarda fidelidad a sus señas de identidad características. El sentimiento amoroso se derrama, una vez más, en los cuencos de la religión y se reviste de su lenguaje. En este caso, no obstante, las fórmulas católicas ceden el puesto a las divinidades afrocubanas. Häsler emplea un verso de aliento largo y prolongado, que gusta de las imágenes barrocas, y hace derivar sus poemas hacia lo espiritual y lo trascendente. En definitiva, un magnífico poemario que consolida la trayectoria de un autor con voz y acento propios.

En este más que nutrido padrón de los poetas, Néstor Díaz de Villegas (1955) ocupa un puesto singular. Tras una etapa en la que sacaba fotocopias de sus textos y los hacía circular entre amigos y conocidos, logró publicar en una pequeña imprenta local *Vicio de Miami* (1997), que toma prestado el título de la conocida serie televisiva. Su acercamiento a la realidad miamense se plasma en cincuenta y nueve sonetos en donde desciende a los infiernos más marginales y sórdidos de la ciudad: los vendedores de *crack*, los drogadictos, los chaperos, las calles pobladas de peligrosas sombras, los mugrientos *homeless*. A esta visión picaresca y esperpéntica, se suman páginas en las que el desparpajo del lenguaje resulta menos explícito y en las que Díaz de Villegas se abre a otras temáticas. «Vicio de la luz», por ejemplo, se inspira en cuadros y motivos de las artes plásticas y tiene como figura protagónica a San Cristóbal. En 1998 vio la luz el divertimento *Anarquía en Disneylandia*, una alegoría sobre las sociedades consumistas y sobre la peligrosa tiranía del mundo material. En *Confesiones del estrangulador de Flagler Street* (1998), sin dudas su mejor libro, sigue la trayectoria de un balsero que descubre en el crimen «la lucidez del goce» (36). El humor y la ironía, en distintos matices y gradaciones, sirven de tamiz a estos espléndidos «sonetos negros» que alguien bautizó como «*Las Flores del mal* del siglo XX». *Héroes* (1998) marca el retorno de Díaz de Villegas al verso libre, al tiempo que constituye una apuesta por un discurso más testimonial y desgarrado, en el que escarba en la memoria personal y colectiva de su generación.

Nos referiremos, por último, a la obra de José Abreu Felippe y Benigno Dou. Con ellos concluiremos el repaso de la actividad poética de esta generación joven, hoy ya en plena madurez. Los dos poemarios editados hasta la fecha por José Abreu Felippe (1952) están fechados en La

Habana, uno en 1976 y el otro en 1978, y en ambos se proyectan las circunstancias bajo las cuales los creó. Así, *Orestes de noche* (1985) es, para Reinaldo Arenas, «el libro de la desolación reposada» («El poeta» 5), mientras que para Luis de la Paz *Cantos y Elegías* (1992) constituye «un recorrido por los más ocultos temores del hombre» («El autor» 10). En el primero, de los dos el de mayor entidad literaria, Abreu Felippe se decanta por un lirismo más delicado y reflexivo, si bien el lenguaje es adusto, parco y despojado de ornamentos, en correspondencia con la soledad y el desaliento que lo recorren. Esa realidad de la isla que Abreu Felippe sólo sugiere y deja entrever, es presentada con una crudeza y una exactitud de detalles casi testimonial por Benigno Dow (1955) en *Palabras Encantadas* (1993) y *Frente al espejo purificador* (1995). Estamos ante una poesía realista, poblada de puntuales referentes urbanos (la calle Línea, el malecón habanero, Biscayne Boulevard, el monumento a José Miguel Gómez) y escrita con el léxico ordinario, que refleja lo cotidiano sin tratar de idealizarlo ni trascenderlo. Sus mejores rendimientos artísticos los obtiene en composiciones como «Las viejas anécdotas», «Casablanca», «Otoño» y «En la cocina, fumando», del primer libro, y «Alegría», «Muchacha barriendo» y «La búsqueda», del segundo, reveladoras de sus mejores cualidades como poeta de tono cordial, que busca transmitir experiencias y verdad humana y que huye de la retórica, el énfasis y las estridencias. *Sabor a tierra amarga* llamó Mercedes Limón (1952) a su primer libro, una selección de poemas escritos entre 1980 y 1986, publicada en 1990. Nos descubre, ha señalado Elías Miguel Muñoz, la voz de una mujer resentida, rabiosa, que denuncia su situación de desigualdad respecto al hombre (*Desde* 25). La severidad y aspereza de los asuntos armoniza con la extrema desnudez del estilo. Tal vez sea el medio expresivo idóneo, mas ello no impide que su lectura resulte un tanto árida y de escaso interés.

Se asoma ya en el horizonte una nueva promoción de poetas, lo cual indica que se empieza a producir el relevo. Son los cachorros que pugnan por hacerse también un sitio, los nuevos creadores de obra incipiente aún, entre los cuales, no obstante, algunos despuntan ya como valores a los que convendrá prestar atención. Cronológicamente debe ubicarse en esta novísima promoción a Daína Chaviano (1957), quien se estrena como poeta cuando ya contaba con una destacada trayectoria en la narrativa fantástica (en ese género tiene editados cinco títulos que fueron muy bien acogidos por críticos y lectores de la isla). En 1994 entregó a la imprenta su primer poemario, *Confesiones eróticas y otros hechizos*, que ha tenido una recepción no menos favorable. En las dos primeras secciones, hallamos varias de las obsesiones e insistencias de su obra en prosa: la magia, la vida extraterrestre, el esoterismo, el elemento místico en las mitologías orientales. En la tercera, se acerca a la experiencia amorosa desde ángulos más físicos y carnales. Sus textos hablan sin mojigatería bobalicona de pechos desnudos, orgasmos, sexos húmedos y olores que incitan el deseo. Defiende además con inusual audacia el derecho natural de la mujer al placer e incluso se atreve a invertir los roles sexuales implantados por la cultura machista. Rafael Román Martel (1958) reside en Estados Unidos desde hace más de dos décadas. Ese prolongado destierro impone su presencia en *Barlow Avenue* (1990), una inequívoca manifestación del desarraigo cuyas páginas están inundadas de recuerdos, dolor, melancolía y un irremediable sentido de pérdida. El libro, no obstante, está recorrido por una especie de optimismo, de esperanza depositada en un futuro redentor y luminoso que Román Martel intuye, aunque a ratos lo envuelve el soplo arrasador de la nada.

Entre estas nuevas voces, la de Noel Jardines (1957) se destaca por ser la de más difícil encasillamiento, la que más a fondo se arriesga en el arduo camino de encontrar un registro personal e intercambiable. A él pertenece *Pan caníbal* (1987), que en la primera convocatoria del Premio Letras de Oro resultó galardonado en la humillante categoría de poesía estudiantil, suprimida, por suerte, al año siguiente. Estamos ante un creador poco dado al alambique verbal, que opta por la ausencia de puntuación y de mayúsculas y que emplea a veces la grafía quebrada propia del vanguardismo. Sus composiciones sorprenden por la osadía de las imágenes y por la habilidad para hacer coincidir, en extrañas combinaciones, elementos dispares. La salida de *Cuaderno de Antinoo* (1994) ha permitido asistir con regocijo a la rápida maduración de un joven autor, el recién llegado Alberto Lauro (1959). El perfecto sentido de la contención, el moderno clasicismo, la luminosa y sostenida belleza, son, entre otros, algunos de los hallazgos que prueban su talento. Cercano en algunos aspectos a lo que pudiéramos llamar neopurismo, Lauro roza el peligro del talante minoritario y esteticista sin caer en él. En suma, un hermoso poemario que invita al paladeo detenido, a la lectura morosa. Conocido hasta ahora como narrador, género en el que cuenta con cuatro títulos editados, Reinaldo Bragado Bretaña (1953) recuperó en 1995 un poemario escrito en la isla entre 1981 y 1988, *El Álbum de las Sombrillas*, en donde recrea temáticas y escenarios propios de la literatura de ciencia-ficción, y que no desmerece los mejores logros de su quehacer en la prosa imaginativa.

Esta nómina de novísimos o recién llegados no es, no puede ser
completa. Al escribirse estas líneas, son varios los nuevos autores que
acaban de sacar a la luz su primer poemario. Todo augura, pues, que el
siglo XXI se avecina colmado de poetas. Abundancia y calidad, es cierto,
son términos que suelen tener relaciones problemáticas, mas sólo será
cuestión de aguardar a que el tiempo se encargue, al correr de años y
libros, de separar las nueces del ruido.

La novela: variedad y búsqueda

Eclecticismo y diversificación son los dos términos con los que se
puede resumir el panorama que ofrece la novela en los ochenta y los
noventa. De ello se desprende que no resulta fácil trazar las coordenadas
estéticas y los rumbos por los cuales discurre la obra de los autores. Hay
entre éstos una confluencia e incluso un intercambio de generaciones:
junto a las figuras más o menos consagradas, bulle un número creciente
de voces nuevas que han conseguido abrirse un hueco en los escaparates
de las librerías. Esa irrupción de creadores jóvenes arroja como saldo una
veintena de nombres a tomar en cuenta y una cosecha muy fructífera. Un
dato a resaltar: de los grandes nombres de cotización internacional,
Severo Sarduy y Guillermo Cabrera Infante, sólo el primero ha engrosado su catálogo con nuevos títulos. A ellos se unirá en esta etapa
Reinaldo Arenas, quien tras más de una década de ostracismo en la isla,
verá sus libros traducidos y publicados en varios países.

Esa convivencia generacional se traduce, a nivel literario, en un
arco expresivo plural, en una sana variedad de maneras de abordar la
novela, que coinciden en una tolerante pugna, pese a que algunas son
antagónicas o excluyentes. Algo que, por lo demás, es consustancial a
una manifestación tan rica en fórmulas y formas. Se nota, en primer término, un predominio de la narratividad al servicio del lector: el desarrollo lineal no es considerado ya un síntoma de simplicidad estética o
tradicionalismo. Ligado a esto, hay una reivindicación del argumento y
el personaje, así como también del realismo. Los recursos formales y expresivos son ahora más audaces, y si se compara con períodos anteriores,
los textos están mejor escritos y elaborados con más rigor. Un detalle a
destacar en esta multiplicidad de caminos es el tratamiento paródico y
la recuperación irónica de la tradición, un rasgo característico de la posmodernidad presente en títulos como *La Loma del Ángel* y *Quadrivium*.
No faltan muestras de expresiones menos populares, como la novela

experimental, que son escasas por tratarse de productos minoritarios para los cuales no hay mercado. Ejemplos de esa narrativa que apuesta por el riesgo son *y salieron del humo* ... y *Fuir la spirale*. Llama la atención, en cambio, que una veta tan segura como la novela negra o policial no haya sido explotada, si bien ha habido incursiones aisladas en otras como la novela de aventuras (*Trama*) y la de entramado histórico (*Al partir*). Los escritores, por otra parte, parecen haber adoptado la brevedad como bandera, a juzgar por la cantidad de noveletas editadas en estos años. La presencia de la mujer es en este conjunto más bien reducida, aunque algunas (Mayra Montero, Nivaria Tejera, Mireya Robles) pueden medirse en pie de igualdad con autores masculinos de primera fila. Se advierte, por último, una notoria inclinación por las temáticas actuales y por el abordaje crítico de la realidad cubana intramuros y del exilio. El contenido político sigue permeando los libros, pero su tratamiento no es grandilocuente ni esquemático. Los nuevos creadores, en particular, aportan un lote de obras inconformes y cargadas de metralla en sus páginas, que nada tienen que ver con esa literatura-espejismo que tanto ha proliferado en la isla. Hacen cierto así el juicio de Balzac de que la novela es la historia secreta de las naciones.

Iniciaremos el repaso de la producción de esta etapa con la obra de los veteranos que se mantienen en activo. Ése es el caso de Hilda Perera, quien ha dado a conocer tres nuevos títulos de temáticas y estilos muy diferentes. En apenas un lustro, aparecen su novela más simple, *Plantado* (1981), y su obra de mayor envergadura, *Los Robledal* (1987). Al inicio de la primera, se aclara que está basada en hechos reales contados a la autora por expresos políticos o familiares de otros que entonces aún se hallaban en la cárcel. Esas historias aparecen condensadas en la de José Raúl Armentero, un hombre que, desengañado por el rumbo que tomó la revolución, vuelve a la clandestinidad para luchar contra sus antiguos compañeros. Detenido por la policía, se le condena a doce años, que cumple entre 1962 y 1974. Al mantener hasta el final la misma rebeldía frente a sus carceleros y rehusar someterse a los planes de rehabilitación, se convierte en un ejemplo del hombre libre que hasta en las condiciones más hostiles, es capaz de defender sus derechos como ser humano. Perera opta por la sobriedad y la sencillez del discurso y trata de presentar el terror con un rigor escueto y documentado. El lenguaje rehúsa los rebuscamientos y artificios, en favor de una escritura directa, de diálogos cortos y apretados, en los que no falta la nota de color local que ponen los cubanismos y las expresiones de la jerga carcelaria. A medio camino entre el testimonio y la novela, *Plantado* participa de una mezcla de esos dos géneros, en la cual ambos se perjudican mutuamente. El abandono de los elementos ficcionales escora el libro hacia el documento, hacia la realidad en bruto, y lo lleva a caer, pese a la buena voluntad de la escritora, en la mera crónica de denuncia y, como resultado, en simplificaciones y maniqueísmos. Perera paga un innecesario tributo a la causa política, olvidando que la literatura debe, ante todo, hacer valer su condición artística.

Los Robledal marca su vuelta a la novela en estado puro, sin hipotecas testimoniales. Sigue la historia de una familia cubana hasta la cuarta generación, a lo largo de un período que abarca de 1891 a 1933. Una estirpe marcada por el signo de la locura que afecta a varios de sus miembros, y que se rige por un sistema matriarcal presidido por la recia y dominante María Francisca. Como telón de fondo sobre el cual se desarrolla esta narración coral, están los convulsos años que van de la guerra del 95 a la caída del machadato. Estamos, por tanto, ante una crónica que sigue desde el ángulo familiar el acontecer histórico del país. Algo que en intención –y subrayamos: en intención– la sitúa en la línea de títulos como *Los Malavoglia*, de Berga, *El Don apacible*, de Sholojov, *Alzado del suelo*, de Saramago, o *Cien años de soledad*, de García Márquez. Otra cosa bien distinta es el resultado en el que cristalizan el empeño y las buenas intenciones. La novela se reduce, en esencia, a relatar los principales sucesos de la vida de los Robledal, sin poner demasiado énfasis en precisar el contexto dentro del cual tienen lugar. Si algo se echa en falta es coloración local y, sobre todo, cronológica. Esta última queda reducida a las referencias de Julián a los mambises y a las páginas en donde se describen las manifestaciones populares tras la huida de Gerardo Machado. Queda así una cadena de enredos en la que no se advierte una tensión, un progreso, un orden, sino por el contrario un entramado argumental aleatorio y con un sentido misceláneo, sin otro hilván que el de la simple sucesión mecánica. Muchos personajes adolecen además de falta de profundidad existencial y definición sicológica, todo lo cual despoja al libro de otros pliegues interpretativos y lo limita a una lectura unívoca. Por si no fuera suficiente, *Los Robledal* se ve desmerecida por un lenguaje que, en aras de evitar giros y frases hechas, incurre en construcciones envaradas y en barroquismos triviales que la conducen a despeñaderos expresivos. En sus páginas hallamos a raudales perlas como «hombre pesaroso y hemorroidal», «barrio ayuno de radios y viudo de telenovelas», «el melancólico saco de sus suspiros», «cutis alabastrino», «grillos balsámicos», «venganza ametrallada», «pecados antiguos y excusablemente hormonales» y «manos que ¡tienen tanta expresión de palabras!». No es mucho pedir a una cuarta obra un poco más de calidad, madurez o, por lo menos, oficio. No hay que olvidar que Perera la enfrentó con la experiencia que se supone adquirió con sus trabajos precedentes.

Lo último suyo que se ha editado es *La noche de Ina* (1993), una noveleta en la que realiza un esfuerzo de mayor interés por dar a la trama un desarrollo menos convencional y una conformación más dialogística. Está localizada en el exilio y sus personajes se hallan insertados en la sociedad norteamericana, dentro de la cual han conseguido cierta solvencia económica. Ina, una mujer mayor, viuda y con dos hijos ya casados, no logra, sin embargo, sustraerse a su pasado, al que vuelve obsesivamente y que la lleva a reflexionar. Invitada a una fiesta en casa de su hijo Raúl –la trama se desarrolla en el plazo de una noche-, se siente incómoda y extraña en ese ambiente. Contada en primera persona, alternando el monólogo interior y los diálogos, constituye una penetrante incursión en el mundo solitario y enajenado de la protagonista, hecha desde la perspectiva totalizadora de una voz narrativa femenina (Fernández-Vázquez 148). Sus mejores dotes de narradora las muestra Hilda Perera en su producción para niños. Es aquí donde su esfuerzo cuaja en obras más logradas y de valores más consistentes. Desde sus ya lejanos *Cuentos de Apolo*, publicados en Cuba en 1943, su catálogo se ha incrementado con unos quince títulos que cuentan con numerosas ediciones y que le han valido ser galardonada, en 1975 y 1978, con el Premio Lazarillo, el más importante de su tipo que se concede en España, y más recientemente, con uno de los Hispanic Heritage Awards. Al igual que en sus textos para adultos, aquí sigue leal a la estética realista. En vano buscaremos reyes o princesas, brujas o dragones, castillos o bosques encantados, ogros o hadas. Ella prefiere hablar de situaciones cotidianas y de problemas sociales que muchos creadores prefieren soslayar. Y en ese sentido hay que decir que posee una sorprendente capacidad para exponerlos de forma clara y humana. En *Kike* (1984), por ejemplo, cuenta los avatares de un niño enviado al exilio por sus padres, de quienes vivirá separado durante cuatro años. El reencuentro con ellos, tras haber vivido con una familia norteamericana, no será fácil, pues lo llevará a enfrentarse al dilema de su identidad. La protagonista de *Mai* (1983) es también una exiliada, una niña vietnamita cuya madre murió en un bombardeo, y a la que un matrimonio cubano que vive en Miami adoptó. En esos libros, como también en *Mumú* (1990), *La jaula del unicornio* (1991) y *Tomasín y el cerdito* (1992), hay sabiduría literaria, respeto hacia el niño y conocimiento de su sicología. Amenos, divertidos, poseen además la virtud de ser didácticos sin aleccionar ni moralizar. Asimismo, están escritos con una prosa jugosa, eficaz y sometida por la autora a una más estrecha vigilancia.

Desde la década del sesenta, Juan Arcocha viene construyendo una obra narrativa de clara voluntad autobiográfica. Esa secuencia se rompe en ocasiones para dar cabida a proyectos en donde priman los ingredientes ficcionales propiamente dichos. Es el caso, en el período anterior, de *Operación Viceversa* y, en éste, de *Tatiana y los hombres abundantes* (1982), especie de vodevil novelesco donde se cuentan las aventuras de una emigrada rusa, amante del mismísimo Stalin, que va a parar a Cuba. Abre allí «el único prostíbulo intelectual de América», un local refinado y de atmósfera mundana que tiene como principio rector inviolable la no promiscuidad y como divisa, «putas en la cama, pero damas en el salón» (73). Fiel a sí misma, consigue mantener abierto su local cuando la revolución llega al poder. Esa tolerancia exige, no obstante, un precio: deberá enseñar a las mujeres de los nuevos diplomáticos (en realidad, agentes de la Seguridad como sus esposos) a comportarse en sociedad, y luego preparará espías, mejor dicho, las refinará, pues eran chicas reclutadas en la Federación de Mujeres Cubanas. Su casa, por la que antes pasaron exmandatarios, aspirantes a ministros y hasta presidentes en ejercicio, vuelve a ser así el sancta sanctorum de la vida política de la isla. Arcocha inventa una trama llena de enredos y, sin embargo, bastante bien hilvanada, en la que la sátira política y el costumbrismo se mezclan con detalles picarescos (sin perder, eso sí, la elegancia) y con un humor desenfadado. Si se acepta su planteamiento ligero y no se le exigen honduras de más calado, *Tatiana y los hombres abundantes* resulta una novela ágil y de lectura distendida. Algo que, desafortunadamente, no se puede decir de *Los baños de canela* (1988), donde Arcocha vuelve a poner a prueba la paciencia del lector con otra de esas novelas en las que se autorretrata y en donde el narrador es trasunto de sí mismo. Al igual que ocurría en *Por cuenta propia* y *La bala perdida*, la anécdota se disuelve hasta quedar en un soporte mínimo. Como ambas, está escrita con corrección y limpieza, lo cual no la exime de pertenecer a esa clase de obras ni buena ni malas que, según Gertrude Stein, no se deben leer nunca.

Otro de los novelistas que adoptan el humor como estrategia literaria –serán varios a lo largo de los ochenta y los noventa– es Luis Ricardo Alonso. A partir de esa estética, retomará la figura del dictador, que en la década del setenta atrajo, entre otros, a García Márquez, Carpentier y Roa Bastos, y la convierte en núcleo central de *El Supremísimo*

(1981). Aunque se trasluce su propósito de remitirnos a fórmulas totalitarias que hasta hace muy poco regían –aún queda alguna– en nuestros países, prefiere seguir el ejemplo de tantas piezas de Bertolt Brecht y la ambienta en la segunda mitad del siglo XIX, en un país atrasado y pobre de la América hispana. Allí gobierna un déspota megalómano y demagogo, que admira a Napoleón con la misma vehemencia con que desprecia a sus súbditos. Éstos se dividen, para él, en cholos y chulos, «ciudadanos dotados con un odio patológico a todo tipo de trabajo. Salvo el ajeno, al que son muy aficionados» (37-38). Uno de sus preceptos es: «Fusilo, luego existo» (26). Está convencido de que a diferencia de Europa, donde todo es más fácil, «aquí el respeto no lo da la ley, sino el látigo» (41), y que quien no use éste sobre las espaldas ajenas, pronto lo ha de sentir en la propia. Y lamenta que lo único malo de las dictaduras es que sólo son de por vida. Aspira, no obstante, pasar a la inmortalidad también por otras facetas: pinta, está componiendo una ópera más o menos épica, un libro sobre la agricultura, un manual para adelgazar y una novela, *Milenio de Gloria*, que por modestia se publicará como anónima. La Biblioteca Nacional ha encargado ya medio millón de copias, con lo cual la podrán leer hasta los analfabetos. Se traducirá, es de prever, a varios idiomas. En primer término, al español. Alonso prueba que es un narrador que domina el equilibrio entre contenido y tono, y su buen oficio le hace no olvidar que la amenidad es esencial en una novela. Su escritura es sencilla, directa, y basa su eficacia en la resistencia a admitir vaguedades o recargamientos. Los elementos descriptivos son también pocos, en beneficio de la acción y los diálogos. En muchas de sus páginas, el humor se inclina más al guiño ingenioso que al brochazo gordo y la carcajada. Es en ellas donde esta pintura festiva de «la pachanga dictatorial hispanoamericana» logra sus mejores momentos. *El Supremísimo* acredita la madurez de un escritor que ocupa un puesto que si bien no es de primera fila, tampoco es deslucido.

Confirmaciones y decepciones

Matías Montes Huidobro y Fausto Masó, que en la década del setenta despertaron con sus primeras y estupendas novelas grandes expectativas sobre su trayectoria futura, se hallan entre los auores que dan a conocer nuevas obras y, también, entre quienes se alistan al humor. En *Segar a los muertos* (1980), el primero utiliza ese recurso para transparentar una imagen crítica de la sociedad cubana y, quizás, para atenuar el carácter dramático de lo que recrea. Transcurre su anécdota en La Habana, durante la etapa que siguió al triunfo revolucionario de 1959. Esos acontecimientos sorprenden a la protagonista, Esperancita Portuondo, donde siempre ha transcurrido su existencia: junto al fogón, la batea y la tabla de planchar. Se pondrá al corriente de lo que ocurre a través de sus vecinos, quienes la llevan a participar, sin entenderla bien, en la esquizofrenia fidelista en que ha caído el país. Todo sería un tanto carnavalesco si esa marejada no arrastrara a los personajes a juicios y delaciones, y si el estribillo del momento no fuese «paredón, paredón». El costumbrismo, el absurdo, los motivos del folclor popular, la parodia y el parloteo solariego se mezclan en esta noveleta insólita, arbitraria, inquietante, «hermética cuando más clara, diáfana cuando más enigmática, que trasciende los membretes de expresionismo, surrealismo, tremendismo, sin enteramente salirse de ellos» (Gariano 143). No es, con todo, la obra que uno esperaba del autor de *Desterrados al fuego*. A este punto de madurez y profesionalismo, cabría pedirle a Montes Huidobro un poco más de envergadura estilística e imaginativa y de riesgo. Se lo debe, ante todo, a sí mismo.

Autor de producción pausada y parca, Fausto Masó rompió con *Gran Café* (1988) un silencio que duraba ya trece años. Como en su anterior novela, aquí se sitúa en un marco de inmediata actualidad y en un espacio reconocible marcado de modo decisivo por la ciudad. El autor de *Desnudo en Caracas* pasa a ser ahora el narrador, ese hombre gordo y asmático de origen cubano, que vive en Venezuela, trabaja en publicidad, escribe novelas, se llama Fausto y va todos los días a las once a tomarse su marroncito en el Gran Café. Por allí merodean los personajes que él ha querido recoger en su libro, tal como Sherwood Anderson hizo en *Winnesburg, Ohio*. No hay, por tanto, un hilo argumental unitario, sino un tejido fragmentario y disgresivo compuesto por numerosas pequeñas historias, que se insertan en ese fresco urbano que *Gran Café* viene a ser. Un mosaico flexible y ágil, donde se mueve el riquísimo y variopinto elenco de seres alucinados, extravagantes, marginados, entrañables. Están, por ejemplo, el matón a sueldo hoy jubilado, el Don Juan anacrónico, «pero imprescindible en cualquier ciudad que se respete» (76), el poeta frustrado que se emborracha para demostrar que es un artista, el viejo ejecutivo que guarda las bolsitas de azúcar de los restaurantes y lee las revistas de sus amigos, la enferma en fase terminal que no pierde el optimismo. Vidas rotas y desvencijadas, perdedores natos, tipos trágicos que no se asumen como tales, porque, ha señalado Julio E. Miranda, ¿cómo ser trágico bajo el ardiente sol del trópico? («Galería» 12). En esos textos, Masó consigue un delicado equilibrio que lo mantiene entre la burla y la ternura por sus personajes. Por primera vez se permite volver y recordar a Cuba, y en uno de los cuatro bloques, el llamado «Oh, los cubanos», cuenta las «vidas no paralelas» de Gilbert y El Turquito, dos compatriotas suyos que llegaron un día a Venezuela y ahí se quedaron. La mayoría de las páginas se refieren, sin embargo, a Caracas, esa ciudad que, como señala con su incisiva lucidez, es, aun en sus lugares más prósperos, un barrio. Una Caracas cada vez más agresiva, más insegura, más cara, más inhóspita. En *Gran Café*, Masó vuelve a desplegar el arco de sus ya conocidas virtudes como novelista. Refractario a modas y tendencias, se atiene al arte de narrar de modo natural, sin que apenas se note el artificio. Escribe como le sale, con esa rara habilidad suya de poseer un estilo sin aparentarlo, un estilo hecho de años y de lenguaje oral. Su prosa gusta de la sencillez, la naturalidad y la transparencia, tres cualidades que aluden, en realidad, a una escritura sometida a un severo proceso de elaboración. Es además un libro muy divertido, que se lee de un tirón y deja con ganas de leer más. Esa amenidad es, no obstante, engañosa y puede inducir a juicios errados, al no permitir ver que, tras la simulada apariencia de pocas pretensiones, hay un discurso cargado de densidad, sentido e inteligencia. *Gran Café* consolida a su autor como una referencia esencial de nuestra prosa de ficción y como uno de nuestros mejores escritores secretos.

Otra ciudad, Miami, es también la gran protagonista de *Que 20 años no es nada* (1987), la cuarta novela que publica Celedonio González. Se aplica muy bien en este caso la definición de que novela es todo libro en el cual se pone novela en la cubierta. González ha construido su obra a partir de sesenta fragmentos o viñetas, de extensión que varía de las veinte líneas a las siete páginas, y que van del relato a la estampa satírica, del texto reflexivo a la descarga. Al escribirla, es evidente que lo animaba el propósito de exorcizar los demonios acumulados a lo largo de cinco lustros de destierro. Pero como se refiere no sólo a sus vivencias, sino también a las de muchos compatriotas a quienes ha conocido y tratado, el libro es también una radiografía del microcosmos miamense. Como él mismo afirma, quiso hacer la «descripción de un alma colectiva, la historia del *homo cubensis* en estado de extinción». Eso lo lleva inevitablemente a hablar de Miami, esa ciudad que, como Uslar Pietri le ayudó a entender, constituye un experimento histórico para la convivencia. La retrata de manera crítica y nada complaciente, y si algunos fragmentos se aislasen del conjunto, podría pensarse que se trata de una diatriba contra ella. Mas por debajo del tono general de desengaño, rechazo y pesimismo que manifiesta ante la Miami actual, asoma un oculto amor y una declarada gratitud. Después de todo, no deja de pertenecer por derecho propio a los cubanos, quienes transformaron radicalmente su fisonomía y su estilo añejo, al convertirla en «un hervidero de fiestas de quince, partidos de dominó, algarabías sabatinas, comilonas en la playa, guateques campesinos, estaciones altisonantes de radio en español y bailes populares multitudinarios» (16). El humor y el choteo permean el libro de principio a fin, pero más bien como un recurso para dar amenidad a páginas en las que se tratan cuestiones muy serias. Entre otras, se aborda la idealización de la isla a la que muchos exiliados apelan para hacer más llevadero su desgajamiento del paisaje natal. La búsqueda de la espontaneidad ha sido, confiesa González, una de sus máximas preocupaciones. Gracias a eso, *Que 20 años no es nada* se lee sin esfuerzo y resulta ameno. Presta, por el contrario, escaso interés a la elaboración constructiva y estilística, lo cual redunda en una obra con textos de valor desigual y en una prosa descuidada, falta de vuelo creativo, de algún atisbo poético que además de nombrar, sugiera la realidad. Asimismo, la edición se ve afeada por una cantidad impresionante de erratas y faltas ortográficas. Como balance, queda un asunto interesante y un tratamiento literario discreto.

En un hotelito de Ciudad Lineal, al este de Madrid, inicia Pancho Vives *El momento del ave* (1980). Su novela tiene, no obstante, poco que ver con las de Montes Huidobro, Masó y González. De acuerdo a la nota de la contraportada, sus personajes buscan obstinadamente llegar a creer en algo, aunque sea en sí mismos. El itinerario que siguen, a lo largo del cual se juega al amor, el poder, la sumisión, el asesinato e incluso a las muñecas, transcurre desde que se inventa el sombrero hasta los años sesenta, por bosques, desiertos y sitios como La Habana, París y Nueva York. Reproducimos esa sinopsis para llamar la atención sobre un problema que se repetirá en los posteriores de Vives: el planteamiento resulta mucho más atractivo que el resultado. Y no porque el autor carezca de talento –lo tiene y es superior al de algunos autores que gozan de una veneración digna de mejor causa–, sino porque existe un conflicto entre el narrador y el prosista que se resuelve a favor del segundo. En *El momento del ave*, el lenguaje alcanza un alto grado de expresividad y cuidado, y algún crítico ha señalado que la palabra es la verdadera protagonista. Si lo primero es un mérito que no dudamos en destacar, lo segundo, en cambio, representa una apuesta con la que difícilmente se puede sostener una novela de cuatrocientas ochenta y cinco páginas. En la que, por añadidura, prescinde de la tradicional lógica argumental y de la secuencia lineal de los sucesos, y donde adopta un discurso que no siempre funciona como instrumento narrativo. También de difícil encasillamiento es *Puertas giratorias o los reveses de las sílabas* (1982), en la cual desarrolla una cierta intriga policial localizada en Paledoncia, una capital española de provincia. Su protagonista es una viuda sesentona cuya anodina existencia a partir de un día se convierte en un continuo estado de ansiedad: dominada, al parecer, por fuerzas oscuras, empieza a proferir unas enigmáticas frases o premoniciones que provocan pequeñas desgracias a las personas que la rodean. Casi todos los capítulos están construidos por completo a partir de conversaciones y varios reproducen la estructura de las escenas teatrales. Vives, con algunos años de experiencia en el arte escénico como autor y director, demuestra que era un experto dialoguista y que poseía un especial oído para las modalidades orales del idioma, en este caso el castellano que se habla en España (no hay que olvidar que nació en Madrid y que su vida transcurrió a caballo entre esa ciudad y La Habana). Otro acierto revelador de su talento es el fiel registro de una sutil cotidianeidad pueblerina, un costumbrismo nada estereotipado, lleno de pequeños detalles que sabe integrar con gracia. *Puertas giratorias* adolece, como *El momento del ave*, de déficit de narratividad, pero pese a ello resulta un libro festivo y de lectura agradable. *Ruyam* (1990) representa un retorno al tono intimista, pudoroso y rico en observaciones de *De Claudia a Teresa*, con la que comparte además su extensión (más que novelas, se trata de noveletas). El autor construye el relato desde la perspectiva de la primera persona y se sirve de la fórmula del narrador que rememora hechos ocurridos en el pasado. Lo que allí se evoca es la excursión turística en barco de varias personas, un itinerario que tiene mucho de viaje iniciático, de aprendizaje. Es, como todas las suyas, una obra escasamente novelesca, con una trama muy escueta, concebida más para el trazo elíptico y la sugerencia; un decoroso producto de artesanía idóneo para lectores que gustan apreciar matices y finezas de estilo. Y una vez más surge la duda de si en realidad nos hallamos en presencia de un buen prosista, aunque no tal vez de un verdadero narrador.

A dudas parecidas nos enfrenta la nueva entrega narrativa de Nivaria Tejera, sin disputa la autora cubana más a contracorriente de la tónica general y que con más empeñamiento ha defendido su vocación de heterodoxa. *Fuir la espirale* (1987) no es una novela, ni un poema. Tampoco una epopeya. Se trata de un ejercicio intertextual que si bien participa de algunas características de esos géneros, no encaja en los moldes exactos de ninguno. Subversiva contra las reglas, es una obra críptica, compleja, enigmática, en la cual la autora da un paso más allá y aprieta un poco más la tuerca respecto a *Sonámbulo del sol*. Está escrita sin signos de puntuación, como «un componente físico del universo invertido» del protagonista, y «para absorber a plenitud el peso de las palabras y eximirlas de toda complicidad temática» (Carta). Páginas dispuestas a manera de poemas, descripciones alucinadas, paréntesis vacíos, claves herméticas y un lenguaje enraizado en la densidad poética, constituyen los recursos mediante los cuales Tejera trata de transmitir la respiración de Claudio-Tiresias Blecher, ese desterrado que, entre obsesiones y éxtasis, se busca a sí mismo por París. En este su último viaje ve destruido, como ha apuntado Ugné Karvelis, el mito del regreso al país, esa flagrante mentira con la que se consuelan tantos exiliados. Pese a las excelentes recomendaciones que lo avalaban, el original fue rechazado por varias editoriales francesas, hasta que por fin una de mucho prestigio, Actes Sud, se decidió a traducirla y publicarla. Peor suerte ha corrido en el ámbito del idioma en el que originalmente fue escrito: hasta la fecha, permanece inédito. Nivaria Tejera ha dado a conocer en revistas algunos fragmentos de su ya terminada nueva ¿novela?: *Espero la noche para soñarte, revolución*, que completa, con *Sonámbulo del sol* y *Huir la espiral*, una trilogía. Como ella ha declarado, es un libro catártico, «aderezado de cuanta dolorosa confusión ha explotado la vida interior tantos años», en el cual denuncia las realidades «provocadas por el poder y su demencia dictatorial» (Cuza 4).

Debutar en otoño

Contemporáneos en su mayoría de los autores antes analizados, son Carlos Miguel Suárez Radillo, Leopoldo Hernández, Eduardo Manet y Ramón Ferreira, que con una experiencia más o menos larga en otros campos, se estrenan en estos años como novelistas. Los dos primeros, aunque cuentan con incursiones esporádicas en otros géneros, han desarrollado su labor fundamental en el teatro. No así Manet y Ferreira, quienes además de excelentes dramaturgos, poseen una destacada trayectoria en el cuento, el segundo, y en el cine, el primero. Sin embargo, a excepción de Manet, la producción narrativa de todos se reduce a un solo títulos.

Suárez Radillo escogió para su estreno un asunto poco frecuentado por nuestros escritores, el de la homosexualidad. *Alguien más en el espejo* (1984) es la historia de un itinerario, el que recorre el protagonista desde que descubre su atracción por las personas de su mismo sexo hasta que consigue despojarse de los prejuicios inculcados por el entorno (familia, religión, amigos) y asumirse como es. No se precisa el escenario donde transcurre, pero las breves pinceladas con que se le presenta sugieren que se trata de La Habana. No es una cuestión que parezca interesar demasiado al autor, que centra la novela en el agónico conflicto en el cual se debate Pedro Pablo, a causa, entre otras razones, de unas ideas religiosas basadas en el sentimiento de culpa y en la idea del pecado como una ofensa personal a Dios. La narración alterna la tercera persona con el relato en primera persona del joven, voz esta última que confiere al libro la revelación de una vida interior. El principal mérito de *Alguien más en el espejo* hay que buscarlo precisamente en la veracidad del testimonio, en su calor humano, en su sinceridad. Está escrita además en un estilo ajustado, digno, idóneo para alcanzar los fines que se propone. A nivel constructivo y del andamiaje argumental, presenta, no obstante, algunas deficiencias que impiden que el proyecto cristalice en una obra redonda. Se echa en falta, en primer lugar, un esfuerzo mayor para hacer más densa la trama sobre tan prometedor cañamazo. Suárez Radillo apela a la reincidencia, insiste en lo mismo, con lo cual carga la obra de puntos muertos que ocasionan cierta pérdida de interés en el lector. En eso influye también el que a lo largo de las casi trescientas páginas utilice, hasta volverlo monótono, el recurso del paciente que responde a las supuestas preguntas del sicoanalista para justificar su larga relación. Asimismo, la mayor parte de los personajes adolecen de poco espesor sicológico.

En el caso de Leopoldo Hernández, nos enfrentamos a una obra cuyo análisis resulta mucho más complicado. Y no nos referimos sólo a las dificultades que *y salieron del humo ...* (1994) lleva implícitas, sino a otras que tienen que ver con las circunstancias en que hoy nos llega. Fue escrita entre marzo y agosto de 1975, y entonces su autor decidió dejar reposar el manuscrito para luego volver sobre él. Esa revisión nunca fue posible debido a la larga enfermedad que lo aquejó en sus últimos años. El profesor José A. Escarpanter se encargó, a solicitud suya, de hacerlo, aunque su labor, como él mismo admite, consistió en recortar algunos pasajes que no afectaban la trama ni las intenciones que animaron a Hernández. Queda la incógnita de qué hubiese corregido, eliminado o reescrito éste de haber tenido esa posibilidad. Tal como llega hoy a nosotros, es una ambiciosa y arriesgada propuesta que sin llegar a ser plenamente lograda, posee méritos e interés muy respetables. Su novedad no se halla en el aspecto temático, pues reincide en caracteres e historias que pueden considerarse tópicos en la prosa de ficción del exilio. El Libro Primero se desarrolla en Cuba entre 1957 y 1958, en la etapa final de la insurrección contra Batista. El Segundo se sitúa durante los primeros años de la revolución, mientras que el Tercero está ambientado en el South West miamense. A lo largo de los tres se traza el itinerario vital y existencial de Salvador Bueno (nada que ver con el crítico e historiador cubano de igual nombre), un abogado que al iniciarse la novela es un idealista romántico y quijotesco, sin verdaderos fundamentos políticos, y que tras sufrir persecuciones, injusticias y penurias y participar en la lucha clandestina, termina convertido en un «producto estandarizado de la floreciente sociedad de consumo» (Escarpanter 5). Para seguir ese proceso, Hernández echó mano a una pluralidad de niveles poco habitual entre nuestros narradores: monólogos interiores sin puntuación, cambios de narrador, conversaciones telefónicas, cartas, encuestas y hasta una pieza teatral «en tres actos minúsculos». El libro viene a ser así una especie de mecano narrativo que reclama una actitud activa del lector. Aun cuando el empleo de todos esos procedimientos técnicos no esté siempre justificado y haya alguno que sea ocioso o decorativo, hay que reconocer que Hernández los maneja con bastante dominio. Creemos, sin embargo, que en el fondo no es un experimental, sino un creador de vocación realista que confiaba en la narración más ortodoxa y tradicional. De hecho, el hilo argumental responde a una secuencia cronológica lineal, y es precisamente en la primera parte, de todas, la más convencional o, si se prefiere, equilibrada, en donde están las páginas mejor perfiladas. Se trata, en cualquier caso, de un texto en el cual hay suficientes muestras de talento, imaginación creadora y solvencia de estilo para llamar la atención hacia un escritor injustamente desconocido.

En lo que se refiere a Ramón Ferreira, su paso a la novela era mucho más natural y previsible. Cuentos suyos como «Camino de donde» y «Los malos olores de este mundo» hacían sospechar, por su extensión, que en algún momento se lanzaría a proyectos de desarrollo más prolongado. Y en efecto, en 1991 dio a conocer *Más allá la isla*, su primer tanteo en el género. El residir desde 1960 en Puerto Rico lo animó a abordar su realidad, con todo lo que eso conlleva para quien, por no haber nacido allí, no tiene un vínculo definitivo con aquel país. Su acercamiento, sin embargo, va más allá de la elaboración anecdótica para indagar y reflexionar sobre una cuestión que tiene mucho que ver con su condición de desterrado: el dilema de ser o no consecuente con las raíces. El conflicto está sintetizado en una familia dividida por las desigualdades económicas y sociales. Los polos los representan Maritza, que llega al cayo para proponer a su tía abandonar aquel pedazo de tierra, y en Tito, su primo, un joven pescador que sueña con escapar de la miseria y marcharse en busca de la fama. Al final, unos y otros redefinirán sus vidas, aunque eso no implicará, como ha comentado Armando Álvarez Bravo, acceder a la plenitud y la dicha, sino a un riesgo y un desgarramiento que puede conducir a la destrucción de los marcos de la cotidianeidad («*Más alla*» 6D). *Más allá la isla* muestra a un novelista de corte clásico. No se plantea éste ningún esfuerzo a nivel técnico, no hay alteraciones temporales ni complicaciones estructurales. El libro está narrado a la manera convencional, y en ese sentido Ferrira sabe contar la historia con pulso firme y resolverla con oficio. Presenta además a personajes que son seres reconocibles, con problemas concretos, que se mueven en escenarios precisos y en un marco histórico determinado. No alcanza la calidad ni la brillantez de sus mejores narraciones, pero es una obra muy correcta que si bien no incrementa su prestigio, tampoco lo desacredita.

La mayoría de quienes conocen la producción dramática y cinematográfica de Eduardo Manet (1930), ignoran que posee también una importante obra novelística. La causa principal se debe a que en su totalidad, ésta ha sido escrita y publicada en francés, un idioma que él domina muy bien por haberlo aprendido durante la etapa que pasó como estudiante en Europa, de 1951 a 1960, y por vivir en París desde hace más de veinticinco años. *La Mauresque* (1982), *Zone interdite* (1984), *L'île du lezard vert* (1992) y *Habanera* (1994) componen el catálogo con el que ha cimentado una sólida reputación. Todas han aparecido bajo el sello de prestigiosas editoriales (en Gallimard, las dos primeras, en Flammarion, las otras dos). Por *La Mauresque* recibió el Premio Bertrand Joumenal de la Academie Française y por *L'île du lezard vert*, el Goncourt que otorga un jurado de los liceos franceses. No suele incluir en su bibliografía *Etrangeres dans la ville* (1960) y *Un cri sur le rivage* (1963), por considerarlas ejercicios de preparación de un escritor inexperto. De todas, ha sido *L'île* ... la que más unánime y calurosa acogida ha tenido. Con ella Manet continúa una trilogía iniciada con *La Mauresque* y que se cierra con *Habanera*, en la que recrea desde la ficción experiencias de la infancia y la adolescencia en la Cuba de los años treinta, cuarenta y cincuenta. La acción ocurre a lo largo de tres veranos sucesivos, de 1948 a 1950, y tiene como eje a Nino, un adolescente de quince años que busca su camino entre una madre posesiva, prisionera de la añoranza exuberante por su Andalucía natal, y un padre más bien ausente; entre un amigo alemán de origen judío, con quien descubre el compromiso político, y una amante mayor que él quien lo iniciará en los placeres del sexo. Es un joven activo, soñador, enamorado de la danza, la música de Stravinski y las estrellas de cine (Ava Gardner, Greta Garbo, Rita Hayworth y, sobre todo, María Félix). Aprenderá a conocer la vida y el mundo gracias a las mujeres, en particular, su madre y dos muchachas, Ana Rosa y Gipsie, que como bien ha apuntado un crítico, parecen escapadas de un libro de Fitzgerald, aunque eso sí, un Fitzgerald educado con el ron y la caña de azúcar (Josselin 32). También le ayudarán su padre, un intelectual desilusionado y con fama de seductor, y Lohengrin, a quien por su pelo rubio llaman «el nazi». Con este último descubre la embriaguez ingenua del militante clandestino, aunque terminará desengañado de los espejismos ideológicos al comprobar que Manu, miembro del Partido Comunista, emplea medios tan poco ortodoxos como el chantaje con algunos connotados antimarxistas. Al final, comprende que tiene que romper las ataduras, escapar de ese mundo de sensualidad exacerbada pero cerrado como una cárcel. Por eso parte hacia Europa. Divertida, dolorosa, encantadora, *L'île du lezard vert* tiene además la virtud de ser lúcida sin caer en la amargura o el resentimiento. Es, asimismo, un fresco poblado por personajes inolvidables y un apasionante documento de la época. La isla a la cual alude el título es, naturalmente, Cuba, esa extraña tierra donde todo el mundo es más o menos mestizo de cualquiera cosa o emigrado de alguna parte, un pueblo, al decir de Lohengrin, donde todas las hazañas son posibles y todo cambia como el viento. No aparece presentado aquí ni como el burdel de América que dicen los castristas, ni como el país idílico que pretenden los exiliados más nostálgicos del *ancien régime*. Al igual que Héctor Bianciotti, Jorge Semprún, Copi y el propio Sarduy, Manet utiliza el francés como medio expresivo. Y lo hace, a juicio de la crítica, muy bien, con una prosa fluida, depurada, sabrosa, sensual y de una deliciosa calidad.

El caso de Alberto Guigou (1913) es, en cambio, bastante inusual. Aquí no se trata de un autor que llega a la novela desde otro género, sino de un verdadero debutante que entrega su primera novela a la imprenta ¡a los sesenta y ocho años! Es, pues, un escritor de vocación casi secreta, alguien que comparece tarde. Tal vez por eso en la suya hay más oficio, sabiduría y hallazgos que los que suelen hallarse en las primeras novelas. En su contra tiene el nefasto título con que fue bautizada: *Días ácratas*, lo cual explica que sean contados los que se han ocupado de ella, pese a que apareció en 1981. Algo de todo punto injusto, ya que es un libro de mucho interés, cuya lectura provoca una inmediata satisfacción. A algunos gustos posmodernos les parecerá tal vez una novela a la antigua usanza. Y no deja de faltarles razón. Guigou opta por una narración lineal y por un realismo más o menos clásico, teñido de sicologismo existencial. No quiso –ni necesita– complicar su relato: éste es claro, sereno, y llega directo al lector, que entra en su universo sin ninguna dificultad. Estamos ante un escritor que reivindica la narratividad, única exigencia que hacía Henry James a los novelistas. En el primer capítulo, Kin, el protagonista, llega, rebosante de entusiasmo y romanticismo, a iniciar su aprendizaje como militante del Partido Comunista. En el último, hallamos a un hombre desencantado, escéptico, sin lugar a donde ir ni saber qué hacer, dispuesto a aceptar la invitación de un amanerado homosexual de ir a su casa. Y se va con él, convencido de que, como dice Unamuno en la cita con que se abre el libro, «nunca hay porvenir. Eso que llaman el porvenir es una de las más grandes mentiras. El verdadero porvenir es hoy».

Ésa es la trayectoria que narra *Días ácratas*. Su primer acierto es hacerlo con honradez e inteligencia, sin incurrir en sectarismos ni ser panfletaria ni elemental. Guigou sortea tópicos, elude generalidades, y su crítica es prudente, matizada. Por encima de todo, para él está el juego limpio, el ver de modo sereno y ecuánime. El grupo de militantes es presentado desde dentro, con sus problemas, contradicciones y tendencias enfrentadas. Pero más que despecho, en esas páginas hay amargura, además de mucho cariño por estos revolucionarios que luchan, aman y mueren como seres humanos comunes y corrientes. Quien lea la novela buscando analogías con la historia cubana más reciente, seguirá un camino errado. Las alusiones históricas y geográficas han sido obviadas de modo explícito, y en todo caso, hay similitudes con la revolución del 30, en la que Guigou tomó parte, y que al igual que la de su libro, terminó yéndose a bolina. *Días ácratas* muestra una galería de caracteres variados, heterogéneos, vivos, con una personalidad rica y compleja. Algunos poseen un perfil misterioso, que lejos de darles rasgos indefinidos, los dota de sugerentes resonancias. Ahí están, por ejemplo, Lima, joven apasionado e inteligente que vive con intensidad; Mandalay, con su extraña mezcla de perversión e ingenuidad; y, en especial, Kin, que con su salvaje belleza ejerce una atracción irresistible sobre quienes le rodean. Inmaduro, individualista y algo insolente, machista y posesivo en sus relaciones con las mujeres, lleva reprimida y latente una homosexualidad que Lima saca a flote. Afeada un tanto por descuidos y errores de sintaxis, así como el empleo de lugares comunes y frases hechas (sin contar las abundantes erratas de una edición que no le hace justicia), no es una obra que se destaque por sus cualidades estilísticas. Posee asimismo varios niveles que permanentemente se entrecruzan: un existencialismo ardiente, un furor dostoievskiano, una poesía delicada, llena de ternura y melancolía. Sus verdaderos valores radican en su insobornable sinceridad, su rigor narrativo, su cabal adecuación de contenido y forma. Se deja leer además con agrado, tanto por su atractiva trama como por la sensación que uno recibe de que el autor se ha encontrado cómodo al escribirla, lo cual se traduce en agilidad y buen ritmo. Más que como un estreno prometedor, *Días ácratas* debe considerarse la revelación de un novelista en espléndida madurez.

La literatura se mira el ombligo

Con *En mi jardín pastan los héroes* (1981), Heberto Padilla dio el difícil paso de la poesía a la novela. El libro lo escribió cuando aún se hallaba en la isla. Entonces todas sus copias fueron requisadas por la Seguridad del Estado. No así el original, que se salvó, como cuenta en el prólogo, por estar en un cesto de mimbre, entre juguetes y objetos en desuso, y que pudo sacar en una bolsa plástica, con las cartas que su mujer le había enviado desde Estados Unidos. Se basó, es obvio, en experiencias autobiográficas, y a partir de éstas creó una historia con la que pretende reflejar el clima sicológico de un intelectual cubano que se atreve a cuestionar algunos aspectos del proceso revolucionario. La materia prima prometía una obra apasionante, mas como a menudo ocurre en el arte, el producto final se corresponde muy poco con las intenciones. Eligió, ante todo, un planteamiento constructivo demasiado enrevesado para un debutante en el género: Gregorio Suárez, un escritor alcohólico y marginado, narrado por el novelista, narra a su vez los desesperados avatares de Julio, un traductor que, como Gregorio, se siente traicionado y estafado por la revolución, y que es el *alter ego* de uno y otro. En la práctica, esa estructura demuestra ser poco funcional, pues sólo contribuye a complicar la madeja argumental y confundir al lector, que no consigue determinar con exactitud qué corresponde al presente y a la realidad y qué al pasado y al mundo onírico. Asimismo, Padilla pierde en ocasiones el hilo narrativo en disquisiciones extemporáneas que hacen que el interés amengüe y que el relato caiga en una agobiante monotonía. La novela falla también en la recreación del entorno social y la atmósfera asfixiante y represiva, así como en la insuficiente caracterización de los personajes. *En mi jardín pastan los héroes* queda así como un proyecto fallido, como un paso en falso.

El tema de las relaciones entre los intelectuales y el poder político aparece de nuevo en *Calembour* (1988), de César Leante (1928). Tal como se expresa en la contraportada, ésta es una suerte de testimonio, de evocación de hechos vividos por el autor, y que cubre los años que van de 1959 a mediados de 1961. El libro reconstruye de forma novelada la trayectoria del suplemento *Lunes de Revolución*, aunque allí aparece bajo otro nombre, algo que Leante hace también con los numerosos personajes reales que toma como modelos (es fácil reconocer, entre otros, a Cabrera Infante, Carlos Franqui, Baragaño, Arrufat, Piñera, Julio Matas ...). La crónica de esa emblemática publicación le sirve para ilustrar el ambiente de libertad y entusiasmo que se respiraba entre los escritores y artistas en la etapa inicial de la revolución, y que pronto empezó a ser otro con el avance gradual de las primeras manifestaciones de sometimiento de la independencia creativa a las necesidades ideológicas del nuevo régimen. De forma clara y didáctica, se recrean los acalorados debates que entonces suscitaban cuestiones como el compromiso, la autonomía del arte, el dirigismo o lo que debe ser el teatro cubano. En algunos capítulos, la atención del autor se desplaza a detalles más anecdóticos y ligeros, extraídos del anecdotario que circula en los corrillos literarios, y que aportan poco a la reflexión crítica sobre aquella etapa. Tiene, sin embargo, el buen gusto de no caer en agresiones personales ni maniqueísmos. De hecho, renunció a la primera persona, que tanto compromete con el material con que se trabaja, y optó por la discreción del narrador ominisciente.

La más reciente muestra de metaliteratura, y también la más lograda, es *Las palabras perdidas*, que resultó finalista en el Premio Nadal 1992, lo cual le garantizó su edición en España. En su obra, Jesús Díaz (1941) realiza un ajuste de cuentas con una etapa, la segunda mitad de los años sesenta, de tan decisiva influencia para aquel núcleo de nuevos autores que tuvo en *El Caimán Barbudo* su vehículo de difusión. Tiene, pues, mucho de crónica generacional, de indagación en los sueños y avatares de esas gentes que pasan hoy de los cincuenta. Esa realidad que Díaz conoció y vivió desde dentro, aparece reelaborada y trascendida mediante un complejo proceso imaginativo que la libera del componente testimonial y que permite que se pueda hacer una lectura autónoma del libro. Se cuentan allí las peripecias de cuatro jóvenes habaneros: el Rojo, el Gordo, el Flaco y Una, que se reconocen hijos de la revolución y que tratan de sacar adelante el primer número de una revista cultural. «¡Haremos de este puñetero país el centro mundial de la literatura!», proclaman con candorosa jactancia (165). Aspiran a renovar las letras de la isla, que se hallan, según su opinión, «presas del realismo y de la servidumbre a la anécdota» (62). Escribir, leer y hablar de literatura es para ellos un modo de vida, así como una forma de sobrevivir a los rigores que impone la situación del país: racionamiento, casas ruinosas, mercado negro, dogmatismos burocráticos y las permanentes colas «que se extendían hacia los cuatro puntos cardinales» (45). En esa animada recreación del escenario donde se desarrolla la acción, el autor incorpora observaciones costumbristas y expresiones del habla popular ricas en colorido y expresividad. Diez años después, aquellos hechos son rememorados por el Flaco en un restaurant de Moscú. Allí se encuentra con el Rubito, de quien sospecha fue el que redactó el informe traidor que frustró el proyecto de la revista. Ahora sólo falta que se siente a escribir *Las palabras perdidas*, la prometida novela sobre «aquel drama que creía olvidado y cuyos personajes, sin embargo, aún mostraban con rencor sus cicatrices» (102).

Es ésta una obra sobre la literatura, el amor a los libros y la pasión de la escritura. Sus páginas están repletas de citas, parodias, juegos de palabras, referencias culturales, homenajes a escritores cubanos. Entre estos últimos, están los dedicados a Lezama Lima, Guillén, Carpentier, Piñera y Diego, hechos a partir de ingeniosos pastiches y manipulaciones de sus voces y estilos. Se incluyen asimismo poemas, cuentos, ensayos y entrevistas, a cuyo proceso de creación asistimos, y que son leídos y sometidos a la crítica del grupo, a la manera cervantina. Esos y otros ingredientes heterogéneos van configurando esa ambición de totalidad, de novela-batidora (el término lo acuñó Ambrosio Fornet, a quien por cierto *Las palabras perdidas* está dedicada) que anima al libro. Pero lejos de ser un texto petulante, intelectual o para iniciados, constituye una fiesta del humor y la inteligencia, una obra impregnada de ironía, ludismo y audacia creadora. La historia atrapa al lector por su interés sostenido y por mantener el sentido de suspensión. Díaz apuesta por la novela de peripecias, en la cual priman la relación de sucesos, la recreación de personajes y una trama bien perfilada. Es además un modelo de destreza narrativa, cuya estructura está diseñada con pericia. Hay, por ejemplo, una ajustada proporción entre diálogos, paréntesis descriptivos, digresiones y escenas narradas. Es también un acierto el contrapunto temporal y espacial que establece el relato alternado. La evocación del Flaco de ese intenso período, cuando ya muchos de aquellos sueños se han esfumado, le proporciona una prudente distancia y agrega una dimensión trágica y un contraste doloroso que hasta entonces no tuvo. De ahí que al final nos deje un regusto amargo. Profunda, divertida, emocionante y nada maniquea ni simplista en la imagen crítica de la Cuba de los sesenta, *Las palabras perdidas* confirma la madurez espléndidamente acreditada ya por Jesús Díaz en *Las iniciales de la tierra*.

En su tercera novela y primera escrita por él en el exilio, Díaz volvió sobre el mundo de la cultura y creó una obra en la que funde con acierto sus dos grandes pasiones: la literatura y el cine. *La piel y la máscara* (1996) narra el rodaje en la Cuba de hoy de una película, cuyo título es el mismo de la novela, a través de los testimonios del director y los cuatro actores principales. El filme se centra en la historia de Isis, una cubana que tras vivir diez años en Estados Unidos, vuelve a Cuba para reencontrarse con su cuñado, a quien ama en secreto, y recuperar a sus dos hijos. Sólo halla a uno de ellos: el otro murió ahogado cuando trataba de huir clandestinamente de la isla para reunirse con ella. Para construir ese doble plano literario y cinematográfico, el autor se apoyó en su conocimiento personal de ambos campos, en los cuales milita. Emplea además como pilares básicos del relato recursos propios del séptimo arte, en especial, la estructura de «planos secuencias», muy similar a la de un largometraje. Cada uno de éstos corresponde a uno de los protagonistas de la película, que van asumiendo de modo continuo la voz narrativa. Esos monólogos transmiten los puntos de vista de los personajes, pero incorporan también las vidas dolientes y sin salida de los actores que los interpretan y que van entrando y saliendo de ellos desde sus experiencias cotidianas. De manera que, en realidad, se trata de diez personajes: los actores y sus dobles o «máscaras». Esas fricciones entre realidad y cine, los dos igual de ficticios, hacen que una y otro se enriquezcan y complementen, y convierten *La piel y la máscara* en un juego de espejos («soy el que contempla/ su horror en dos espejos», dice Eliseo Diego en el poema que encabeza el libro) que enfrenta y aúna lo individual y lo colectivo, la persona y el personaje, lo que éstos desean ser y lo que son, el proceso de rodaje y la peripecia vital de los intérpretes (Valls 16). La alternancia de los monólogos constituye, por otro lado, un hallazgo técnico que Díaz sabe aprovechar para diseñar una arquitectura inteligentemente calculada. Se le puede señalar tal vez, como sostiene Miguel García-Posada, que se vuelve algo rígida para albergar las sucesivas entradas y salidas de las voces narrativas («Desengaño» 9). Contrariamente a lo que cabría esperar, esa dimensión experimental que alienta a la novela no pesa en contra del lector, que puede seguir sin dificultades una trama llena de interés.

De esas duplicidades y esa polifonía de voces, resulta una obra sugerente, con varios pliegues y posibilidades de lectura. Hay, en primer término, una metáfora sobre los nexos entre arte y realidad, y sobre los misterios de la creación. Esa metáfora se extiende al comportamiento del ser humano bajo un régimen donde los procesos simulatorios llegan a la esquizofrenia. Del mismo modo que durante la filmación los actores tienen que enmascararse en sus papeles, en la vida diaria se ven obligados a ponerse una máscara para sobrevivir. Así, por ejemplo, Mario trabaja en la película porque desea triunfar para salir de Cuba y quedarse en el primer viaje. No duda incluso en convertirse en confidente de la Seguridad para ganarse su confianza y que le permitan alguna vez ir al extranjero. Algo parecido busca Ofelia, quien anhela reunirse con el hijo del que años atrás prefirió separarse para no afectar su carrera. A su vez, Mayra confiesa que envidia a las jóvenes que se dedican a la prostitución con los turistas. Y está también El Oso, que acepta el silencio y convive con el miedo a reconocer abiertamente que la gran utopía laica que dio sentido a su existencia y a la de tantos otros había fracasado. Unos y otros usan máscaras para ocultar sus obsesiones, sensibilidades, cóleras, frustraciones. Al igual que la película que realiza El Oso, el libro de Jesús Díaz tiene mucho de adiós, de elegía nostálgica y dolorosa a una revolución cuyos aciertos resultan en la actualidad remotos y que alguna vez tuvo un sentido que hoy se ha esfumado. Obra del desengaño, como otras dadas a conocer en los últimos años, tiene la virtud de proyectar un duro veridicto político que no es panfletario. Asimismo, tampoco cae en el testimonio autobiográfico, sino que cristaliza en una magnífica pieza de narración imaginativa. El escritor demuestra de nuevo que es un prosista cuidadoso, celoso de su expresión, y que se toma la actividad literaria con innegable seriedad.

Desde las filas poéticas

Del grupo de autores que andan o han superado ya el medio siglo, hemos reunido a cuatro que aunque publican su primera novela en este período, eran conocidos ya desde el anterior por dedicarse a la creación poética. No obstante, ninguno de ellos cae en la trampa de escribir prosa de poeta. Contemporáneo suyo es Carlos Alberto Montaner, quien, en cambio, prueba armas por segunda vez. Los siete títulos de los que a continuación nos ocuparemos integran un conjunto de cualidades y hallazgos muy notables, si bien las opciones estéticas adoptadas por cada uno no pueden ser más variadas.

Con *Trama* (1987), Carlos Alberto Montaner regresa al quehacer estrictamente literario, que había pospuesto durante tres lustros por los imperativos de la política, una actividad que desarrolla con constancia y regularidad desde el ensayo y el periodismo. Si algo uno le agradece es, ante todo, el haber sabido delimitar muy bien esos dos campos y separar el terreno del columnista y el del escritor, del hombre preocupado por la política y del creador de ficciones. No pretende desarrollar en su libro tesis filosóficas ni ilustrar un discurso ideológico. Quiso sencillamente contar una historia verosímil y entretenida, que se pudiera leer con el placer y la despreocupación de las novelas de aventuras. En ese aspecto, era, según él, un acto de cortesía con el lector, frente a tantas obras latinoamericanas hechas «para escritores». Tomó como modelo las grandes obras del siglo pasado, con su alarde de buen contar, de atrapar nuestro interés y conducirnos embebidos hasta el desenlace. No escatima ninguno de los ingredientes necesarios para construir un *best-seller*: intrigas policiales, sexo, persecuciones, cambios de identidad, sabotajes, continuos cambios de escenarios, en fin, todo lo que se espera de un texto que combina características de la novela detectivesca, la sicológica y la de aventuras. *Trama* puede leerse también como una conmovedora novela de amor entre tres personajes. Montaner la presenta como la elaboración de unos sucesos que escuchó referir muchas veces y que ocurrieron real y secretamente. Tuvieron lugar en los convulsos Estados Unidos de fines de siglo, estremecidos por los movimientos obreros que encabezaban los inmigrantes anarquistas, aquellos hombres «violentos y a la vez tiernos» a quienes *Trama* rinde homenaje. Esas coordenadas temporales y espaciales aparecen precisadas de manera puntual al inicio de cada capítulo. El clima político que reinaba en esos años en España, Cuba y Estados Unidos está captado con gran economía de recursos. La documentación de la cual se ha valido para recrear época y ambientes no resulta, sin embargo, gravosa ni entorpece el desarrollo del argumento. Por el contrario, nos situamos en ellos sin dificultad, aceptándolos como algo natural, conocido. Eso se debe, en buena medida, a la inteligencia con que introduce las figuras y referencias históricas. Lo hace a manera de filigrana, como de pasada, mediante una simple frase o al hilo de una situación. Por cierto, Montaner da algunas explicaciones ficticias, aunque bastante admisibles, de acontecimientos vinculados a nuestras luchas independentistas. La más sugestiva es la de que tras el asesinato de Cánovas del Castillo había un complot cubano, que buscaba eliminar al principal apoyo que Weyler tenía en España. Mas lo que de veras cuenta es que ha logrado un libro emotivo, que se lee, como suele decirse, de un tirón y que no deja de cautivar y sorprender. La narración se acoge a un esquema sencillo pero eficaz, gracias al cual despliega con soltura una cadena de peripecias que dan al libro un ritmo dinámico y vivo. Cuenta asimismo con un retablo de personajes creíbles y con rasgos sicológicos definidos. Con *Trama*, el viejo principio de la transparencia en el relato confirma su vigencia y lozanía. Obra, en fin, que de tan neoclásica que es, resulta posmoderna (Jiménez Losantos 59), representa un salto cualitativo respecto a *Perromundo*. Sólo queda ahora saber si habrá que aguardar otros quince años para que Carlos Alberto Montaner nos entregue su próxima novela.

Casa de Cuba (1990) representa el ingreso de Julio E. Miranda en la prosa de ficción, aunque él, atendiendo a algunas narraciones que publicó en los años sesenta en las revistas *El Cuento* y *Zona Franca*, prefiere hablar de retorno. Es, en cualquier caso, un paso que se veía venir, toda vez que su poesía se fue haciendo cada vez más narrativa, al punto de que un crítico señaló que de algunos textos de *Rock urbano* podían salir muy buenos cuentos. A eso Miranda suma otro argumento: «Puede ser también que, como escribo mucho, pasar de un género a otro es como un descanso». Se trata además de una vuelta a la temática cubana, que había abordado antes en ensayos y antologías. El escenario de su noveleta es el París de los sesenta, cuando el mito de la revolución cubana se hallaba en su momento de gloria y se empezaban a sentir ya las primeras señales del agitado mayo francés del 68. En una residencia universitaria conviven jóvenes cubanos de las más opuestas ideologías: están los becarios del régimen, los opuestos al castrismo (la «gusanera») y los que no se identifican ni con un sector ni con otro. A manera de exorcismo, Miranda echa una mirada a aquella época marcada por las militancias inflexibles, los sectarismos y los debates apasionados. Es, no obstante, una mirada más risueña que nostálgica, aunque no le falte su pizca de melancolía. Hay, por ejemplo, una lograda recreación de las consignas, los giros y los sueños colectivos. Y también de la confusa fauna que se alberga en ese limbo alucinado que es la Casa de Cuba: oportunistas, fanáticos, indecisos, extremistas, románticos, delirantes, artistas y revolucionarios convencidos para quienes el problema sexual tiene tanta importancia como el ideológico. Personajes, en fin, tan disímiles como contrapuestos que, sin embargo, mantienen entre sí una soterrada comunicación. Al final, todo se desvanece y sólo les queda el recuerdo de una utopía que, como tantas otras cosas, se derrumbó. El autor aborda este material con la independencia del francotirador que lo distingue. La cualidad distintiva es, como en todos sus textos, el humor, que aquí va de lo ligero a lo mordaz, pasando por las manifestaciones de relajo criollo. Escrita con estilo sencillo y concentrado, con una prosa impregnada de la exuberancia, el desparpajo y el colorido de nuestro lenguaje coloquial, es, no hace falta decirlo, una obra refrescante, divertida, entrañable. Uno siente, eso sí, que admitía un mayor desarrollo de los personajes y la anécdota (apenas sobrepasa las cincuenta páginas); que buscando la amenidad y la concisión, Miranda renunció a profundizar en detalles y matices. Un debú, en resumen, sin estridencias, pero muy correcto y solvente.

En 1981, Omar Torres inició su actividad narrativa con *Apenas un bolero*, que originalmente concibió como pieza teatral. Más que contar la historia de un hombre que se ve involucrado en un complot de carácter político, confiesa que quiso trazar el viaje mitológico de un escritor en busca de sí mismo y del sentido de su existencia. En ese itinerario, su protagonista decide escapar de la vacuidad y el cubaneo de Miami y se va a Nueva York. Miguel Saavedra ha aceptado la misión suicida de dar muerte a Fidel durante el acto por el XX aniversario de la revolución cubana al que ha sido invitado, porque morir le es tan indiferente como vivir. Asimismo, para él es el único modo de recuperar su honor, de aceptar su herencia como exiliado. En el libro se tratan cuestiones como los efectos del destierro, la soledad, y constantes del carácter del cubano como el choteo, el machismo y el sentido caótico de la existencia. Como primera novela, *Apenas un bolero* posee atisbos de talento y méritos suficientes para otorgar a su autor un moderado margen de confianza. No la favorecen, sin embargo, sus pretensiones, excesivas para quien debuta en el género. Torres mezcla realidad y fantasía, planos de espacio y tiempo, pasa de la primera persona a la tercera, inserta cartas y poemas y hasta pone a dialogar al novelista con su personaje. Unos recursos técnicos que no siempre están bien manejados y que en algún caso, resultan más decorativos que justificados. Su primera obra en inglés, *Fallen Angels Sing* (1991), es en realidad una reescritura de aquel original, que sale de ese proceso bastante mejorado. Antes había publicado *Al partir* (1986), en donde emplea el ropaje histórico para reconstruir, con objetivos didácticos y divulgadores, la figura de una heroína cubana del siglo XIX. Esa elección no es casual: la de Evangelina Cossío fue lo que se dice una vida novelesca. Antes de cumplir los dos años, quedó huérfana de madre. Como sus otras tres hermanas, creció bajo el cuidado del padre, un veterano de la guerra del 68 que la educó como el hijo que nunca tuvo. Delatado por un traidor, éste es detenido por unos soldados españoles cuando lleva documentos comprometedores. Se le somete a un consejo de guerra y es condenado a muerte. Gracias a las gestiones de Evangelina y de su hermana Carmen, le conmutan la pena por la de cadena perpetua. Más tarde, la joven es recluida en la Casa de Refugiadas, de donde logra escapar con la ayuda de un periodista norteamericano que viajó a la isla con ese fin. *Al partir* tiene, entre otros aciertos, el de rescatar un personaje desconocido de nuestra historia. Evangelina Cossío es vista al hilo de la sinceridad y la sencillez, sin esa petulante carga de trascendencia, como una mujer inocente y madura, delicada y valiente, modesta y decidida, que encarna los ideales patrióticos y el espíritu indomable de nuestro pueblo. Torres recrea sus aventuras en un relato escrito con un estilo sosegado, un lenguaje claro y una sensibilidad de corte lírico. En algunas ocasiones, no obstante, la narración se inclina hacia cotas pretendidamente poéticas y de un retoricismo pueril. Es cuando Torres se empeña, como decía Machado, en ponerle perfume a las violetas y acuña expresiones como «una lámpara de gas cruelmente deletreaba las más ínfimas irregularidades del callejón infernal» (54), «la delicadamente acanelada tez de Evangelina» (76) o «las tropas españolas se colgaban del tren como tamarindos armados» (23). La trama está bien llevada y si bien su lectura no llega a ser apasionante, se sigue con interés y simpatía. El autor insiste en cierta artificiosidad estructural tal vez prescindible. Hay un prólogo en el cual Miguel Saavedra, el poeta y periodista de *Apenas un bolero*, presenta la entrevista hecha en Miami, en 1959, al octogenario esposo de Evangelina, quien a su vez lee parte de las memorias de la protagonista. En la segunda parte, la voz de ésta se alterna con un narrador cuya identidad no se aclara. *Al partir* queda como el trabajo en prosa más meritorio de Omar Torres. Una obra, en suma, interesante, más por lo que se propone que por lo que se consigue.

Con *Las sabanas y el tiempo* (1980), Frank Rivera se inició en la prosa imaginativa de manera rotunda y definitiva. Es poco usual hallar una primera novela –nada hace suponerlo– que encierre tan elevadas dosis de talento, economía de medios, esmero formal, seguridad, hondura. Sus protagonistas son dos jóvenes con nombres parecidos, José Manuel y Juan Manuel. Sus historias corren paralelas, para coincidir en el capítulo final del libro, en el que ambos mueren víctimas de la explosión que se produce en el colegio religioso donde estudia uno de ellos. Esas existencias aparentemente desligadas representan modos de vida opuestos. Juan Manuel nació en el campo, en contacto directo con la naturaleza. Se mueve en un nivel marcado por la actividad física y las cosas concretas. Pese a su juventud, posee ya vivencias eróticas y revolucionarias. José Manuel, por el contrario, procede de un medio urbano. La mayor parte de sus energías y su tiempo los dedica a la lectura, las discusiones teológicas, la actividad contemplativa. Ambos, sin embargo, se complementan y conforman una unidad sicológica, un desdoblamiento unitario, y, como ha apuntado Julio Matas, toda la novela está construida en función del encuentro final (Reseña de *Las sabanas* 22). Rivera vuelve sobre algunos temas que pueden considerarse clásicos. Están, por ejemplo, el de la contraposición del mundo material y el mundo espiritual; el de la naturaleza devoradora y hostil, esa esclavitud de la sabana a la cual se refiere un personaje; el de la búsqueda de la verdad; y, sobre todo, el motivo del doble, que aquí se resuelve con la aniquilación de uno y otro. Juan Manuel y José Manuel convergen hacia el desenlace en el que al fin se encuentran, para reconocerse como sus dobles y perecer luego en ese incendio apocalíptico. Es entonces cuando el relato adquiere su verdadera magnitud, cuando se nos revela el secreto propósito del autor, la sabiduría de su realización. Éste sabe contar una historia simple, pero que apunta hacia metas más ambiciosas, que expresa mucho más de lo que parece estar diciendo. Eso tiene mucho que ver con la modélica sobriedad y la exacta sencillez con que está escrita. Rivera da aquí una prueba convincente de cómo narrar de forma austera, cómo podar lo superfluo y dejar la anécdota en puras carnes. No es partidario de los golpes de efectos deslumbrantes. Prefiere jugar con los recovecos, sugerir en lugar de subrayar. Su prosa es precisa, seca, parca en imágenes y lujos estilísticos. Se hace un poco más elaborada en los capítulos correspondientes a José Manuel, en los cuales alcanza, a veces, resonancias poéticas e incorpora líneas truncas y espacios en blanco similares a los de los versos. Admira además, como apunta Severo Sarduy en las palabras de la solapa, su cuidado de no ceder a «ese suplemento de lo pintoresco con que la literatura cubana trata de mantener su prestancia en el exilio». El mismo cuidado que pone también para que *Las sabanas y el tiempo* no caiga en el hermetismo ni en el pensamiento puro en detrimento de los sucesos. Este libro extrañamente hermoso nos da a conocer a un escritor espléndidamente dotado para la novela. Habrá que estar atento, pues, a su evolución.

Hagiografía de Narcisa la bella (1985) constituye otra de las grandes revelaciones de estos años. Con ella la poeta y profesora Mireya Robles se estrena con una primera novela que no lo parece. La ensayista norteamericana Jean Franco ha destacado su don genuino para la comicidad y la sátira, «algo relativamente escaso en las letras hispanoamericanas» (contraportada). Hay que precisar al respecto que más que humor, se trata de una crítica feroz y acerba que toma como blanco el núcleo familiar pequeño burgués, en el que tradicionalmente el hombre ha impuesto su poder exclusivo y ha reducido y marginado a la mujer. En una estructura machista y conservadora viene al mundo Narcisa, y lo hace con dos defectos imperdonables: es fea y no tiene pene. Este último detalle hace que, pese a ser también marginado por su condición de homosexual, su hermano Manengo disfrute de cierta ventaja respecto a ella. Al nacer, ni siquiera le conceden identidad. Para sus padres es «aquel bulto», «eso con pañales», «aquello», «la Sin Nombre». Pasado algún tiempo, su madre, en una de las conversaciones que suele sostener con los personajes de las novelas que escucha en la radio cada tarde, decide llamarla Narcisa, «la mujer que se enamora del agua», en una tergiversación festiva de un mito clásico cuyo protagonista es un joven. De igual modo, hay una subversión paródica en el título mismo del libro: nada más lejano de la ejemplaridad de las hagiografías medievales que esta figura antiheroica, que intenta amoldarse de manera sumisa a los patrones de un sistema patriarcal que, de todos modos, acaba por destruirla. De nada vale que se sacrifique, que trabaje sin desmayo para pagar los estudios de cine de Manengo, los vestidos de Florita-Ita, los periódicos y tabacos de don Pascual, los regalos de doña Flora. Como tampoco le vale el refugiarse en los sueños y desarrollar un profundo y mesiánico egoísmo. Su final será irremisiblemente el rito caníbal en el que es devorada por sus padres y hermanos. Una escena a la cual la escritora quiso dar un carácter simbólico: la familia anula en Narcisa cualquier posibilidad de crecimiento (Soto 103). Muestra además cómo otros personajes femeninos apelan a la fantasía para evadirse de una realidad en la cual se les impide participar activamente. Florita-Ita se refugia en las frivolidades de las revistas de moda; doña Flora, en las radionovelas.

La trama, como puede inferirse, se prestaba a inflamados maniqueísmos feministas, algo que Robles ha sabido evitar. Varios críticos han estudiado la obra desde esa óptica, si bien ella niega haber escrito una novela feminista: «No escribo dentro de un marco de teorías al cual tendría que adaptar la obra literaria. El texto surge libre de amarras teóricas o de enfoques que no tengan que ver con su propia, intrínseca razón de ser» (Carta). En su libro desmitifica la ideología machista, pero no propone otra, en este caso feminista, como alternativa. Estamos, ya lo apuntamos, ante una primera novela construida con una solidez poco común, con un pulso narrativo sin desfallecimientos, con un gran derroche de fuerza creadora. Aunque el registro dominante es la sátira, en su versión más descarnadamente sarcástica, aparecen elementos líricos, mágicos, y no falta en el relato una nota de ternura. Robles ha escrito un libro mordaz e inquietante, aderezado con precisiones costumbristas que, sin embargo, no persiguen ese propósito. Con *Hagiografía de Narcisa la bella* demuestra poseer un talento para contar historias del que habrá que esperar logros aún mejores.

Nuevas incorporaciones

Diosdado Consuegra Ortal, Fausto Canel, José A. Albertini, Manuel Matías Serpa, Nicolás Pérez Diez-Argüelles, Manuel C. Díaz, Carlos Rubio Albet, Alberto Müller, Caridad Rubio, Manuel Prieres, Carlos Deupi y Ricardo Menéndez pertenecen a la avalancha de nuevos nombres que se dan a conocer en esta etapa. Poseen en común el ser contemporáneos (el mayor tiene cincuenta y nueve años; el menor, cincuenta y uno) y el estrenarse como escritores en el campo de la narrativa, con las excepciones de Prieres, que antes había editado un poemario, y de Müller, quien también había incursionado en la poesía y la narrativa breve.

Más de la mitad de las obras que firman ubican su acción en la Cuba revolucionaria, algo que se mantenido desde los sesenta como una constante de la producción cuentística y novelística de la diáspora. En los años sesenta, exactamente en 1964, está ambientada *Ni tiempo para pedir auxilio* (1991), con la cual el cineasta Fausto Canel (1939) se estrenó como novelista. En ese libro transfiere a la literatura experiencias autobiográficas; de ahí que sus páginas desprendan el vigor y la autenticidad de lo vivido. Tiene, por tanto, mucho de exorcismo, de salvación a través de la escritura. El narrador-protagonista es un director de cine que se llama Fausto Canel y trabaja en el ICAIC. Un día conoce a una estudiante norteamericana con la que tiene un idilio. Por esa relación se verá envuelto en una pesadilla kafkiana que concluirá con su encarcelamiento por el Ministerio del Interior. Ninguno de los dos conocerá lo que le sucedió al otro hasta diez años después, cuando se reúnan en San Francisco. Allí se referirán sus respectivas versiones de la experiencia que les tocó compartir. Canel consigue dar a ese materia testimonial un tratamiento novelesco, del cual resulta una obra que muestra la impotencia del individuo frente a los mecanismos represivos de un régimen totalitario. La fábula está desplegada con amenidad e inteligencia, a través de una organización constructiva compuesta por tres bloques, «El Sueño» (encuentro con Kelly), «La Realidad» (estancia en la cárcel) y «El Más Allá» (reencuentro en el exilio). De éstos, sólo en el primero el relato sigue un orden cronológico. En los otros dos, se mezclan escenas del pasado y el presente. El segundo es, por la fuerza golpeante de lo que allí se revela, el más apasionante. Asimismo, el autor consigue recrear muy bien La Habana de aquellos años, aunque su insistencia en resaltar los aspectos negativos lo lleva a dar una imagen un poco simplista de la época. *Ni tiempo para pedir auxilio* se deja leer además con fluidez por estar escrita con una prosa funcional, austera, libre de artificios, en la cual Canel alcanza un respetable grado de dignidad lingüística. En eso influye también la formación cinematográfica del autor, que se nota sobre todo en la vivacidad del montaje y en el correcto equilibrio entre sucesos y diálogos. Al respecto, Severo Sarduy comentó que todo el libro «está compuesto, secuencia a secuencia, como una película que no demandase más que ser filmada» (contraportada).

En Guantánamo, en el señalado año de 1970, localiza Manuel Prieres (1942) el argumento de *Senderos de rocío y sal* (1991), en el que se siguen los avatares de varios personajes que deciden huir del país a través de la base naval norteamericana de Caimanera. Más que de personajes, cabe hablar de personas, pues tal como advierte el propio autor ha partido de acontecimientos y experiencias humanas verídicos. A tal punto lo son, que en el libro se reproducen fotos donde aparecen sus protagonistas. La realidad cobra, pues, aquí su pleno sentido, al ser presentada sin apenas maquillaje. Eso significa que más que de una novela, se trata de un testimonio con el cual Prieres quiso rescatar del olvido la tragedia de unas gentes «hostilizadas por su tiempo y su circunstancia», a la vez que hacer «un canto a la actitud asumida por ese individuo que decide –a pesar de todo– enfrentar el destino» (5). *Senderos de rocío y sal* tiene el mérito de abordar un asunto pocas veces tratado y que, como aquí se demuestra, constituye una fuente temática muy rica. Documentales son, en esencia, los méritos que poseen las más de quinientas páginas en las que ha cristalizado ese empeño. No bastan, sin embargo, para conceder validez literaria a una obra supeditada en demasía a la crónica y que no va más allá del simple esbozo narrativo. Un libro, en suma, políticamente elogiable, pero artísticamente pobre.

En un futuro hipotético sitúa Manuel C. Díaz (1942) su noveleta *El año del ras de mar* (1993), cuya historia se inicia con el alzamiento popular que se produce en la isla cuando se anuncia la noticia de la muerte de Fidel Castro. Entre los cubanos enviados por la Junta de Salvación Nacional para recuperar todos los documentos que se hallan en las dependencias de la Seguridad del Estado, está el anónimo narrador que lleva el relato. En «aquella avalancha de evidencia almacenada» (10), éste descubre un breve informe sobre Ramón Cartaya, alguien a quien conoció años atrás. Se dedica entonces a reconstruir su vida a lo largo de esas tres décadas, y para ello acude a las personas que estuvieron, por una u otra razón, vinculadas a él. Gracias a su notable historial revolucionario (detenciones, torturas, lucha en las montañas), Cartaya disfrutó durante los primeros tiempos de una aureola de héroe popular. Un oficial que quería deshacerse de él, por sospechar que era amante de su esposa, lo implica en una conjura para asesinar a Fidel. Es condenado y permanece en la cárcel de 1966 a 1972. Tras su puesta en libertad, consigue trabajar como médico veterinario y quince años después se retira. Casi hasta el final de sus días, siguió creyendo en aquel proceso que hacía mucho lo había declarado su enemigo. Nunca quiso volver a ver a sus compañeros de presidio. No escribió ni un solo documento en el que cuestionara la dictadura. Y no dudó en sumarse a la Marcha del Pueblo Combatiente que desfiló ante la embajada del Perú cuando los hechos de 1980. No llegó a enterarse de la muerte del Comandante en Jefe: al otro día de ésta hacerse pública se encerró en su cuarto de baño y se cortó las venas de ambos brazos. Díaz ha querido indagar en la figura de Ramón Cartaya para reflexionar sobre cómo un hombre de acción y pensamiento pudo permanecer impasible frente a todo el horror que había en torno suyo. Creó así un personaje que es todo un hallazgo, sólo que no bien aprovechado. En primer lugar, porque exigía un desarrollo más prolongado que el permitido por setenta páginas. De ahí que el asunto desborde las limitaciones del tratamiento y se quede en el borrador de lo que pudo ser una buena novela. Al finalizar su lectura, queda la impresión de que Díaz se hubiese retraído ante un gran empeño narrativo y se contentase con ofrecer sólo un esbozo. Hay, no obstante, atisbos de buen narrador que de repente asoman entre las insuficiencias del libro. Están, por ejemplo, las páginas dedicadas a los últimos años del protagonista, una vez que se jubila. Si ese nivel se hubiese mantenido, *El año del ras de mar* pasaría de ser lo que es, un proyecto lleno de buenas ideas y buenas intenciones, a constituir una primera novela significativa.

No todos los autores se acogen al canon realista para abordar la temática de la isla. Algunos lo impugnan y se apartan un tanto de las pretensiones de verosimilitud, al tiempo que exploran sus posibilidades poéticas. Ése es el caso de Diosdado Consuegra Ortal (1944), quien en su segunda incursión en la novela se afilia al realismo mágico. *La resurrección de las tataguayas* (1985) es además uno de los contados títulos escritos en el exilio que se ambientan en el medio rural, de donde por cierto procede la familia del autor. Habla aquí de los cambios introducidos en el campo cubano a partir de 1959 y de los dolorosos conflictos que muchas de esas arbitrarias medidas introdujeron en las vidas de esas gentes. José, el protagonista, viaja a Estados Unidos a ver a su hija. A su vuelta, se encuentra con que sus tierras y animales, al igual que las de otros campesinos, van a ser expropiados y él pasará a ser obrero de una cooperativa, algo a lo cual se niega. La obra concluye cuando él y los otros personajes se reúnen, después de muertos, en Cuba. A partir de esa sencilla anécdota, Consuegra Ortal creó un imaginario fantasmagórico muy personal, en el que lo costumbrista y lo fantástico, lo racional y lo onírico se dan cita en una prosa cargada de ingredientes poéticos y trabajada con gran esmero formal. Estamos ante un escritor que demuestra una sólida voluntad estilística, un mérito que por lo poco frecuente es preciso destacar. Eso, sin embargo, lo lleva a confiar demasiado en el deslumbramiento expresivo, lo que no resulta eficaz a nivel narrativo. Como resultado, el hilo argumental se reblandece, se diluye, y palidece frente a la escritura. ¿Significa eso que el balance de *La resurrección de las tataguayas* es negativo? En modo alguno. En esta breve obra hay sobradas pruebas de talento, creatividad y afán renovador que acreditan que Consuegra Ortal es un autor por quien vale la pena apostar.

También participa en buena medida de los elementos del realismo mágico *Monólogo con Yolanda* (1995), de Alberto Müller (1939). Su relato se estructura a través de los recuerdos del viejo Javier, un hombre callado y de vida solitaria que, necesitado de liberarse de los recuerdos de un pasado que lo tortura, cuenta a su nieta Yolanda sus dantescas experiencias en la cárcel: las celdas pestilentes y llenas de ratas, los fusilamientos simulados, el trabajo en las zanjas donde desaguan los excrementos de la prisión, los bayonetazos, las torturas físicas y sicológicas. Como contraste catalizador a esa isla hoy lejana, está esa isla paradisíaca donde se han refugiado los jóvenes para construir su utopía, y a la cual ha llegado Javier, tras su salida al destierro. La novela tiene mucho de exorcismo de los fantasmas que hostigan al autor, quien entre 1961 y 1976 sufrió prisión en Cuba por sus ideas políticas. Esas vivencias autobiográficas que aquí recrea se mezclan con mensajes ecologistas, reflexiones sobre las drogas, los problemas de la juventud y el concepto de patria. Demasiado tal vez para una primera novela. Müller debió resignarse a abarcar menos. Deja así cabos sin atar, incurre en repeticiones que pudieron corregirse, en incongruencias que molestan, en incoherencias que sobran (Leal 7E). Hay además un dispendio de retórica en la escritura, y sus personajes no pasan de ser siluetas borrosas, sin verdadera vida interior. *Monólogo con Yolanda* queda como un intento bienintencionado, pero alicorto.

La nota distintiva de este grupo de nuevos autores parece ser la de las primeras novelas que más que como obras elaboradas y redondas, se presentan como promesas. Algo que se cumple en *Pajarito Castaño* (1991), con la cual se dio a conocer Nicolás Pérez Diez-Argüelles (1941). Al igual que *La resurrección de las tataguayas*, se advierte el propósito de trascender los límites del estrecho realismo social con la incorporación de ingredientes mágicos y, en este caso, de una inagotable veta de humor. Se cuenta allí la historia de un hombre crédulo, puro y lleno de nobles pensamientos. Nació en la carpa de un circo, una noche en que el cielo se llenó de extrañas señales, fruto de las relaciones sexuales de una retrasada mental con un gorila. Mitad humano, mitad animal, es capaz de hablar con los animales, devolverle la vista a un limpiabotas ciego y hacer crecer a un enano. Esa capacidad para los milagros le acarrea no pocos problemas, pues aquélla es una sociedad que no tolera lo insólito, lo que se aparta de lo ordinario. Al triunfar la Cruzada Fraterna que encabeza el Primerísimo, es designado representante del Hombre Nuevo y nombrado Presidente Honorario del Instituto de Amistad con los Pueblos. El nuevo gobierno no demora en convertirse en una feroz dictadura, a la que Pajarito Castaño se enfrentará con las únicas armas en las cuales cree: el amor y el perdón. El autor se vale de las delirantes peripecias del protagonista para elaborar una metáfora de la realidad cubana, que aparece vista desde la perspectiva jocosa y satírica. Las mejores páginas del libro son las correspondientes a las dos primeras partes, aquéllas en donde Diez-Argüelles da rienda suelta a su desbordante fantasía sin hipotecar la urdimbre imaginaria al discurso ideológico. En las otras tres, por el contrario, la novela empieza a perder aire, el humor discurre por sendas más previsibles, la visión de las últimas décadas se simplifica y el relato pierde encanto e interés. *Pajarito Castaño* está construida además con excesivo predominio de lo anecdótico, que es usado como comodín para salvar e ilustrar situaciones en las que hubiera hecho falta un esfuerzo mayor de análisis y profundización sicológica.

El humor es también uno de los ingredientes básicos de *Las chilenas* (1991) y *Un día... tal vez un viernes* (1992). Con la primera, Manuel Matías Serpa (1941) prosigue la trayectoria que inició a fines de los ochenta con el volumen de cuentos *Días y noche de vino y rosas*. «Lo que sigue, les advierto, es de pesadilla», aclara el narrador desde las primeras páginas (4). Y eso es la novela, una larga pesadilla que tiene Félix, un marielito que vive en Miami, y de la cual pareciera no poder despertar. Nada más acostarse, no importa la hora a la que lo hiciera, se reanuda ese sueño que lo traslada a la Cuba actual y en el que todo ocurre a las tres de la tarde. Distintas épocas se confunden de modo alucinante y surrealista en ese mundo onírico: un coche salido de un capítulo de *Cecilia Valdés* dobla hacia San Ignacio, sale a Flagler, allí vira hacia una plazuela que limita por un lado con Bob Hope Avenue y por el otro da a Muralla. Nos hallamos asimismo ante una obra que rezuma ironía, irreverencia, voluntad de transgredir, y en la cual la vena humorística del autor se exhibe triunfante. De principio a fin, sus páginas están repletas de cacofonías, onomatopeyas, retruécanos, juegos de palabras y guiños culturales que recuerdan el estilo inconfundible de Cabrera Infante: «porque no es sólo la Vana –paraíso encantado de conocerlo–; sin siquiera salirnos del son, son muchas las ciudades y pueblos que nos llaman. Y no sabe uno dónde quedarse, porque si bien es cierto que Santiago de Cuna es policromada estampa criolla que derrite el son, Guantánamo (qué rico es mi son, con su cadencia y su picazón), que queda atrás, no se queda atrás. Y en Alto Songo se quema la Maya. Cuna es linda de San Antonio a Maisí. Pero Cienfuegos es la ciudad que más le gustaba al Benny, que en Santa Isabel de las Lajas querida dejó su más memorable son» (37). En *Un día ... tal vez un viernes*, el debutante Carlos Deupi (1936) tres amigos se reencuentran, tras varios años sin verse, en el Tango Bar y allí evocan sus aventuras de juventud. Con un costumbrismo mucho más sobrio que el de otros autores de la diáspora, Deupy relata las peripecias del trío en La Habana de los años cincuenta, que tienen como telón de fondo unos acontecimientos sociales que determinarán el rumbo que luego han de seguir sus vidas. No puede decirse que ambas sean novelas desdeñables, aunque distan de ser obras logradas. Es de lamentar, eso sí, que Matías Serpa y Deupy no se hayan fijado metas literarias más ambiciosas, que se contenten con libros que resultan amenos y asequibles a costa de renunciar al riesgo y a la complejidad.

El trauma del exilio es el tema dominante de *Cicerona*, obra con la cual Diosdado Consuegra Ortal debutó en 1984. Es una novela breve que tiene un soporte argumental muy simple: dos personajes a quienes las circunstancias políticas separaron se reencuentran al cabo de más de dos décadas. Él arribó hace poco a Estados Unidos por el puerto del Mariel. Ella, en cambio, salió de Cuba hace unos cuantos años. El relato está construido a partir de una cadena de monólogos, en los que el espacio textual es invadido por los recuerdos de una memoria fragmentada. Y eso es en buena medida *Cicerona*, un libro sobre la memoria y el recuerdo. En el discurso de María Canales la evocación de su vida en la isla se mezcla con las vivencias en esa tierra extraña a la que no se ha adaptado del todo: a medias ha conseguido dominar el idioma, el invierno, las nuevas costumbres. Basta el diálogo con el compatriota recién llegado para que aflore la nostalgia por unas raíces a las que nunca renunció. El autor aborda con humanidad y lucidez la desgarradora experiencia de esa mujer ya madura que hace de cicerona de Cuno en la nueva ciudad. No logra, sin embargo, que el relato acabe de atrapar nuestro interés debido a que la trama no ofrece estímulos ni desarrollos sorpresivos que incentiven la lectura, así como a una narración un tanto lenta y farragosa que le resta vivacidad.

Sin constituir su asunto central, la presencia del exilio define en buena parte la perspectiva desde la cual está contado el argumento de *Rabo de nube* (1991). Hablamos del título con el que debuta en la prosa de ficción Caridad Rubio, seudónimo bajo el cual lo editó la historiadora y especialista en Derecho Beatriz Bernal (194...). Según ha expresado ella misma, es una obra de nostalgia, algo que tiene mucho que ver con el propósito de «exorcizar su condición de apátrida, su soledad, su abandono» (5) que lleva a Valentina Castroverde, la narradora-protagonista, a plasmar en forma de novela su historia, que es también la de otras vidas rotas como la suya. Salda así una deuda consigo misma y con sus compañeros de grupo. Una generación cuyos integrantes andan hoy por los cincuenta años, y que pasó su juventud en el batistato, se incorporó luego a la revolución y terminó sintiéndose traicionada o, al menos, defraudada por ésta. Eran tiempos de cambios y procesos agitados de los que era imposible salir indemnes o sustraerse. Y que para bien y para mal, para lo trascendente y lo inmediato, transformaron la existencia de aquellos jóvenes estudiantes de Derecho y provocaron desgarraduras individuales y colectivas. Unos, por conveniencia, ingenuidad o convicciones, optan por el nuevo régimen. Otros prefieren el destierro. Con *Rabo de nube*, Beatriz Bernal nos entrega una obra de gran valor testimonial, que consigue el recuento de una experiencia personal al tiempo que refleja el huracán social que ha sido el proceso cubano. Éste es visto además desde una óptica crítica equilibrada y ecuánime, lo cual evita que su imagen de esos años sea elemental y esquemática y que el libro caiga en el panfleto. A esas cualidades hay que agregar que la escritora ha sabido convertir ese material, en el que uno cree advertir elementos autobiográficos, en un texto narrado con solvencia literaria. Usa aquí los procedimientos del realismo, aunque nos recuerda que éste no tiene por qué ser sinónimo de presentaciones chabacanas y carente de matices. Es asimismo un realismo rico en sustancia humana, capaz de combinar objetividad y afecto, descripción y análisis, emotividad y humor. Otro de sus aciertos es saber narrar con llaneza y con un visceral e instintivo placer de contar. A ese tono espontáneo del relato se ajusta el lenguaje, simple, directo y salpicado de cubanismos, con algún que otro españolismo y mexicanismo. En ese aspecto, el remedo fonético del habla de los negros constituye un recurso tan manido como innecesario del que la autora bien pudo prescindir. A todo eso, debemos sumar el aliciente de la amenidad, pues *Rabo de nube* es cualquier cosa menos aburrida. Obra sincera, autocrítica y encantadora, no posee ambiciones técnicas, pero cumple muy bien todo lo que se propuso.

Ese acercamiento a la realidad cubana asume vías más elusivas y metafóricas en *Tierra de extraños* (1983), de José Antonio Albertini (1940). La acción sucede en un supuesto futuro, durante la primera etapa de la Era de la Transformación, cuando el mundo quedó devastado por los conflictos bélicos que ocasionaron la Gran Hambruna. Rige en todo el planeta un poderoso y oculto poder, bajo el cual los seres humanos hablan un idioma único y que ha abolido el concepto de nacionalidad. Iván, el protagonista, es uno de los pocos que se resiste a aceptar las normas de la Mentalidad Universal que se resumen en un principio básico: «si otros deciden por mí, acatar es la forma de vivir en felicidad» (26). Como el resto de los disidentes, es declarado enfermo, acusado de sentir duda y miedo y sometido a un tratamiento. El amor que surge entre él y una enfermera desencadenará una serie de acontecimientos que pondrá en peligro la estabilidad del sofisticado sistema de absolutismo. Siguiendo los modelos de Orwell y Huxley, Albertini ha escrito una novela correcta, hecha con la dignidad de la elaboración artesana, pero que no logra apasionar ni tomar vuelo. El estilo sosegado, escueto y frío con que está narrada no era quizás el más idóneo para recrear una realidad tan siniestra y espeluznante. Su segunda novela, *A orillas del paraíso* (1989), se desarrolla en un lugar indeterminado de América Latina, asolado por el enfrentamiento entre el ejército y las guerrillas. Alfredo Leiseca ha comentado que es un testimonio vivo de un idealista frustrado en esta odiosa era de duplicidades (11). El registro es ahora tragicómico, y el autor se acoge al módulo constructivo de la novela clásica y a procedimientos técnicos tradicionales. Al igual que *Tierra de extraños*, está realizada con una corrección exenta de brillantez.

Carlos Rubio Albet (1944), por último, tras darse a conocer en 1980 con un volumen de cuentos, hace su primera tentativa en la novela con *Quadrivium* (1990), con la que un año antes obtuvo en México el Premio Internacional Nuevo León. Se trata de una obra neobarroca, que nos remite de inmediato a escritores como Lezama Lima, Sarduy y Carpentier, a quienes es evidente tiene como patrones. La integran cuatro historias simétricas que siguen una misma pauta argumental que el autor recrea y ambienta en diferentes escenarios: Hong Kong («Waiting for Mao»), Washington («Trick (f)or Treat»), Río de Janeiro («Mein Kampf») y La Habana («¡Viva Fidel!»). Sus respectivas protagonistas han logrado triunfar en el mundo del espectáculo, pero la intervención de un o una rival echa por tierra sus brillantes carreras. Es en ese momento cuando aparece un misterioso cuarentón griego que las llevará a Miami a trabajar en el Calibán Club, no sin antes permitirles consumar su venganza. La anécdota es, como se ve, bastante endeble y deja una impresión de levedad. El principal interés del libro radica en la demostración de estilo que hace Rubio Albet. *Quadrivium* resulta así una novela más artificiosa que sagaz, más rutilante que auténtica. Fascinado por la escenografía, el autor satura el relato de descripciones y disgresiones que confunden al lector o que, en todo caso, lo desvían del hilo argumental. Si la lectura no llega a hacerse tediosa, se debe en buena medida a la presencia del humor, que hace de *Quadrivium* un texto divertido, malicioso y socarrón. Algo que no es frecuente en nuestra literatura contemporánea, más dada a la solemnidad. Resumiendo, estamos ante el estreno de un creador con quien convenía adoptar una actitud de razonable confianza en su siguiente novela.

Ésta demoró siete años en ver la luz y vino a ratificar la afiliación de Rubio Albet a los preceptos de una estética que recupera la herencia hispánica del Siglo de Oro desde la perspectiva de la vanguardia, como un legado activo, lejos de la pieza de museo (Guerrero 202). *Saga* (1997) tiene como protagonista a Juan Beleno, quien posee tres personalidades, a saber: un músico de atril por obligación, un alquimista tardío por afición y un chulo de postín por necesidad. Junto a un fiel amigo, el también cambiante Güido Guardini, parte en busca de Clotilde, una oveja descarriada que ha abandonado el pueblo y se ha refiguado en El Palacio de las Flores, el prostíbulo que administra Madame Rina, una mujeranga enigmática, cruel y déspótica sobre cuya identidad corrían distintas versiones. A esos personajes se suman otros como Greta, la actriz de segunda categoría que vive encerrada en su casona y planea regresar a los escenarios, o el párroco que en sus homilías dominicales castigaba a la Priapic Enterprises, Inc., la compañía que había invadido la santidad del pueblo de Las Mercedes. No se interesa el autor por desarrollar una novela a la manera tradicional, sino que construye lo que Justo C. Ulloa define, en la contraportada del libro, como un *locus* descriptivo y narcisista que se cita a sí mismo, que no ofrece una anécdota estática y única, «sino más bien un reflejo espejeante de una historia que se sabe a merced del discurso y que reutiliza descripciones claves en nuevos contextos». De ello resulta una obra cuya acción externa es poca y que apuesta más por los primores de la forma que por la hondura del contenido. Está escrita con una prosa elaborada y sensual y participa de algunas de las estrategias empleadas por Severo Sarduy en sus novelas: intertextualidad, marcada presencia del narrador y de los vínculos de éste con los hechos contados, preferencia por los espacios «teatralizados». Y también como el creador de *Colibrí*, Rubio Albet concede especial importancia a los elementos plásticos y decorativos con que enriquece las descripciones. El ornato, no obstante, dificulta un tanto la lectura y se convierte en una rémora que entorpece el seguir una línea argumental nítida. Mas no hay que olvidar que, al igual que *Quadrivium*, *Saga* es un texto que no se atiene a moldes convencionales y que fue creado al margen de modas y opciones fáciles, sin tomar en cuenta presiones ajenas a la escritura. Un riesgo muy de aplaudir en los tiempos que corren, en los que muchos autores –también los hay en la literatura cubana del exilio– buscan congraciarse con el público a cualquier precio.

El, de momento, último de estos debutantes es Ricardo Menéndez (1942), quien en 1997 vio publicada su primera novela, *La 'Seguridad' siempre llama dos veces...; y los orichas también*. Escogió para su estreno un género desdeñado por los escritores extramuros, el policial, del cual parte para contar una historia de contraespionaje. Tras haber sido detenido por comprar café en el mercado negro, un joven cubano decide escapar clandestinamente de la isla. Con tantos prejuicios como ilusiones, llega a Miami, esa ciudad en donde «todos los cubanos, quiéranlo o no, terminan viviendo, física o mentalmente» y «último refugio contra la disolución sigilosa de la identidad nacional» (27). Allí conoce a Iraida y a Querubín, un extraño dúo del que pronto sospecha saben más de lo que aparentan y mucho más de lo que dicen. Demasiado tarde para él viene a descubrir que se halla involucrado en una pérfida madeja tejida por los servicios secretos cubanos, que han preparado una compleja y bien urdida red de tráfico de drogas. Con innegable instinto narrativo, Menéndez va desarrollando la ingeniosa trama de manera sencilla, lineal y directa, con un lenguaje vigoroso que no nos hace pensar, en sus mejores momentos, que estamos en presencia de un autor primerizo. Asimismo, perfila con trazos escuetos pero firmes una galería de caracteres que se apartan de los estereotipos. *La 'Seguridad' siempre llama dos veces...* posee, no obstante, golpes que delatan la bisoñez literaria de Menéndez. El más señalado es su irrefrenable tendencia a las disgresiones, algo que le resta fuerza al relato. El autor ofrece además explicaciones que uno preferiría ahorrase (véase, por ejemplo, su prolija información acerca de los congos y los abakuás, a propósito de las conflictivas relaciones entre Facundo y Mercedes). Y repite hasta el cansancio los recorridos en coche por Miami, con un inventario pormenorizado de calles, avenidas y *expressways*. Deficiencias —unas de poca monta, otras, no— que no deben empañar los hallazgos de un novelista a quien debemos esta primera e interesante incursión en el género policial.

Narrativa posutópica: el núcleo del Mariel

Finalizaremos este repaso de la producción novelística con el análisis de la entrada a escena de un amplio catálogo de autores nacidos entre 1945 y 1960, por lo que su edad oscila entre los treinta y cinco y los cincuenta y cinco años. Representan en conjunto una pujante y talentosa promoción que constituye un indicador de la riqueza, vitalidad y perspectivas de futuro alcanzadas por el género a la vuelta de este fin de milenio. Dedicaremos un primer bloque a los narradores del grupo del Mariel, el único que como tal puede distinguirse.

Ismael Lorenzo (1945), el mayor en edad de esta partida, es el primero en comparecer ante los lectores. En 1982 edita *La Hostería del Tesoro*, título al que luego seguirán *Alicia en las mil camas* (1984) y *La Ciudad Maravillosa* (1985). Las tres novelas fueron escritas en Cuba, entre 1968 y 1978, y sus manuscritos fueron sacados clandestinamente al extranjero. Una vez en Estados Unidos, el autor los revisó antes de entregarlos a la imprenta. Se trata, por tanto, de textos creados cuando Lorenzo era muy joven y en unos años vividos bajo el signo de la represión, la asfixia y la autocensura. Dos circunstancias que han dejado su marca en los libros de los que nos ocupamos. En los tres, el sistema totalitario que rige en la isla aparece tratado mediante el empleo de mitos infantiles y de ingredientes de géneros populares como las tiras cómicas, las películas del oeste, las canciones de moda, los relatos de ciencia-ficción. Están recorridos además por un humor que pretende ser corrosivo, así como por un sentido lúdico que asoma de vez en cuando. *La Hostería del Tesoro*, por ejemplo, ocurre en un pueblecito del viejo oeste administrado por Pecos Bill con la ayuda de Bat Masterson. Sus enemigos declarados son los malvados cuatreros del norte, y una de las grandes preocupaciones de ambos es combatir «la influencia malsana que puede traer a los habitantes de Tombstone el roce con costumbres y modas extranjeras» (23). El personaje central es Henry el Fullero, un joven que, como

tantos otros del lugar, sueña con escapar algún día a Pénjamo. A juicio
de Manuel Ballagas, se trata de la primer novela *pop* de nuestra literatura, en la cual se dibuja una clara metáfora de la Cuba castrista, de la
misma manera que su protagonista es la viva estampa de «esa curiosa
especie de animal frustrado y sólo a medias sumiso, producto de los laboratorios políticos donde se fabrica el llamado *hombre nuevo*» (13-14). Uno
de los problemas básicos de las obras de Lorenzo es la levedad y escasa
hondura de su alcance crítico. Su supuesta carga transgresora se reduce
a casi nada, su imagen de esa terrible realidad resulta candorosamente
ingenua. A ello hay que agregar las deficiencias de orden artístico que
delatan un proceso de elaboración demasiado apresurado. *La Hostería
del Tesoro*, *Alicia y las mil camas* y *La Ciudad Maravillosa* eran originales que aún necesitaban reposo y reescritura. Tal como se publicaron,
constituyen tanteos juveniles, esbozos narrativos en estado embrionario.
Ello no impide el reconocimiento de algunos hallazgos parciales, como
capacidad imaginativa, búsqueda de nuevos registros ficcionales y
manejo discreto de los recursos humorísticos.

La publicación en 1983 de *Al Norte del Infierno* provocó en el ambiente más conservador y provinciano de la diáspora un pequeño alboroto
político-literario, no exento de matices moralistas. Unos defendieron la
novela. Otros la atacaron con saña y la calificaron de porquería. Refiriéndose a esas reacciones, el autor, Miguel Correa (1956), ha expresado: «Escribí la obra como si le hiciera un cuento a un amigo cercano, sin pensar
por supuesto en la literatura y sin inhibirme de decir 'culo' donde iba. Tal
vez por ello tuvo una repercusión mayor a la que yo esperaba» (Carta).
Lo curioso es que todo ese revuelo lo armó un libro que ante todo es una
suerte de mosaico en el que la realidad cubana es vista a través de una
lente distorsionante, que pone de relieve el desquiciamiento y el absurdo
que imperan en la vida diaria. Se trata, eso sí, de una propuesta narrativa no apta para todos los gustos, ni recomendable para lectores tibios
y timoratos. La textualidad fragmentaria es su clave compositiva. El
escritor ha querido construir una obra más caleidoscópica que unitaria,
compuesta por veinticinco piezas manifiestamente susceptibles de una
lectura autónoma, pero pensadas para integrar una unidad en la cual
alcanzan su sentido completo. Es lo que Bajtin ha llamado novela polifónica y Cortázar, modelo para armar. Esos cuentos, estampas, viñetas,
prosas o como se les quiera llamar, al sumarse acaban por conformar el
retrato de una época y un país, un fresco del horror cotidiano en el estercolero castrista. Como otros narradores del grupo, Correa se libera de
fantasmas y mordazas y hace un libro de jirones, divertido, insólito y, en

apariencia, desordenado y arbitrario. Es el testimonio de un esfuerzo de rebeldía, que airea algunas de las lacras de un régimen fracasado, y mediante el cual se realiza un trabajo de higiene social por la vía de la burla y de una demoledora ironía. El sueño de la escapada aparece como motivo recurrente en páginas en las que la caricatura acentúa su rictus grotesco y en las que humor y horror se confunden en una misma mueca. En uno de los textos más sarcásticos, una mujer llega a autoacusarse y denigrar a toda su familia con tal de conseguir la carta que la autoriza a salir: «Sí, sí, teniente, anótelo como se lo estoy diciendo: en nuestra familia todos somos homosexuales. ¡Lo homosexual que todos somos! Yo misma soy una tortillera empedernida. Pero de las cosas que yo soy, teniente, tortillera es la más leve. He ejercido la prostitución ya por dos décadas. Qué me dice, ¿eh? La más proxeneta de la ciudad soy yo. Ay, sí, yo, la proxeneta. He estado ya presa en varias ocasiones y siempre por el mismo delito: me masturbo por las noches en la Plaza de la Catedral, frente a un retrato de Vilma Espín (...) ¿Lo ha anotado todo, teniente? Que no se le quede nada, por Dios. Nosotros no merecemos tanta bondad» (75-76). No escapa a ese tratamiento desmitificador el mundo del exilio, monótono, degradante y nada idílico, aunque compensado por la suprema ganancia de poder ser libre. Muestra representativa de lo que Reinaldo Arenas llamó literatura del acoso y del delirio, *Al Norte del Infierno* posee una fluida variedad de tonos y procedimientos y es mucho más profunda de lo que simula. En su obra inicial, que no primeriza, Miguel Correa exhibe dotes nada habituales en un debutante, que lo anuncian como una segura promesa.

Inmerso ahora en el quehacer poético, Carlos A. Díaz Barrios se dio a conocer algunos años antes como novelista. Lo hizo con un par de títulos, *El Jardín del Tiempo* (1985) y *Balada gregoriana* (1988), que vienen a completar el perfil de un creador de indudable talento. Ambas son novelas duras e incómodas que deben leerse como retratos generacionales, al tiempo que trazan la crónica política y social de un país. Como las de Correa, Arenas, Carlos Victoria y Roberto Valero, reflejan el fracaso de las ilusiones, la degradación de una utopía, la quiebra total de los ideales de antaño. Podemos hablar, por tanto, de una narrativa posutópica. Los de Díaz Barrios son textos críticos que existen y tienen identidad como obras de creación, que muestran una más que patente preocupación por los elementos formales y técnicos. Están escritos en una desgarradora y comprometida primera persona, algo que es consecuencia del planteamiento adoptado por el autor, quien parece poner bastante de sí mismo en los dos. *El Jardín del Tiempo* nace de un esfuerzo contra el olvido, de indagar en la memoria colectiva, en los miedos, sueños sepultados, renuncias, humillaciones y esperanzas de una generación. En este inmenso desfile rítmico de estupores y airadas palabras, asistimos a un conjunto de cuadros que van de la etapa colonial a los sucesos de la embajada del Perú de 1980, si bien la trama se centra más en los años sesenta y setenta. Las UMAP, los trabajos voluntarios, el culto a los ídolos de la música moderna, los choques con la censura, la vida en un sórdido solar habanero, los amores furtivos, el temor a ser enviado a combatir en Angola, los actos de repudio, se entrecruzan en un fresco de pesadilla repleto de anécdotas y figuras que a juicio de Carlos Victoria sobrecogen por su ferocidad (Reseña de *Jardín* 30). La estructura no responde a las de las novelas clásicas. No hay un hilo argumental propiamente dicho, tampoco personajes construidos según los patrones sicológicos tradicionales. El realismo y el mundo onírico, el lenguaje poético y el habla popular, las escenas cotidianas y las referencias culturales, confluyen y se contraponen en un relato delirante, de tono tan apasionado como lúcido, que desborda ritmo e intensidad. Su discurso posee una intensidad visceral que nos absorbe, sin pausa ni respiro, de principio a fin, y que hace que libro se lea con fruición. Escrito por un joven que conoció en carne propia la intolerancia y el dogmatismo, *El Jardín del Tiempo* es la epopeya de los marginados y los perseguidos. Con él, Díaz se revela como un inexorable destructor de mitos, como un cronista de las facetas más siniestras de la trastienda cubana. De similar nivel de exigencia artística participa *Balada gregoriana*, que insiste más en la vertiente intimista. Al igual que la obra anterior, en sus páginas hay violencia, pesadilla, muerte, elementos fantasmagóricos. Tampoco hay una secuencia lineal, sino que los hechos llegan al lector de manera fragmentaria, como si se tratara de las imágenes de un sueño o del fluir del pensamiento. El autor ha confesado que quiso hacer en ella una especie de alegoría medieval, de suma teológica del horror, y también «un canto a la vida, un canto de lucha de quienes se alzan contra todas las adversidades en un medio hostil y una realidad macabra» (9). Resulta, no obstante, un texto de más difícil acceso, a causa del predominio de la técnica y el discurso verbal sobre la narratividad y el argumento. Estamos, en cualquier caso, ante un autor que se ha incorporado a la novela de modo brillante y de un creador joven dispuesto a demostrar que lo es realmente.

A diferencia del resto de sus compañeros, Nicolás Abreu Felippe (1954) se estrena con una obra que se aparta de los compromisos políticos, se desembaraza de todo elemento no estrictamente narrativo y se limita a contar ficciones. Se relata en *El lago* (1992) una anécdota muy sencilla: varios amigos van de pesquería a un lago. Esa cotidianeidad tan inmediata y trivial poco a poco empieza a ser anegada por detalles fantásticos: árboles que se enfadan, piedras que salen del agua a curiosear, espermatozoides que adquieren proporciones gigantescas y se convierten en seres humanos, para culminar en un desenlace apocalíptico en el cual irrumpe el mismísimo Diablo y en el que el protagonista, antes de desaparecer en un remolino, saca colgada del anzuelo la casa donde pasó su infancia. En la metáfora final, el autor parece referirse a esos fantasmas del pasado de los que tan difícil resulta escapar. En este despliegue imaginativo, se advierten algunas vecindades con el universo literario de Arenas, si bien hay que reconocer que tras estas páginas hay un escritor que procura buscarse a sí mismo. No puede decirse que *El lago* sea una obra redonda. Su prosa, para referirnos a detalles concretos, es más bien pobre, cae con frecuencia en la simpleza por la falta de elaboración, por el empleo de frases hechas y lugares comunes. Asimismo, los recuerdos y disgresiones del narrador no siempre están insetados de modo convincente en la armazón estructural. Esas y otras inexperiencias resultan menos notorias gracias a la capacidad para contar e inventar historias que posee Abreu Felippe. Eso hace que su novela se siga con cierto interés, que no sea, en absoluto, aburrida, algo que el lector difícilmente está dispuesto a perdonar.

Algunos años más que la mayoría de sus compañeros demoró Carlos Victoria (1950) en ver editado su primer libro, un tomo de cuentos que vio la luz en 1992. En la convocatoria 1992-1993 del Premio Letras de Oro fue premiada *Puente en la oscuridad,* su primera novela, que apareció en 1994, y a la que pocos meses después se sumó la segunda, *La travesía secreta.* Como ha observado Alejandro Armengol, esos tres títulos guardan entre sí un estrecho vínculo no sólo porque el orden en que se publicaron no coincide con el que fueron elaborados, sino porque su creación se ha caracterizado por un ir y venir de un original al otro, en un proceso de escritura y reescritura (3). Se trata, por otra parte, de una obra de extensión infrecuente entre nuestros narradores (casi quinientas páginas), un empeño de envergadura que cuajó en uno de los títulos emblemáticos de este período. Victoria realiza aquí un ajuste de cuentas con el pasado inmediato, a través del retrato de una peripecia existencial que es, al mismo tiempo, una crónica y una radiografía de su generación. Aquella que a mediados de la década del sesenta andaba por los veinte años, y para la cual «lo imprescindible era sobrevivir, liberarse de la cárcel, no delatar a otros ni ser delatado, conservar una pizca de dignidad ante los que intentaban sin cesar cambiarnos, o para hablar con más exactitud, humillarnos» («Un mundo» 22). A ella pertenece Marcos Manuel, un joven escritor camagüeyano que llega a La Habana lleno de esperanzas y sueños. En los cinco años que cubre la novela, de 1965 a 1970, vivirá numerosos tropiezos y aventuras: tiene sus primeras relaciones sexuales, entabla amistad con un grupo de actores, se ve involucrado en una frustrada tentativa de salida clandestina del país, descubre el escape de la bebida, ingresa en la universidad, de la que es expulsado por críticas malintencionadas al gobierno, atuendo exhibicionista, comportamiento antisocial, así como por «tener ideas propias, y lo que es peor, decirlas en voz alta» (292), participa en el movimiento *hippie* y, como colofón, es arrestado por la Seguridad del Estado. El Marcos Manuel que, en el último capítulo, regresa a Camagüey es otro bien distinto, no sólo porque la adolescencia ha dado paso a las primeras manifestaciones de la edad adulta, sino también porque ha cubierto un tramo decisivo de su etapa formativa. En ella cuenta con dos amigos que lo guían y educan: Eulogio, nihilista, lúcido, burlón, y Elías, culto y de carácter más estable. Ambos marcarán la trayectoria espiritual de ese joven romántico, inexperto, rebelde, sexualmente indeciso y con tendencias autodestructivas, en el que Carlos Victoria ha creado un héroe problemático, como pedía Georg Lukacs. El libro está poblado por otros personajes llenos de vida y de una gran verosimilitud y complejidad sicológica, entre los cuales está esa estupenda figura que es Eulogio. La dedicación del autor a la poesía (tiene inéditos tres poemarios) ha dejado huellas en su prosa, cuidada, vigorosa, sacudida por estremecimientos de deleite verbal, salpicada de referencias culturales.

Como novelista, Victoria se reconoce heredero de tres autores cubanos a quienes, según su criterio, no se les ha dado el lugar que merecen: Lino Novás Calvo, Carlos Montenegro y Calvert Casey. Y afirma que como ellos, quiere «contar historias que puedan interesar a la gente, historias que giren alrededor de ese fenómeno inagotable que es el ser humano» (Carta). Fiel a ese concepción, en *La travesía secreta* se ha ajustado a los módulos de la novela realista. Un realismo, no obstante, profundizado y enriquecido con la sicología, marcado por la introspección y las complejas relaciones entre los personajes, que se ve favorecido por una estructura flexible. En ese aspecto, cabe señalar el largo texto monológico del capítulo XV, un recurso que en el conjunto resulta postizo, ya que rompe una unidad estilística variada pero homogénea, sin que uno alcance a comprender los verdaderos motivos de ese cambio de registro. Reinaldo García Ramos ha señalado que la novela de Carlos Victoria puede ser en el futuro una obra a la cual se le rinda merecido culto por su valor testimonial («Una novela» 156). Está muy bien recreada, por ejemplo, esa fantasmagórica atmósfera de miedo, hipocresía, duplicidad y delaciones que llegó a alcanzar proporciones totalizadoras, cuando lo que en un inicio fue un proyecto social hermoso terminó convertido en una pesadilla orwelliana. La denuncia política está, sin embargo, subyacente y no lleva a un retrato banal y maniqueo de la época. A más de ser una sólida obra que enriquece la narrativa cubana de hoy, *La travesía secreta* es una estupenda muestra de cómo hacer una literatura crítica sin menoscabo de la calidad estética.

Entre esa novela y *Puente en la oscuridad* se advierte un claro proceso de maduración, una sugerente línea de crecimiento. Hay ahora más firmeza en el diseño narrativo, más objetividad y distancia respecto a personajes y hechos, mayor dominio y depuración de los recursos expresivos. El argumento, por otro lado, se aparta de los patrones realistas y se adentra en el terreno de lo sobrenatural, si bien en el plano estructural el autor se pone al servicio de un desarrollo lineal y clásico de la trama. Se cuenta en el libro la historia de Natán Velázquez, un exiliado cubano que reside en Estados Unidos. Su vida cambia cuando descubre, a través de una carta que le envía su padre, que tiene un medio hermano. La búsqueda de éste lo lleva a invocar a un ser real o imaginario que aparece y desaparece misteriosamente y que pasa a convertirse en una presencia de la que le es imposible liberarse. Estamos, en apariencia, ante una novela de misterio y suspense, que plantea un enigma y despliega una intriga casi detectivesca con los ingredientes necesarios para atraparnos y mantenernos en vilo hasta la última página. Existe por parte del autor la voluntad de entretener, que hace que *Puente en la oscuridad* resulte una lectura incitativa. Su propósito, sin embargo, ha sido, como el propio Victoria ha declarado, crear ante todo una novela de terror existencial, un retrato interior del exilio, una investigación sobre la pérdida de la identidad. El itinerario que recorre el protagonista tras el fantasma de José Velázquez responde, como ha señalado Emilio de Armas, al reclamo de «la identidad rota» que es «preciso recuperar» y «reintegrar a su completez original» (Reseña de *Puente* 24). Victoria ha escrito una obra singular, enigmática, de una extraña intensidad, en la cual logra una correspondencia estricta entre grado de contenido y grado de lo formal.

En su tercera novela, *La ruta del mago* (1997), Carlos Victoria vuelve a contar, como ya hizo en *La travesía secreta*, una historia iniciática. El escenario es el mismo en el que se iniciaba y concluía aquel libro, la ciudad de Camagüey, y la trama transcurre en los primeros años de la euforia revolucionaria, aunque ahora el autor no se interesa en ubicarla con exactitud. La sitúa, en todo caso, en un momento especial de Cuba, cuando se producían las primeras nacionalizaciones, la religión empezaba a ser mal vista y la gente se enzarzaba en discusiones políticas que acabaron por desgarrar al país y separó a muchas familias. En medio de ese mundo convulso se halla Abel, un niño huérfano que «no tenía idea de cómo era Dios. Tampoco sabía qué pensar de la revolución, ni de la contrarrevolución, ni de los rusos ni de los americanos» (18). Su paso a la adolescencia estará marcado por esos acontecimientos y, también, por sus relaciones con varios personajes inolvidables: su tía Alicia, Sebastián, el miliciano enviado a intervenir la tienda de ésta, Sofía y su hijo David, Arturo, un joven homosexual, Leonor, con quien descubre el sexo, todos ellos atrapados en la tortuosa madeja de los hechos revolucionarios. Todos además esbozados con una sobriedad que, sin embargo, no hace que se pierda la complejidad y el latido de su vida interior. Victoria refleja la crueldad, la violencia, el desengaño y la compasión de ese mundo a punto de desaparecer. Mas lo hace, y es lo más admirable, sin alterar el tono apacible, equilibrado y casi intimista de un relato que transcurre con fluidez, sin trampas ni altibajos. *La ruta del Mago* se nutre, como sus obras anteriores, de la herencia realista, en la cual se sustenta, como el propio Victoria ha declarado, su credo narrativo. Mas la suya es una concepción exigente, compleja, abarcadora del realismo, que nada tiene que ver con el reduccionismo temático y expresivo del realismo más alicorto. Un texto, en fin, que revalida su bien ganado prestigio y que sirve para corroborar que nos hallamos ante un proyecto coherente, riguroso, del cual esas tres novelas son partes.

El último en presentar sus credenciales como novelista ha sido el malogrado Roberto Valero, quien en 1994 editó *Este viento de cuaresma*. Escrita entre 1981 y 1990, es, como lo son *El Jardín del Tiempo* y *La travesía secreta*, un testimonio de la vida de la juventud bajo el castrismo. Su protagonista es un adolescente que además de enfrentar los conflictos propios de su edad, lucha contra otros que tienen que ver con las circunstancias de la isla: un medio que lo frustra y asfixia, el provincianismo de una sociedad cerrada, la imposibilidad de ser libre y reafirmar la individualidad en un estado totalitario. Está entre los miles de cubanos que entran en la embajada del Perú y que luego lograron salir hacia Estados Unidos. Allí tratará de amoldarse a la vida norteamericana y luchará por conservar la dignidad en un medio donde la represión asume formas más sutiles pero no menos eficaces. Hemos resumido de modo lineal una anécdota que en la novela no se atiene a un orden cronológico ni responde a esquemas tradicionales. Valero, por el contrario, apuesta por la heterodoxia y construye una obra en la cual se desvía de los senderos más transitados y se adentra en vías experimentales. Con el resultado a la vista, podemos afirmar que se impuso un listón demasiado elevado para sus posibilidades. *Este viento de cuaresma* es un proyecto fallido que termina aplastado por la proclividad a las complicaciones técnicas gratuitas, ornamentales y faltas de un verdadero fundamento. Imitando el modelo acuñado por Reinaldo Arenas en algunos de sus libros, incorpora cartas, chistes populares, fragmentos en verso. Olvida que por más flexible y acogedora que sea, la novela no se reduce al uso de artificios. El libro alcanza sus mejores páginas cuando el autor se despoja de pretensiones innovadoras y deja que la narración fluya sin enrevesamientos. Corresponden en su mayoría a la segunda parte, ambientada en Estados Unidos. Poco más queda por decir de *Este viento de cuaresma*, como no sea lamentar que el bautizo narrativo de Roberto Valero se materializara en un texto que representa el punto de inflexión más endeble de su trayectoria literaria.

Y aunque por lo general no se le incluye entre los autores de este grupo, también pertenece a la nómina Milton Martínez (1947). El mismo título de su primera novela, *Los otros marielitos* (1983), revela ya su propósito de refutar la denigrante campaña de que se trataba de una ola de delincuentes, matones y desquiciados mentales, auténtica escoria social, como rezaba la propaganda oficial sobre aquellos emigrados. Basándose en las informaciones y vivencias que recopiló entre sus compatriotas, armó la historia de un joven que no pudo salir de Cuba con su familia por estar cumpliendo entonces el Servicio Militar Obligatorio. Decidido a abandonar el país de cualquier forma, la oportunidad se le presentó en abril de 1980, cuando los sucesos de la embajada del Perú, a donde consiguió llegar junto con su esposa. El libro concluye cuando ambos se hallan en la nueva tierra que les daría albergue. Obra estrictamente testimonial, en el sentido más epidérmico del término, *Los otros marielitos* no logra superar el abismo que separa el panfleto social de la creación narrativa. Estamos ante una novela tópica, de lenguaje descuidado y plano, colmada de diálogos torpes e inverosímiles y construida con una notoria inconsistencia. Martínez desarrolla un hilo argumental de una simpleza alarmante, en el que nunca penetra más allá de la superficie. Los personajes resultan inconcretos y deshumanizados a causa de su maniqueísmo y su inexistente sicología, y no hay nada que los singularice del resto.

Entre *Los otros marielitos* y *Sitio de máscaras* (1987) y *Espacio y albedrío* (1991), se advierte, como ha señalado Jesús J. Barquet, una clara trayectoria de superación formal y temática («Back» 10). Mucho más elaboradas en su trama argumental y su estrategia narrativa, insisten en las preocupaciones esenciales del autor (las dificultades que empujan a los cubanos al exilio, la intrahistoria del fenómeno del Mariel) desde presupuestos estéticos un poco más creativos. Martínez vuelve en *Sitio de máscaras* a esa convulsa etapa de nuestra historia más reciente que va de abril a septiembre de 1980, esto es, desde que entraron las primeras personas en la embajada del Perú hasta el cierre del puente marítimo Mariel-Cayo Hueso. Sigue fiel a una escritura lineal y a un realismo documental en el que no hay espacio para las fabulaciones o la fantasía. Más que en recrearla, se empeña en ser cronista de su época, y en ese sentido su novela recupera esa parte invisible aunque terriblemente real de la vida cotidiana de las familias cubanas. Como motivo recurrente, aparece la superposición rostro-máscara, que es la esencia misma de la existencia (supervivencia) de ese pueblo al cual el libro se asoma. Sus protagonistas viven obsesionados por una idéntica inquietud: no mostrar jamás su verdadera cara.

En *Espacio y albedrío*, el sustrato testimonial se reduce considerablemente para potenciar una historia más imaginativa. Aquí se trata de una pareja de jóvenes que intentan huir clandestinamente de Cuba. En el trayecto hacia su destino, las costas de Estados Unidos, son ayudados por unos delfines de la Atlántida que los convencen para que los acompañen a esa otra esfera dimensional en donde habitan. Su estancia en aquella adelantadísima civilización submarina da pie a las páginas de mayor fantasía, aquellas en las que el escritor describe la sociedad de los delfines. Por cierto, resulta poco afortunado el rótulo de «jodedera-ficción» que éste aplica a su novela, ya que en modo alguno responde a la seriedad de los planteamientos sociopolíticos. *Espacio y albedrío* concluye cuando los protagonistas son devueltos no a las costas de Miami, como esperaban, sino a la Cuba del futuro, que tras un arduo proceso de reconciliación, que demandó el apoyo de los atlantes para que no desembocara en una guerra civil, es ahora un país próspero y feliz que posee el mejor código de leyes del planeta. Realidad, utopía, ingredientes científicos y mito se mezclan en un texto animado por una voluntad ideológica desmitificadora, y con el cual Milton M. Martínez logra su obra más satisfactoria. Escrita con pulcritud y contada con soltura, su aporte a nuestra prosa imaginativa es, en conjunto, saludable.

Otras voces, otros ámbitos

Una rotunda sorpresa significó la salida, en 1987, de *Boarding Home*. Su autor, el prematuramente desaparecido Guillermo Rosales (1946-1993), llegó de pronto, a hurtadillas, y lo hizo con una obra cuya lectura provoca ese estremecimiento que sentimos ante la auténtica literatura. Escrita con odio, como él mismo reconoció, es una novela desoladora, sin concesiones y un tanto cruel, en la que no hay mensaje de esperanza ni piedad para nadie. Directa y eficazmente narrada, atrapa desde la primera página sin darnos tregua ni respiro. Pertenece esa voz al protagonista, William Figueras, un escritor de treinta y ocho años afectado por la paranoia de quien ha vivido durante dos décadas bajo un régimen totalitario. Que abrazó desesperadamente una ideología por la cual se sintió luego traicionado, que experimentó el júbilo de ser miembro de una revolución y, después, la angustia de ser devorado por ella. Exiliado total, según él mismo, llegó a Estados Unidos y como representaba una mancha y un estorbo para sus familiares, fue a parar a un *boarding home*, una casa para enfermos mentales, un sitio para escombros humanos. Casi todos los que residen allí son, como él, cubanos: Caridad, la mulata cocinera, Reyes, el tuerto, Eddy, el loco versado en política internacional, Arsenio, la indefensa Francis. También lo es el dueño del hospicio, un hombre desprovisto de sentimientos y escrúpulos que los hace vivir en condiciones de indigencia. En este nuevo horror que le toca conocer y que Rosales describe con descarnado realismo, William Figueras descubre el amor, un último consuelo que la vida pareciera concederle. Mas se trata de algo imposible en aquel engendro de la sociedad capitalista. Al final, sólo le queda reincorporarse al mundo cruel, violento y alucinante del *boarding home*. Sólo que ha dejado de ser testigo para pasar a ser cómplice de las cosas que allí suceden. Rosales ha construido un ceñido relato en el que nada resulta ocioso, gratuito o decorativo. Se muestra como un narrador en estado puro, que sabe inventar una historia, confía en ella y logra que se vuelva apasionante. Se vale de una prosa nada pródiga en elementos superfluos y condensada en los imprescindibles. Esa síntesis expresiva sirve muy bien a los propósitos del autor, que sabe sacar excelente partido a una narración en la cual está dicho todo lo que se quiere decir. Galardonada en la primera convocatoria de los Premios Letras de Oro, *Boarding Home* es una de esas obras que dejan estela.

No era ésa, sin embargo, la primera novela escrita por Guillermo Rosales. Un original suyo, *Sábado de Gloria, Domingo de Resurrección*, había quedado finalista en el Premio Casa de las Américas de 1968 y el jurado recomendó, por unanimidad, su publicación. Póstumamente, se ha recuperado aquella obra de juventud, que vio la luz en 1994 bajo el título de *El juego de la viola*. Se trata, en efecto, de una mirada a la infancia a través de los ojos de un adolescente fantasioso que incorpora a la realidad el universo de los cómics. Llama a los miembros de su familia Mamá Pepita, Papá Lorenzo, Abuela Agata; los pantalones le gustan bien ajustados, como los que usan Red Ryder y El Jinete Fantasma; y bajo su cama se acumulan los ejemplares de «Cuentos de Brujas», «Supermán», «Frontera», «El que la hace la paga». Sus padres viven también en ámbitos ilusorios: la madre se refugia en las fotos de infancia que guarda en un baúl, mientras que el padre sueña con un tren cargado de dinamita y repleto de cosacos, con los retratos de Lenin y Stalin al frente. El libro, no obstante, está lejos de esos relatos que presentan el mundo infantil con tonos edulcorados. Su reflejo es más real, y en cierto modo se asemeja al de novelas como *El señor de las moscas* y *Huracán en Jamaica*. Como muestra de lo apuntado, véase un capítulo como «A las seis pan de rey», en donde los macabros juegos de los niños con una yegua muerta alcanza una dureza que para muchos adultos sería inconcebible. Son además chicos que aprenden y reproducen los patrones de la sociedad machista, en la cual el que no fuma es considerado marica y el que no dice malas palabras, también. Termina *El juego de la viola* cuando Agar, el protagonista, se masturba por primera vez, mientras que al lado suyo Cuasimodo posee violentamente a Tongolele, la vedette de tetas fabulosas que anuncia el Aceite Sensat. Pese a haber sido terminada cuando Rosales apenas sobrepasaba los veinte años y a que vino a editarse cinco lustros después (de haberse publicado en su momento, hubiese sido una obra precursora de una tendencia por la que luego transitarían otros escritores latinoamericanos), constituye una primera novela que despliega muchos aciertos, a la vez que un estreno gratamente esperanzador.

Otro de los que en estos años descubre sus cartas como narrador es José Abreu Felippe, de cuya labor poética ya nos hemos ocupado. En 1994 apareció su primera novela, *Siempre la lluvia*, que como varias de los autores de los autores del Mariel tiene mucho de recuento, de rescate de la experiencia individual, de ajuste de cuentas. Posee como primer acierto el abordar un asunto que, por razones obvias de censura, ha sido escasamente tratado en nuestra literatura: la vida de los reclutas en el servicio militar obligatorio. Esta faceta inédita, aunque bien conocida por todos, es mostrada de modo pormenorizado, realista y duro, a través de la historia de Octavio, un joven que a mediados de los años sesenta se ve obligado en contra de su voluntad a servir en el ejército. La crueldad, las condiciones humillantes y el sometimiento a una disciplina despiadada y absurda que el protagonista y sus compañeros deben soportar durante tres años, halla en Abreu Felippe a un cronista minucioso, agudo, honesto, que sabe mostrar con lucidez esa monstruosa máquina de castración que es, en cualquier lugar del mundo, el servicio militar obligatorio. No estamos, se impone la aclaración, ante un texto de denuncia, ni ante un alegato antimilitarista, tampoco ante unas memorias. *Siempre la lluvia* pretende ser, ante todo, una obra literaria. Eso no impide que ofrezca una durísima imagen del mundo que refleja, ni que de su lectura se desprenda un cuestionamiento del papel del ejército en la sociedad moderna. El libro tiene asimismo un gran valor testimonial, así como una robustez visceral y una autenticidad que suponemos viene del compromiso del escritor con los hechos que narra.

El lenguaje constituye el recurso básico que Abreu Felippe emplea en el tratamiento de ese material. Un lenguaje que, lo ha señalado Carlos Victoria, nada desdeña: ni obscenidades ni códigos fuertemente poéticos, ni expresiones de la más absoluta simpleza ni arranques líricos; y que imprime otra dimensión, otro ritmo, y coloca a la novela en otro territorio (Reseña de *Siempre* 26). Las mejores páginas son aquellas en donde esos ingredientes antitéticos y hasta excluyentes logran una justa armonía, merced a ese necesario proceso de reelaboración sin el cual la obra literaria no existe. Desafortunadamente, hay otras que deslucen los hallazgos anteriores, en las que el autor se regodea e insiste en las descripciones meticulosas de las escenas sexuales, en el léxico más soez y vulgar, en los detalles escatológicos. No sigue la novela un trazado canónico: no se inicia con el consabido telegrama de citación o la llegada al cuartel, ni termina cuando desmovilizan a Octavio. Su estructura, por el contrario, es caleidoscópica, laberíntica, fragmentaria, y reproduce, una vez más, el prototipo acuñado por Arenas en algunas de sus novelas. Incorpora cartas, fragmentos de piezas teatrales, largas tiradas monológicas, citas de otros escritores (alguna incluso de textos inéditos), capítulos construidos por entero a partir de diálogos, trozos ordenados como versos, en fin, todo un despliegue técnico hecho por alguien que no pone fronteras al género en el cual debuta. Esas búsquedas formales son otra cualidad a destacar en *Siempre la lluvia*. Sólo que a veces, por falta de medida y equilibrio, se vuelven innecesarias, al desplazar el desarrollo argumental, interferir la trama y favorecer la confusión –también el fastidio– del lector. Son cuestiones que Abreu Felippe deberá tomar en cuenta en sus próximos proyectos. No llegan, sin embargo, a echar por tierra una novela escrita con energía y talento, con la cual se revela un autor que interesa por lo que consigue, pero sobre todo por lo que promete.

Unos años menos que los jóvenes de *Siempre la lluvia* tienen los adolescentes de *La era imaginaria* (1987), primera tentativa en el género de René Vázquez Díaz, quien un lustro antes se había dado a conocer como prosista con un volumen de cuentos. Coincide con el libro de Abreu Felippe en que también se evocan allí las peripecias de una generación, la del autor, a la que, «para bien o para mal», le tocó crecer y formarse dentro de una nueva sociedad. Una generación, nos dice Vázquez Díaz, ideológicamente dividida y geográficamente dispersa, de la cual ha tratado de dar una imagen ficticia, libre y propia. Se localiza esa historia en Villalona, un pueblecito costero de no más de siete calles, cuyos patios todos se comunican. Sus protagonistas son Repelo y Nicotiano, dos niños que, como cualesquiera otros, juegan, se pelean, hacen travesuras y construyen una curiosa nave espacial, el «Aura Tiñosa», con la que esperan hacer realidad su sueño de volar un día hacia el mar. Pero como otros de los que pueblan la novela, son niños precoces y nada convencionales, que poseen una aventajada inteligencia propia de un adulto. En sus conversaciones abundan las frases sentenciosas, así como las citas de Unamuno, Tolstoi, Aristóteles, Plinio el Viejo. El propósito del escritor no es el que se les tome como niños reales ni como seres prodigiosos, sino como destinos de una era imaginaria. En todo caso, lo cierto es que esos diálogos de tono desmedidamente intelectual resultan insólitos en un escenario tan cercano y reconocible. En el mismo no falta la precisa pincelada de colorido local que ponen personajes como la adúltera Cecilia, Candilita, Yoya, la gorda miliciana, Pirulí, la tía Ululame, el loco Jesús o el joven estudiante recién llegado de Moscú. Al respecto, el autor ha declarado: «Quise poner a esos muchachos absolutamente imposibles en un marco minuciosamente descrito, o más bien evocado, con todos los olores, colores y sabores de un pueblo cubano. Y los puse a realizar proezas imposibles: construir un avión de palo en lo alto de una ceiba. No me interesó lo más mínimo que mis personajes resultasen 'verosímiles', ni que hablaran 'como suelen hablar los niños', o 'el pueblo', o 'los locos'. Esa elección del lenguaje responde también a una reacción que puede ser generacional o no: a mí no me gusta escribir como Hemingway. Ni como Lisandro Otero, ni como Jesús Díaz. Yo prefiero las rocallas de Carpentier y los entrecruzamientos laberínticos de Lezama Lima, aunque tampoco escriba como ellos por una cuestión de temperamento y de formación. Entre esas dos corrientes caudalosas podría discurrir (paralela, sin tocar a ninguna y como un arroyo casi imperceptible) *La era imaginaria»* (Carta). Obra de transcurso suave, contada a media voz, sin grandes novedades, pero también sin caídas, escrita y narrada con pulso seguro y con un sólido y bien ensamblado engranaje argumental, aborda el proceso cubano desde una óptica moderadamente crítica y una discreta ironía. Sus protagonistas reclaman y defienden el derecho a la libertad y a pensar que les da el nuevo régimen, y que ellos ejercen «en contra de la experiencia de los adultos y de todo lo que les parezca un disparate» (31). Al concluir la novela, Repelo y Nicotiano han sido partícipes o espectadores de muertes, fiestas, historias amorosas, juegos, infidelidades conyugales, sobresaltos, reconciliaciones, todo ello en el marco de una época absurda y enloquecida que los llevará a tomar caminos diferentes: Repelo se queda, Nicotiano se va.

Desde que se publicó en castellano (antes había aparecido la traducción al sueco, algo que se repetirá con sus otras dos novelas), *La era imaginaria* estaba concebida como primer título de una trilogía. El segundo, *La Isla del Cundeamor,* vio la luz en 1995, bajo el prestigioso sello de la editorial española Alfaguara. Vázquez Díaz retoma en él a las figuras de Nicotiano y la tía Ululame, que al final de su anterior novela se habían marchado de Cuba. Los encontramos ahora en Miami, donde se han instalado, tras unos primeros tiempos difíciles de los que lograron salir a flote «con tesón, no demasiados escrúpulos, un poco de imaginación, muchos cojones» y algunos «negocios inconfesables» en los que Ululame estuvo metida (80). A ella corresponde la voz narradora, así como la idea de dictarle a su secretaria un libro, «algo parecido a una novela paródica y burlona» (23), sobre su sobrino, sus amigos, su casa, Miami. El resultado es una obra que nos cuenta, en su plano más inmediato, una historia de amor, aunque complicada con una trama policial que frisa en el disparate e incluye narcotraficantes, persecuciones en el mar, asesinatos, robos de lápidas, traiciones, tórridos romances, sexo, así como ingredientes propios del melodrama, el cómic y las telenovelas. Vázquez Díaz conduce el relato por la geografía de un humor entre ligero y corrosivo, que se escora hacia la sátira en la despiadada y mordaz imagen del exilio cubano. «Los gusanos de Miami son todos acéfalos», expresa un personaje (89). «¿Qué ha sido de los cubanos de esta ciudad desde 1960?», se pregunta otro (87). Y responde: «Un nido de víboras. Un sálvese quien pueda. Todos aplastando a todos sin moral ni misericordia» (86). Denostado por una parte de sus compatriotas de la diáspora, a causa de su postura política moderada, su oposición al bloqueo norteamericano y su apoyo al diálogo entre los cubanos de dentro y de fuera, Vázquez Díaz convierte el libro en algo que se parece bastante a una venganza. Alguien como Heberto Padilla, que ha escrito más de un artículo de elogio y defensa de nuestro hombre en Suecia, no puede menos que admitir que en éste hay un fondo irritado que en *La Isla del Cundeamor* se vuelca con más virulencia en el exilio («La Isla» 10A). En contraste con el equilibrio que mantiene en sus críticas al castrismo, descarga su demoledora ironía contra el exilio miamense, que es reducido por él a su sector más beligerante, revanchista y nostálgico. A nivel literario, hay, respecto a *La era imaginaria*, una ampliación de los límites expresivos, lo cual resulta evidente, en primer término, en la agilidad, desparpajo y pluralidad de registros y tonos del estilo. Asimismo, la estructura de la novela es más rica, aunque en modo alguno gravosa. Sigue una pauta constructiva en la cual entre los capítulos propiamente narrativos, se intercalan otros dialogados y mucho más cortos. Pese a algunos desniveles y a unas pocas disgresiones poco novelescas o innecesarias, como la diatriba de Ululame contra Carlos Prío o las meditaciones de Nicotiano (en realidad, de René Vázquez Díaz) sobre el futuro de Cuba, *La Isla del Cundeamor* resulta amena, divertida, aunque, como ha anotado Miguel García-Posada, bajo esa epidermis festiva corre, denso, amargo, constante, el río de los destierros y los desarraigos («Sueño» 8).

Entre esos dos títulos, se publicó *Querido traidor*, cuya edición en español es de 1993 (en 1989 había aparecido la sueca). Vázquez Díaz trabajó durante varios años como traductor en el Servicio de Inmigración de Suecia y allí conoció a muchos refugiados de Latinoamérica que habían sido víctimas de la tortura. Basándose en algunas de aquellas experiencias que oyó relatar, escribió esta novela cuyos hechos y personajes son ficticios. Su personaje principal, el Profesor, es catedrático de Literatura en la universidad, además de servir como traductor, dos días a la semana, en el Departamento de Relaciones Exteriores. Hombre culto, irritaba a los sectores de extrema izquierda, que no sabían en qué lugar de la escala ideológica ubicarlo: «detestaba la Norteamérica de las grandes masas cretinizadas por la televisión, el país de la fuerza bruta, las invasiones vergonzosas y la guerra de rapiña» (15), pero no quería saber nada de revoluciones; en sus clases se permitía expresar opiniones que en un país con los militares en el poder, podían considerarse casi subversivas, pero nunca se codeó con los círculos de escritores e intelectuales, a los que si bien no atacaba, veía con reserva e ironía. Propietario de varias casas de apartamentos, era conocido no sólo por tener dinero, sino también por saberlo disfrutar. Mas esa existencia acomodada y segura se derrumba cuando es involucrado por su hija en la lucha clandestina contra los militares. Conocerá entonces el infierno carcelario, y como secuela de los maltratos y torturas que allí sufre le quedarán varios padecimientos y algunas deformaciones que afean su físico. Gracias a las gestiones del hijo de su antiguo chofer, un joven a quien el Profesor tomó cariño y costeó los estudios, logra salir del país hacia Suecia. Antes lo había hecho su hija, con quien se reúne más tarde en Finlandia, para iniciar lo que él mismo llama «una vida al final de la vida». Tras ese sólido primer paso que fue *La era imaginaria*, Vázquez Díaz confirma con *Querido traidor* que su territorio inequívoco es la novela. Nos entrega aquí una obra a la usanza tradicional, que cuenta una historia cerrada y cuya acción transcurre en línea recta. Escrita con una prosa concisa y expresiva, bien contada y correctamente resuelta a nivel estructural, tiene el mérito de abordar un asunto que es, en buena medida, político sin ser panfletaria ni elemental. El autor aplica el arte y el tacto de los matices, algo que uno echa en falta en *La Isla del Cundeamor*, y con ello el libro gana en verosimilitud. En la figura del Profesor, consigue un personaje esquivo, contradictorio y humano, que evoluciona a medida que se va desarrollando la trama. Sus avatares en una tierra, un idioma y una civilización que le resultan ajenos y le inspiran temor, le permiten además reflexionar sobre algo que conoce Vázquez Díaz muy bien: el choque cultural que implica el exilio.

Tres son también los títulos publicados hasta ahora por Daniel Iglesias Kennedy (1950), quien trece años después de la salida del primero sigue siendo un autor insuficientemente conocido. Vivía aún en Cuba cuando escribió *La ranura del horizonte en llamas*, una obra que no pudo ver la luz allí, entre otras razones, a causa de su tratamiento crítico de la realidad. Sacado clandestinamente por una turista, aquel original se editó en 1987 en España, donde poco antes su autor había pedido asilo político. La trama se localiza en Río Negro, un caserío de la provincia de Matanzas, en una fecha no precisada, pero que bien pudiera ser a mediados de la década del sesenta. Bocasangre, un cocodrilo de enormes dimensiones que tiene aterrorizados a los habitantes del lugar, ha sido visto de nuevo. Eso hace que, pese a llevar ya un buen tiempo retirado de las cacerías, el viejo Eleuterio decida partir en busca del legendario saurio. Para ello, será imprescindible que cuente con la ayuda de su hijo Livino, el mejor caimanero de la zona. Éste se había mudado para Jagüey Grande, donde se ganaba la vida como maraquero de un trío de

mala muerte. Al final, Eleuterio consigue vencer la sombría oposición de
Livino y entre todos darán muerte a Bocasangre. Con precedentes tan
eminentes como *Moby Dick* y *El viejo y el mar*, era todo un desafío escribir una obra a partir de ese argumento. De hecho, las referencias de Melville y Hemingway pueden advertirse en *La ranura del horizonte en
llamas*. Están, no obstante, asimiladas e incorporadas orgánicamente a
un universo narrativo con entidad propia. Sin el carácter de fábula apocalíptica ni las connotaciones simbólicas de la de Melville, aunque participe como ella de cierto aliento épico, la novela de Iglesias Kennedy
muestra la caza del cocodrilo como un hecho más de la pequeña odisea
cotidiana, en su lucha por la supervivencia, de una comunidad sometida
a un miedo endémico, sofocante y paralizador, del cual Bocasangre es la
representación suprema. Iglesias Kennedy ha escrito una novela que
quiere ser –y es– un libro de aventuras, aunque prefirió marcar las diferencias con los textos para jóvenes y construir un relato de aventuras
para adultos, sin renunciar, eso sí, a la dosis de entretenimiento y amenidad que el lector espera de esas obras. Las implicaciones de la historia
van, por ejemplo, más allá de las peripecias de la cacería, que ocupan por
lo demás muy poco espacio. Mayor peso posee, en cambio, el panorama
social en el que se insertan Eleuterio, Livino, el loco Onaney, Ramón y
esos campesinos y pescadores que expresan su descontento colaborando
con los alzados y saboteando en lo que pueden los planes de la revolución. El autor crea un espacio donde esos personajes se mueven con soltura y resultan veraces. Se desmarca, sin embargo, del costumbrismo al
uso y el tipismo regional y apuesta por un realismo atemperado por el
empeño de sugerir más que decir de modo explícito, de no enfatizar nada.
Su prosa es pulcra, de una ajustada sencillez estilística, y defiende la
transparencia sin renunciar a los valores estéticos y la expresividad. En
resumen, estamos ante una primera novela de muy correcta factura, que
si bien no se lee enfebrecidamente, sí se sigue con complacencia e interés.

Las buenas expectativas que despertó aquel libro se confirmaron
sólo parcialmente en *El gran incendio* (1989). En primer término, porque
Iglesias Kennedy se embarcó en un proyecto que entrañaba riesgos difíciles de afrontar por un escritor de tan corta experiencia. El escenario de
la novela es Palmera, un pueblecito pesquero adonde sólo se puede llegar
por barco. Lo gobernaba un hombre hecho de hierro y pedernal, «hasta
poquito antes de que llegaran los guerrilleros y le arrebataran el poder»
(12). A pesar de la buena fe y las loables intenciones de sus dirigentes,
aquella revuelta pronto se convierte en una epopeya disparatada, en un
proceso delirante y absdurdo. Treinta y tantos años después, en las arcas

no hay dinero, falta el agua, la comida escasea, proliferan las colas, la austeridad ha devenido un mal endémico y Palmera regresa a su prehistoria agrícola, cuando las plantas crecían raquíticas y parían los frutos agrios. Todo eso provoca que los palmeros aprovechen el boquete que se ha abierto en la muralla para escapar. Los que no alcanzan a llegar antes de que lo cierren, intentarán huir clandestinamente por el mar en frágiles balsas hechas de madera y gomas de camiones. Buena parte de la culpa de ese desbarajuste corresponde a Ezequiel, quien administra el pueblo según sea su estado de ánimo. Su colorido discurso se ha transformado en una rutina machacona y cansada. En su delirio senil, cada vez que un vecino alza el tono de voz, manda a cavar trincheras y refugios y pegar cartelones con brazos y fusiles en alto y consignas de ¡No pasarán! Y lo más grave, quiere preparar a su gente para invadir a Puerto Chinchorro y extender hasta allá las llamas del Gran Incendio. Cuando por fin muere, Elpidio Montero, uno de sus colaboradores más cercanos y protagonista de la novela, anuncia que para salvar Palmera se harán algunos cambios. Como se puede deducir de ese resumen, Iglesias Kennedy se ha inspirado en acontecimientos recientes de nuestra historia, valiéndose del guiño de la ficción y el humor. Todo es presentado con bastante nitidez, ahorrándonos cualquier esfuerzo imaginativo. *El gran incendio* queda reducido así a un texto en clave, a adivinanzas que el lector debe acertar. Ezequiel, ¿hace falta decirlo?, es Fidel. Teta Nevada, la vaca olímpica que da ochenta y cinco litros de leche al día, es Ubre Blanca. Cayo Grande, desde donde comienzan a llegar asesores que hablan un idioma rigurosamente extraño, es la Unión Soviética. La Gran Estampida es el éxodo masivo por el puerto del Mariel. En fin, para qué continuar. Ese recurso trivializa el libro y lo lleva a simplificar una realidad que es mucho más compleja, sorprendente, dinámica, y que demandaba, por tanto, ser tratada con mayor aliento creativo. De ahí que su discurso se agote en la simple comicidad y no satisfaga exigencias más rigurosas.

 Con *La hija del cazador* (1995), Daniel Iglesias Kennedy recupera lo mejor de sí mismo y nos entrega una obra sentida, sincera y sin concesiones. Vuelve una vez más a los espacios rurales y costeros, a los pequeños pueblos de la Cuba profunda. Retoma además a un personaje que aparecía en su primera novela, Juanela, la hija de Livino, que aquí pasa a ser el eje del argumento. Tiene ahora dieciséis años y vive con su abuelo en Caleta Blanca, un solitario caserío de pescadores cerca de Matanzas. Su padre había aceptado irse a pelear a Angola, en un desesperado impulso por escapar a cualquier sitio. Juanela trata de justificar esa decisión de su padre de marchar a una guerra que no era suya y adonde ha sido enviado por la misma gente que le dio una paliza y lo condenó, sin tener pruebas, a cinco años de cárcel. Lo veía como un ídolo distante e imaginaba que «volvería intacto, íntegro, como regresado de un sueño, un ser perfecto que muy pronto aparecería para llenar los espacios vacíos y contar historias de cruzados que retornaran cubiertos de polvo y cargados de hazañas» (23). Ese desarraigo se extiende también al lugar en donde reside: se siente como una forastera entre aquellas gentes y en aquel pueblo que aborrece. Escuchar los cuentos de Sandra la ha llevado a pensar que La Habana podía ser una especie de tierra prometida lejos del asfixiante encierro de Caleta Blanca. Era probable que su amiga hubiera exagerado un poco, mas no le importaba: necesitaba creer en algo bonito, aunque no fuese completamente cierto. Todo eso, una familia rota, un padre indolente que se ha marchado, un entorno hostil e insolidario en el que imperan el fanatismo, la mediocridad y la delación, la irán empujando hacia la destrucción y la locura, únicos refugios de que dispone para escapar de esa realidad. Su conflicto puede interpretarse como la derrota de la libertad y el inconformismo ante poderes que los ahogan. Como Care Santos ha apuntado, en su lucha por encontrar su identidad, Juanela tropieza con barreras y se enfrenta a un sistema que la obliga a no ser rebelde en la etapa de máxima rebeldía (Reseña de *Hija* 11). En *La hija del cazador*, su autor optó por el relato de estructura clásica desnudo y eficaz. Esmeradamente construido y con una concepción dramática precisa, recrea con lucidez la cara menos grata de la Cuba de fines de los ochenta, en una novela amarga, dura, que no deja ni un resquicio de esperanza.

En contraste con la nota dominante, Jacobo Machover (1954) y Reinaldo Bragado Bretaña (1953) se apartan en sus primeros ejercicios narrativos de los postulados realistas para bucear en territorios más sugestivos. Asimismo ambos concuerdan en la preferencia por la brevedad, y debutan con obras que apenas exceden el centenar de páginas. Nacido en Cuba, hijo de padre polaco y formado culturalmente en Francia, Machover propone en *Memoria de siglos* (1991) un recorrido por el tiempo que cubre diferentes países, épocas y culturas. En ese itinerario, Dada y Pulgarcito, dos niños que se han embarcado por voluntad propia en una búsqueda sin fin, van descubriendo «las raíces del terror, del miedo de la etnia, de la tradición, de la violencia y, en definitiva, de la realidad» (García Ortega VIII). El autor no se ajusta a las convenciones del género y apuesta por la ortodoxia. Renuncia a desarrollar un núcleo argumental y construye su novela a partir de capítulos independientes que tienen como nexo y móvil recurrente el sino de errancia del pueblo judío, y en los cuales ensaya varios estilos y alterna las distintas voces que pueblan el libro. Ese proyecto que en el papel era tan atractivo, se convirtió, una vez realizado, en una obra de escasa calidad. Su estructura es desarticulada, su lenguaje suele incurrir en descuidos e incorrecciones idiomáticas, sus pretensiones de hacer prosa poética derivan muchas veces en un lirismo trivial e ingenuo. Apremiado por la urgencia de publicar, Machover demuestra preocuparse poco por la solidez de los materiales con los que aspira a construir su obra. El motivo del viaje aparece también en *La estación equivocada*, que Reinaldo Bragado Bretaña escribió en La Habana en 1985 y editó cuatro años después en Estados Unidos. Su protagonista, un hombre que viaja en un tren, aprovecha una parada para tomarse un refresco. Ese hecho irrelevante será el inicio de la pesadilla que a partir de ese momento le tocará vivir, cuando descubre que se halla en un sitio por donde no pasan trenes desde hace treinta años. Sus esfuerzos por dar con los medios para marcharse de aquel pueblo caluroso y polvoriento serán inútiles: de allí no hay modo de irse porque tampoco hay modo de llegar. Desde ese momento, pasa a ser «el forastero», alguien tildado de loco en ese imperio del absurdo donde las personas se olvidaron de que el mundo existe y se han resignado al aburrimiento, la impotencia y el desgaste continuo. Él, por su parte, se rebela contra el totalitarismo implantado por el jefe civil y defiende ante éste su derecho a ser diferente. Y aunque no desiste de su rebeldía, terminará identificándose con la tragedia de aquellas gentes castigadas por la historia. Resulta evidente que nos hallamos ante un relato pensado no para complacer, sino para inquietar y crear desazón. Y en efecto, con *La estación equivocada* Bragado Bretaña ha creado según Armando Álvarez Bravo una alegoría espeluznante, una metáfora desesperada de la cotidianeidad de ese universo detenido en el vórtice de un horror incesante («Reinaldo» 5D). Pese a que no ofrece signos específicos de identidad, es fácil reconocer en los elementos delirantes en que se sustenta la novela una parábola de la vida diaria en Cuba. Es de lamentar que en la última parte, esa denuncia política que aparecía sutil e imperceptiblemente, aflore y se haga demasiado obvia, tal vez en aras de que su mensaje sea entendido por quienes no conocen la realidad que corresponde a esa ficción. La estructura lineal, las situaciones concisas, la sobriedad del estilo y la limpieza de la línea argumental, facilitan la lectura y se convierten en instrumentos de segura eficacia. A esos méritos hay que añadir una prosa que discurre con una sencillez y una soltura que ayudan a que entremos de inmediato en sus páginas. Bragado Bretaña prueba poseer olfato de narrador. Ha sabido escoger una historia interesante y contarla con solvencia.

Entre los numerosos estrenos a los que asistimos en estos años, se destaca de manera especial el de Andrés Jorge (1964). Su primera comparecencia pública como novelista, *Pan de mi cuerpo* (1997), llegó respaldada por el Premio Primera Novela, que convoca la reputada editorial mexicana Joaquín Mortiz. Pocas veces como en ésta puede afirmarse que ese galardón ha servido para revelar a un estupendo narrador. Andrés Jorge ha creado una obra fascinante, construida con una sorprendente habilidad, en la que se aparta de las obsesiones política de la inmensa mayoría de sus compatriotas, para indagar en otros horizontes temáticos. La historia que se cuenta en *Pan de mi cuerpo* se inicia en la década del cincuenta, cuando un periodista de la revista *Bohemia* llega al pueblo pinareño de San Juan y Martínez para investigar unos hechos ocurridos dos años antes. Tienen éstos que ver con Graciela Vidal, una mujer de imponente belleza venerada allí como una santa. El relato está armado con los testimonios, documentos y artículos aparecidos en la prensa local, que el periodista recopiló, es decir, mediante la voz múltiple que representa esa memoria colectiva en la cual se enraizó la imagen de quien pasó a ser conocida como Nuestra Señora de la Montaña. De esa intrincada madeja de perspectivas va surgiendo la imagen incompleta y contradictoria de una existencia que bascula entre la idolatría de quienes consideran que entre el cielo y la tierra nadie ha cumplido con más amor que ella la palabra de Dios, y otros para quienes, por el contrario, se trata de un heraldo del Maligno. Jorge construye así la leyenda de una personalidad compleja en la cual confluyen la religión y el erotismo, la idolatría y la envidia, las motivaciones humanas y los designios divinos, las expresiones angelicales y el *sex-apeal*. A ella se suman las otras personas que vivieron en torno suyo y que se mueven como fichas de un gran juego cuyas reglas desconocen. Tras haber removido todos aquellos recuerdos, el periodista que emprendió la pesquisa reconoce que nada queda de la atmósfera de leyenda becqueriana que envolvió a su primera visita a la capilla que Graciela Vidal mandó a edificar: «se hacía vano todo esfuerzo por abordar el asunto desde un tono siquiera cercano al de una narración romántica» (12).

Pan de mi cuerpo es una novela tan inteligente como amena, que posee la virtud de contar una historia atractiva con la hondura suficiente para trascender la anécdota e incitar a la reflexión. Su estructura fraccionada responde en realidad a un cuidadoso diseño que, lejos de volverse molesto, sirve para que constantemente se vayan adicionando detalles y matices que estimulan y enriquecen una lectura en la cual el receptor tiene reservado un espacio para poder especular y formarse su propia opinión sobre ese enigmático personaje que es Graciela Vidal. Buena parte de las páginas de la novela corresponden a las entrevistas realizadas por el periodista entre los sanjuaneros, y en ellas Andrés Jorge conserva la frescura del lenguaje testimonial de cada testimoniante. Su prosa es sencilla y directa, pero nunca deja de ser elaborada ni cede al facilismo. *Pan de mi cuerpo* es, en suma, algo más que el digno arranque de un autor: es la magnífica obra de un novelista con quien desde ahora hay que contar.

Otro importante premio internacional, el que convoca la editorial española Alfaguara, ha supuesto el espaldarazo definitivo para la carrera literaria de Eliseo Alberto (1951). El galardón, dotado con ciento cincuenta mil dólares, asegura al texto una amplia circulación en todo el ámbito hispanoamericano, así como el ingreso del escritor en la lista de los nombres de primera fila. *Caracol Beach* (1998), la obra recompensada, es, como comentó el jurado que presidió Carlos Fuentes, una historia de violencia, injusticias y locuras que reinventa y y actualiza las formas de la gran tragedia clásica, para trazar una perfecta metáfora del fin de siglo. Y en efecto, la novela de Eliseo Alberto sigue con fidelidad los rasgos esenciales del género: en primer lugar, la regla de las tres unidades (acción, lugar, tiempo), atribuida a Aristóteles. Sus protagonistas son además víctimas de terribles pasiones que, al ser generadas por un conflicto humano insoluble, los conducen de modo inexorable a un final funesto. Asimismo en la trayectoria del protagonista pueden precisarse con nitidez la *hamartia* y la *hibris*. Incluso las tres partes en que está dividida la novela se corresponden exactamente con los tres actos de una pieza teatral: «Tarde del sábado» (exposición), «Medianoche» (nudo), «Amanecer» (desenlace). La trama sucede en una noche –una noche rara, insoportablemente rara, al decir de uno de los personajes–, en el imaginario balneario de Caracol Beach, situado en algún punto de la Florida. Esa noche del sábado al domingo del 14 de junio de 1994, una chica es tomada como rehén, un auto es destrozado, un perro es estampado contra un muro, una prostituta es robada en plena calle y una licorería es asaltada por dos jóvenes, todo eso en poco más de dos horas. Esos hechos los desencadena Beto Morales, un cubano veterano de la guerra de Angola que malvive en un cementerio de automóviles de la apacible villa. Está totalmente loco, abrumado por el peso de una culpa que él mismo se atribuye. Ese domingo se cumplen precisamente dieciocho años de aquella emboscada en la selva en la cual perecieron sus siete compañeros de armas. Así que decide salir en busca de alguien para hacerle la vida imposible y que lo mate.

Caracol Beach posee un desarrollo más bien lineal, interrumpido sólo por algunos saltos al pasado y algunas informaciones que anticipan sucesos posteriores, en una marcha adelante y una vuelta atrás que da al relato una lograda movilidad. Su estructura además es deliberadamente muy visual y cinematográfica, lo mismo que el ritmo. Algunos personajes parecen salidos de una película norteamericana, y hasta pueden citarse títulos que pudieron haber servido de referencias al autor (*Sed de mal*, *La jauría humana*). Eso, sin embargo, no debe llevarnos a afirmar, como ha hecho algún crítico, que ciertos efectismos se alejan de lo literario y que la novela hubiera sido un buen guión de cine (Juristo 10). La contextura de *Caracol Beach* es inequívocamente literaria: lo son las abundantes descripciones, los elementos internos que cohesionan el variado caleidoscopio que es el libro, el sutil tratamiento del habla de los personajes de distintas nacionalidades, la inclusión de fragmentos del diario de Beto Milanés. Como también lo son, en fin, los hallazgos verbales y la búsqueda de nuevos caminos expresivos, que cristalizan en una escritura brillante, plástica, audaz y teñida de un gran aliento poético. No estamos, es cierto, ante una obra exenta de defectos. Hay pasajes, como la escena sexual entre los dos profesores, perfectamente suprimibles. En algunas páginas, el lenguaje se impone a la historia que se cuenta. Y el recurso mismo de la locura ha sido utilizado repetidamente, tanto en cine como en literatura. Mas estamos hablando de señalamientos de poca monta, que no ensombrecen los muchos aciertos de este triste e intenso alegato contra las guerras, que «no terminan cuando los políticos firman las paces sino que se perpetúan en los sobrevivientes, víctimas de una cruzada desigual que sigue aconteciendo dentro de cada uno, entre las tripas y el corazón» (284).

Femenino singular

En este inventario de las nuevas incorporaciones, nos queda referirnos, por último, a cuatro narradoras que vienen a sumarse a los nombres de Hilda Perera, Nivaria Tejera, Mireya Robles y Caridad Rubio, cuyas obras ya analizamos. En conjunto, componen el núcleo más representativo de las mujeres que escriben novelas en el exilio, y si se las compara cuatitativamente con sus compatriotas que frecuentan el género en la isla, conforman una partida muy considerable.

Darcia Moretti se dio a conocer gracias al Premio Letras de Oro, que en la conovocatoria correspondiente a 1989-1990 obtuvo con *Los ojos del paraíso* (1991). Por la breve ficha biográfica que allí aparece, nos enteramos de que es autora de una novela anterior, *El universo de Nina*, editada en Argentina en 1979. Su segunda entrega narrativa nos remite de inmediato a otro título de estos años, *Tatiana y los hombres abundantes*. Como en el libro de Arcocha, aquí se cuenta la historia de una mujer que por circunstancias casuales va a parar a Cuba. Una de las primeras cosas que aprende de los cubanos es que «la vida es corta y hay que gozarla» (16), por lo cual decidió que iba a darle a este pueblo que con el tiempo llegó a amar, un prestigio de goce. Fue así como fundó en La Habana la Casa Galatea, un prostíbulo elegante y exquisito cuya fama le daría la vuelta al mundo. Todo cambiará a partir de 1959, cuando el nuevo régimen establece, entre otras medidas, el cierre de los burdeles y el ingreso de las prostitutas en los planes de rehabilitación. Hasta aquí las coincidencias argumentales de las dos obras, entre los cuales, por lo demás, existen diferencias sustanciales. Por lo que se puede deducir de la lectura de su novela, el propósito de Darcia Moretti era ofrecer una crónica novelada de los primeros años de la revolución. El hecho de que la trama tenga como principal escenario la Casa Galatea posee escasa relevancia. No hay en esas páginas ni una sola línea que recree el mundo sexual, por no hablar del vocabulario que allí se emplea: sólo en una oportunidad Cocó, el cocinero, cita una palabrota dicha por alguien y para eso, no se atreve a pasar de la primera sílaba. En ese aspecto, *Los ojos del paraíso* parece haber salido de la pluma de una recatada y púdica ancianita de la época victoriana. El centro de su atención lo reserva la autora a la denuncia política de aquellos años en que se puso en marcha lo que el libro presenta como una maquinaria de venganza, sangre, destrucción y atropellos. Para hablar sobre esa realidad que no alcanzó a conocer (emigró a Estados Unidos en 1958), opta por medios tan poco recomendables como la exageración y el maniqueísmo. El resultado es una novela poco sutil que, en aras de dar una imagen crítica, no nos exime de ningún tópico. No faltan en la trama ingredientes truculentos propios más bien de un culebrón televisivo, como las fotos que la protagonista toma al Jefe Supremo cuando está en la cama con una de las prostitutas, con el fin de canjearlas por el permiso de salida para ella y sus seis acompañantes. La intriga predomina sobre unos personajes que como tipos humanos, no se tienen en pie. Asimismo, la escritora tampoco intenta ir más allá de la simple narración, y no consigue elevar la anécdota a un nivel superior donde adquiera otro sentido. El lenguaje es el otro gran defecto de *Los ojos del paraíso*. Eso se refleja, en primer lugar, en el uso incorrecto de términos (manerismo por amaneramiento, atribulaciones por tribulaciones, civilidad por civilización, sobrepasar por sobrellevar) y en deslices idiomáticos como «propinar una mirada», «silencio espectral» o «hacer una decisión»; así como en unos diálogos planos, artificiales y de un acartonamiento fuera de lugar. Resulta muy difícil entender el criterio que aplicó el jurado que premió una obra de valores artísticos tan insignificantes.

Graciela García-Marruz (1947) inició su andadura como novelista con una obra realizada con una independencia digna de elogiar. *Al otro lado de la zarza ardiendo* (1989) no insiste en las preocupaciones habituales de nuestra prosa imaginativa. Desligada del todo de la temática cubana, libre de hipotecas políticas y del corsé del documento testimonial, son otros los límites por los que transita su discurso. Está, sí, el asunto del exilio, aunque aquí se trata del exilio espiritual. El libro se inicia en 1937 con el encuentro de dos hombres, un anarquista y un profesor de Filosofía imbuido de las teorías existencialistas, que comparten una celda en la cárcel de Lérida. A lo largo de las doscientas veintitrés páginas, seguimos sus peripecias desde que son amnistiados hasta la muerte de uno de ellos en un bombardeo, durante la Guerra Civil española. García-Marruz ha apostado por una novela de acción sosegada y suavemente triste, que tiene su principal soporte en el diálogo, y en la cual hace un uso sobrio y prudente de sus recursos. Escrita con estilo pulcro, mas no especialmente brillante, se resiente de cierta falta de vitalidad, así como de un lastre conceptista y seudofilosófico que le resta amenidad.

A diferencia del escaso eco que han hallado los títulos de Moretti y García-Marruz, Zoé Valdés (1959) se ha incorporado a las filas de los escritores de la diáspora con una obra que en muy poco tiempo ha hecho correr ya mucha tinta. *La nada cotidiana* (1995) se publicó en Francia, donde tuvo un inusual éxito de crítica y de venta, y meses después apareció en España. A esas ediciones se han sumado otras en Estados Unidos, Portugal, Grecia, Alemania e Italia. El libro ha servido de llamada de atención hacia su autora, quien había dado a conocer en Cuba un par de poemarios y otra novela, *Sangre azul*, que fue finalista en el premio La Sonrisa Vertical (España) y que también ha sido traducida al francés. Era inevitable que tarde o temprano surgiera una obra como la de Zoé Valdés, que recrea la vida diaria en la Cuba de ahora mismo. La Cuba de los apagones, las bicicletas, el picadillo de soja texturizado, los balseros, el desencanto y la ética del dólar. Esa realidad rabiosamente actual es abordada en *La nada cotidiana* desde una óptica desmitificadora, sin concesiones, y con una pasión de inequívoco cuño caribeño. Su protagonista es una mujer marcada por la revolución (nació el 1 de mayo del emblemático año de 1959, mientras su madre escuchaba un discurso del Che), a la que su padre, un fervoroso comunista, le puso Patria, nombre excesivo que ella reemplazó por el de Yocandra. Es redactora jefe de una prestigiosa revista literaria, que no sale debido a los problemas materiales que enfrenta el país. Para escapar de ese infierno de desesperanza, mediocridad, frustraciones y carencias en el más amplio sentido del término, se refugia en la escritura. Y escribe sobre lo que observa y lo que siente, sobre sí misma y sobre los demás. Rememora los años de estudiante, la iniciación al sexo, los amigos que ha ido perdiendo y una existencia que en el plano sentimental, está marcada por la presencia de dos hombres: el Traidor y el Nihilista, que encarnan maneras muy distintas de entender la vida: el oficialismo, la mediocridad, el machismo fanático, uno; la disidencia moderada, el arte inconformista, la tolerancia, el otro. Sus relaciones con ambos son conflictivas, difíciles, pero las páginas más ferozmente sarcásticas las destina al Traidor, un «machista leninista» (45) que sólo lograba eyacular cuando hacía sangrar el sexo de la joven con las embestidas furibundas de su pene. Poseedora de un desbordante talante vitalista y de un estilo iconoclasta que escapa a cualquier intento clasificatorio, la autora se aparta de la tradición hispanoamericana de escamotear y silenciar el contenido erótico, y dedica al «censor que me toca por la libreta, porque cada escritor tiene un policía asignado» (133), un capítulo ocho (homenaje explícito al *Paradiso* de Lezama Lima) en el que no se anda por las ramas. Su juvenil desenfado, su gracia expresiva y el latido confesional que fluye por sus páginas, hacen que *La nada cotidiana* se lea con gusto y sepa a poco. Su mayor acierto, no obstante, radica en la fuerza del testimonio de esta hija de la utopía, que hace aquí la estremecedora e implacable radiografía de un descalabro. Como Zoé Valdés, Yocandra pertenece a esa generación que vino al mundo bajo el signo de la esperanza y hoy, treinta y siete años después, carga con el pesado fracaso, se alimenta del pesimismo activo y se siente, cuando menos, estafada. Ante los escombros que han quedado al terminar aquel sueño, reacciona con rabia, dolor y amargura. Estamos ante un libro escrito de manera visceral y con unas arrebatadas ganas de llegar al lector, en particular, el de la isla. De ahí provienen algunas de sus imperfecciones y descuidos, algo de lo que la autora es consciente y sobre lo cual hasta se permite ironizar. Se le pueden señalar, por ejemplo, el que en ocasiones tienda a confundir el tono desenvuelto con la vulgaridad expresiva, así como un excesivo afán de provocar y ser ireverente. Son, sin embargo, reparos que no desdicen el vigor, la agilidad narrativa y la contundencia de la crítica de su novela.

También en 1995 salió de la imprenta *La hija del embajador*, un texto de setenta y una páginas que mereció por unanimidad el Premio de Novela Breve «Juan March Cencillo», que convoca la Fundación Bartolomé March Servera, de Palma de Mallorca. Aquí se trata de la odisea de Daniela, una chica cubana que deja atrás la isla que queriendo construir el paraíso, ha creado un infierno, para instalarse con sus padres en París. Durante el vuelo conoce a un curioso e irreal ladrón de guante blanco, con quien vivirá una fugaz e impetuosa aventura erótica. El relato en primera persona es sustituido por un narrador omnisciente, aunque el desparpajo con que están contados algunos pasajes remiten de inmediato a *La nada cotidiana*. Asimismo, no faltan las referencias críticas a la actualidad del país («el novio cubanito sin dólares» que dejó en La Habana, la escasez, la vacía retórica de las consignas oficiales), así como un lenguaje que mezcla lo poético con lo soez y recurre muy a menudo a expresiones y vocablos de nuestra habla popular. Hay también, como era de rigor, descripciones detalladas de actos sexuales. El libro está recorrido además por un saludable humor, si bien en este caso cabe hablar de una historia trágica (la novela termina con la protagonista desangrándose en la bañera) amordazada por el humor. Hija rebelde del régimen castrista, Daniela es ante todo un personaje solitario y desarraigado que «no conocía la sensación del regreso a parte alguna, porque no tenía idea de dónde venía, geográficamente hablando ella siempre había tenido que salir de cualquier país sin derecho a la nostalgia» (33). *La hija del embajador* está, sin embargo, muy por debajo del interés y el nivel de su anterior novela, y respecto a ésta significa un paso atrás en su trayectoria.

Gracias a la favorable acogida que tuvo *La nada cotidiana*, Zoé Valdés pudo reeditar en 1996 su primera novela, *Sangre azul*, que había visto la luz en Cuba tres años antes. La crítica española, que tan pródiga en elogios se mostró con su segunda novela, ha empezado a señalar que su autora corre el riesgo de repetirse, pues leídas las tres parece estarse leyendo la misma novela. Así, *Sangre azul* es para Care Santos el borrador de *La nada cotidiana* y *La hija del embajador*, «una primera versión –juvenil acaso– de las que ya conocemos» (Reseña de *Sangre* 10). La rápida carrera literaria de Valdés, sin embargo, no sufrió mella, al menos a nivel editorial, y se ha visto consagrada con el espaldarazo del Premio Planeta, en el cual quedó finalista con *Te di la vida entera* (1996).

Esto supuso para su novela la entrada inmediata en las listas de ventas de España, a las que ya se había asomado con *La nada cotidiana*, con una tirada inicial de sesenta mil ejemplares, una cifra con la cual ningún otro autor cubano podría soñar. En esta su cuarta obra narrativa, Valdés entrega menos de lo que esperaban nuestras expectativas. *Te di la vida entera* es un libro que se ve afectado por su premiosidad, por la premura en tener listo el original para un concurso cuyo resultado, así lo señaló la prensa española, estaba pactado de antemano. La novela pretende ser el retrato de sesenta años de la vida de una mujer cubana, Cuca, Cuquita o la Niña Cuca, como todo el mundo la llama, quien con poco más de dieciséis llega a La Habana prerrevolucionaria. Una vida entera entregada un hombre que aparece y desaparece a lo largo del relato, pero también la vida entregada al amor a La Habana, a la ciudad, a sus gentes. *Te di la vida entera* viene a ser así un viaje a las entrañas de una mujer, una ciudad y una época. Está además la presencia de la música popular como elemento distanciador que parodia y deforma y que rige asimismo la historia. Un mundo hecho, pues, a compases de sones, guarachas, chachachás y, sobre todo, boleros, estos últimos utilizados como títulos de varios capítulos. El recurso, recordemos, no es nuevo, pues años atrás lo empleó Mayra Montero en su estupenda *La última noche que pasé contigo*. Hallamos de nuevo el estilo desenfadado, el lenguaje de raíz popular, el humor y la ironía como claves de un discurso que no oculta su fondo desencantado y nostálgico, que estaban presentes en sus libros anteriores. Hay también sexo en abundancia y, para no variar, un capítulo octavo subido de tono. Han quedado fuera, en cambio, el realismo, la verosimilitud, los personajes de carne y hueso. La autora apuesta ahora por la farsa, el astracán y el disparate. Todo en *Te di la vida entera* se mueve en los parámetros de «la mayor exageración, de la Broma con mayúsculas, del retorcimiento de las formas convencionales» (Giménez 13). La novela además está supeditada en exceso a un costumbrismo ramplón y chato y a materiales perecederos que le contaminan los gérmenes de su envejecimiento. La mayoría de los chistes y referencias a personas y hechos actuales dentro de unos años serán datos arqueológicos que obligarán a leer el libro con notas aclaratorias a pie de página.

 El humor de sal gruesa, el mal gusto y la chabacanería recorren la novela de principio a fin. Esto se hace notorio, en especial, en las escenas de sexo, de una indigencia artística y una vulgaridad sin atenuantes. Responde esto, según Valdés, a su interés por «el lenguaje real de la cama, por darle al erotismo un sentido poético» (Ferrer 178). Respecto a que muchas páginas de *Te di la vida entera* puedan ser catalogadas como literatura erótica, hay que recordar que el erotismo es la presencia de la fantasía en el amor, un disparo de la imaginación, al decir de Octavio Paz, frente al mundo exterior. Y es precisamente fantasía y vuelo imaginativo lo que falta en la novela. Por otro lado, el relato está cargado innecesariamente de disgresiones sobre el arte de escribir, recetas de cocina y diatribas contra el régimen castrista, que hacen que su estructura se resienta. Sobre *Te di la vida entera* planea además la sombra de Cabrera Infante, de quien Valdés copia sus personales e ingeniosos juegos de palabras («el pene, nada apenado», «vino al recuerdo, a la mente, gracias a la menta», «el jean tejano que se lee Lee», «los italianos recios y reacios»).

Café Nostalgia (1997) supone una cierta recuperación literaria de Zoé Valdés, tras el serio bajón que significó *Te di la vida entera*. Construida con abundantes ingredientes autobiográficos, la novela narra en primera persona la historia de Marcela, una joven cubana que está exiliada en París. Allí vive prisionera de sus recuerdos, entre los cuales se halla el secreto de un crimen del que se considera indirectamente culpable. Es además una de esas personas que mueren de éxito: ha triunfado como fotógrafa, pero no soporta la servidumbre de la fama. En el momento más álgido de su carrera profesional decide anteponer a ésta su vida personal y retirarse de todo lo que ha logrado hasta entonces. Este hilo argumental es interrumpido constantemente, cuando el presente parisiense es desplazado por el pasado caribeño. Recorremos así los tramos más significativos de la existencia de la protagonista, quien echa sobre esos años una mirada a veces entrañable, a veces melancólica, siempre crítica. A través de Marcela, Valdés se rinde homenaje tanto a sí misma como a ese grupo de personajes que, como ella, experimentaron la fascinación del proceso revolucionario y hoy se hallan desperdigados por medio mundo, donde mantienen una doliente e inconsolable nostalgia por «Aquella Isla».

Zoé Valdés vuelve a demostrar su fuerza y sus innegables dotes como narradora, pero incide en algunos de los defectos de sus obras anteriores. *Café Nostalgia* posee una fábula más bien leve, y para apuntalarla va adicionándole, sin criterio funcional ni discriminar, citas de canciones populares, versos de autógrafos, mensajes telefónicos, la descripción de un conocido cuadro, un fax con noticias sobre Cuba (siete páginas) y un extenso y farragoso guión cinematográfico (¡cuarenta páginas!). Eso que pudiera parecer una estrategia técnica de servirse de diferentes medios –el *collage* es, en definitiva, uno de los recursos de la posmodernidad literaria– responde aquí, en realidad, a falta de contención y de diseño constructivo. Como ha anotado Miguel García-Posada, Valdés no economiza, no renuncia, no sacrifica materiales, y el resultado es un relato desordenado, magmático, acumultivo, en donde páginas brillantes se pierden sepultadas entre tópicos expresivos, ingeniosidades gratuitas, tremendismos innecesarios, caídas en el mal gusto («Amores» 10). Insiste asimismo en los aspectos costumbristas y el anecdotario de la vida cotidiana de la Cuba de hoy, pero con un tratamiento más cercano al testimonio y el periodismo que a la prosa imaginativa. No toma en cuenta que las jineteras, la represión policial, los balseros, son referencias –así es como aparecen en la novela– demasiado hipotecadas a la actualidad más inmediata, y como muchos productos, tienen fecha de caducidad. Ante esa bibliografía que ha ido creciendo en tan breve plazo, se puede deducir que Zoé Valdés está construyendo un itinerario con demasiada prisa, al ritmo que le dictan no sus historias y sus personajes, sino su bolsillo.

Otra que ha sido tentada por la novela es Daína Chaviano. *El hombre, la hembra y el hambre* (1998), que recibió en España el Premio Azorín, se ambienta, al igual que las obras de Zoé Valdés, en La Habana de ahora mismo. Y como las de su compatriota, la suya participa de las preocupaciones críticas y del interés por proyectar una mirada dura y poco complaciente sobre esa realidad. Dos amigos rememoran sus historias sentimentales con Claudia y La Mora, que dejaron en ellos una profunda huella, y eso da pie a sus respectivos relatos sobre esas misteriosas mujeres, si bien el correspondiente a la primera se va adueñando del libro hasta convertirla en la verdadera protagonista. Chaviano ha querido mostrar qué le ocurre a esos personajes insatisfechos e inadaptados que viven atenazados por el hambre. Un hambre que no sólo es la física, sino también amorosa y espiritual, y que los persigue como una agónica trinidad desde que nacieron. La autora nos conduce por una ciudad ruinosa, pobre, envilecida, que, como todo el país, se vende al por mayor.

Daína Chaviano ha edificado una obra alentada por un encomiable sentido del riesgo que la lleva a explorar distintos recursos y registros. Aunque su novela sigue un desarrollo lineal, emplea para narrarla tanto la primera persona como la tercera. En unos capítulos, los pertenecientes a los monólogos de Gilberto y Rubén, predominan los tics coloquiales. Otros, por el contrario, se decantan por una prosa más elaborada, que incorpora citas y referencias culturales. Están asimismo los bloques que figuran al final de los capítulos, y cuyo estilo se aparta por completo del resto del libro. El discurso realista coexiste con un plano mágico, que viene dado por las incursiones paranormales al pasado de la protagonista. Demasiadas ambiciones tal vez para una primera novela. Como autora de ficciones, Chaviano se apoya e hipoteca más de lo debido a la crónica de un aquí y un ahora perfectamente reconocibles (los apagones, las colas, el turismo sexual, la legalización del dólar, las diplotiendas, las jineteras) y no sabe dar esquinazo a un sociologismo de mercado y a un costumbrismo del que debió servirse, mas no ceder a él. Eso hace que *El hombre, la hembra y el hambre* se resienta un tanto de escasa sustancia narrativa y que su intriga se debilite por el exceso de detalles y descripciones sobre la situación actual de Cuba. A nivel de lenguaje, la autora incurre con frecuencia en frases hechas y lugares comunes, así como en un retoricismo que le resta eficacia a su escritura. Imperfecciones, en fin, que rebajan la calidad de una novela cuya lectura uno concluye con cierto regusto a decepción.

En este pequeño *boom* de la narrativa firmada por mujeres al que estamos asistiendo en los noventa, se omite por lo general el nombre de María Felicia Vera (1963), quien no llegó avalada por ningún premio importante, ni se benefició de una astuta campaña de lanzamiento. Por el contrario, su novela *Los dedos en el barro* (1991) apareció en España casi de tapadillo y apenas tuvo eco en la prensa cultural. Se trata de un original que en Cuba fue rechazado por los «correctores» oficiales de la cultura, y que motivó que Vera perdiera su empleo en la televisión. Las razones de esa desmesurada y torpe censura obedecían al alcance cuestionador y crítico de *Los dedos en el barro*: la autora refleja el crepúsculo de una sociedad que se encamina imperceptiblemente hacia el colapso definitivo. Su protagonista, Juana, una joven sensible pero poco dócil, ve como se ha disuelto la familia, ese último reducto del orden social que aún quedaba en pie en un país demolido. En Cuba sólo le queda su abuela –la madre está en el extranjero–, con quien vive desde que decidió pedir la baja de la beca donde estudiaba. No tiene claro qué va a hacer, pero sí que no soporta más la escuela, con sus días idénticos, sus horarios fijos, los robos, las peleas, las sesiones de autoestudio en las que se hacía de todo menos estudiar, el cartel de conflictiva para quien se atreva a hacer críticas, la convivencia con personas a las que en realidad no conoce, los maestros dogmáticos «que si no es por ahí no van por ningún otro lado» (67). Las vidas de todos esos personajes están estructuradas en un relato coral y politonal, rico en matices y en «la captación perfecta de luces y sombras, de dudas y verdades» (Marra 12). La primera, segunda y tercera personas se alternan en los breves capítulos, lo que confiere a la novela cierta complejidad. Mas su experimentalismo no lastra la lectura de esa lograda e interesante novela, en la cual esos problemas adquieren una convincente dimensión existencial.

La más reciente incorporación a estas filas es Yanitzia Canetti (1967), quien debutó en 1997 con un par de títulos muy diferentes entre sí. Uno es *Novelita Rosa*, donde cuenta, en clave satírica, los avatares de Rosa, una inmigrante mexicana en Estados Unidos que se mueve entre dos realidades: la de su amoldamiento a una nueva cultura y la de la metamorfosis que en ella provoca el mundo engañoso, alucinógeno e hiperbólico de las telenovelas. Al poco tiempo de llegar a aquel soñado paraíso, descubre el televisor, que pronto pasa ser su compañero inseparable de todos los días y un miembro más de la familia. La influencia de la llamada caja tonta pronto se hace sentir en ella: empieza a rechazar aquel mundo atroz, pueril y putrefacto donde ella y los suyos son humillados y discriminados, y se dedica «a verlo todo con el prisma rosado y esperanzador de las telenovelas» (12). Mas las cosas no le salen como en los capítulos de sus series favoritas, pese a que hace lo indecible por que ambas realidades coincidan. Teodoro, su esposo, sigue llegando del trabajo con el mismo aliento etílico. Y sus hijos tampoco son como Rosa quisiera. Con ese material nunca antes tratado por nuestra narrativa, Canetti ha elaborado una obra agridulce, simpática y desarrollada con soltura. Está contada desde el punto de vista de un narrador contratado por la autora, adiestrado en las radionovelas, que se permite de vez en cuando incluir simpáticas disgresiones. Escrita con estilo ágil y directo y con una prosa salpicada de mexicanismos, asegura una lectura grata y entretenida.

En *Al otro lado*, Yanitzia Canetti da un giro de ciento ochenta grados a su escritura y nos entrega una novela de una densidad, un vuelo imaginativo y una madurez que *Novelita Rosa* no hacía suponer. El ámbito doméstico y el registro amablemente satírico dan paso ahora a una historia de intencionalidad simbólica, que tiene como marco una alegorizada y fantasmal iglesia de una isla del Caribe nunca nombrada. Allí se van desgranando las confesiones de la protagonista, y de ello resulta el relato de un itinerario vital marcado por el deseo y la rebeldía. Aparecen además otros personajes a los que aquélla estuvo unida, y que se enmascaran bajo nombres como Juana de Arco, Napoleón, Calígula, Julio César, Cástor, Pólux, Carlomagno. *Al otro lado*, ha comentado el crítico español Juan Ángel Juristo, trata de la inaccesibilidad hacia uno mismo y de la profunda necesidad de confesarse («Cartas» 18). De lectura menos fácil que el anterior libro de Canetti, es una obra de mayor envergadura, mucho más elaborada. A lo largo de sus trescientas cincuenta páginas la autora logra mantener un vigoroso pulso narrativo y hace gala de un oficio literario que administra con seguridad y sin estridencias.

El Caribe que nos une

La salida en 1987 de *La trenza de la hermosa luna* fue saludada de manera unánime como el debú de una nueva narradora a quien se le auguraba una brillante y fructífera carrera. Los otros cuatro títulos que Mayra Montero (1952) ha publicado después vinieron a confirmar aquel pronóstico y la han consolidado como una de las mejores novelistas latinoamericanas de su promoción. Esas cinco obras, algunas de las cuales se han traducido ya al italiano, el alemán y el francés, se engarzan como partes de un proyecto que entronca con una vertiente de nuestra prosa imaginativa, aquella que se asoma al Caribe negro y que tiene entre sus exponentes más distinguidos al Alejo Carpentier de *El reino de este mundo* y *El siglo de las luces*, el primero entre nosotros que se dejó seducir por «el nada mentido sortilegio de las tierras de Haití». Radicada en Puerto Rico desde hace más de dos décadas, Montero se define como una autora inequívocamente caribeña, con especial preferencia por la cultura haitiana, y ha declarado que sus orígenes literarios están en Cuba.

La trenza de la hermosa luna nos sumerge en el hervidero social que era ese país en vísperas de la caída de Jean Claude Duvalier, «Baby Doc». Es lo que se encuentra el marinero Jean Leroy al regresar a su Gonaives natal, tras vivir veinte años fuera. Ha vuelto a instancias de Marcel Rigaud, su mejor amigo en la infancia, convertido ahora en un gran sacerdote del vudú que colabora con el «mandamás de Port-au-Prince». En el transcurso de los cuatro días que cubre la novela, se reencontrará con sus antiguos compañeros, con sus recuerdos, así como con Choucoune, esa mujer de fuego que maduró en su ausencia. Asiste a las revueltas populares, a la huida del dictador, y aunque asume una postura más bien pasiva ante los acontecimientos que ocurren a su alrededor, no puede evitar verse arrastrado por esas circunstancias que precipitan su crisis. Todo pasa para él tan rápidamente, que sólo al final se da cuenta de que Papá Marcel lo había hecho venir desde tan lejos «para que lo ayudara a bajar el trago amargo de esa muerte que presentía cercana. Le estaba dando el privilegio de ver morir a un elegido; de compartir con él, hijo de Ogún, favorecido de Quiazán, ese minuto iluminado» (151). Asimismo, comprende que no ha sabido asumir un compromiso personal con su propia vida, ni oponerse a un destino o un orden de cosas que, como en las tragedias clásicas, lo hace volver a su punto de partida. El retorno a su tierra lo llevará así a redescubrirse, a pesar su existencia en la balanza caótica que es el Haití contemporáneo, a definir sus prioridades sentimentales y morales, al tiempo que asiste al final de una era (Sánchez 56).

Uno de los muchos aciertos de la autora es el severo control que en todo momento mantiene sobre ese material. Su fascinación por una realidad tan alucinante, enigmática y con pasiones en estado primigenio como la haitiana, no la llevan a caer en el exotismo ni en la retórica del realismo fantástico. Los rasgos documentales y los ingredientes costumbristas sobre las prácticas y ritos religiosos están integrados al entramado argumental de modo indivisible, y resultan fundamentales para el desarrollo de la acción y para entender la particular visión de los personajes (Trelles 22). Eso tiene mucho que ver, por otro lado, con un estilo que prefiere la selección al exceso, la elipsis a la estadística, el detalle insinuado al naturalismo. Se sustenta en una prosa limpia, cuidadosa, plástica y salpicada de hallazgos expresivos. En *La trenza de la hermosa luna* las entrelíneas y las reticencias tienen tanto valor como el discurso explícito, algo que Mayra Montero sabe eludir con habilidad. Narra además con una fluidez y una solvencia que consiguen envolver de inmediato al lector, que sigue el relato con interés ininterrumpido. Otro de los valores del libro es la rica y variada galería de caracteres convincentes y con vida. Están, en primer término, Jean Leroy y Papá Marcel, que llevan el peso de la historia. A ellos hay que añadir numerosas figuras secundarias, entre las cuales hay algunas de muy atractivo perfil como Choucoune, Bonaparte Agena, Nicolasina Tiburcio, Claude Valcin y Papá Prosper. En esa finísima y compleja textura sicológica, Montero logra una justa armonía entre las peripecias externas y el proceso interior, entre lo individual y lo colectivo. No es común que una primera novela despliegue una madurez, una seguridad y un talento instintivo para contar, que ya quisieran para sí muchos escritores consagrados. Esos méritos demuestran que las expectativas que su salida despertó estaban sólidamente justificadas.

En *La última noche que pasé contigo* (1991), Mayra Montero abandona el mundo haitiano, aunque no el ámbito antillano que tanto la atrae. Como en *La trenza de la hermosa luna*, estamos ante una creadora en quien se advierte el placer de escribir, de contar una buena historia, algo poco frecuente en estos tiempos en los que abundan los libros forzados. Al casarse su hija, Celia y Fernando deciden hacer un crucero por el

Caribe, en un intento por hallar en aquel paisaje exuberante algún estímulo que reavive la pasión en una pareja vencida por la rutina de los años. La novela posee una estructura episódica y se articula sobre una continuada permuta de voces narrativas que corresponden a los dos protagonistas, quienes pasan a contar sus recuerdos y andanzas. Vamos descubriendo así un pasado salpicado de episodios e infidelidades y un presente ávido de nuevas experiencias sexuales. Esa alternancia pone en evidencia las fisuras de un matrimonio que antes los unió, pero que hoy los separa. Como único punto común, quedan sus respectivas fantasías eróticas, esa otra vida mucho más sugerente y rica, donde acumulan sus secretos obsesivos e inconfesados y donde sus desavenencias se hacen, paradójicamente, más liberadoras e imaginativas (Ayala-Dip 9). Ese mundo acallado que en su existencia cotidiana y anodina repriman, sale a flote excitado por el estímulo de un ámbito propicio: la aventura misma del viaje, el barco con lo que tiene de apartamiento y espacio acotado, la voluptuosa sensualidad del Caribe, «ese mar garapiñado de boleros» (76), pues tal como su propio título insinúa, ésta es una novela contada a ritmo de bolero. El nombre de cada capítulo pertenece al de una conocida pieza de ese género musical («Sabor a mí», «Nosotros», «Vereda tropical», «Negra consentida»). Los dos únicos hombres con quienes Celia se había acostado tenían una afición casi enfermiza por aquella música: Fernando hablaba de una filosofía del bolero, de una manera de ver el mundo, de sufrir con elegancia, de renunciar con dignidad; Agustín Conejo decía que el bolero le ayudaba a pensar, le animaba a decidirse, lo obligaba a ser quien era. La propia Celia recuerda que cuando era muy joven realizó los primeros «reconocimientos» de su cuerpo mientras escuchaba los discos de Lucho Gatica. La abuela de Fernando se murió oyendo «Somos», su tema preferido, y hubo que ponérselo diecisiete veces antes de que entrara en coma. El gran amor de Julieta, la compañera de travesía con quien aquél tiene una devoradora relación, fue un trompetista de una orquesta de boleros que la poseía al compás de «Contigo en la distancia». Y durante el viaje, en el trayecto hacia Antigua, un conjunto musical deleita a las parejas con su esmerado repertorio de boleros e invade el salón con «un aire de nostalgia, como si le estuviéramos diciendo adiós a algo, no sabíamos bien a qué» (104).

    Montero realiza un verdadero *tour de force* al narrar la novela desde las perspectivas de Celia y Fernando, lo que a su vez implica recrear la óptica que cada uno tiene de la sexualidad. Eso hace que los dos discursos se confronten y que conozcamos una historia y su contraparte. En ese aspecto, *La última noche que pasé contigo* está cuidadosamente montada y su trama incluye pequeñas sorpresas y elementos suspensivos. Fue finalista en el XII Premio La Sonrisa Vertical, lo que supuso que apareciera en la colección de igual nombre de la editorial española Tusquets. La autora, no obstante, la considera una obra más sicológica que erótica, y puntualiza que es el erotismo puesto en función de conocer más profundamente al ser humano. A lo que podemos agregar que las buenas novelas eróticas no pueden ser sólo eróticas, como no pueden serlo las policiacas o las de ciencia-ficción. Aparte de que, como ha señalado Mario Vargas Llosa, en la vida real lo erótico no se halla separado del resto de la experiencia humana, un contexto donde la actividad sexual se realiza y encuentra su sentido (66). En cualquier caso, nos hallamos ante una buena novela, algo que es necesario exista para que exista una buena novela erótica (Conte 3). Dado el valor subversivo que en las letras hispanoamericanas tiene el erotismo, es posiblemente el libro de Mayra Montero que más se ha leído, aunque no siempre de modo correcto. Por ejemplo, es ridículo el empeño de algunas profesoras indigestadas con las teorías feministas que censuran a *La última noche que pasé contigo* la manera como representa a la mujer. Tampoco han faltado en el ambiente cultural del exilio las lecturas moralistas, aplicadas también a textos de Reinaldo Arenas y Miguel Correa, hechas por comisarios de las buenas costumbres, que confunden la libertad de expresión con la idiotez puritana. Esquematismos feministas y puritanismos aparte, este segundo libro revalidó a Mayra Montero como una escritora privilegiada con unas dotes especiales para desarrollar un argumento, con el lenguaje, la estructura y los recursos adecuados a él, y poner a su servicio unos buenos personajes y un marco atractivo.

Con *Del rojo de su sombra* (1992), Mayra Montero vuelve a la temática haitiana, aun cuando la trama de la novela no se desarrolla en ese país. Estudiosa de los cultos afrocaribeños, partió para escribirla de un suceso verídico ocurrido hace pocos años en algún punto de La Romana, en la República Dominicana, que las autoridades dieron por cerrado calificándolo como un simple crimen pasional. En la nota que encabeza el libro, la autora apunta que cada año, miles de haitianos cruzan la frontera para ir a laborar como cortadores de caña en la República Dominicana. Allí les esperan una vida miserable y unas condiciones de trabajo calcadas de los más crueles regímenes esclavistas, así como el menosprecio de los dominicanos, que los llaman despectivamente congos. Como medio de defensa para resistir el infierno crudo que es el cañaveral y conservar su dignidad como seres humanos, se aferran a sus creencias religiosas, a sus dioses. Con ellos llevan también sus odios, rencillas, alianzas y luchas por el poder. Se agrupan además en «Societés», y poco a poco van organizando el «Gagá», una especie de cofradía hermética en la que es muy difícil penetrar. Su gran fiesta la celebran en Semana Santa y consiste en un alucinante peregrinaje por los campos que rodean al ingenio. A veces el Gagá se cruza en el camino con otro. El encuentro puede ser cordial o muy sangriento, de acuerdo al impredecible humor de los dioses. Sobre unos hechos reales y apoyándose en una exhaustiva investigación periodística y antropológica, Montero ha construido una extraña y fascinante historia que respira y desgrana amor, sangre, sexo, celos y muerte. Sus protagonistas son Zulé, una «mambo» o sacerdotisa muy conocida y respetada en la región, y el «bokor» Similá Bolosse, un hombre sanguinario temido por todos, vinculado a los odiosos «tonton macoutes» e involucrado en tráfico de drogas a Puerto Rico. La novela comienza cuando la «dueña» del Gagá de la Colonia Engracia se apresta a salir en su recorrido anual por Semana Santa. Prevenida por varios amigos de que Similá la espera para pelear con ella, si no acepta la alianza que le ofreció, se niega a cambiar sus planes y parte una tarde con una canícula que arrasa los campos. Es el viaje sin retorno hacia una batalla que ya está perdida, hacia una muerte anunciada e inexorable que le llegará, irónicamente, de la mano menos pensada: la mano de Jérémie Candé, su servidor más antiguo, su adepto más remoto, a quien la unían unos lazos especialmente complicados. Ese plano se alterna con otro retrospectivo por el que vamos conociendo los antecedentes de los distintos personajes que intervienen en el entramado argumental. Ambos convergen en el momento climático en que los dos gagás se enfrentan en medio de una tormenta que no alcanza a ocultar el sol. Se va reconstruyendo así el retrato de Zulé, uno de los mejores y más complejos caracteres creados por la escritora. Única sobreviviente, junto con su padre, de una familia que murió ahogada en un río, con sólo doce años fue «prometida» por Coridón, quien la inició no sólo en la religión, sino también en el sexo. De él aprendió la ley de los amarres y resguardos, la ley para fundamentar cazuelas y la muy difícil ley del cuidado de los muertos. Era tal su voracidad de aprender, que en poco tiempo se transformó en una mambo precoz e instintiva, a la que venían a consultar desde lugares remotos como Saona o el Cabo Cabrón. El mismo día que Coridón muere, ella, cumpliendo su promesa, se traslada hasta la Colonia Engracia para fundar allí su propio Gagá. Ascensión tan vertiginosa, admite su padre, no se había visto en Societé alguna. El bokor, que como ella utiliza su potencia sexual como instrumento de dominio, hará experimentar el despecho de la amante rechazada a esta mujer a la que cualquier muestra de ternura le costaba un esfuerzo sobrehumano. Fuerte, batalladora, astuta, Zulé es al mismo tiempo indefensa e incapaz de ver el triángulo fatal que provocó. Una vez más, aparece recreado con autenticidad el mundo del vudú, con sus misteriosos rituales y con la presencia persistente de la muerte. En el libro se cuentan casos de espíritus malignos que montan a hombres, de mujeres que bajan donde los difuntos, de sacerdotes que se bañan en la sangre de cien cabritos para que las divinidades les abran los caminos, de esposos condenados por amarres que no se pueden desatar, hechos por una mambo retorcida. Esas creencias ancestrales y esa confrontación con fuerzas superiores, ha señalado Ramón Luis Acevedo, confieren a aquellas vidas oscuras, tristes y marginales una dignidad épica, les dan un significado trascendente que magnifica su humanidad humillada y les permite superar la muere, colmarla de sentido («Mayra» 85). La autora considera que además de ser una obra sobre el amor y las pasiones humanas, *Del rojo de su sombra* es también una reflexión sobre la desventura del inmigrante. Mayra Montero demuestra nuevamente que conoce muy bien la realidad a la cual se refiere. Eso se plasma en el estupendo y seguro trazado de los personajes, en su magnífica radiografía de ese mundo ancestral y, al mismo tiempo, actual, en la resistencia al facilismo, las simplificaciones y el exotismo. Asimismo, sabe construir unos diálogos creíbles, a la vez que elaborados, oportunos y de una eficacia hemingwayana. Todo ello en una novela que es un magnífico ejemplo de cómo combinar la amenidad y la sabiduría narrativa.

Tú, la oscuridad (1995) es, de todas las novelas de Mayra Montero, posiblemente la que posee una peripecia más simple. Víctor S. Griegg, un biólogo norteamericano especializado en batracios, llega a Haití en busca de un raro ejemplar de rana casi desaparecido y único en el mundo: la *Eleutherodactylus Sanguineus*, más conocida por el inquietante nombre de *grenouille du sang*, es decir, rana de la sangre. Será su guía Thiery Adrien, quien lo introducirá en la vida cotidiana y el mundo mágico-supersticioso de la isla caribeña. En el itinerario a la montaña donde habita la rana, coincidirá con Sarah, una botánica de su misma nacionalidad que lleva años tras una planta hembra, la *Pereskia quisqueyana*, también a punto de extinguirse. Este sucinto resumen de la trama no da idea de su complejidad ni del sugerente tratamiento al que la autora la somete, como tampoco de su admirable capacidad para sacar de unos cuantos elementos tanto partido. La novela está estructurada a partir de la alternancia de dos veces narrativas, la del científico y la de su guía. Esos monólogos a dos bandas –los del segundo corresponden a las historias que cuenta a Víctor y que éste empieza a grabar cuando se percata de que, entre una y otra, incluye datos valiosos acerca de la rana– tienen como contrapunto las «fichas» que van intercaladas entre los capítulos y que se refieren a distintas especies de batracios que han ido desapareciendo, sin que se conozcan las causas, en países como Colombia, Estados Unidos, Suiza, Australia o Costa Rica. Esos discursos paralelos representan, a su vez, a dos mundos y dos concepciones de la vida muy diferentes, unidos aquí por un punto común que posibilita la solidaridad: la búsqueda de la rana de sangre, que adquiere así un valor metafórico. Thierry encarna la sabiduría popular, el conocimiento oculto de los misterios del vudú, las voces de las tradiciones oscuras de Haití, la vena salvaje y naturalista del hombre. El herpetólogo es su reverso, con su formación cartesiana, su saber científico y su escepticismo occidental. Uno y otro mantienen, no obstante, relaciones de igual a igual, y terminarán mezclándose para reafirmar el choque cultural que marca a la sociedad haitiana. De esa colisión los dos saldrán cambiados y unidos para siempre, cuando mueren en el naufragio del barco que los llevaba a Port-au-Prince. Con ellos desaparece también el último ejemplar de la *Eleutherodactylus Sanguineus*. Como en otras novelas de Montero, al final la muerte acaba por imponerse.

Ambos caracteres se van perfilando hasta adquirir su plena dimensión en los saltos atrás del relato, así como en una trama que alcanza, como señaló Joaquín Marco, un clima asfixiante, a caballo entre la violencia del ambiente, la sensualidad caribeña y los entresijos de una tradición mágica (reseña de *Tú* 9). Hay además un estupendo retablo de personajes secundarios, entre los que se destacan, en especial, los femeninos (Frou-Frou, Yoyotte Placide, Ganesha, Blanche, la mujer desquiciada del alemán). De fondo, está el sugestivo escenario de Haití, un alucinante crisol donde conviven los zombis y los traficantes de drogas, lo real y lo imposible, el sexo y la violencia, con la presencia de la muerte en sus diferentes manifestaciones. A esta realidad tan contradictoria se refiere el biólogo cuando expresa: «¿Cómo explicarle que Haití no era un lugar a secas, un nombre solo, una montaña con una rana sobreviviente? ¿Cómo hablarle de los animales que echaban todavía vivos a las hogueras, y del polvo, y de las pestilencias, las abominables, impensables, desconocidas pestilencias? ¿Cómo describirle las calles, los albañales abiertos, la bosta humana en medio de la acera, los cadáveres al amanecer, la mujer sin sus manos, el hombre sin su rostro? ... ¿Cómo meterle en la cabeza, gran Dios, que Haití se estaba terminando, y que esa loma de huesos que iba creciendo frente a nuestros ojos, una loma más alta que el pico Tête Boeuf, era todo lo que iba a quedar?» (226-227). Montero sabe de lo que habla y logra comunicarnos la fascinación de ese insólito país. Su dominio del tema se plasma en un texto en el que se sugiere tanto como se cuenta, gracias a una inteligente dosificación de detalles. Demuestra una vez más su técnica impecable, su asombrosa firmeza en el pulso narrativo, todo ello servido por las mejores virtudes estilísticas, por una prosa limpia, elegante, contundente.

En *Como un mensajero tuyo* (1998), el periplo caribeño de Mayra Montero la lleva, por fin, a recalar en su tierra natal. Historia y ficción se funden en esta magnífica novela, tras la cual se advierte una minuciosa labor para documentarse sobre hechos y personajes. El punto del cual parte es un suceso que los cubanos comentaron y recordaron durante mucho tiempo: el 13 de junio de 1920, cuando Enrico Caruso interpretaba *Aída* en el Teatro Nacional de La Habana, una bomba estalló en el recinto. Cuenta la prensa de la época que el legendario tenor italiano salió corriendo, vestido aún de Radamés, y no reapareció hasta algunos días después, sin que hasta hoy se haya averiguado dónde y con quién permaneció. La novela relata los estragos que aquella bomba causó en la vida de algunas personas. Para ninguna de ellas, sin embargo, las huellas de esos acontecimientos fueron tan hondas y dolorosas como para Aida Tetrirena Cheng, una hermosa mulata de rasgos achinados que vivió con Caruso una breve e intensa historia de amor, fruto de la cual nació una niña. Es ésta quien, tres décadas después, emprende con la ayuda de su madre la reconstrucción de unos hechos envueltos hasta entonces en el misterio. Hallamos de nuevo el mundo perturbador y oscuro de la santería, que aquí –y es lo novedoso en la obra de Montero– aparece contrastado con el mundo europeo y blanco del tenor. Hay asimismo un paralelo poético entre la narración que se cuenta en *Aída* y algunas de las que conforman el panteón afrocubano. La patética y trágica figura de Caruso aparece dibujada además según los patrones de esa religión: al llegar a La Habana, su destino estaba trazado por los orichas. Era ya un hombre al que la Ikú le había tendido la mano. *Como un mensajero tuyo* prueba una vez más el talento, la agudeza y la inteligencia literaria de su autora, así como su capacidad para penetrar en el misterio y en lo que Rosa Pereda define como «esa escalofriante fuerza para transmitir lo literalmente intransmisible, el mito contado desde dentro» («Misterio» 11). De sus páginas, escritas con una prosa poderosa y decantada, emergen los territorios enigmáticos e insondables de una Cuba pocas veces recreada por nuestros narradores. Sorprende, no obstante, que Mayra Montero, tan cuidadosa al construir sus ficciones, haya dejado algunos cabos sin atar. ¿Quién es, por ejemplo, ese extraño personaje que en el primer capítulo va a visitar a la anciana Enriqueta y le lleva un paquete de fotos? ¿Quiénes los atacantes de la pareja cuando se hallaban ocultos en Trinidad y cómo averiguaron que se encontraban allí? ¿Los envió acaso la Mano Negra que andaba tras la pista del cantante?

Como un mensajero tuyo conforma, junto con *Tú, la oscuridad, La trenza de la hermosa luna, La última noche que pasé contigo* y *Del rojo de su sombra,* un proyecto novelístico de ejemplar coherencia. «En mis libros, ha comentado Mayra Montero a Rosa Pereda, hay una propuesta básica: el Caribe como un todo, como una unidad. No son sólo islas separadas, son un conjunto de sensibilidades, tradiciones y casi una manera de ser» («Seguro» 9). Respecto a la realidad desconcertante y enigmática que recrea en sus novelas, aclara que si en éstas «hay algo que sorprende, o que puede resultar exótico, si hay algo que provoca asombro o incredulidad, se debe eencialmente al hecho de que para la mayor parte del mundo, el Caribe continúa siendo un perfecto desconocido» (9). Pocos escritores han sabido hablar como ella desde dentro de ese mundo localizable y cercano, pero a la vez tan lejano para nosotros, ese otro Caribe que también es nuestro.

Balseros, un tema recién incorporado

En los casi cuatro décadas transcurridas ya del período iniciado en 1980, la novela escrita extramuros cubre un arco expresivo bastante amplio. Varias son, como ya hemos examinado, las tendencias que coexisten en tolerante pugna, dentro del espectro de sana diversión que los autores han ido trazando. A nivel temático hay, no obstante, un predominio de dos o tres corrientes en las cuales los narradores reinciden, lo cual contrasta con la exigua incorporación de asuntos nuevos. Éstos son administrados con cuentagotas, y si algo uno echa en falta en la producción de estos últimos quince años es una imagen del mundo del exilio más completa y abarcadora, que no escamotee datos ni aristas. Concluiremos este panorama con el análisis de dos novelas en las que se aborda una tragedia que conmovió a la opinión pública internacional hace pocos años: la de los balseros, protagonistas de la última oleada de emigrados de la isla desatada por el recrudecimiento de la crisis económica y la represión gubernamental. Entonces, en menos de un mes más de treinta mil cubanos se hicieron a la mar y cruzaron las peligrosas aguas del Estrecho de la Florida en precarias embarcaciones, en busca de la libertad y con la esperanza de una nueva vida.

Existe un antecedente al que es de elemental justicia hacer mención: *Más allá de mis fuerzas* (1989). No se trata de una obra de ficción, sino de un testimonio en donde William Arbelo cuenta la odisea que vivió en el mar. En octubre de 1972 salió clandestinamente, junto con siete personas más, en una balsa rústica hecha con cámaras de autos y algunos pedazos de madera, sin más alimentos que leche condensada, galletas y agua. Del grupo, sólo él logró llegar con vida a Estados Unidos. Una historia parecida cuenta J. Joaquín Fraxedas en *La travesía solitaria de Juan Cabrera* (1993), el libro sobre esta temática que ha tenido mejor acogida, sobre todo, en su versión inglesa, idioma en el que originalmente fue escrito. La novela se inicia una oscura noche sin luna, en una playa desierta del este de La Habana, cuando Andrés, Raúl y Juan Cabrera se lanzan al mar abierto en tres neumáticos de automóvil hinchados y atados entre sí. Durante la peligrosa travesía, el primero es asesinado por un tripulante de una cañonera cubana, mientras que el segundo es devorado por un tiburón. Sólo queda con vida el último, quien, solo y a la deriva, completará ese viaje hacia la libertad que tiene también algo de itinerario sicológico y espiritual. La novela concilia esa dimensión real y actual con otra de corte alucinatorio, producto del delirio del protagonista, a causa de varios días expuesto a los rigores del hambre, el sol y la sed, y con mecanismos rememorativos mediante los cuales conocemos sus antecedentes. Hay también varios capítulos ambientados en Miami, donde reside su mujer desde 1989, y desde donde despega el pequeña Cessna de Alberto, el piloto que logra localizar a Juan y que, al final, tiene un accidente en el cual pierde la vida. Para escribir su libro, Fraxedas entrevistó a muchos balseros llegados de Cuba, a la vez que aprovechó vivencias conocidas de primera mano durante las operaciones de rescate en las aguas del Estrecho de la Florida, como piloto de Hermanos al Rescate, la organización cuyo nombre tanto ha sonado a raíz del derribo de tres de sus avionetas en Cuba, en febrero de 1996. Los personajes de *La travesía solitaria de Juan Cabrera* son, sin embargo, imaginarios, pues en todo momento el autor quiso respetar las pautas de la ficción. Con acertado criterio, despojó a su obra de elementos testimoniales y se dedicó a priorizar la narratividad y a desarrollar un argumento sucinto. Sabe además sostener la trama sin hacerla tedios y opta por un relato de sosegado discurrir. Su alcance literario es, no obstante, más bien corto y su escritura denota la presencia inequívoca de un principiante. Los personajes resultan deshumanizados y sin vida interior, el argumento está demasiado simplificado y, como tantos escritores de la diáspora, Fraxedas no sabe renunciar a la denuncia política fácil y el maniqueísmo. La versión en español, por otra parte, pierde mucho con la traducción descuidada y poco profesional de Raoul García Iglesias, quien comete deslices idiomáticos e incorrecciones de estilo que deslucen el texto.

En idéntica fuente temática indaga Ernesto Ochoa (1958), quien se basó en investigaciones y en vivencias recogidas entre sus compatriotas (incluso un familiar cercano suyo desapareció cuando intentaba alcanzar las costas de la Florida) para escribir *Balseros* (1995), que le reportó el Premio Letras de Oro 1993-1994 en el género de novela. El argumento es más o menos similar al de los libros de Arbelo y Fraxedas: cuatro hombres salen clandestinamente en una balsa construida con neumáticos, sogas y lona. En el trayecto deben enfrentar, entre otras dificultades, una violenta tormenta, la pérdida de parte de los alimentos y, la peor de todas, la muerte de uno de ellos, que cae al mar y es devorado por los tiburones. Al quinto día de navegar por el proceloso mar Caribe, son auxiliados por un barco ruso que se dirige a Cuba y que se encarga de avisar al Servicio de Guardacostas de Estados Unidos para que los recoja. El principal mérito de Ochoa es haber sabido transformar ese material en un texto que acredita cualidades literarias dignas de ser consideradas. Elementos que podrían haber tenido un alcance testimonial pasan a ser el telón de fondo del drama genérico y casi intemporal vivido por unos hombres por lograr sus sueños de libertad. El relato ha sido despojado de ingredientes espúreos, como los ideológicos, para centrarse en el viaje de esos cuatro locos apostándole al destino, y en la narración de esos seis angustiosos días, cuya cuenta llevaban «minuto a minuto. Hora por hora. El tiempo que llevaban mojados dando tumbos en un mar revuelto o flotando sobre un mar desesperadamente calmo no se correspondía con el tiempo que indicaban las manecillas del reloj (...) Llevaban seis días navegando. Casi sumergidos en el mar. Sólo separados por una fina capa de lona y algunas sogas entretejidas de un mundo que no les pertenecía y no los aceptaba. Se los había hecho saber a cada momento. Con los más disímiles recursos. Haciéndoles sentir que eran unos extraños en aquel mundo de silencio» (176-177). Muy convincente es el análisis de las relaciones entre los balseros, en las que no faltan desavenencias y enfrentamientos provocados por la situación extrema en la cual se hallan. El autor sabe además plantear y contar la historia con convicción y habilidad, y la enriquece con unos personajes verosímiles, un correcto sentido del ritmo y unos diálogos vivaces. Asimismo, se vale de una prosa sobria, ceñida y de humilde apariencia, en la que sólo hay que lamentar el uso de frases tan trilladas como barba negra, noche oscura, callejuela estrecha o calles concurridas. Se trata, pues, de una novela que alcanza, en conjunto, un balance satisfactorio y que sin disputa es la mejor de todas las escritas sobre la odisea de los balseros.

Afirmamos esto pensando no sólo en *La travesía solitaria de Juan Cabrera*, sino también en otros tres títulos más: *Sabino, el último balsero* (1994), de Joaquín E. Piedra, *Los balseros de la libertad* (1992), de Josefina Leyva, de la que al año siguiente apareció la versión al inglés, *The Freedom Rafters*, y *La estrella que cayó una noche en el mar* (1995), de Luis Ricardo Alonso, esta última una obra que está muy por debajo de lo que se esperaba del autor de *El Palacio y las Furias*, y que es todas las suyas la más lastrada por el utilitarismo político y el resentimiento anticastrista. A esos libros se ha sumado recientemente *En fin, el mar. Cartas de los balseros cubanos* (1995), un testimonio patético y amargo de personas que han huido de la isla en los últimos años. No se trata de una obra de ficción, tampoco de textos con ambiciones literarias. Son «cartas de amor y cartas crueles, enrabietadas o tristes, románticas o de revancha, cursis o de trámite, frustradas o ilusionadas» (Schwartz 10), escritas con faltas de ortografía y sintaxis deficiente, que como apunta Zoé Valdés en el prólogo, reflejan de manera viva y ejemplificante lo insoportablemente desgarrador que ha sido el exilio cubano por el mar.

Chachachá y cuentos para adultos huyuyos

Frente a la muy abundante producción poética y a la respetable cifra de novelas, el cuento ha sido desde la década del sesenta el género menos frecuentado por los autores de la diáspora y, acaso, aquel cuyo balance cualitativo es, en conjunto, menos satisfactorio. Algo que se mantiene incluso en la literatura en inglés escrita por los cubano-americanos: entre éstos, sólo Achy Obejas, Virgil Suárez y Pablo La Rosa, que tengamos referencia, cuentan en su bibliografía con sendos volúmenes de narraciones. En las páginas que siguen, revisaremos aquellos escritores cuya obra, según nuestro criterio, es más valiosa o merece, como mínimo, ser tomada en cuenta.

Iniciaremos el repaso con dos nombres que a su veteranía, agregan su significativa contribución a la práctica de la narrativa breve en Cuba: Lydia Cabrera y Guillermo Cabrera Infante. Sus respectivos libros son, no obstante, muy diferentes entre sí, tanto por los asuntos que abordan como por el tratamiento a que los someten. La primera dio a conocer en 1983 sus *Cuentos para adultos niños y retrasados mentales*, cuarta entrega de sus relatos originales, tras *Cuentos negros de Cuba*, *¿Por qué?* y *Ayapá*. Asistimos aquí al retorno a la narratividad esencial, al viejo hábito del contador de historias, del fabulador. La autora ha reunido treinta y ocho piezas que certifican su vigor creativo, su malicioso humor y su extraordinaria capacidad para recrear y reelaborar personajes, temas y motivos de la tradición oral y el mundo mágico antillano. Nos hallamos ante lo real maravilloso en estado puro. Por las páginas de este delicioso libro vemos desfilar así jóvenes con cuerpo de araña, ratones convertidos al judaísmo, caballeros en busca del cementerio donde reposan las horas vividas, negritos cabezones y rabiscosos que salen a desafiar al mismísimo demonio, mujeres que tienen embarazos que duran diecisiete años, esqueletos, brujas, amantes muertos a puñaladas, cortados en pedazos y arrojados a un pozo ciego y diablos que, en el fondo, no son tan malos. Ese material que toma del folclor afrocubano y universal, Lydia Cabrera lo maneja con absoluta libertad: añade, quita; pone junto a mitos cosmogónicos, descripciones de marcado sello surrealista; intercala detalles costumbristas de la Cuba del siglo XIX y primer tercio del XX; y cambia las historias al incorporarles nuevos episodios e impregnarlas de color local (Valdés-Cruz 93). Organizado en siete bloques («Y así fue», «Tres historias para viejos adolescentes románticos», «De diablos y diablas», «De hombres y animales», «Cosas olvidadas y otras vistas u oídas», «Visto y oído» y «Necrología»), el libro posee una lozana variedad y rezuma humor, poesía y encanto a manos llenas. Hay versiones nada infantiles de historias de desencantamiento, relatos dentro de otro, textos que remedan el estilo de la prensa habanera decimonónica o el de las notas necrológicas. La lucha entre el bien y el mal está presente en muchos de los cuentos, mientras que en otros hay una celebración del ingenio y la inteligencia del hombre para afrontar situaciones difíciles. Su estilo directo, espontáneo y travieso, salpicado de sabrosos arcaísmos, se transforma en sus manos en un instrumento que prueba una vez más su eficacia: «A la escuelita muy bienquista de las tres virtuosas Corúas que su madre entonces podía pagarles –tres viejas señoritas, las Corúas, de buena familia que venidas a mal enseñaban el catecismo, el alfabeto, urbanidad y contar hasta cien: se llamaban Herminia, Balsamina y Amaranta–, iban los pajaritos más finos, toda la plumífera nobleza habanera, y aquellas tres señoritas ganando en fama de educadoras, la juventud tan tristemente perdida y la hacienda, se consolaban y enorgullecían de guardar en la jaula espaciosa que era la escuela, las criaturas aladas más lindas y graciosas del país» (135). A esos méritos literarios, Cabrera suma el de reconciliarnos con el placer de la lectura, lo cual convierte la de *Cuentos para adultos niños y retrasados mentales*, para citar las palabras de Esperanza Figueroa en el prólogo, en un bembé organizado por Katherine Dunkham y bailado por la mujer de Antonio y Papá Montero, con un coro chambelonesco de maracas y bongó (22).

A falta de una nueva obra de ficción desde hace más de tres lustros, Guillermo Cabrera Infante apeló a la técnica del minimalismo musical para armar *Delito por bailar el chachachá* (1995), compuesta por tres narraciones, dos de las cuales habían visto antes la luz en libros. Tres textos que vienen a ser variaciones sobre un tema común, cada uno con su propia música, con su propia melodía: el paso del ritual de la santería («En el gran ecbó»), el bolero («Una mujer que se ahoga»), el chachachá («Delito por bailar el chachachá»). Arrancan los tres de una situación idéntica: un hombre y una mujer que se aman o se han amado charlan mientras almuerzan en un restaurante habanero, en una tarde de lluvia. En los dos primeros hay diálogos que se repiten casi textualmente, hasta el punto de que podría pensarse que uno es una simple variante del otro. Asimismo, el espacio es el mismo, pues ya se sabe que todos los caminos del discurso cabreriano conducen a La Habana de los años cincuenta e incios de los sesenta. Esas coincidencias dejan de serlo cuando a partir de un punto, cada uno va incorporando registros y entrecruzamientos propios que le dan un nuevo sentido y lo conducen por un sesgo diferente. Así, donde «En el gran ecbó» había amor, en «Una mujer que se ahoga» hay tedio; donde culpa, cansancio; donde pasión, cinismo (Riera 65). En «Delito ...», el conflicto individual y amoroso pronto es desplazado por el enfrentamiento del narrador con el funcionario que trata de «recuperarlo» para la causa revolucionaria y convencerle para que el suplemento cultural que dirige se amolde a la línea oficial impuesta por el Partido. Ese cambio hace que afloren las obsesiones políticas del autor, ese anticomunismo visceral y ese anticastrismo furibundo que empañan a muchos de sus últimos textos. Los que aquí recoge están, como casi todos los suyos, impregnados de nostalgia y cubanía, así como de la marca autobiográfica que alienta a toda su obra y que, como él mismo admite, constituye su materia prima fundamental. Parafraseando a Heidegger, puede afirmarse que los tres son relatos nacidos de la devoción del recuerdo. *Delito por bailar el chachachá* permite disfrutar una vez más de la escritura provocadora, juguetona y viva de Cabrera Infante, de su humor inteligente, su buen gusto, su fuerza narrativa. Más que piezas aisladas, deben leerse, como él reclama, de un tirón, como literatura repetitiva. Y de ser posible, lo más aconsejable es que esa lectura se haga, como ha sugerido alguien, con un mojito en una mano, un buen veguero en la otra y un disco de música cubana sonando a todo volumen.

Similar fórmula aplicó Cabrera Infante para componer *Ella cantaba boleros* (1996). Siguió en este caso las recomendaciones de dos amigos, los también escritores Mario Vargas Llosa y Javier Marías, quienes le habían sugerido publicar como relatos autónomos «Ella cantaba boleros» y «La amazona», que originalmente formaron parte de *Tres tristes tigres* y *La Habana para un infante difunto*. El resultado de esos dos textos que ahora aparecen «juntos y revueltos», defiende él, no es un mero reagrupamiento, sino una obra diferente. Algo que apoya Miguel Sánchez-Ostiz, al afirmar que si bien no se trata, en puridad, de un libro nuevo, sí lo es de otro modo, por obra y sobre todo gracia de su autor (11). Otra vez La Habana de los años cincuenta, otra vez la música como motivo recurrente (el anuncio de *Ella cantaba boleros*, como el de *Delito por bailar el chachachá*, debería ser, según Cabrera Infante, «literatura bailable»). En ambos relatos las siluetas femeninas ocupan un primer plano: la protagonista del primero es La Estrella, una obesa cantante negra de voz grave y serena que naufragaba en ron; la del segundo, la «venus de los ojos verdes», que inicia al narrador en el sexo. Ambos son además celebraciones de la noche habanera, de su fulgor y su ya perdido encanto. Regocijantes, misteriosos, complejos, despliegan una frescura, una brillantez del lenguaje coloquial, una intensidad y un aliento creativo que se conservan intactos. La salida de *Ella cantaba boleros* pone de nuevo sobre el tapete el tema de los muchos años que el autor de *Arcadia todas las noches* lleva sin dar a conocer una obra de ficción propiamente nueva. Algo sobre lo cual él comenta: «Sucede que escribo mucho y publico poco porque un libro es un compromiso mayor. No soy de esos escritores que se dicen discípulos de Flaubert y publican más que Balzac» («Literatura»).

También es todo un veterano Lorenzo García Vega, a quien, sin embargo, el dedicarse desde hace casi medio siglo a la actividad literaria no le ha garantizado que su obra disfrute, como la de Lydia Cabrera y Guillermo Cabrera Infante, de la circulación y el conocimiento que merece. De hecho, estamos ante un caso tan patético como injusto: «Me he pasado la vida escribiendo y publicando. Soy apenas conocido. Pero, quizás por ser ya un anciano, puedo afrontar el hecho de que mi carrera, –si es que a algo en mi vida se le puede llamar así– ha consistido, tremendamente, en ser la carrera de un no-escritor» (*Espacios* 141-142). No hay que olvidar que este hombre que hasta su reciente jubilación se ganaba la vida como *bag boy* en un supermercado de Miami, formó parte del consejo editor de *Orígenes*, que posee un catálogo que incluye una decena de títulos y que en 1952 mereció por uno de ellos el Premio Nacional de Literatura. Se trata, cierto, de un creador heterodoxo, que deliberadamente ha optado por la condición de periférico y que practica un mestizaje genérico al que lectores y críticos suelen ser muy reticentes. Gracias a ese estoicismo adquirido con los años al que antes se refería, en 1993 sorprendió con tres nuevos libros que, para no variar, apenas hallaron eco. Uno, *Collages de un notario*, recopila ocho trabajos aparecidos en la revista *escandalar*. Del segundo, el poemario *Variaciones a como veredicto para sol de otras dudas*, ya nos hemos ocupado. En cuanto al tercero, *Espacios para lo huyuyo*, al cual nos corresponde ahora referirnos, es catalogado por los editores como de relatos. No es fácil aceptar esas páginas como narraciones, pues resultan atípicas cuando se intenta aplicarles cualquiera de los cánones del género. Como en sus otras obras, García Vega apuesta aquí por una escritura transversal, que rebasa los límites genéricos mediante la unión. Influido por la arquitectura, el cine y las artes plásticas y, en particular, por una plástica, un cine y una arquitectura de inequívoco cuño vanguardista, construye un discurso exasperante y seductor, audaz e ingenuo, a ratos con atisbos de genialidad, en otros asaz complaciente, asumido como caleidoscopio, documental fílmico, esbozo de pintura, depósito de imágenes, cuaderno de letras y archivo de recuerdos (Homero 49). Así, junto a confesiones personales, puede uno hallar citas de otros escritores, reflexiones sobre el proceso creador, incidencias, acotaciones para cuentos futuros, vericuetos especulativos, en fin, todo un amasijo textual pasado por el tamiz de un talento muy personal, que toma el *collage* como procedimiento vertebrador, como una de sus herramientas predilectas. Libro no apto ni recomendable para quienes buscan historias contadas a la manera tradicional, incluye, no obstante, piezas como «Donde comprar es un placer», «El escaparate de Mimí» y «Entrisale por el texto», capaces de deparar agradables sorpresas. *Espacios para lo huyuyo* viene a confirmar que, a sus setenta y tantos años y desde su «reducto albino» de Miami, Lorenzo García Vega sigue escribiendo unas obras desconcertantes, arriesgadas y estimulantes. Un autor, en resumen, al que se hace mal en dejar marginado.

Después de tantos años

En estos años se produce el retorno de varios cuentistas que, tras una usencia, en la mayoría de los casos, bastante prolongada, se reincorporan al género con nuevas obras. Dieciséis años, por ejemplo, separan *Desnudo femenino y otros cuentos* (1995) del anterior volumen de cuentos de César Leante, quien en ese lapso entregó a la imprenta una novela y un par de ensayos. Recogió en ese libro doce piezas, inéditas unas y otras ya conocidas, por pertenecer a su producción precedente. Alguna, como «Casa sitiada», figura en varias antologías del cuento cubano publicadas en el extranjero. Su nexo de unión es, como se indica en la contraportada, esa mezcla de realidad y fantasía que constituye, sostiene Leante, el terreno legítimo de la literatura. Una ojeada a los argumentos sirve para corroborar lo allí apuntado: una joven que ha muerto es devuelta a la vida por un desconocido, quien después la deja embarazada («El último milagro»); un anciano acoge en su apartamento a unos sobrinos para tener alguien sobre quien ejercer su arbitraria tiranía («Propiedad horizontal»); el esposo de una mujer desaparece en un accidente y ésta cree encontrárselo misteriosamente en distintos lugares («La desaparición»); un hombre llamado Moisés se dedica a copiar en una biblioteca pública la Enciclopedia Espasa-Calpe para reproducir, a su modo, la hazaña del homónimo suyo que redactó las Tablas de la Ley («El otro Moisés»). Se ajustan menos a esa pauta relatos como «¿Qué color tiene el infierno?», «Desnudo femenino», «Y un día ...» y «El amigo», en los cuales predominan los elementos realistas, si bien dejan un hueco a insinuaciones sugestivas y a inmersiones en los recovecos más enigmáticos de la sicología humana. Su conocimiento de las cualidades definitorias del género lo demuestra Leante en la síntesis y precisión que poseen sus narraciones, así como en los asuntos escuetos, concebidos más para el trazo elíptico que para el desarrollo contenido.

También se hallan arraigados en un sustrato fantástico la mayoría de los cuentos que aparecen en *Transiciones, migraciones* (1993), el tercero y largamente esperado libro de Julio Matas. Sus personajes e historias, sin embargo, no pueden ser más cotidianos, y aunque en algunos el autor prescinde de ambientaciones temporales y espaciales, el ámbito que predomina es netamente cubano. Una cubanía que se mantiene en la singular riqueza de los diálogos. En la narración a la cual corresponde la cita, se cuenta cómo una mujer a la que, de niña, enseñaron a no creer más que en lo que pudiera ver, termina convertida en espiritista. Hay otra acerca del culto a los muertos de una familia. Y en otra, un hombre es acogido en su casa, tras doce años de ausencia, por una señora, por más que ambos saben que no se conocen. Todo ocurre, no obstante, dentro de un marco ordinario, sin que esa quiebra de la estabilidad adquiera un relieve amenazador ni un clima de terror, y sin que los hechos desemboquen, como es usual en las obras de este género, en un final siniestro que provoque la desaparición, la muerte o la condenación del protagonista (Caillois 12). Por el contrario, esos textos están veteados de humor y de un costumbrismo engañoso, paródico y socarrón, dos ingredientes que no es frecuente hallar en la narrativa fantástica. De ahí que se amolden poco a las patrones por los que ésta suele regirse. Los relatos de *Transiciones, migraciones* se mantienen todos en ese buen nivel en el que la escritura de Matas se ha instalado desde hace ya buen tiempo, y que se sustenta en una prosa ágil y expresiva, en un estilo muy adecuado a las contricciones y la exactitud impuestas por el cuento. Todos, repetimos, tienen una calidad similar, mas nos permitimos recomendar, en particular, «Fieles difuntos», «Espejos y misoginia» y «Ejercicio de contrapunto», como aquellos donde las magníficas dotes de narrador de Julio Matas lucen más.

Un amplio espacio para la fantasía hay también en las narraciones de *Al son del tiple y el güiro ...* (1987) y *Ángeles con acento sureño* (1997), las nuevas entregas de Manuel Cachán. Estamos ante un creador que ha desarrollado una trayectoria pura de narrador a secas, en la que ha optado por la marginación y la marginalidad. Eso ayuda a explicar, en parte, lo escasamente conocida que es su obra, al punto de que no es exagerado referirse a él como a un escritor casi secreto. A Cachán, sin embargo, no parece inquietarle demasiado, y libro a libro va consiguiendo una progresiva madurez y un oficio que aplica sin estridencias ni apresuramientos. Y madurez y oficio son atributos que se evidencian desde las primeras páginas de estos cuentos de hábil factura, que no excluyen el humor, ni el tono emotivo, y que transitan por paisajes y asuntos variados. En unos, las coordenadas temporales y espaciales no aparecen determinadas; en otros, en cambio, resultan cercanas y reconocibles. Se perciben en ellos las afinidades electivas del autor (García Márquez, Borges), mas ello no implica influencia servil o mimetismo, sino asimilación analítica. Cachán se mantiene fiel al pequeño formato y reúne en ambos libros diecinueve narraciones que apenas superan el centenar de páginas. Más sintético que prolijo, apuesta por una concentrada sustancia literaria y demuestra poseer la sabiduría de la contención. En algunos cuentos de *Al son del tiple y el güiro ...* tal vez adelgaza la intriga más de lo debido, y renuncia así a un desarrollo de las situaciones y los personajes que les iría bien. Reparo menor, no obstante, para unos textos cuyas cualidades justifican con creces su lectura.

Por su parte, Alberto Martínez Herrera (1923-1995) se decanta claramente por el humor en *Retahíla* (1994). El libro representa su tardía vuelta a la literatura de ficción, treinta y siete años después de que se diera a conocer con *Los coleccionistas*, su anterior volumen de relatos. Confiesa que estas páginas nacieron en circunstancias muy concretas: las escribió un exiliado cubano en su tercera edad, decepcionado por vivir en un país en donde perdió su identidad. Siguiendo el ejemplo de Stendhal, quiso reflejar a través de un espejo la que para él es una época sin ninguna salida espiritual y moral, y de esa mirada de testigo crítico le salieron unos textos repletos de sarcasmo y desparpajo y permeados por un profundo escepticismo. Arremete en ellos contra creencias religiosas, falsos valores, ideologías y morales estrechas y mojigatas. El personaje, desde su triste vejez en una residencia para jubilados, en Newark, se enmascara y desdobla en otros (un marielito, un indio siboney, un tirano que redacta su testamento, un negro norteamericano, un balsero), aunque la que oímos es la misma voz de requiebro, la misma rebeldía que, según Herberto Padilla, no deja títere con cabeza («Retahíla» 12A). *Retahíla* es un libro bienintencionado, en el que no faltan ramalazos de malicia e ingenio, pero sus valores estéticos son limitados. No se aprecia en sus narraciones ese necesario proceso de reelaboración y depuración del material, sin el cual el texto literario no existe. Y se reduce, en suma, a una obra menor en el sentido más estricto del término.

Otro retorno que reseñaremos es el de Uva A. Clavijo, de quien se publica en 1989 *No puedo más y otros cuentos*. Respecto a su anterior colección, *Ni verdad ni mentira y otros cuentos*, puede hablarse de un paso de avance: se advierte ahora un poco más de madurez, cierta depuración de los recursos expresivos, así como un mayor control del reblandecimiento emocional al que la autora es muy proclive. Los textos insisten en un asunto común, la creciente angustia existencial del hombre contemporáneo. Sus protagonistas se hallan al borde del abismo, adonde han sido llevados por la vejez, la soledad, el desarraigo, la enfermedad, la falta de afecto o los problemas económicos. Muchos de esos personajes, tal como se sugiere en el cuento que da título al conjunto, no pueden más y buscan una salida en la muerte, mediante la vía del suicidio. Estamos, no hace falta aclararlo, ante narraciones tristes, melancólicas, amargas, pese a lo cual el tono del libro no es pesimista ni desesperanzado. Asimismo responden a estructuras tradicionales y están escritas con corrección y pulcritud, en un lenguaje sencillo, sin rebuscamientos ni trucos, siempre al servicio de la historia. Mas sin negarle ésos y otros valores nada desdeñables, *No puedo más* ... no acaba de ser una obra plenamente satisfactoria. Para ello, Clavijo debió haber dado otra dimensión artística al material, hasta transformarlo en cuentos con más aliento verbal, más vuelo creativo y caracteres mejor definidos. Sabe idear incluso un argumento interesante, como es el caso de «Round Trip», pero en la práctica un proyecto con tantas posibilidades no cristaliza en la espléndida obra que pudo haber sido, entre otras razones, porque concluye la historia donde en realidad debió haberla empezado.

Beltrán de Quirós y Alberto Andino Porro completan esta nómina de autores que comparecen de nuevo ante los lectores. Desafortunadamente, lo hacen con títulos fallidos o, en el mejor de los casos, con resultados que están por debajo de las intenciones. El primero quiso presentar en *La otra cara de la moneda* (1984) algunas escenas de la vida de su generación, «compuesta por aquellos que nacimos en la década del cuarenta y marcada con el sello de la Revolución de Enero de 1959» (9). Poco más merece comentarse, sin embargo, de este libro hecho con ingredientes temáticos y estructurales carentes de consistencia y lastrado por las torpezas e ingenuidades propias de quien no ha superado aún la etapa más elemental del principiante. Andino Porro, por su parte, abandona el ambiente rural, la reproducción del habla popular cubana y los detalles costumbristas y los contenidos ideológicos cargados de denuncia que dominaban en *Polvos y lodos*, y apuesta en *Frutos de mi trasplante* (1980) por un espectro temático más amplio, menos ceñido a los límites locales, así como por un tratamiento basado en el humor. Algo que responde a la finalidad de entretener y solazar al lector a la que, según señala Julio E. Hernández Miyares, se atienen estos relatos («Prólogo» 6). Es cierto que se nota ahora una escritura más correcta, una mayor voluntad de superar el realismo como copia esquematizadora. Mas las narraciones no logran ir más allá de las historias triviales e intrascendentes que en las mismas se cuentan. Les falta espesor imaginativo, hondura en los asuntos, riqueza formal, personajes con un poco más de interioridad.

Un ensanchamiento de temáticas y recursos

Muchísimo más nutrido es el registro de los autores que en los ochenta y los noventa ingresan en la nómina de los que cultivan la narrativa breve. Unos llegan tras haber incursionado con mayor o menor regularidad en otros géneros, incluso la novela. Varios de ellos, en cambio, son auténticos debutantes, aunque algunos parecen haber asumido el cuento como un peldaño o un calentamiento previo para el posterior salto a empresas de mayor envergadura. En cualquier caso, sus obras traen a nuestra prosa imaginativa una amplia cosmovisión y un ensanchamiento de las temáticas y los recursos expresivos. No quieren estos narradores privarse de casi nada: realismo, humor negro, ciencia-ficción, fábulas, transgresiones de lo cotidiano, radiografías generacionales, relatos con ribetes de crónica, textos de marcada intención poética.

O recorridos costumbristas y pintorescos, que es por lo que Pancho Vives se decanta en *Por la acerca de la sombra* (1982). Se basan esos once cuentos, según apunta Lydia Cabrera en las palabras que se reproducen en la contraportada, en recuerdos de niñez y juventud, si bien algunos –y esto lo aclara el autor– «son imprecisos y hasta cierto punto inventados y de un costumbrismo delirante» (6). La mayoría sustenta su discurso narrativo en el registro estilístico coloquial, y varios están construidos por entero a partir de las conversaciones que sostienen dos o más interlocutores. Vives, ya lo hemos señalado antes, sabe dialogar bien, por haberse dedicado por varios años al teatro, y esa capacidad le da al libro uno de sus principales alicientes. Con todo, se trata de una estrategia demasiado riesgosa para un principiante en el género. De ahí que esta primera incursión suya en el cuento se salde con resultados que no acaban de convencer. Los mejores momentos los consigue Vives en cuentos como «La acera de la sombra» y «Mi abuela tenía alas como los gatos», de lectura muy disfrutable. En cambio, en relatos como «Dionisia», «Nefertiti Membiela» o «Manglar», se ponen de manifiesto las deficiencias que conlleva el mantenerse fiel a lo largo de varias páginas a esa fórmula. De ahí que el autor se vea forzado a romperla y a incorporar descripciones y disgresiones que se convierten en un lastre fastidioso. *Por la acera de la sombra*, como una década después *La brevedad de la inocencia* (1993), reveló en Pancho Vives algunos hallazgos como prosista que anunciaban logros que estaban por venir, pero que nunca lograron cristalizar en la obra redonda que de él se esperaba y que no consiguieron que dejara de ser un narrador promisorio.

Pese a lo que hace presuponer un título como el de *Cuentos cubanos* (1992), los textos que bajo el mismo reúne Frank Rivera no discurren, como los de Pancho Vives, por los terrenos del costumbrismo. Se ajustan, sí, a las temáticos y los escenarios que allí se sugieren, pero su tratamiento está marcado por la sobriedad y la contención. Conviene aclarar, no obstante, que aunque hayan aparecido varios años después que *Las sabanas y el tiempo*, su escritura, salvo un par de piezas, es muy anterior a la de la novela. Seis de esos cuentos vieron la luz, entre 1957 y 1960, en publicaciones como *Ciclón, Carteles* y *Lunes de Revolución*. Los dos restantes se divulgaron, uno en otra revista y el otro en una antología de narrativa cubana que se editó en Francia, en 1984 y 1985, respectivamente. Si se le compara con el libro antes citado, *Cuentos cubanos* recupera a un Rivera menor, mas en modo alguno insignificante. Estamos, en primer término, ante un creador que demuestra conocer las cualidades que definen al género y que posee la fluidez natural del narrador nato. Sin ser perfectos ni exhibir grandes alardes técnicos ni constructivos, hay en esos relatos seguridad en el trazo, inteligencia en la concepción, así como un controlado sentido de la tragedia. Hechos a medida, centran su interés en conflictos humanos. En varios, la trama avanza en progresión hacia la sorpresa, trazando lo que René Jordán, en la brevísima nota de la contraportada, define como «el trayecto inexorable hacia una revelación siempre astuta y a menudo espeluznante». En dos de ellos, «El Agua» y «Juan Francisco», Rivera incide en la temática campesina, sin hacer concesiones al pintoresquismo o el habla vernácula. Ambos están dominados por un aliento de fatalidad, que, como ha comentado Julio Matas, el autor maneja con la fina ironía dramática aparente en toda buena tragedia («Cuentos» 15-B). Algo parecido se da en «El Gato», que incorpora un sutil toque de humor que no afecta el fondo espeluznante de la historia.

Inequívocamente cubanos son también los textos de Diosdado Consuegra, quien tras un par de novelas publicó dos volúmenes de cuentos, *Lo que le pasó al espantapájaros* (1988) y *El Emperador frente al espejo* (1990). Animista llama el autor a su estética, aludiendo a la credulidad en la existencia de espíritus que animan a todas las cosas. Una estética que según él, es la abuela del realismo mágico. Los elementos poéticos, el simbolismo, la fantasía y un tierno sentido del humor confluyen en estas páginas que contagian un gran amor por la naturaleza cubana. En algunas, Consuegra trasluce su inquietud ante «los achaques de la enfermedad del progreso» (23). Y es evidente su simpatía por personajes como la vieja Rosaura, que «sale a tender la ropa a los alambres de la tendedera, como si aquí en el Norte no hubiera secadoras eléctricas, o modernas colgaderas. ¡Si aquí hay de todo! Y sale a echarle maíz a las gallinas, como si los dispersos ladrillos y los terrones secos que dejó el invierno sobre el mutismo del patio, fueran gallinas. Rosaura sabe que no son gallinas, pero en su interior verdadero sabe que lo son: gallinas que comen ateje en sus manos, que ponen huevos calientes, pescuecipeladas, patilargas jabadas, las que lo ponen en miniatura, como huevitos de almendra» (25). En las narraciones que conforman *El Emperador frente al Espejo*, su animismo adquiere matices metafísicos. Como asunto recurrente, está «la pérdida de la ingenuidad, la inmersión en un mundo que conspira contra todas las corrientes naturales del cariño» (5). No estamos, conviene repetirlo, ante un escritor que se rija por los cánones convencionales. En ese sentido, no faltarán quienes objeten a sus cuentos imperfecciones técnicas y estructurales. No podrán dejar de reconocer, sin embargo, que se trata de un creador que con sus cuatro títulos ha levantado un universo narrativo original y muy propio, un mérito que por lo infrecuente es preciso elogiar.

Rosario Hiriart y Elena Iglesias proceden, a diferencia de Vives y Consuegra, de las huestes poéticas. Algo, por lo demás, que se da con bastante frecuencia en la historia de la literatura: recuérdense, para no salir del ámbito cubano, casos como los de José Lezama Lima, Cintio Vitier, Pablo Armando Fernández, Samuel Feijóo, Virgilio Piñera, Miguel Barnet o Luis Rogelio Nogueras, quienes arribaron a la prosa de ficción tras una labor sostenida en la poesía. Sin que escriban en propiedad una narrativa subsidiaria de su quehacer poético, en los libros que ambas dan a conocer en la presente década la huella de su producción precedente resulta visible. En *Las Horas* (1995), de Hiriart, en una sensibilidad y un matiz intimista que nos remiten a sus textos líricos. En *Cuenta el Caracol ...* (1995), de Iglesias, en su recreación de un mundo encantado y sugerente como el de mitología y el folclore yorubas. Rosario Hiriart concibe el cuento como una forma de confesión o veracidad, en la que es, ante todo, fiel a su memoria y a sus vivencias. Memoria-ficción llama ella a ese mundo al que se acerca con mirada entrañable. *Las Horas* es, en efecto, una obra de la memoria, de la nostalgia, en la cual la escritora insiste en uno de sus motivos preferidos, el tiempo. No obstante, buscando entrelíneas se pueden encontrar algunas referencias a la realidad política de Cuba, siempre, eso sí, expresadas de modo parco y muy lejos de cualquier partidismo fácil. El lenguaje adoptado por ella es sencillo, directo y, en ocasiones, próximo a la oralidad. Domina un tono confesional vivaz y de fluir pausado, expuesto mediante un discurso en el cual lirismo y ternura se alían y potencian mutuamente. Si *Las Horas* es en buena medida un ejercicio de memoria, *Cuenta el Caracol ...* se nutre de fuentes muy distintas. Explica Elena Iglesias que se ha basado en los patakíes (nombre general que se da a los mitos y leyendas asociados con el oráculo de los caracoles y plasmados en forma de parábolas o fábulas) de Nigeria, que el antropólogo y africanista William Bascom compiló en *Sixteen Cowries: Yoruba Divination from Africa to the New World*. Con la autoridad que la respalda, Isabel Castellanos especifica en el prólogo que muchos de esos mitos no forman parte de la tradición afrocubana, aunque en la isla sí permanece intacta la cosmovisión mágico-religiosa que los anima y que aflora también en numerosos relatos (8). Iglesias los ha reelaborado e incorporado a nuestro acervo, gracias a una hábil y sutil cubanización. Son historias de magia y aprendizaje, de aventura y enseñanza espiritual, en las que se alecciona sobre los pros y los contras de la generosidad; la fe, la duda y el olvido de los dioses; el triunfo sobre el miedo; las muchas caras del amor, la amistad y la inocencia; el papel de la astucia y el sentido común; los estrechos caminos de la sabiduría (12). Se trata, por otro lado, de leyendas que la autora inserta en ámbitos cotidianos, en los cuales intervienen dioses que se mezclan con los seres humanos y comparten con éstos algunas de sus virtudes y debilidades. Lejos del folclorismo ramplón y el documento antropológico, *Cuenta el Caracol ...* rezuma en encanto de las buenas narraciones y sabe suscitar el gusto y la aceptación del lector.

Cuando Julio E. Miranda editó en 1991 *Casa de Cuba*, fueron pocos los que se sorprendieron. Conocido hasta entonces como autor de doce poemarios, los últimos permitían vislumbrar a un narrador en ciernes. Que su debú en la prosa de ficción iba en serio, lo demostró al año siguiente al publicar dos colecciones de cuentos: *Sobre vivientes* y *El guardián del museo*. Su entrega más recientes es *Luna de Italia*, que vio la luz en 1995. Esos títulos, junto con los demás que llevan su firma, dan cuenta de una pasión por la escritura que lo ha incitado a explorar nuevas vertientes. Las veintiuna narraciones y el relato «Veinte años no es nada» de *Sobre vivientes* los escribió Miranda en 1988. Hallamos en esas páginas los principales atributos que se han convertido en algo así como en el sello distintivo de toda su obra literaria: el humor, la ausencia de solemnidad, el gusto por la brevedad como una de sus cortesías con el lector y una capacidad de síntesis que es, para algunos, una influencia de su declarada cinefilia. A lo largo de esas ciento cincuenta y cinco páginas, vemos desfilar una variopinta galería de personajes, que van trazando a su vez la radiografía de una ciudad, Caracas, que termina por absorberlos y devorarlos. El libro respira un gozoso humor que llega a ser incisivo, mordaz y, por momentos, cruel. Eso le permite al autor tratar desde cierta distancia historias de raíz trágica como el suicidio de un niño («Espaguetis con diablito») o la violencia urbana («Guiso de cazón»). Entre las piezas que mejor dan cuenta de su talento y de su eficacia como cuentista, está «Veinte años no es nada», que narra las peripecias de un escritor cuarentón, veterano de mayo del 68, que ahora se dedica a seducir a tres hermanas. Si en *Casa de Cuba* había la voluntad consciente de abordar un asunto cubano, *Sobre vivientes* es una obra escrita deliberadamente «en venezolano». Miranda ensaya distintas estructuras y posibilidades expresivas, que van de las narraciones en primera persona y las cartas a los monólogos y los diálogos al estilo teatral.

Esa voluntad de experimentar diferentes maneras de asumir la narrativa está también presente en *El guardián del museo*, que mereció el Premio de la I Bienal de Literatura Mariano Picón Salas. Hay en ese volumen cuentos fantásticos, de corte policial, de ciencia-ficción, postales de la locura cotidianas, prosas poemáticas. Similar pluralidad se da en los asuntos, que van desde la literatura misma («El guardián del museo», «Quiero explicarles») y la violencia en las ciudades («Taxi driver», «Humos»), pasando por ese estupendo relato en el que Miranda pasa factura a las frustraciones de la generación que se estrenó en la lucha política en los sesenta que es «Última cena». Libro breve, como todos los suyos, rico en matices, bien escrito, posee una mayor intención imaginativa que *Sobre vivientes*, respecto al cual representa un avance cualitativo. En esos cuentos hay, como es de esperar en una obra suya, mucho humor, aunque ahora no se agota en la inmediatez del chiste y aparece atemperado, en algunas narraciones, por un trasfondo de ternura y, en otras, por una suave conmiseración por los personajes. Todo un maestro de la síntesis, Miranda incorpora en *El guardián del museo* dos bloques, «Mujeres» y «Familiares», compuestos por textos brevísimos, entre los cuales hay algunos, como «El vestido rojo», que no excede las cinco líneas. En *Luna de Italia*, por último, se asoma, sin renunciar a su característico humor (ahí están narraciones tan divertidas como «Fourierita» o «Historia antigua»), a temas menos propicios al tratamiento festivo. Como el del amor y su ausencia, tratado por él en el poemario *Anotaciones de otoño*, e incluso a alguno tan moderno como el de la realidad virtual. Aparece también el erotismo, presente en varios relatos. Y no faltan las referencias cinematográficas (se incluye un hermoso homenaje a Lubitsch), las especulaciones metaliterarias y la nostalgia por los viejos sueños de transformación social. Miranda prueba que era no sólo un excelente fabulador de historias, sino que además sabía desarrollarlas muy bien y adecuar a ellas lenguaje y estilo. Asimismo, su prosa, sin perder naturalidad y desenfado, ha ganado en elaboración y fuerza expresiva. De *Sobre vivientes* a *Luna de Italia*, asistimos a la trayectoria ascendente de un narrador que lejos de acomodarse, se ensanchaba. Con esos libros acreditó además que era un escritor capaz de pasar de un género a otro sin que menguase su talento.

A manera de calentamiento previo

Cuatro de los nuevos narradores que debutan en este período miden primero sus fuerzas en las distancias cortas para luego lanzarse a empeños de mayor fuste. Esto es, comienzan probando armas en el cuento para después pasar a la novela. Declaran, no obstante, que no se trata de que hayan abandonado definitivamente aquel género, si bien el sólido crédito alcanzado por dos de ellos como novelistas hace ver su regreso al cuento como poco probable.

Caleidoscopio significó la entrada de Carlos Rubio Albet en la arena literaria. Publicado en 1980, recoge diez cuentos que datan de varios años antes, según se deduce en el prólogo de Uva A. Clavijo, fechado en octubre de 1974. Estamos, por tanto, ante la primera obra de un autor joven, que la define como «un modesto libro de relatos, esfuerzo al fin y al cabo de un neófito» (5). La mitad de esos textos fueron traducidos del inglés, idioma en el que originalmente fueron escritos. La variedad es la nota dominante en los temas, argumentos y personajes. En varias de las narraciones se reflejan las presiones y paradojas de la vida moderna. Su escenario es, por lo general, alguna ciudad de Estados Unidos, si bien Rubio Albet proporciona muy pocos datos sobre el entorno, como si lo animase un propósito de abstracción y ocultamiento. Otras se localizan en Cuba y parecieran responder a motivaciones autobiográficas. Están contadas además desde otra perspectiva, más apacible y distanciada. Asimismo hay motivos que se reiteran, como el del jazz, que aparece en «Corvino Telano», «Por mis pecados» y «Día de descanso». Estos dos últimos comparten, por otro lado, algunos de los personajes y una historia cuyo desenlace venimos a descubrir una vez leídas ambas. Otros cuentos se ambientan en el mismo escenario y hallamos, en fin, detalles que pasan de uno a otro. Domina en el libro un matiz de melancolía, que se proyecta sobre todo en los caracteres. Hay en esos relatos de proximidad realista confirmaciones de que Rubio Albet posee cualidades que acreditaban ya un narrador a tomar en cuenta. Están correctamente contados, sus tramas poseen interés, se hechura compositiva es consistente. Algunas de sus principales deficiencias corresponden al plano lingüístico. Son frecuentes, por ejemplo, las construcciones macarrónicas, el empleo erróneo de términos, así como la reproducción de normas gramaticales propias del inglés. En ocasiones, el autor se deja tentar por la retórica y el artificio. No es, sin embargo, lo más usual en *Caleidoscopio*, en donde Rubio Albet apuesta por una escritura más despojada y directa, sin renunciar por ello a la elaboración.

Si Rubio Albet se estrena con unos relatos aún balbuceantes, eso sí, prometedores, Mayra Montero, en cambio, lo hace con un conjunto de narraciones de una calidad poco común en un primer libro. «Cuentos como éstos no se escriben en Puerto Rico todos los días. Ni todos los meses ni todos los años, podría añadir sin riesgo de exageración o hipérbole» (7), subraya José Luis González en el prólogo a *Veintitrés y una tortuga* (1981). A diferencia de sus novelas, estos textos se sitúan en ambientes urbanos y cosmopolitas, aunque no faltan en algunos las referencias al mundo puertorriqueño. La mayoría de sus protagonistas pertenecen a medios intelectuales o sofisticados y suelen ser hombres y mujeres desolados y presos en la maraña de sus preocupaciones, que, como ha señalado Ramón Luis Acevedo, realizan esfuerzos infructuosos por penetrar en las sombras de los otros, mientras guardan celosamente las zonas más oscuras de su propio ser («Mayra» 84). Montero incorpora a sus argumentos una eficaz dosis de misterio y ambigüedad, de lo cual resulta un puñado de narraciones que dejan en el lector interrogaciones e inquietudes. ¿Quién es el enigmático personaje que se instala en el hogar de una pareja y altera sus relaciones sexuales, en «The Geese & the Ghost»? ¿O ese otro que posee y arrebata su personalidad, a ratos, al protagonista de «La vuelta del hombre»? Está, por otro lado, la presencia tenaz de la muerte, unas veces como amenaza («Ya no estaremos a las seis veinticinco») y otras, como desenlace imprevisto («Veintitrés y una tortuga»). Tras esas indagaciones en el plano de lo sobrenatural, se advierte la huella de Julio Cortázar, a quien Montero reconoce como uno de sus maestros. Elaborados con rigor y, a la vez, con fluidez y soltura constructiva, los relatos de *Veintitrés y una tortuga* admiran por su concisión e intensidad, por su ritmo pausado y su progresión segura. En ellos se revela ya el cuidado del lenguaje y el estilo, que la autora ha convertido en uno de sus rasgos distintivos. Al libro se le puede señalar que varios de los recursos que emplea la autora para crear esa zona incierta resultan, como señala Acevedo, un tanto obvios (*Del silencio* 36-

37). Asimismo, algunos cuentos además hubiesen ganado con un balance más equilibrado entre partes descriptivas y diálogos. Al escasear estos últimos, que tan importantes son para la agilidad narrativa, predomina un ritmo moroso que adensa la lectura. Pocos reparos, no obstante, para un centenar de páginas de cualidades e interés muy notables.

René Vázquez Díaz incluye *La precocidad de los tiempos* (1982) entre las obras de su etapa de balbuceos. Él mismo ha declarado que no pertenece a esa categoría de autores que desde el inicio producen buenos libros: «Por el contrario, yo escribí en los primeros años libros sumamente defectuosos, como *La precocidad de los tiempos*, que recoge cuentos de cuando yo vivía en Cuba y era un adolescente. Aquel manuscrito se fue conmigo a Polonia y de allí a Suecia, donde escribí algunos cuentos más, y después los publiqué todos en Barcelona. Si algún día se reeditan, eliminaré algunos y reelaboraré los que se salven» (Carta). No es fácil reconocer al consumado novelista de *La era imaginaria* y *Querido traidor* en estas páginas en las que las buenas intenciones pugnan por abrirse paso entre las inexperiencias estilísticas y técnicas propias de quien se inicia en la actividad literaria. Hay en esos borradores narrativos una voluntad de elaborar el lenguaje, lo cual es un mérito muy de destacar en un escritor novato. Llevado por esa preocupación, Vázquez Díaz va a parar, desafortunadamente, en la retórica, y al tratar de evitar una prosa llana y chata, cae en el artificio y los ornatos triviales. Asimismo, algunas de las historias escogidas tienden al patetismo y al acento ternurista. En dos de los cuentos, «Una noche de aquéllas» y «La Inmortal», los problemas sociales son abordados en términos doctrinarios demasiados tópicos, próximos a una literatura de denuncia que el lector de este fin de milenio difícilmente acepta.

Frente a Rubio Albet, Montero y Vázquez Díaz, Manuel Matías Serpa apuesta en *Día de yo y noches de vino y rosas* (1989) por una narrativa exenta de otras intenciones que no sean las de entretener. La publicación de su libro fue posible gracias a que su original fue recompensado con uno de los Premios Letras de Oro en la convocatoria 1987-1988. Entonces, su autor se ganaba la vida en Miami como caricaturista y como «parqueador» de autos en un club social cubano. Esos empleos le permitieron reunir ingresos suficientes para dedicarse a su gran pasión: escribir. En sus cuentos, al igual que en su novela *Las chilenas*, Matías Serpa se decanta por el humor y la fantasía, así como por algo tan relegado en estos tiempos como lo literario puro. Se le agradece, ante todo, que su humor no discurra por vías tan facilistas como el costumbrismo o la sátira política, y que se sustente, por el contrario, en el ingenio, el tratamiento festivo de las referencias culturales y la perspectiva lúdica. Eso lo preserva de deslizarse hacia la ramplonería, la vulgaridad o el mal gusto que proliferan en muchas de las obras humorísticas que ven la luz en el exilio. En su libro puede uno encontrar instrucciones para asesinar una flor o cambiarle el pañal al bebé. Reflexiones sobre los espejos o la sabiduría de los gatos. O una versión en pequeño formato de «Rashomon». O esa deliciosa fábula de *amour fou* que es «Ni cartas ni poemas de amor», en la que un hombre ve como la mujer a la cual pretende se enamora perdidamente primero de la carta y luego del poema que él le ha escrito. El autor sabe amoldar su prosa a la amenidad del tema y opta por un estilo que tiene como bandera la sencillez y el despojamiento. Entretenido y, a ratos, regocijante, *Día de yo y noches de vino y rosas* es un libro que se lee con gusto, y sus mejores páginas nos hacen albergar la certeza de que las próximas obras confirmarán a Matías Serpa como un valor seguro de nuestra narrativa breve.

Nuevos y novísimos

Al igual que en la poesía y la novela, son varios los autores que debutan tardíamente como cuentistas. Es un detalle que por lo menos vale la pena consignar, pues no se da en la literatura de la isla con tanta frecuencia. Es el caso, por ejemplo, de Nedda G. de Anhalt (1934), quien a los cincuenta años inició su andadura como narradora y ha dado a conocer, hasta la fecha, tres títulos: *El correo del azar* (1984), *El banquete* (1991) y *Cuentos inauditos* (1994), a los que hay que sumar los cinco textos suyos que figuran en la antología colectiva *Las mujeres de la torre* (1996). Desde hacía años, no obstante, se dedicaba a la enseñanza y al periodismo cultural en México, país donde reside desde hace casi tres décadas y cuya nacionalidad adoptó en 1968. Ella misma se define como una escritora «tardía, pero segura», y comenta que «el camino hacia la literatura a veces demora en encontrarse, mas cuando lo hallas y transitas por él, ¡nada ni nadie te aparta de ese camino!» (Carta).

Desde su primer libro, de Anhalt se define de modo patente por una narrativa liberada de la deuda testimonial, y toma como pilares básicos la sorpresa, el humor y la irrupción en lo cotidiano de realidades fantásticas e insospechadas. Esos textos revelan además su maravilloso impulso de contadora de historias. No es casual que en sus breves palabras para la contraportada de *El banquete* mencione un par de veces a Sherezada (o Shahrazad, como ella prefiere), un nombre asociado indisolublemente al placer de narrar cuentos. Estamos además ante relatos que no poseen un destinatario específico: quien los escribió defiende una literarura desembarazada de los adjetivos masculino o femenino, dos conceptos, sostiene, que no se hallan sustentados en cimientos sólidos, sino que son «castillos en el aire que van con la época que te tocó vivir y con las circunstancias históricas que te rodean» (Carta). De ahí que varios estén contados desde el punto de vista masculino. En *El correo del azar*, hay una clara apuesta por una escritura desenfadada y antisolemne, que logra envolver al lector y captar de inmediato su interés gracias a «un tono continuo de buen humor, aliado al empleo dosificado de la ironía», en el plano textual, y al «estupor de los mecanismos constructivos del relato, en el plano estructural» (Costa 7). De las tres colecciones, es aquella donde de Anhalt se abre más a usos coloquiales más acentuadamente mexicanos. A partir de *El banquete*, esos elementos aparecerán dados a través de ciertos giros del lenguaje y de puntuales referencias a comidas, costumbres, letras de canciones y lugares de México, sin que su peso en las narraciones sea excesiva.

En este segundo libro hallamos una galería de personajes que se enfrentan a situaciones extrañas e inverosímiles, aunque no dejan de inscribirse en marcos reales. En uno de los cuentos, una sencilla invitación a tres personas sume al protagonista en un remolino de confusiones. En otro, un matrimonio pone cerraduras a las puertas de su casa para impedir la entrada de «la visita». Y en el relato que da nombre al libro, una mujer acude a una exclusiva clínica de adelgazamiento y al final, como disidencia, organiza con una amiga una lujuriosa comilona, que rematan con un festín sexual, intercambio de parejas incluido, con los dos mozos que las sirven. Una de las narraciones, «Una desnudez encubridora», está dedicada a Virgilio Piñera, una de las influencias más notorias en de Anhalt, por más que ella sabe conferir a esas páginas un perfil inconfundible y propio. Como aspecto a destacar, está la presencia del erotismo y la muerte, motivo este último en torno al cual giran las piezas de la segunda parte. Escritos con una prosa aparentemente sencilla e ingenua, esos cuentos ocultan un arsenal técnico nada sencillo ni ingenuo: narradores que se desdoblan, pistas falsas, confluencia de planos temporales, trampas ingeniosas, omisiones de datos signinificativos, a lo cual hay que agregar una admirable capacidad para crear atmósferas y personajes con muy pocos trazos y pinceladas. *Cuentos inauditos* es una incursión en el mundo onírico. Su lectura, tal como apunta Teresa Dey, nos deja el sabor extraño de no saber si se ha tenido un sueño vivido o si se ha vivido un sueño (7). La autora da rienda suelta a su exuberante fan-

tasía y elabora un rico catálogo de anécdotas: el fotógrafo que mediante
su oficio se crea varias personalidades que ni él mismo puede deslindar
(«Retrato de una persona no identificada»), el insólito salón de belleza
cuya especialidad son los tocados para las fiestas de ultratumba («El
tocado»), los adolescentes que tras ser suspendidos en un examen de trigonometría, acuerdan un pacto suicida («El pacto»), la sed de venganza
que lleva a un gato a invadir el íntimo universo de los sueños de una
mujer («Bastet»), el inusitado idilio entre un hombre y un calentador
(«Una historia de amor como no hay»). No todos los relatos recogidos en
esos tres volúmenes poseen igual calidad. Algunos resultan algo confusos
u oscuros debido a que de Anhalt escamotea datos e informaciones que
los hacen accesibles sólo para iniciados. Mas en su conjunto, constituyen
una obra muy satisfactoria y, en muchos momentos, fascinante.

También tardío e igualmente señalado ha sido el estreno como
escritor de Fernando Villaverde (1938), quien hasta entonces se había
desempeñado como guionista y director de cine. *Crónicas del Mariel*
(1992), *Los labios pintados de Diderot* (1993, Premio Letras de Oro 1991-
1992) y *Las tetas europeas* (1998) dan cuenta de una saludable inconformidad como creador, que lo ha llevado, tras consolidarse como un estupendo narrador, a incursionar por primera vez en la poesía con *Cuaderno
de caligrafía* (1994). Novela episódica prefiere llamar él a la primera de
sus obras en prosa, en la que reunió ocho cuentos y una noveleta que
componen un convincente mural de aquel éxodo multitudinario que
sacudió a la isla entre mayo y junio de 1980. Su contacto con aquellos
hechos se reducen a haber colaborado en el guión del documental *La
ciudad de las carpas*, que realizó su esposa Miñuca. En el libro se
muestra no sólo el torbellino que fue esa inmigración, sino también los
antecedentes que lo generaron, así como el destino que les tocó a aquellos
hombres y mujeres –emigrantes voluntarios unos, obligados a salir por
la fuerza, otros–, después que desembarcaron en una tierra extraña, una
jauja que muchos nunca encontraron. Algunos personajes, como los de
«Los tres vecinos», son seguidos desde que nacen hasta que se establecen
en Estados Unidos o, como el de «El delincuente», hasta su muerte en
aquel país. Más que fotografía, Villaverde hace una implacable
radiografía de un régimen agónico y de un desencanto. En esos textos se
mira el horror de frente para ofrecer una descarnada imagen de las
atrocidades, canalladas y vejaciones que se han cometido en Cuba,
invocando argumentos y consignas en los que hoy casi nadie cree. Ahí
están la masiva despedida a escupitajos que recibe el ingeniero del
cuento homónimo como castigo por solicitar su salida del país, o las

vejaciones a las que unos oficiales someten a una mujer, por iguales motivos. Víctimas de esa guera civil privada que es vivir dentro de una revolución, los protagonistas anónimos de *Crónicas del Mariel* siguen, como ha señalado Carlos A. Díaz Barrios, una vez en el destierro, en su universo delirante, en su miedo visceral, en su imposibilidad de ser seres humanos (Reseña de *Crónicas* 30). El libro se libera de caer en la denuncia militante gracias a que el autor combina con certera intuición la objetividad del cronista con la visión aguda del observador, así como a una ironía burlona y un, a ratos, perverso sentido del humor, que, según Carlos Victoria, atemperan el melodramatismo y la virulencia que podrían llevar a varias de esas narraciones a asumir la magnitud de tragedias («Crónicas» 6E). Villaverde eleva además sus historias del plano del documento al de la literatura y logra que vayan más allá de la inmediatez del reportaje. Asimismo, están perfectamente desarrolladas y son, en su mayoría, narraciones intensas y vigorosas que se demora en olvidar. Están escritas en un castellano muy correcto, salpicado con algunos cubanismos y expresiones criollas. El gusto por la palabra y la inventiva verbal llevan, sin embargo, al autor a ciertos excesos que se convierten en el flanco más débil del libro. Excesiva y molesta es la sobrecarga de adjetivos, que llega a extremos crípticos en ejemplos como «incoloro nombre», «mundo concentracional», «pendencieras cicatrices» o «celeridad fabril». Dejándose arrastrar por su propia escritura, incurre Villaverde en rebuscamientos culteranos muy superfluos. Mas pese a ello, uno acaba rindiéndose ante estas páginas estremecedoras y llenas de realidad y de vida, que más que salidas de la pluma de un debutante, parecen la obra madura de un avezado narrador.

 De la aproximación semidocumental de *Crónicas del Mariel*, Villaverde pasa en *Los labios pintados de Diderot* a una obra mitad autobiográfica y mitad falseada, que se ajusta poco a los cánones tradicionales del género. Los siete textos que allí se recogen conforman algo así como un diario de viajes, una guía de recuerdos, un puñado de apuntes para una posible biografía. La travesía continua es el hilo conductor de ese conjunto de fragmentos, que tienen la permanente presencia de un narrador común. Esa suerte de doble anónimo del autor se va desplazando no sólo por distintos paisajes y escenarios (La Habana, Barcelona, Ravenna, Nanterre, México, París), sino también en el tiempo. Este último itinerario es el menos explícito, pues está dado no sólo a través del protagonista, sino además de libros, obras de arte, museos y ciudades que han quedado como rastros del paso de otros hombres. Villaverde ha construido un libro en el cual lo real y lo imaginario establecen un nexo persistente, que tiene como leitmotiv la duda de si esos recuerdos son ciertos o no. Así, los viajes anhelados terminan por suplantar a los realizados, en una especie de espejismo en el cual los hechos de la vida del narrador se confunden con los de otros personajes. En el relato que da título al libro, aquél se empecina en que la estatua de cierta calle de París a la cual pintaron los labios durante los incidentes de mayo del 68 pertenecía a Diderot, a pesar de que varios testigos aseguran que es de Montaigne. Ese juego constante entre vivencias personales y ficción hace que, como decía Saint-Beuve, no sea fácil dilucidar dónde termina el mármol y dónde comienza la carne viva. Como en *Crónicas del Mariel*, Villaverde prescinde por completo de los diálogos, cuya falta, sin embargo, no se hace sentir. El libro está escrito con pulcritud y elegancia y con una prosa que es todo orden y claridad. Este constreñido resumen no alcanza a dar una idea de las cualidades y hallazgos de *Los labios pintados de Diderot*, una de esas obras concebidas para paladear despacio y a fondo.

Con *Las tetas europeas*, Fernando Villaverde vuelve a esa peculiar manera de concebir el cuento que inauguró con *Los labios pintados de Diderot*, y con la que se aparta de los cauces estilísticos y temáticos de la narrativa cubana que hoy se escribe. Los tres relatos que componen el libro aportan nuevas páginas a la biografía, verdadera o inventada, de ese personaje que les sirve de voz y sujeto. Existe además un motivo común que los relaciona, el de la seducción femenina. En el texto que da título al conjunto, se trata de la fascinación del protagonista por los senos de las más sensuales estrellas del cine europeo de posguerra; en «Las criaditas», se cuenta el reencuentro con una criada de quien quedó prendado en la adolescencia; y en «Novias falsas», los embrollos que ocasiona en un viaje a Nápoles la atracción de su mujer por las bodas y las novias. El libro posee un calculado diseño y concluye por donde mismo se inició: con la primera línea de «Las tetas europeas», el cuento que el protagonista empieza a escribir, estimulado por la postal que adquirió a un anticuario napolitano. Pese a que los recuerdos personales constituyen la sustancia de esas páginas, Villaverde no cae en el acta notarial de rememoraciones autobiográficas. Los límites entre realidad y mentira quedan disueltos en unos textos en los que el autor acredita ese buen oficio ya demostrado por él. Es cierto que, como ocurre en «Las criaditas», cuando relaja los recursos ficcionales el relato sucumbe a una morosidad que provoca en el lector un sentimiento mixto de impaciencia y enfado. Mas cuando levanta vuelo y se eleva por encima de informaciones triviales, el resultado es un cuento tan admirable como «Las tetas europeas», una deliciosa mezcla de erotismo y cine que deja el sabor de la buena literatura.

Andrés Candelario (1934) y Manuel C. Díaz son las otras comparecencias tardías a las que aquí nos referiremos. El primero, que confiesa que escribe cuentos desde la adolescencia y que cuenta con una obra dispersa dada a conocer a través de revistas y antologías, editó en 1990 su primer volumen de narraciones, *La vieja furia de los fusiles*, que lleva como subtítulo «Cuentos de la revolución cubana». Digámoslo de entrada: son textos que, a nivel temático, poseen escasa capacidad de sorpresa, pues reinciden en asuntos y argumentos más o menos similares a otros muchos escritos a lo largo de estas tres décadas por los autores de la diáspora. Hay que reconocer, no obstante, que Candelario no condesciende al panfleto y el partidismo maniqueo, si bien en ocasiones se permite, como narrador, valoraciones y juicios políticos de manera demasiado obvia. Es en el terreno literario donde el libro consigue sus mayores méritos y aciertos. Aunque los resultados no son siempre satisfactarios (hay textos que más que cuentos, son viñetas; algunos se resienten por su endeble núcleo argumental; y en otros los componentes descriptivos ocupan un espacio desmedido), las páginas más logradas de *La vieja furia de los fusiles* revelan a un buen prosista con dotes especiales para la narrativa breve. Candelario sabe comenzar bien un relato y llevarlo a su fin sin caídas ni desvíos. Demuestra dominar la técnica del género, esas pequeñas diabluras de las que, según Horacio Quiroga, está constituido el arte de narrar. Asimismo, a nivel estilístico su escritura es cuidadosa y posee voluntad de invención literaria, todo lo cual presagia obras mejores. Manuel C. Díaz, por su parte, sigue ciñéndose a la narrativa como medio expresivo más adecuado y consustancial a su personalidad como escritor, y tras *El año del ras de mar* entregó a la imprenta el volumen de cuentos *Un paraíso bajo las estrellas* (1995). Prueba una vez más que no es un autor de larga distancia, y en apenas cien páginas levanta un imaginario narrativo en el que la actual realidad cubana es la materia temática dominante. Con certera intuición de artista, sabe plantear esos problemas que inevitablemente van permeados de ideología en términos humanos, lo cual le da al libro otra dimensión y lo aleja del alegato o la denuncia. Abundan en esas cinco narraciones los caracteres trágicos, infelices e impotentes ante unos designios a los que no consiguen escapar. Ahí están el militar jubilado a quien comienzan a aparecérsele los miles de condenados que ejecutó; los dos hermanos a quienes la encomienda de esparcir frente a las costas de Cuba las cenizas de un pariente sentencian a una muerte tan tonta como absurda; la mulata de arrebatadora belleza a la que un coronel le impide salir del país con el empresario mexicana que la quiere sacar; o la anciana que desde su lecho de muerte asiste a cómo sus hijas se pelean como enemigas. Hay en *Un paraíso bajo las estrellas* dosis de buena literatura, y piezas como «La casona», «As time goes by» y «En el Parque de la Fraternidad» justifican con creces la lectura de todo el volumen. Y aunque no estamos ante el narrador estupendo y de altísima categoría que presentan las alabanzas y elogios reproducidos en la contraportada, sí se trata de un creador en quien nuestra prosa imaginativa tiene un valor seguro. Habrá que estar, pues, atentos al posterior crecimiento de su obra.

Con Félix Rizo Morgan, Lourdes Tomás, Reinaldo Bragado Bretaña, Luis Marcelino Gómez, Luis de la Paz y Rolando Morelli, entramos en los dominios de la, por ahora, novísima promoción de narradores. Con ellos se produce el siempre benéfico recambio generacional y se amplía o por lo menos matiza el paisaje conocido hasta aquí. En las páginas que siguen nos referiremos a la obra de los cuatro primeros. A los dos restantes los hemos incluido en el próximo bloque, dedicado a la producción cuentística del grupo del Mariel, y con el cual concluiremos este repaso del género en los ochenta y lo que va de los noventa. De esta cuadrilla, es Lourdes Tomás (1954) la primera en publicar. Y lo hace con una arriesgada apuesta, *Las dos caras de D* (1985), en donde recopiló seis cuentos y un relato supuestamente anónimo, y en la cual no rinde tributo a los modelos imperantes en la narrativa escrita fuera de la isla. Se mueve Lourdes Tomás en un terreno donde confluyen la parábola, la reescritura de antiguas tradiciones literarias, el tratamiento metafórico de la realidad inmediata, el relato que adopta recursos de la oralidad. Los cuatro primeros textos prescinden de coordenadas cronológicas y espaciales: se desarrollan en un mundo intemporal e indeterminado. De todos, son los que reclaman ser leídos más atenta y racionalmente, debido a las alusiones míticas y filosóficas que incorporan y a su marcado simbolismo. No ocurre así en los otros tres, que admiten una lectura menos intelectual y más relajada –en alguno, el humor tiene una fuerte presencia–, y en los que hallamos referencias a lugares concretos de Cuba y a acontecimientos ocurridos allí en las últimas décadas. Las mejores piezas las consigue la autora cuando trabaja sobre figuras y asuntos preexistentes, esto es, recreados por ella. Jesús J. Barquet ha apuntado que en «Hasta el último instante» realiza una muy personal lectura del mito de Fausto, quien si pudiese recuperar la juventud perdida la emplearía para reemprender la búsqueda de la sabiduría total, por cuanto ésta constituye casi fatalmente su misión en el universo

(Reseña de *Dos caras* 31). En «Él», retoma el asunto de los vínculos entre el creador y su obra, a través de la historia de un padre (¿Dios?) que trata de educar al hijo sordomudo y ciego. Introduce como elemento novedoso el motivo del sacrificio que conlleva el proceso creador: el padre acepta que tiene que dejar de ser para que su hijo sea. Es un cuento admirable, intenso, escrito con una prosa cargada de sugerencias, aliento poético y esmero formal. Aunque no alcanza cotas de calidad tan altas, a esos dos títulos puede añadirse «Testimonio de un consuelo», reescritura del pasaje de la Última Cena de los Evangelios. En los casos citados, se trata –lo dice Fernando Villaverde al comentar el libro– de textos que se bastan a sí mismos, que establecen sus propios escenarios, sus propias figuras, sus propias relaciones emocionales, y en los cuales Lourdes Tomás logra crear una realidad ajena a toda referencia («El peligroso» 12). Los resultados son menos convincentes al trasponer la realidad en metáfora, pues la escritora apela a equivalencias y analogías demasiado elementales. Esto no significa, sin embargo, que sean malos cuentos, y hay alguno, como «La recuperada», en el que Tomás incursiona, con bastante acierto, en registros y estilos que se apartan de los del resto del conjunto. Se ofrece allí una imagen burlesca de la diáspora miamense, un mundo que no sale muy bien librado de ese mordaz retrato. Entre las nuevas incorporaciones de este período, la de Lourdes Tomás es una de las más sólidas, y sólo es de lamentar que quince años después de tan destacado estreno mantenga un imperturbable silencio.

Los doce cuentos que Félix Rizo Morgan (1954) agrupó en *De mujeres y perros* (1989) se sitúan en un ámbito esencialmente femenino. En las palabras de la contraportada que lo presentan, se habla de su propósito de ahondar en la tragedia de la desolación, el miedo y la agonía por la supervivencia que encara la mujer el siglo XX, así como de sacar a flote las cuerdas deshilachadas de su vida frente al bagaje de decepciones y menosprecios. Sobre ese eje temático, Rizo Morgan ha ideado un puñado de buenas historias protagonizadas por mujeres cuyas vidas están marcadas por la soledad y el desamor. El proyecto pudo haber cristalizado en una primera obra correcta, pues al autor no le faltan aptitudes como narrador. Mas esa declaración de buenas intenciones se malogra a causa de un defecto común a muchos poetas y prosistas noveles: la tendencia a la escritura artificiosa, al concepto errado de que no debe escribirse de forma clara y natural. En efecto, como comenta Rafael Román Martel, el lenguaje de Rizo Morgan no puede ocultar al poeta («Félix» 8A). Sólo que se trata en muchas ocasiones de falsa poesía y que eso va en detrimento del narrador. Cae de ese modo en el pozo sin fondo del verbalismo, de la retórica vacua. Otro propósito saludable, en fin, que se salda con resultados fallidos.

Debuta también como cuentista, aunque no como narrador, Reinaldo Bragado Bretaña. A él pertenecen *Bajo el sombrero* y *En torno al cero*, ambos de 1994, que dan cuenta de su preferencia por el pequeño formato. Al igual que en sus obras precedentes en prosa (*La estación equivocada*) y poesía (*El árbol de las sombrillas*), en esos dos títulos da a conocer páginas que casi en su totalidad fueron escritas en los años setenta en la isla, algunas en condiciones tan difíciles para crear como las de la cárcel de La Cabaña. Allí cumplía la condena que le impusieron por tratar de salir clandestinamente del país. Ambos participan además, como los otros dos, de ese especial cariño que el autor demuestra sentir por la literatura fantástica, en variantes que van del humor negro y la fábula al terror puro y la ciencia-ficción. Él mismo se encarga de revelarnos las fuentes en las que ha bebido, en la nota introductoria para *En torno al cero*: Edgar Allan Poe, Horacio Quiroga, Jorge Luis Borges, Herbert George Wells, Ray Bradbury, Julio Verne. Los treinta y cinco textos de *Bajo el sombrero* se distinguen por su brevedad: el más extenso no excede la página y media. Poseen además, como ha señalado Lourdes Tomás, una ironía permeada de lirismo, una concisión poemática, un carácter intemporal y un relieve conceptual en los personajes, que nos remiten a una de las modalidades más antiguas de la narrativa, la fábula, si bien no participan de su contenido didáctico (Reseña de *Bajo* 25). Ligeros y fáciles de leer, no son, sin embargo, cuentos que se conforman con el mero entretenimiento, sino que permiten entrever las preocupaciones del autor respecto a cuestiones como los problemas ecológicos o el asfixiante acoso del hombre por las nuevas tecnologías. Cercanos a la alegoría, nos inquietan e invitan a reflexionar. Los relatos de *En torno al cero*, en cambio, cuentan historias que responden a módulos más tradicionales, a estructuras lineales y a situaciones muy precisas. Presentan realidades cotidianas, incluso rutinarias, en las que un hecho trastorna las existencias de los protagonistas y los lleva a replantearse su sentido. Son «esas misteriosas presencias nunca bien definidas» (26) las que provocan que un avión se estrelle en el mar («El canto de las sirenas»), que un niño desaparezca misteriosamente mientras juega en la playa («La pelota») o que durante el viaje de placer en su yate privado, una familia asista a lo que parece ser una rebelión de la naturaleza («Vacaciones en el Golfo»). No faltan en el libro especulaciones sobre el contacto con otros mundos y la visita de extraterrestres, asunto este último que da pie a un cariñoso homenaje al autor de *La guerra de los mundos*, quien es incorporado al cuento como protagonista. Bragado Bretaña narra con fluidez y naturalidad, una cualidad que se convierte en sus manos en un instrumento de segura eficacia. Si *La estación equivocada* descubrió a un narrador con talento, *Bajo el sombrero* y *En torno al cero* vienen a confirmarle, entre los nuevos valores, como un nombre de referencia obligada.

Algo similar ha conseguido Luis Marcelino Gómez (1950), sólo que gracias a un único título, *Donde el sol es más rojo* (1994). Ante un libro como éste, lo primero que uno se pregunta es de dónde procede esta nueva voz que tan discreta como sorprendentemente irrumpe en el panorama de nuestra narrativa. Sabemos, por los breves datos biográficos que aparecen en la solpa, que estudió psiquiatría en Cuba, donde también se inició en la escritura en talleres literarios municipales y provinciales. Y poco más. Estas narraciones las concibió a partir de sus experiencias como médico en África, a donde fue enviado como cooperante. Estamos, por tanto, ante una obra que recrea personajes y escenarios que hasta ahora no habían inspirado a los autores de la diáspora. Lo primero que hay que destacar es que Gómez aborda ese material con un pudoroso distanciamiento. Los siete cuentos aquí recogidos traslucen su cariño por esas gentes y ese mundo que conoció de primera mano. Mas no hay concesiones al exotismo ni al retrato de costumbres. Alcides, personaje de una de las narraciones y médico como el autor, le comenta a un amigo que debido a la esencia humana de su labor y al tiempo que ha permanecido allí, ha descubierto cosas inaccesibles para alguien que no viviese en esos países. Y agrega: «Por eso voy a la selva aunque nos esté prohibido y aprendí el dialecto. Para llenarme de África. Busco el alma de este continente; sentirlo en mí. No sólo amarlo como algo exótico» (43). Su sobriedad y mesura en el tratamiento de la realidad africana lo llevan a fijarse más en las triviales aunque muy significativas historias humanas que plasma en estas páginas: el extranjero que desoye el consejo de sus compañeros y se va a solo a ver las cataratas, el hombre que sale de noche de caza, el viejo nativo que acude al hospital con la mano que le amputaron en una reyerta para que se la pongan como antes, el soldado internacionalista cubano atormentado por la duda de que su esposa lo engaña. Gómez juega además con la baza de la escritura elusiva, que sugiere, y jamás incurre en el mal gusto de decirlo todo o de nombrar de modo directo. Se apoya para eso en una prosa de decantada precisión y gran economía de medios expresivos, y que, pese a tratarse de su primera obra, trae ejercicio de andadura. Los de *Donde el sol es más rojo* son textos ceñidos a los cuales no les sobra ni les falta una palabra. No resulta fácil destacar unos sobre los demás, pues su calidad es similar. Hay que reconocer, no obstante, que el libro sube de tono e intensidad en «El kimbanda» y «Los asesinos», donde el corpus narrativo de Gómez alcanza sin duda su punto más alto. Tal como el título sugiere, el segundo es un homenaje a Ernest Hemingway, cuyo nombre se menciona en la primera línea. No trata el autor de remedar ese emblemático relato, que constituye, no hace falta decirlo, un modelo inimitable. Las situaciones, por lo demás, poco tienen que ver entre sí. En una, dos matones se disponen a ejecutar un encargo inapelable. En la otra, dos médicos cubanos han preparado una comida para celebrar el cumpleaños de uno de ellos. Gómez aplica a esa sencilla anécdota la fría concisión y la fuerza elíptica del norteamericano, así como su su ejemplar uso del diálogo. Está también la aplicación del principio del *iceberg*, según el cual en un cuento nunca debe verse más que una séptima parte de lo que está bajo el agua. Lo demás lo pone él, que es el análisis refinado que sabe hacer un narrador sutil.

Contar con el Mariel

También se extendió al cuento la actividad literaria del grupo del Mariel, si bien el registro de los autores que hasta la fecha han publicado libro en ese género es un poco más reducido que los correspondientes a poetas y novelistas. El primero en hacerlo es Carlos Victoria, quien antes de que aparecieran sus dos novelas dio a la imprenta *Las sombras en la playa* (1992), una colección de relatos escritos entre 1981 y 1983 (cinco de ellos vieron la luz en la revista *Mariel* y otros cuatro, en *Linden Lane Magazine*) y reelaborados algunos años después. Las temáticas abordadas por él en esos cuentos son las mismas que llevará luego, en universos más ensanchados, a sus novelas. Pero lejos de repetir esquemas y situaciones, lo que demuestran esos textos es la fidelidad a su mundo. Asoman como motivos recurrentes el desarraigo, la pérdida de identidad, la desilusión, las amistades deterioradas por los embates de la política. Aclara el autor que esas narraciones «tienen como punto de partida la realidad, y también un poco los sueños y las fantasías, que son parte fundamental de aquélla»(Carta). La realidad de la cual se nutre es la cubana, la de la isla y la de Miami, la del exilio interior y la del exilio físico. Ambas, lo ha señalado Juan Abreu, las conoce de primera mano y las ha recreado en unas páginas de marcada impronta generacional, en visiones descarnadas de pedazos de tiempos, de vidas tronchadas, en escarbamientos dolorosos que aspiran al conocimiento, a la comprensión, y que como toda buena literatura, tienen mucho de exorcismo («Sombras» 15-B).

Desfila por esos cuentos una extensa nómina de personajes cuyas vidas angustiosas y pisoteadas por un destino común adquieren un claro sentido existencial. Sobre varios, Victoria parece proyectar reflejos autobiográficos. Como él, son jóvenes camagüeyanos con inquietudes literarias que un día deciden irse a estudiar a la capital, pues aunque añoraban la ciudad donde nacieron, querían «conocer el significado del universo, de la historia, del pecado» (65). Ese aprendizaje será, sin embargo, más traumático de lo que suponían: muchos terminarán, como el propio autor, expulsados de la universidad por razones ideológicas, lo cual sólo es el comienzo de una dura etapa de marginación y, en más de un caso, de represión. El éxodo multitudinario del Mariel supondrá para decenas de esos creadores jóvenes condenados al ostracismo la vía para escapar de la isla. Se liberarán así del infierno y llegarán al poco estimulante paisaje del exilio en Estados Unidos, donde también están fuera de lugar. Ese deambular de Cuba a Miami marca el libro de principio a fin. Unas veces ese desplazamiento es poético, como en «Las sombras en la playa». Otras, como en «Ana vuelve a Concordia», es real. Este último es, en ese aspecto, una de las piezas más representativas. Su protagonista es una exiliada que regresa a Cuba trece años después de haber salido. Lo encuentra todo cambiado: las gentes, el paisaje, su pueblo natal. La empleada del aeropuerto, los viajeros del tren en el que se traslada a Concordia y hasta sus propios familiares, que la tratan como a una «visita», le hacen sentir además que aquél no es ya su país. La vuelta a Miami la devuelve a una realidad de desarraigo, consumismo y marginación del mundo cultural y lingüístico de la sociedad donde ahora vive. Las palabras con las que finaliza el cuento resumen con acierto su terrible drama: «Detrás de la ventana, presintió de pronto, no había potreros, ni patios, ni calles, ni automóviles –Concordia y Hialeah eran la tierra de nadie. Ana recostó la cabeza al tocador, y poco a poco penetró en el único sitio que le pertenecía: el de su cuerpo protegido por el sueño» (104). Imbuidos de una especie de lucidez desolada, los personajes de *Las sombras en la playa* que consiguen abandonar la isla llegan a un espacio donde no hay presidentes de comités de defensa que los vigilen, ni libretas de racionamiento para sus estómagos y sus sueños, pero donde son sombras proyectadas por un cuerpo y un alma que en parte quedaron allá, varados, quizás para siempre, en una esquina, una playa, un pinar o una calle. Tocados por una suerte de ubicuidad trágica que, según Arenas, los hace estar en dos sitios a la vez, lo cual significa no estar en ninguno («Cultura» 111).

Uno de los grandes aciertos de Carlos Victoria es basar sus relatos en un profundo buceo en la intimidad y las relaciones humanas. Narraciones como «El alumno de Lezama», «Dos actores», «Liberación» y «En un pequeño hotel de Miami Beach» seducen y atrapan desde las primeras páginas porque hablan de figuras de carne y hueso, de situaciones que afectan o pueden ser compartidas por seres como nosotros. Asimismo y pese a que están permeadas por las amargas experiencias vividas por el autor en Cuba, no hay en ellas resentimiento ni énfasis en la denuncia política. Su tratamiento de esa realidad se distingue, por el contrario, por su objetividad y por la prudencia de dejar que sea ésta la que hable por sí misma, un rasgo patente de madurez literaria. Victoria hace en esos relatos un uso inteligente del realismo, así como de un lenguaje aparentemente sencillo, pero que denota una elaboración esmerada y rigurosa. Hay detrás de ellos un notable narrador, seguro de su mundo y de su estilo, cuyas cualidades brillan de modo especial en textos como los citados más arriba, en los cuales se muestra pleno.

Cinco años después, Carlos Victoria entregó a la imprenta *El resbaloso y otros cuentos*, que tiene con *Las sombras en la playa* un vínculo de complementariedad enriquecida. Nuevamente Cuba y Miami son los dos polos en los que se sitúan las siete narraciones, cuyos ámbitos suelen estar delimitados temporal y geográficamente. El autor insiste en las vidas patéticas y sombrías, en los personajes cuya existencia se ve cercenada por las drogas, el sida o la locura provocada por los avatares pasados en la isla. La nota novedosa viene dada por la presencia de una ligera dosis de misterio e irrealidad y de unos pulcros efectos de suspense, que impregnan las historias sin explicarlas ni agotarlas. Victoria nunca quiebra la atmósfera cotidiana en la que tan a gusto parece moverse, sino que simplemente permite que el resorte de lo fantástico salte y que el misterio se injerte en una realidad que, paradójicamente, se hace así más tangible y adquiere una nitidez insospechada. Un buen ejemplo lo es el cuento que da título al libro, en el que un exhibicionista tiene aterrorizados a los habaneros. Ese hombre enigmático –¿es un justiciero, un ser poseído por el demonio?– para quien la oscuridad es su mundo y su materia, pasa a ser por las noches una sombra más entre las sombras de una ciudad que, a la hora de los detestados apagones, se convierte en un territorio fantasmal. La eficacia como relato de «El resbaloso» –algo similar puede decirse de «La ronda» y «El novio de la noche»– se basa en la tensión de lo insólito de las situaciones y lo doméstico del escenario, en el equilibrio de esos dos extremos. Es lo que pudiéramos definir como un cruce entre Edgar Allan Poe y la Habana Vieja. El autor prefiere dejar abiertos esos cuentos, para no incurrir en el mal gusto de un final forzado con justificaciones lógicas o racionales que desentonarían.

Conviene aclarar, obstante, que el Carlos Victoria de *El resbaloso* ... no es un narrador simbólico ni parabólico. Al igual que sus obras anteriores, estos cuentos pueden leerse sin recurrir a claves especiales. Son gratificantes incluso si uno los lee sin entrar en profundidades o pliegues internos, pues en ellos somos llevados al fondo de las cosas. El libro reúne además piezas de otra factura, entre las cuales se halla «La estrella fugaz», que recrea las andanzas en Miami de tres escritores exiliados que se aman, odian y admiran. En sus protagonistas, es fácil reconocer a Reinaldo Arenas en el maledicente autor de unas novelas insólitas, a Guillermo Rosales, en el irascible y enloquecido William, y en Marcos, a un trasunto del propio Victoria. Pese a la variedad, todos los textos están identificados por la facilidad del narrador para dar vida a las situaciones que plantea, por su capacidad para indagar en la sicología y los sentimientos de los caracteres, por su talento para reducir el relato al esqueleto, a la idea básica, y por una prosa atenta a la fluencia y la ilación discursiva, que es en sus manos un vehículo cómodo para el desarrollo del argumento.

En *Algo está pasando* (1992), del muchísimo menos conocido Rolando Morelli (1953), se prolongan el paisaje moral y el marco cronológico y espacial en que se situaban los cuentos de Carlos Victoria. Estamos, pues, de nuevo en Cuba, en ese período de su historia que cubre las dos primeras décadas de la revolución. Una vez más nos salen al encuentro la pequeña épica antiheroica que significa la lucha diaria contra la escasez, la atmósfera asfixiante y represiva, el dogmatismo, la existencia del ser humano bajo un régimen que suprime al individuo y promueve esa especie de montón informe al que llaman masa. Morelli levanta acta notarial de la época en la cual transcurrieron su infancia y su adolescencia, y en en ese sentido su libro participa de esa vocación crítica de la mayoría de las obras creadas por sus compatriotas del exilio. No le interesa, sin embargo, convertir esos textos en un alegato anticastrista, y tampoco concibe la narrativa como un mero registro de la realidad. Por el contrario, su propuesta estética se sustenta en un tratamiento sobrio, que lo aleja del partidismo fácil y lo despoja de la retórica ideológica, así como en una recreación de la materia temática que la hace trascender los hechos históricos «para adentrarse, y adentrarnos, en el plano de las sugerencias poéticas» (Aldaya 7).

Se acoge el autor a una práctica realista que no escatima el derecho a la invención y a la cual interesan poco la estadística y las descripciones pormenorizadas y mucho la verdad íntima de cada personaje, de cada hecho. Posee para ello una indudable capacidad para sugerir mucho más de lo que cuenta y para enriquecer el hilo argumental de sus cuentos, muy tenue casi siempre, con sutilezas y pequeños detalles dejados caer como al azar. Prescinde incluso de referencias geográficas y temporales, aunque acaso cabría objetar que en ocasiones esa apuesta por la concentración y las entrelíneas hace que las anécdotas de relatos como «Número ocho» y «Recuento» resulten demasiado oscuras, debido a que oculta alusiones y claves a las que el lector tendría derecho. Sólo en el lenguaje se permite el empleo de registros coloquiales y cubanismos, ajustados a la naturaleza popular de la mayoría de los personajes. Sobre esto, hay que apuntar que Morelli hace un uso atinado y, en general, discreto de ese léxico –véase, como ejemplo, un texto como «Algo está pasando», que se desarrolla por completo en el ámbito doméstico. Rompe esa norma en «Aquí, y hoy mismo», que se halla justamente entre las piezas menos convincentes del volumen. Éstas, no obstante, son contadas, pues en *Algo está pasando* Rolando Morelli nos entrega un conjunto de narraciones que poseen unas cualidades literarias y una seguridad en la escritura poco usuales en una primera obra. Para cerciorarnos de ello, bastará con leer relatos como «La respuesta», «Afuera» o «Auto sacramental», en los que demuestra poseer el don supremo de los buenos cuentistas: el poder de sintetizar en unas pocas páginas.

También Luis de La Paz (1956) nos sumerge en el universo actual y reconocible de la Cuba castrista. También en sus cuentos, como en los de Victoria y Morelli, hay un patente contenido generacional. La novedad de los catorce textos que conforman *Un verano incesante* (1996) no reside, por tanto en el plano temático, sino que viene dada por la clara decantación por trascender personajes, acciones y escenarios mediante un tratamiento diferente, en el cual la realidad aparece tamizada por el misterio, la ensoñación y el recuerdo. Basta comparar cómo su autor plasma asuntos que sus compañeros de grupo ya habían abordado. Por ejemplo, el punto de partida de «El regreso» es similar al de «Ana vuelve a Concordia», de Victoria: tras varios años en el exilio, un hombre vuelve de visita al barrio habanero donde nació y creció. De la Paz, sin embargo, permite que el mundo de lo imaginario, con su lógica absurda e insumisa a las normas racionales, penetre en la historia y dé otra dimensión a lo puramente testimonial. Al llegar al que fue su hogar, el protagonista se encuentra con que allí casi nada ha cambiado: las rejas del jardín siguen tan oxidadas como antes, la puerta, como era costumbre entre los suyos, está abierta de par en par, el refrigerador seguía amarrado con una soga, quizás la misma que le pusieron cuando dejó de cerrar, y aunque había unas cuantas cosas nuevas, «que no podía reconocer como suyas, la sola certeza del lugar lo hacía sentir, por momentos, seguro y dispuesto a enfrentar el reencuentro» (16). Pronto descubre que todo, absolutamente todo, era diferente: las voces que creyó reconocer como las de su madre y sus hermanas, no correspondían a las de aquellas personas extrañas que dejaron de hablar cuando él entró y que lo evitaban. Estaba además la muchedumbre que se había ido congregando dentro y fuera de la casa, que lo miraba con hostilidad, con odio. Al final, un portazo dejó la sala vacía. Quedan sólo aquellas gentes que lo golpean y lo empujan hacia la calle, mientras le gritan insultos. Inmóvil en la acera y retorciéndose de dolor, vio que de la vivienda únicamente quedaba una armazón de ruinas. Comprendió entonces que nunca debió haber realizado el viaje, que su familia no existía y que jamás sabría dónde encontrarla. En ese relato, sin duda la perla del libro, Luis de la Paz logra de manera espléndida eso que, según el escritor español José María Merino, debe alcanzar todo buen cuento: envolver su mundo en una luz peculiar, dotar a sus personajes de dones o peripecias singulares y conseguir tal interés en la trama, que el lector se sienta empujado insoslayablemente hasta el final (466). Lo fantástico, ese término tan ambicioso que decía Borges, está también presente en piezas como «Ritual» y «El que espera», que tienen como fondo invariable la cotidianeidad más corriente, la realidad aparentemente objetiva. En esas estructuras ordinarias se insertan, sin desplazarlas, presencias sobrenaturales e inquietantes: la mujer cuya búsqueda emprende el protagonista a partir de su aroma, en el primero; la imagen de un desconocido que persigue al narrador del segundo como una sombra persistente e impenetrable. Y aunque no se ajustan exactamente a esos cánones, en otros cuentos la realidad, como se señala en la nota de la contraportada, no muestra un solo rostro, sino que despliega múltiples laceraciones, significados y acechanzas.

No puede decirse que *Un verano incesante* sea una obra redonda. No todos los cuentos están resueltos con idéntico acierto. En algunos, Luis de la Paz acumula historias y planos espaciales y temporales (de Cuba a Estados Unidos, del presente al pasado evocado) que no favorecen el relato, pues difuminan la trama y provocan que la tensión decrezca. Asimismo no faltan páginas donde cae en inexperiencias textuales y léxicas. Hallamos así construcciones tan chirriantes en castellano como «el lugar reservado para ti tenía a otra persona», «se hacía comparable a», «sosegar los errores» o «entregar la despedida». Cuestiones, en fin, de orden secundario y naturales en la primera obra de un autor joven. Hechos esos reparos, hay que decir que se trata de un buen libro, que contiene varias muestras estupendas del difícil arte del cuento, y en las que el autor sabe articular con soltura una trama sugestiva y envolvente.

Una ínsula fértil y gozosa

Dos nombres han quedado omitidos en este panorama de los ochenta y los noventa que hasta aquí hemos hecho. Nos referimos, como no resulta difícil deducir, a Severo Sarduy y Reinaldo Arenas, quienes junto a Cabrera Infante, Baquero y José Kozer, constituyen los autores que han suscitado mayor concenso entre los críticos. Su labor se extiende además a prácticamente todos los géneros y sus obras dan, en buena medida, la dimensión de la literatura escrita fuera de la isla, de la cual uno y otro son figuras emblemáticas. Son ésas las razones por las que nos ocuparemos de ambos en bloques apartes.

Severo Sarduy inicia su actividad literaria en este período con *Colibrí* (1984), que forma parte, según declaró él mismo, de una tetralogía de animales emblemáticos y heráldicos de América que se van devorando unos a otros: «Caimán se come a Cobra, Cobra se come a Colibrí y Colibrí se come a Cocuyo» (Russo 4). De ese proyecto llegaron a publicarse los tres primeros títulos. El último, *Caimán*, al que se refirió en varias ocasiones, iba a ser un homenaje a Cuba, a un pueblo y a un paisaje espiritual de los cuales, a pesar de la distancia y los años, nunca consiguió desprenderse. *Colibrí* es, en más de un sentido, un libro iniciador de algunos cambios en la obra singular, intensa y más bien corta de su autor. Se advierte, en primer término, una vuelta a la anécdota, a la trama, un elemento que tampoco estaba ausente en sus novelas anteriores, por más que su intrincada exuberancia verbal parezca negarlo. Eso tiene que ver, lo ha apuntado Roberto González Echevarría, con un retorno a las formas literarias convencionales, que en el terreno poético se plasmará en los sonetos y décimas de *Un testigo fugaz y disfrazado* (213). Asimismo hay una paulatina derivación hacia lo autobiográfico y lo estético, que se apreciará de manera más patente en títulos posteriores. Está también la recuperación de la temática americana tradicional, que tiene la naturaleza como centro y la selva como decorado obsesivo. González Echevarría señala que a esto contribuyó el viaje que Sarduy realizó a Venezuela a comienzos de la década de los ochenta, que lo aproximó a la América de *Doña Bárbara* y *Los pasos perdidos* (212).

En *Colibrí*, como ya señalamos, se cumple poco el tan extendido criterio de que en sus novelas Sarduy no busca contar una historia. Aquí se trata de la historia de un deseo y una venganza. Se inicia el libro en la Casona, un burdel para homosexuales situado en el delta de un inmenso río de América del Sur. Allí se celebran unos amañados combates de lucha libre entre jóvenes de lugar (los «cazadores»), para deleite de los ocambos libidinosos, cachondos, solventes y golosos de garzones que carenan en el lugar (las «ballenas»). Lo dirige la Regente, y entre su variopinta empleomanía están la Enanota albina, que hace de árbitro en las justas juveniles, y su doble anamórfico, el Gigantito cabezón. A la Casona llega un mozalbete rubio y extremadamente hermoso, a quien apodan Colibrí. No tardan en prepararle su primera pelea, en la que tiene como rival a un karateca, el Japonesón. En pleno combate, Colibrí desaparece, algo que se repetirá cada vez que los cazadores contratados por la Regente, que se ha enamorado perdidamente de él, están por echarle mano. Al final y tras numerosas persecuciones que lo llevan a moverse por distintos escenarios (el río, la capital, la selva), regresa para quemarlo todo y acabar con la Casona. Y para festejar la fundación de un nuevo local, con algunos robustos muchachones del estuario. Poco a poco, ocupa así el puesto de quien lo persiguió. No es, sin embargo, el mismo mozo que llegó un mediodía ardiente en una barcaza: al mirarse en el espejo no se reconoce, «como si detrás del mercurio apareciera otro» (178). La adolescencia ha quedado atrás. En este relato, el propio autor aparece como parte de la trama, como un personaje más que es ridiculizado en tanto figura todopoderosa que no es capaz de dominar los acontecimientos. A lo largo del libro sostiene una lucha contra un grupo de «esbirros coreógrafos», que quieren arrebatarle el control y llenar la novela de «pompones, arcaísmos y mariconerías de novelas pastoriles, adjetivos inútiles, sinónimos y antónimos, complicaciones gratuitas y palabras repetidas» (112). A tal extremo llega esa disputa, que el novelista quiere quemar el manuscrito para ponerle fin. Sarduy incluye además varias escenas de innegable sesgo autobiográfico, en las que recrea su adolescencia en Camagüey y en las que sale su padre, «en traje de dril cien y jipi-japa, un botón de rosa en el ojal y zapatos de puntera blanca» (75), quien le recrimina al escritor sus inclinaciones homosexuales. Asimismo la narración está salpicada con unas juguetonas e irónicas notas a pie de página. Esta complejidad interna, que ha sido estudiada por algunos críticos, no excluye, sin embargo, a quien desee realizar una lectura más simple y ligera: el aburrimiento queda descartado en esta obra francamente divertida.

Colibrí posee, por otra parte, la marca inconfundible de la literatura de Sarduy, quien fue un creador original e independiente no sólo por su imaginario, sino también por su estilo. Como casi todas las suyas, es una obra barroca, abigarrada, llena de humor, absurdo, inteligencia, sensualidad, broma, paisajes caribeños y color («mucho color, como las frutas cubanas y el trópico»). Sus casi doscientas páginas cubren un amplio espectro que va de lo popular a lo culto, de la tradición oral a los manierismos de lo escrito, de lo profano a lo sagrado, del cartesianismo a la más sabrosa cubanía. Muestra además a un prosista plástico y sensorial, dueño de un verbo gozoso, brillante e irreverente, que tuvo una concepción festiva e irónica de la abundancia del barroco americano. Gran estilista del idioma, su escritura, como muchos han destacado, es una de las más divertidas y reconfortantes de nuestro tiempo.

En 1985, Sarduy vuelve a la poesía con *Un testigo fugaz y disfrazado*, libro integrado por veintiún sonetos y veinte décimas, estas últimas no en su modalidad española, la espinela, sino en la que se adoptó y popularizó en Cuba. Pese a que utilizó el verso libre e incursionó en la escritura experimental, se sentía más a gusto en las «formas del oído», que, contrariamente a lo que pudiera suponerse, no limitaron su espontaneidad y su espíritu transgresor. Sarduy desarrolla en esos textos un discurso que no sólo subvierte los contenidos tópicos del soneto, sino que además usa la décima con un sentido peculiarísimo, «en composiciones alejadas de cualquier tentación de neoclasicismo» (5). El humor, la pasión y el erotismo son los elementos de los cuales se vale para dinamitar las acepciones usuales de la regularidad métrica. En especial, hay que destacar el manifiesto carácter homoerótico que poseen varios de los sonetos, algo muy alejado de las convenciones temáticas de esa estrofa. Más que del amor, en esos poemas se habla del deseo y de su realización. *Un testigo fugaz y disfrazado* muestra al Sarduy poeta en su momento de esplendor. Asombra el rigor con que domina la métrica clásica, así como su habilidad para construir unos versos tremendamente modernos con unas estructuras tradicionales y un lenguaje barroco y deliberadamente arcaico. Sin estar tal vez a la altura de sus mejores obras en prosa, es un poemario de impecable factura que no merecía el escaso eco que tuvo entre los críticos, quienes por comodidad y pereza tienen encasillado a su autor como novelista. Fue reeditado en 1993, en un volumen en el que además se incluye un poemario nuevo y simétrico, *Un testigo perenne y delatado*. Se trata también de sonetos y décimas, y puede decirse que el acento predominante es el mismo. Los asuntos e intereses son, no obstante, más amplios, por más que, como ha comentado Víctor García de la Concha, en esa variedad hay «una dinámica aglutinadora que, por debajo de la forma de superficie, la refiere a una concepción básica de índole neobarroca» (Reseña de *Testigo perenne* 6). Hay, por ejemplo, sonetos dedicados a San Juan de la Cruz, Santa Teresa, Borges, Matta, José Luis Cuevas, José Triana y los veinte años de mayo del 68. La nota criolla se enseñorea de dos de las secciones, «En el ámbar del estío», sobre las deidades afrocubanas, y «Corona de las frutas», donde se hallan las páginas más sensuales e ingeniosas. Hay, es cierto, muestras de eso que se conoce como poesía de circunstancia –también las hay en la obra de muchos creadores de primera fila–, mas el conjunto rezuma el placer de la buena poesía. Un libro, en suma, ante el cual ningún lector riguroso puede quedar indiferente.

Sarduy retoma su quehacer como prosista en *El Cristo de la rue Jacob* (1987, ampliado en 1994 con tres nuevos textos), una obra que evade los géneros y se resiste al encasillamiento. La componen una treintena de piezas que originalmente fueron concebidas como trabajos independientes (muchas vieron la luz en revistas y suplementos literarios de Hispanoamérica). Estamos, por tanto, ante un libro armado con retazos, en el que el escritor incide en algunos de sus temas característicos. Epifanías llama él a estas «frágiles viñetas que ilustran la lectura de mi cuerpo, como si en ellas se vislumbrara el relámpago de una revelación» (13). Confiesa que se trata, en realidad, de huellas, de trazas dejadas por lo efímero, marcas mnemónicas y sobre todo físicas, con las cuales esboza lo que pudiera ser una autobiografía resumida en una arqueología de la piel. Así titula precisamente el primer bloque, en el que hace un inventario de fracturas, cicatrices, verrugas y dolencias. Hallamos en esas páginas una de las escasas referencias que dejó sobre esa terrible enfermedad que padecía: «El sida es un acoso. Es como si alguien en cualquier momento, con cualquier pretexto, pudiera tocar a la puerta y llevarte para siempre, como si en el aire gravitara un peligro irreconocible que de un instante al otro pudiera solidificarse, cuajar. ¿Quién será el próximo? ¿Por cuánto tiempo vas a escapar? Todo adquiere la gravedad de una amenaza. Los judíos, parece ser, conocen muy bien esa sensación» (25). En «Lección de efímero», predominan los vestigios de la memoria, aquellos que han quedado de un modo más fuerte que el recuerdo, aunque menos que la obsesión: ciudades, el fugaz encuentro sexual con un camionero, la visita a un baño árabe, los amigos ya desaparecidos cuyos nombres no se atreve a borrar de la agenda de teléfonos, pues sería como anularlos de nuevo, como entregarlos a otra muerte dentro de la muerte. Son textos, repetimos, que no pueden catalogarse. No son artículos, ni ensayos, ni comentarios sobre imágenes o cuadros. No poseen, lo especifica el propio Sarduy, un manejo enfatuado del saber, ni hay en ellos ostentaciones del lenguaje. Escapan a esa ambigüedad genérica los tres últimos, «Solo en Frankfurt», «Vampiros reflejados en un espejo convexo (y moraleja final)» y «El manuscrito», un entrañable homenaje a Lezama Lima, que por sus claros registros narrativos admiten sin inconvenientes el rótulo de cuentos.

Algún tiempo después de que se publicara en francés (su significativo título en ese idioma es *Para que nadie sepa que tengo miedo*, que corresponde al del primer capítulo), apareció *Cocuyo* (1993), el libro suyo donde mejor cristaliza su deseo de acercarse a un núcleo de lectores más amplio. «Con esta novela, declaraba en una entrevista, he querido ser más emotivo, comunicarme más con la gente, conseguir que el lector se ría. He atenuado el barroco en el laberinto de la frase, pero éste sigue presente en la teatralidad de la obra» (Dés 34). Seis años la separan de *Colibrí*, anterior incursión en la narrativa de un autor que nunca se dejó seducir por las prisas ni los gustos del público. Gracias a esa cualidad, cada vez más inusual en los tiempos que corren, pudo crear un *corpus* literario de una coherencia, una concentración y un rigor ejemplares. Concebida, como anotamos ya, como parte de una tetralogía que supuestamente quedó incompleta, *Cocuyo* tiene, por otro lado, elementos temáticos y contextuales que nos remiten a *Gestos* y *De donde son los cantantes*. Si en *Cobra* Sarduy trazaba la parábola de un viaje Occidente/Oriente, en un itinerario que iba de un húmedo sótano de Amsterdam a un monasterio budista de Nepal, en *Cocuyo* retorna a su punto de partida, a su Cuba natal. El espacio es ahora más real, menos metafísico, y su cubanía asume señas de identidad más reconocibles. Un espacio insular que él recrea con total libertad, y en el que, como Arenas y Carpentier en algunas de sus novelas, hace coincidir elementos anacrónicos: esclavos y televisores, lanchas y quitrines, piratas y latas de cerveza. A su manera, su libro es un *bildungsroman*. Revoltoso, precoz, fisgón y de personalidad intrincada, Cocuyo sigue un sinuoso trayecto que lo lleva por hospitales, burdeles, hospicios, ciénagas y puertos. Se enamora de una niña que huele «a lavanda en saquito y a naftalina» (64), y cuyo nombre lo sume en un dilema fónico (¿es Ada o Hada?). Se fuma su primer habano, tiene su primera borrachera, va por primera vez a un prostíbulo, descubre los placeres onanistas y, como buen cubano, asiste a una sesión de espiritismo. Pero al final, no sabemos con certeza cuál es el aprendizaje de ese recorrido iniciático. Tal vez sea el descubrimiento del «verdadero rostro del hombre, su esencial doblez, su *necesidad*, tan insoslayable como el hambre o la sed, de *trampa*, de mezquindad» (208).

Sarduy demostró, desde sus primeros textos, una permanente obsesión por la palabra, que se plasmó en un lenguaje fértil, sensual, suntuoso, repleto de ritmo, encanto y sentido musical. A esas cualidades, presentes en *Cocuyo*, se suma ahora la voluntad de recuperar el idioma materno. ¿Por qué extraño mecanismo interior ha podido conservarlo tan vivo y creador, tras treinta años de ausencia física de Cuba? Posiblemente eso tenga algo que ver con unas declaraciones suyas, en las que definía a *Cocuyo* como una obra estrictamente autobiográfica. Era inevitable, pues, que acudiera al idioma natal: es con las palabras «en cubano» con las que un escritor en el exilio puede activar la memoria. Es con ellas con las que tiene sus relaciones naturales, mágicas, lúdicas. Las otras sólo sirven para reanimar referencias culturales y lecturas. Sarduy disfruta (y nos hace partícipes de ello) con la calidez, musicalidad y sabrosura del idioma de su adolescencia: ese aliento de mofuco, esas indias dobladas bajo el peso de los jolongos, ese par de manganzones que asedian a Cocuyín. En la novela hallamos también su universo pictórico, a través de los juegos geométricos, los elementos visuales y decorativos (abundan las descripciones de aldabones, capiteles, columnas, mosaicos, vitrales) y las alusiones a pintores y cuadros que admiraba. Esa pasión por las artes plásticas se une a la que profesa a las palabras, y da como resultado definiciones y frases de una gráfica precisión. Así, un flacucho adolescente es un «ideograma de huesos» (70), y la ciudad bajo un aguacero, «un tejido de bandas diagonales» (122). Asimismo *Cocuyo* se enriquece con citas cultas (en más de una rinde homenaje explícito al creador de *Paradiso*), los ingredientes cómicos y paródicos, la mezcla de gravedad e ironía y ese humor socarrón e inteligente que Sarduy supo convertir en uno de sus recursos más eficaces. Lo pone aquí al servicio de la que es su novela más accesible y narrativa, la menos preocupada por el radicalismo experimental, además de representar un verdadero esfuerzo de concisión estética. Obra de madurez, admite para sí el elogio que Roland Barthes dedicó a otro de sus libros: un texto brillante, ágil, sorprendente, inventivo.

Cocuyo y *Un testigo perenne y delatado* fueron los últimos títulos suyos que Severo Sarduy alcanzó a ver editados. Póstumamente aparecieron *Pájaros de la playa* (1993) y *Epitafios* (1994), que escribió cuando se sabía ya condenado a muerte. Esto no pasaría de ser un dato circunstancial si él no los hubiera asumido como testamentos –singulares, como ya veremos–, como documentos personales que trascienden los límites de la literatura de creación. El primero, todo hace suponer, es la novela con la cual concluye su tetralogía, cuyo esquema original seguramente modificó a causa de su enfermedad. Lo primero a señalar en *Pájaros de la playa* es que a nivel estructural y estilístico es muy coherente con el resto de su obra narrativa. Están presentes el pastiche, el juego paródico, el discurso transgresor, la simulación, el habla popular cubana, la filosofía oriental, las referencias intertextuales, los personajes marginales, la cosmología, las citas explícitas, la abundancia de símbolos, la imaginería barroca, si bien esta última es mucho más contenida y precisa. La novela participa también de esa búsqueda de la legibilidad, de una escritura más accesible para el lector, iniciada en *Cocuyo*. Estamos, no obstante, ante el aliento postrero de su autor, y eso concede a esas páginas una intensidad y un coraje humano sobrecogedores. Nada hay en ellas de autocompasión, filantropía o proselitismo por la causa. Tampoco hay retórica: se trata, como él expresó en un texto fechado pocos días antes de su fallecimiento, de «dar el paso sin escenografía, sin pathos. En lo más neutro. Casi en calma» («Estampido» 10). Sarduy evita los elementos realistas que llevarían a que se las lea como un testimonio autobiográfico, y somete una realidad tan abrumadora como la del sida a un tratamiento imaginativo, que se basa en los recursos característicos de su estética, así como a un proceso de racionalizar y desdramatizar la propia agonía. Ese «adistrarse a no ser» (133), según las palabras de su *alter ego*, el Cosmólogo. *Pájaros de la playa* es así un admirable y modélico ejemplo de cómo asumir la muerte con serenidad y estoicismo, y se puede afirmar que en ningún otro momento fue tan grande la estatura de Sarduy como creador y como hombre (Saladrigas 31).

Pájaros de la playa se desarrolla en una isla, en una vieja casa colonial convertida en destartalado sanatorio. Sus moradores, antes atletas o pájaros de la playa (no olvidemos que pájaro es uno de los términos populares usados en Cuba para designar a los homosexuales), han sido atacados de repente por «el mal», que ha hecho de ellos unos viejos, marchitados prematuramente por la falta de fuerza. Uno tiene treinta años, pero ya no le queda pelo; otro, de veinte, es un anciano con la cara cubierta de manchones. Nada logra detener su declive irreversible hacia la caquexia, hacia el descarnamiento final. A ese sitio va voluntariamente la Siempreviva, una anciana real, actriz en otra época y superviviente de un grave accidente automovilístico. Allí conoce a un médico,

Caballo, quien la pone en contacto con Caimán, un herborista cubano que la somete a un tratamiento que la rejuvenece. A esos personajes se suman un arquitecto que construye su vivienda en el cráter de un volcán, Auxilio y Socorro, las dos ambulancieras oficiales y temerarias de la casona, que ya aparecían en *De donde son los cantantes*, y el Cosmólogo, lúcido e implaclable historiador de la enfermedad, que hace un estudio de los contagiados en el que está implicado su propio cuerpo. Además de escribir unos poemas desnudos y estremecidos, lleva un diario en el que apenas hay espacio para la fantasía y en donde resuena, impregnada de matices sombríos, la voz de Sarduy. Imposible no tomar en cuenta los estímulos no literarios al leer páginas como éstas: «Se hunde uno en la fiebre, en los temblores, en los desmayos y diarreas ... y sigue viviendo. Cada vez las crisis son más profundas, aguan el humor de las venas, apagan la médula de los huesos. Pero se rebasan.// El cuerpo queda extenuado, exangüe.// Había que escribir un breviario: *De la dificultad de morir*» (137). Desoladora, terrible, conmovedora a fuerza de mesurada, en *Pájaros de la playa* no faltan, sin embargo, los detalles festivos y paródicos del Sarduy de siempre. Por ejemplo, entre el abundante vestuario que trajo la Siempreviva a su reclusión benigna, estaban «unas botas de tacón alto, como de campesina uzbekistana para bailar en un koljós» (31). Y el autor hasta se permite referirse de manera burlesca a la tragedia que estaba viviendo. Calificada por Ignacio Echevarría como una extraordinaria lección de tinieblas («Aprendizaje» 7), la novela póstuma de Severo Sarduy es ante todo una espléndida muestra de cómo convertir una experiencia tan tremenda como la inminencia de la propia muerte en ficción perdurable.

    Los últimos textos que Sarduy escribió pertenecen al género con el que se inició en la actividad literaria, la poesía. Se recogen en un breve volumen, *Epitafios*, y están distribuidos en tres bloques bien diferenciados: «Epitafios», integrado por siete décimas (dos de ellas figuraban en *Un testigo perennne y delatado* y otras vieron la luz en revistas como *Vuelta*), «Aforismos» y una «Imitación» del *Cántico espiritual* de San Juan de la Cruz. Las décimas constituyen otra prueba más de la gran lucidez con la cual Sarduy se enfrentó a la muerte. Son al mismo tiempo su defensa contra una certeza tan brutal, a la que resta trascendencia y despoja de solemnidad y preocupaciones metafísicas mediante el humor. Pide en esos versos un velorio alegre, en el que haya música («la Sonora Matancera») y den guayaba con queso, y como discreto epitafio, «su nombre, y entre dos fechas,/ 'el muerto se fue de rumba'» (21). La factura y desenfado de esta pirotecnica neobarroca no pueden llevarnos a olvidar, sin embargo, la valentía del poeta enfermo, condenado ya, que escribe, como señaló Luis Antonio de Villena, sobre «su fin, la risa, la sorna, el estrépito y la nada» («Rumba» 8). Una lectura mucho más minuciosa reclama «Imitación», algo más que un simple remedo del texto sanjuanino. Se trata de un notable poema, uno de los mejores firmados por Sarduy, compuesto por once liras de rima consonante y de claro contenido erótico, matizado un tanto por la métrica. El erotismo místico de San Juan de la Cruz se transforma aquí en mística de la carne, que, a juicio de Aurelio Asiaín, se resuelve en «una estremecedora alabanza del cuerpo del deseo» (Reseña de *Epitafios* 59-60). En esta nueva mística que el autor nos propone, lo divino es eliminado y sólo queda, como medio y fin en sí mismo, lo erótico. Sarduy, como demuestra Gladys Zaldívar en el estudio que se incluye al final del libro (hay otro trabajo de carácter testimonial de Concepción T. Alzola), realiza una sorprendente transgresión en reverso del «Canto espiritual», al tiempo que barroquiza la mística y reinterpreta la lírica de San Juan de la Cruz. De otro tono son los «Aforismos», que nos devuelven al Sarduy prosista con reflexiones que conectan con su obra ensayística. Es de lamentar, no obstante, que falten más de la mitad de esos textos, que habían aparecido meses antes en *Babelia*, el suplemento cultural del diario español *El País*, bajo el título de «El estampido de la vacuidad». Se omiten así las páginas más confesionales y estremecedoras –en realidad, no pueden catalogarse como aforísticas–, donde el autor repasa su vida y refleja lo que fueron sus últimos días, resumidos por él como «soledad, enfermedad, depresión, silencio» (11). La edición de *Epitafios* es, por lo demás, hermosa y se enriquece con los sugerentes dibujos de frutas tropicales que Ramón Alejandro concibió para la «Corona de las frutas».

Cuando se anunció la noticia de su muerte, todos los diarios se refirieron a él como al escritor cubano. Tres décadas en París no consiguieron que se despintara su raigal cubanía. Alguna vez había expresado: «No hay nostalgia, no hay recuerdo, no hay imagen del tiempo que pasa, simplemente porque yo nunca he salido de Cuba. Yo, otro yo, el otro del yo, sigo aquí –allá– mirando desplazarse por las losetas blancas la sombra del medio punto colonial, el manchón de los colores; protegido de la lluvia fresca, bajo el flamboyant: oigo el rumor de la lluvia entre las hojas anchas, el rumor de la tierra subiendo hasta las flores, el viento entre las hojas del caimito, que espejean en el mediodía ... El recuerdo no tiene lugar, sino la reconstitución del lugar de origen, de la *lengua materna*» (Torres Fierro 65). Murió sin ver cumplido su tan anhelado deseo de volver a Cuba, de cuya nacionalidad, como recordaba en una entrevista de 1992, lo excluyeron al negarle la renovación del pasaporte. Le dolía que sus compatriotas de la isla no pudieran leerle, no sólo porque era el único país donde sus obras no se podían publicar, sino porque «los demonios postales, no se sabe por qué, nunca quieren llevar mis libros a Cuba, siempre terminan en el mar de los sargazos» (Carta). Aunque mantuvo hasta el final discrepancias ideológicas con la revolución, nunca cedió a las presiones de los grupos políticos del exilio, y fue extremadamente comedido en sus opiniones críticas sobre el régimen. Su oposición al castrismo está implícita más bien en la libertad de su escritura y en sus criterios formales, difíciles de aceptar bajo el militarismo cultural que imponen las dictaduras, aunque sean tropicales.

Con su fallecimiento, las letras cubanas perdieron a uno de sus creadores más originales. Pertenecía, como algunos ya han apuntado, a esa rarísima especie de autores que a la vez que crean su espacio literario, van creado simultáneamente su lector, su cómplice. Sabía que los suyos eran pocos, mas eso no le importó. Se mantuvo siempre fiel a su manera de entender el hecho literario, que era según su concepción una aventura textual. Como herencia, nos deja su obra, que para Juan Goytisolo, es «una ínsula fértil, gozosa, barroca, llena de esplendor vegetal; prosa forjada con amor de orfebre, insólita y de imitación imposible; lectura que exige volver sobre ella para degustarla, como se saborea un sabroso manjar» («Severo» 24).

La escritura como rebeldía e irreverencia

Apenas diez años transcurrieron desde el día en que Reinaldo Arenas (1943-1990) arribó a Estados Unidos en un barco hasta aquel otro en que decidió poner fin a su vida, en su apartamento de Nueva York. En tan breve tiempo, fundó y animó revistas culturales, se convirtió en jefe de fila y portavoz del grupo del Mariel, publicó decenas de artículos, fue profesor visitante y dictó conferencias en universidades de varios países, intervino en congresos y tuvo la idea de exigir a Fidel Castro un plebiscito en la isla, para lo cual logró reunir más de doscientas firmas de intelectuales de renombre internacional, de William Styron y José Luis Aranguren a Louis Malle y Manuel Puig. Mas era ante todo un animal literario, «uno de esos raros y empedernidos escritores, alucinados por la incesante creación, que llenan hojas y hojas con furor y alegría» (Rama 333), y durante todos esos años se consagró a lo que consideraba el sentido de su vida. La suya fue una pasión por expresarse que no reconoció límites, y aunque su género era la narrativa, no dudó en incursionar en otros como la poesía, el ensayo y el teatro. En el destierro reescribió los originales que había perdido en la isla, inició y terminó nuevos proyectos, y con vehemencia y sin pausa edificó una obra disidente, original, transgresora, compuesta por una veintena de libros apasionadamente comprometidos y dotados de una intensidad visceral. Reivindicado por muchos como modelo ineludible del escritor del exilio, nos hallamos en todo caso ante uno de los mayores talentos de la prosa imaginativa cubana de las últimas décadas.

Iniciaremos el análisis de la obra de Arenas con el ciclo de cinco novelas –unas mil quinientas páginas– que él concibió como un gran retablo de la sociedad cubana contemporánea, a través de la experiencia de un testigo rebelde. Proyectado como tal cuando aún se encontraba en la isla, lo bautizó como «pentagonía», neologismo con el cual quiere subrayar la existencia agónica de sus protagonistas. Su primer título es *Celestino antes del alba* (1967), único libro suyo que pudo ver publicado en Cuba. En la reedición revisada de 1982, que por problemas de derecho de autor debió aparecer como *Cantando en el pozo*, Arenas adelantó el esquema compositivo de su ambiciosa propuesta narrativa: «*Cantando en el pozo* inicia el ciclo de una *pentagonía* que comienza con la infancia del poeta narrador en un medio primitivo y ahistórico; continúa con la adolescencia del personaje durante la dictadura batistiana y precastrista –*El palacio de las blanquísimas mofetas*–; sigue con su obra central, *Otra vez el mar*, que abarca todo el proceso revolucionario cubano desde 1958 hasta 1970, la estalinización del mismo y el fin de una esperanza creadora; prosigue con *El color del verano*, novela que culmina en 1980 con la toma de la juventud cubana de la Embajada del Perú y que refleja la vida entre picaresca, desgarrada y rebelde de esa juventud, sus deseos de ser jóvenes, de existir como tales. La pentagonía culmina con *El asalto*, suerte de árida fábula sobre el futuro de la humanidad. En todo este ciclo furioso, monumental y único, narrado por un autor-testigo, aunque el protagonista perece en cada obra, vuelve a renacer en la siguiente con distinto nombre pero con igual objetivo y rebeldía: cantar el horror y la vida de la gente. Permanece así en medio de una época convulsionada y terrible, como tabla de salvación y esperanza, la intransigencia del hombre –creador, poeta, rebelde– contra todos los postulados represivos que intentan fulminarlo. Aunque el poeta perezca, el testimonio de la escritura que deja es testimonio de su triunfo ante la represión y el crimen. Triunfo que ennoblece y a la vez es patrimonio del género humano» (1). A esto sólo queda añadir que la pentagonía constituye un proyecto complejo y fascinante, que revela la capacidad creativa y el gran talento de su autor.

Celestino antes del alba marca el nacimiento de Arenas como escritor. Terminada en 1964, envió el original al concurso de novela que la Unión de Escritores y Artistas de Cuba conovocó por primera vez al año siguiente. El jurado, formado, entre otros, por Camila Henríquez Ureña, Alejo Carpentier y José Antonio Portuondo, le otorgó la primera mención, aunque su salida, un par de años después, demostró que era merecedor del premio. En un ensayo titulado «Celestino y yo», Arenas critica, con una osadía asombrosa para la época, lo que llama «el realismo doctrinario del noventa y nueve por ciento de nuestra crítica», frente al cual defiende el derecho y el deber del escritor a «expresar los diferentes tipos de realidad que yacen bajo una realidad aparente» (119). Como en el resto de su obra, en *Celestino antes del alba* su autor se desmarca de esa tradición historicista y realista que el régimen cubano impuso como norma, para apostar decididamente por el despliegue imaginativo, la experimentación formal y la fantasía de cuño poético. El protagonista es un niño campesino que para sobrevivir a la ignorancia, la miseria y la violencia de su medio, se inventa un primo imaginario, Celestino, especie de *alter ego* cómplice a través del cual proyecta su impulso creador. La novela está construida sobre un discurso monológico recurrente y en espiral, que avanza y se mueve simultáneamente en varias direcciones, y que se caracteriza por presentar una visión plural y difusa, paradójica y contradictoria, por moverse en una dimensión no disyuntiva de la realidad (Rodríguez Monegal 10). Algo que Arenas adoptará como un principio rector de su obra narrativa: la realidad, sostenía él, no es una sola, sino múltiple y cambiante, y exige por eso ser vista desde diferentes ángulos.

Le vendrá muy bien para ello el concepto barojiano de que la novela es un género proteico y multiforme, capaz de admitir materiales muy heterogéneos, un saco donde cabe absolutamente todo. La apertura y la permeabilidad pasan a ser así dos de las notas que dominan en *Celestino antes del alba*. A la serie de anécdotas fantásticas que se rigen por la incoherencia del discurso infantil y que mantienen una atmósfera en la que las fronteras entre lo real y lo asombroso resultan difíciles de precisar, se suman interrupciones, epígrafes, páginas en blanco, escenas dialogadas a la manera teatral, disposiciones de las líneas que recuerdan las de la poesía concreta y tres finales. Un elemento fundamental es el lenguaje desbordado y onírico, que hace que el habla popular del campo sea elevada a una jerarquía poética raras veces alcanzada en las obras de temática rural. Con Celestino, Arenas inaugura por otra parte una nutrida galería de personajes marginados y considerados peligrosos por la comunidad de la que forman parte. Ese niño que escribe incansablemente en las hojas de los árboles y que es perseguido por la furia destructora del abuelo, encarna asimismo «la furia universal de la creación entre las yaguas y las cañafístulas cubanas» (Diego 163). Iniciadora, junto con obras como *De donde son los cantantes* y *Tres tristes tigres*, de caminos nuevos para nuestra narrativa de los sesenta, el valor emblemático de *Celestino antes del alba* no cesa de aumentar con el paso de los años. Escrita entre 1966 y 1969, *El palacio de las blanquísimas mofetas* es una de las novelas más radicales y ambiciosas de Arenas. Disfrazado como un manual de botánica de la flora cubana, su original pudo ser sacado de la isla en el equipaje de una turista. Como otros libros de Arenas, tuvo un destino editorial bastante atípico: se publicó primero en francés (1975) y alemán (1977) y no fue hasta 1980 cuando pudo ver la luz en el idioma en el que fue escrita. El niño de *Celestino antes del alba* es ahora un adolescente que despierta al sexo. Se llama Fortunato y se ha trasladado a un pueblo del interior con su familia, que trabaja la tierra y se dedica luego al comercio (el abuelo tiene una tiendecita), y que se debate siempre entre el hambre, la pobreza y la fatalidad de las supersticiones. Además de sus abuelos maternos, en la casa viven sus tres tías, que se han quedado solteras, como Adolfina, prototipo de la hija mayor que a causa de la severidad y rigidez con que ha sido criada, llega a la insania (Jiménez Emán 73); o que han sido abandonadas por sus maridos, como Celia o como Digna, quien aunque nunca se casó, tuvo amores con Moisés. Está además Onérica, que mantuvo relaciones sexuales con su primo Misael, salió embarazada, trató de abortar sin conseguirlo y tuvo al final a Fortunato, quien es por tanto un hijo bastardo. En la época en que está ambientada la novela, Onérica no está con su familia, pues la ha abandonado para irse a trabajar en Estados Unidos. A diferencia de la primera entrega de la pentalogía, que se desarrollaba en un mundo fantástico, esta segunda se ubica en un contexto histórico concreto, los años finales de la década del cincuenta, cuando las tropas de Batista luchan contra las fuerzas rebeldes. Fortunato, que se asfixia en ese medio, planea escapar de allí y liberarse del núcleo familiar, decide unirse a los barbudos. Mas es apresado por el ejército, que lo tortura y ahorca, bajo el pretexto de una falsa ley de fuga.

    Así puede ser sintetizado el hilo argumental de este libro alucinante, en el cual Arenas emprende, como en *Celestino antes del alba*, un viaje fabuloso a través de sus demonios familiares. Estamos, no obstante,

ante una novela en la que no se puede hablar en propiedad de historia, acontecimientos ni personajes. No hay progresión en el relato, sino un desarrollo circular que se vale como recurso básico de un laberíntico sistema de permutaciones. Perla Rozencvaig sostiene que tal vez es más apropiado referirse a los personajes como a «voces que cuentan y recuentan su vida en un tiempo que confunde el ayer con el hoy y condena el mañana a ser una repetición del pasado» (Reseña de *Palacio* 454). Estaría así, en primer lugar, la voz de Fortunato, quien se ve a sí mismo como «el intérprete, el escudriñador, el vocero», el «encargado de administrar los gritos» (284). La voz de Fortunato, quien se desdobla en Esther, su prima muerta prematuramente, se alterna y entremezcla con las del resto de ese coro que constituye la densa y compleja urdimbre textual de la novela. Existe además un narrador omnisciente que proporciona información sobre esos personajes. El fundamento léxico es, en esencia, oral, lo cual hace que predomine la primera persona, aunque también se emplea la segunda, la tercera y, en ocasiones, la tercera del plural. Para confrontar esos diferentes puntos de vista, el autor incorpora monólogos, diálogos, cartas, anuncios comerciales, boletines meteorológicos, noticias de la prensa, escenas dramatizadas, citas tomadas de fuentes diversas, versiones distintas de un mismo suceso, tipografías diferentes en una misma página (Arenas quiso incluir fotos e ilustraciones, pero la editorial no lo admitió). *El palacio de las blanquísimas mofetas* se convierte así en un puzzle de afirmaciones, negaciones y contradicciones que impide establecer verdades absolutas, al tiempo que, como auténtica y buena novela moderna, ofrece las posibilidades de una lectura abierta y polisémica. Se trata, por otro lado, de una obra muy faulkneriana, una influencia que pocos críticos han advertido. De hecho, Andrew Hurley, responsable de las versiones al inglés de varios de sus libros, confesó que para traducirla a ese idioma tomó como referencia la narrativa del creador de *Mientras agonizo* y asimiló el fluir de su lenguaje a la novela del cubano (Salgado 45).

Mucha debió ser la importancia que Reinaldo Arenas le daba a *Otra vez el mar* en el conjunto de su obra novelística, a juzgar por la inderrotable tenacidad con que una y otra vez la reescribió. Cuenta él mismo que realizó una primera versión entre 1966 y 1969, que fue destruida por un amigo a quien la dio a guardar; una segunda, redactada entre 1969 y 1971, fue incautada por la policía castrista; y una tercera, reconstruida en el exilio entre 1980 y 1982, a partir de fragmentos que andaban dispersos por el extranjero y de otros que el autor recordaba, fue la que finalmente apareció publicada en España en 1982. Edición con la cual, por cierto, no quedó satisfecho. Sus quejas en ese sentido no son gratuitas, ya que está plagada de erratas, faltas ortográficas, cambios de palabras y omisiones. Incluso los espacios en blanco que separan los capítulos del primer bloque fueron suprimidos. Parcelada en dos partes, la primera parece a simple vista un texto mucho más transparente y escrita según patrones más tradicionales que *El palacio de las blanquísimas mofetas*. En esos seis capítulos, una mujer, cuyo nombre nunca se menciona, narra en primera persona su regreso a casa tras seis días de vacaciones –alusión a los seis días bíblicos– en una playa habanera, junto a su esposo y su hijo de ocho meses. La protagonista se lanza en su ininterrumpido fluir de la consciencia a hablar, evocar y reflejar lo que les sucede en esos días: lo que sueñan, lo que imaginan, lo que les ocurre, lo que creen que les ocurre. Pasa de las descripciones realistas a otras más alucinantes, como su imagen irreverente de una Helena de Troya desvergonzada y ninfómana, o esa escena de la enardecida y multitudinaria cola del pan, que se transforma en una orgía sexual, con ingredientes de canibalismo, para terminar en una batalla en la que interviene el ejército. La segunda parte, compuesta por seis cantos, tiene una textura narrativa mucho más compleja. La voz corresponde ahora a la de Héctor, el frustrado escritor homosexual, quien convierte su relato en una delirante explosión poética, una especie de cajón de sastre donde se acumulan las obsesiones y los juguetes rotos del recuerdo de Arenas durante su etapa de censura y encierro. Héctor posee un pasado que conocemos ya por las dos novelas anteriores. Como Celestino y Fortunato, siente necesidad de expresarse. Sólo que él no escribe ni garabatea en los troncos de los árboles, sino que simplemente piensa y canta para sí mismo. De hecho, en la traducción al inglés de *Otra vez el mar* aparecen unos cuentos, «Negroes», «The Table» y «Monster II», que no figuran en el original, y que corresponden a textos escritos por el protagonista. A medida que se acerca a La Habana, a su vuelta de las vacaciones, la posibilidad de seguir componiendo ese poema imaginario empieza a reducirse. Volver allí significa reincorporarse a la esclavitud. Decide por eso suicidarse. El texto que leemos viene a ser así la voz suya que queda póstumamente.

A lo largo de esos seis cantos, el personaje de Héctor se va metamorfoseando en otros: un monje medieval, un negro esclavo, un homosexual confinado en un campo de trabajos forzados, un hombre del futuro. Además de él y su mujer, en la novela hay otros personajes propiamente dichos, el adolescente y su madre. Está además la significativa presencia del mar, que representa el ansia de libertad, pero que es asimismo el mar del Acoso, del Chantaje, de la Abstinencia, de la Maldición, del Silencio, de la Impotencia. Esos dos bloques, entre los cuales existe un permanente juego intertextual, se diferencian, en primer término, en que uno está escrito en prosa, mientras que el otro adopta la distribución versicular. Pero más allá de esto, hay en cada uno un modo distinto de entonar el discurso, más narrativo y de recuento de memorias y experiencias en el primero, más plural y transgresor en los cantos. El plan inicial de Arenas era alternar un canto y un capítulo, pero una vez más el editor impuso su criterio, alegando que eso entorpecería la lectura. Los cantos, ya lo apuntamos, tienen una estructura más experimental y totalizadora. Están repletos de modalidades carnavalescas, de malabarismos léxicos, de ejercicios de estilo, de convivencia de varios géneros (poesía, teatro, ensayo, testimonio, épica). Arenas los concibe como obras abiertas, como *works in progress*. En ese aspecto, la novela, no obstante ser una de sus mejores creaciones, se resiente por pretender abarcar demasiado, lo cual la lleva a caer en reiteraciones y a padecer el síndrome de la desmesura.

Otra vez el mar constituye, no hace falta advertirlo, un libro de lectura nada fácil, incluso para los iniciados en la obra areniana. Es además un texto denso, no sólo a nivel de escritura y recursos técnicos, sino también a nivel ideológico. Entre otras razones, porque está ambientado en la etapa en la cual se instaura en Cuba una nueva y más sofisticada dictadura, en la que todo resulta contaminado por la política. Y por el miedo: el adolescente, posible amante de Héctor, es rechazado por éste ante el temor de que pueda ser en realidad un confidente de la policía. Ese motivo aparecerá en otros títulos de Arenas, como *Arturo, la estrella más brillante* o *Termina el desfile*. Otro motivo recurrente es el conflicto entre el proceso libre de la creación y el clima represivo, que se produce al encontrarse el artista bajo circunstancias totalitarias. De ese modo, contenido político y dinámica narrativa se entrelazan, al reflejarse el rechazo de una ideología autoritaria en la anarquía textual que distingue a la novela. Obra recorrida por la furia, la desesperación y el rencor, *Otra vez el mar* es la novela del desgarramiento ante una revolución deformada, vista desde el doloroso sentir de una pareja. Como señaló Roberto Valero, Arenas involucra paisaje, historia, vida personal, sueños y pesadillas, haciéndolos converger hacia una imagen abarcadora de veinte años de la sociedad cubana (*Desamparado*, 130).

Según cuenta Arenas en sus memorias, *El color del verano* (1991) fue terminada poco antes de su muerte. Comenzó a escribirla alrededor de 1988, durante los días que pasó en un hospital de Nueva York, en el que fue ingresado por segunda vez a causa de una pulmonía. Junto con otros títulos, forma parte de su legado póstumo, que a diferencia del de otros autores, ha podido llegar a los lectores con bastante rapidez. Cronológicamente, se remite a los decenios del sesenta y el setenta, un período particularmente difícil de su vida, caracterizado por el ostracismo y la total marginación de la vida cultural del país, a lo cual hay que sumar que entre 1973 y 1976 estuvo encarcelado, primero en el Castillo del Morro y más tarde, en una granja de rehabilitación. No debe esperarse, sin embargo, un retrato realista o una obra testimonial sobre aquellos años, sino un retablo satírico, grotesco y desenfadado, que «pretende reflejar, sin zalamerías ni altisonantes principios, la vida entre picaresca y desgarrada de gran parte de la juventud cubana, sus deseos de ser jóvenes, de existir como tales» (66). La trama se desarrolla en julio de 1999, en el multitudinario carnaval que se ha organizado en la isla para festejar los cincuenta años en el poder (en realidad, no pasan de cuarenta) de Fifo, un enclenque, megalómano y enloquecido dictador. Sobre esos dos hilos argumentales está construida la novela, cuyo esquema compositivo se apoya en ciento trece capítulos de extensión más o menos breve que no siguen un orden lineal sino circular –*El color del verano* puede empezarse a leer, según Arenas, por cualquier parte hasta concluir la ronda–, y que encajan y se embrican a la manera de una muñeca rusa. Creador indócil a los cánones tradicionales y las normas, Arenas insiste aquí en la novela como un género que se apropia de todos los géneros, en concebirla como un acarreo de materiales que van a parar a una especie de modelo para armar en el que literalmente cabe todo. Como detalle curioso, señalemos que no emplea la estructura poética, que quedará definitivamente excluida de la pentagonía.

El color del verano, como ya apuntamos, tiene como centro o vórtice el carnaval, «hacia donde parten todas las flechas». Posee además un personaje central, el propio Arenas, desdoblado en Gabriel, el campesino de las montañas de Holguín, Reinaldo, el desdichado escritor que no logra publicar sus libros, y la Tétrica Mofeta, como le llaman sus amigos homosexuales con quienes de vez en cuando se escapa para ser totalmente él. Por si no quedara suficientemente claro en los otros textos del ciclo, Arenas expresa aquí de modo explícito que ese protagonista delirante y empeñado en cumplir su destino poético que recorre la pentagonía y muere y renace en cada obra, es él mismo. Hay así páginas, algunas muy hermosas, en las que se apoya con bastante fidelidad en vivencias autobiográficas. Están, por ejemplo, las que dedica a las visitas a su madre, a su tenaz reescritura de las manuscritos perdidos, a su vida como prófugo de la policía, a su estancia en la cárcel. La novela termina cuando se lanza al mar con los originales de *El color del verano* repartidos en varias botellas vacías, para morir devorado por Tiburón Sangriento, un enorme escualo adiestrado por Fifo para vigilar las aguas que rodean a la isla y tratar de impedir que sus moradores roan sus cimientos submarinos. Pero *El color del verano* es más bien una novela coral, cuyos personajes son un grupo de maricas que sobreviven clandestinamente gracias a la picaresca, en un franco desafío a la hostilidad de la dictadura. Arenas presenta a una comunidad rebelde e ingeniosa, que lucha por manifestarse libremente y que pese a las persecuciones, no deja de defender su autenticidad y su derecho a ser distintos bajo un régimen que no tolera las diferencias. Viven un tanto al margen de lo establecido por el sistema, en una suerte de submundo de gentes que han fijado sus propias reglas. Unas reglas a contracorriente, lo cual no les impide vivir a la vez en su época. Desfilan por el libro locas tan teatrales y alucinantes como lo Pornopop, la Super-Chelo, la Reina de las Arañas, la Glú-Glú, la Venus Eléctrica y Tedevoro, quien protagonizaba el Canto VI de *Otra vez el mar*, todas obsesionadas por el temor a envejecer y por el sexo. Este último representa para ellos un acto rebelde y libertario, una vía de escape inmediato ante el horror, un exorcismo desacralizador contra la violencia del medio. El sexo, en resumen, como transgresión de un sistema político que reprime el homosexualismo e institucionalizó la homofobia en una sociedad tradicionalmente machista. Ambientada en La Habana, que pertenece a un ámbito tan sensual y erótico como el Caribe, en la novela abundan las masturbaciones colectivas, las cadenas fálicas, los enculamientos circulares, los acoplamientos descomunales, los entollamientos furiosos. La apoteosis misma del carnaval es la Elevación del Santo Clavo, en donde la Llave del Golfo, un joven famoso por las exageradas dimensiones de su pene, es elegido Rey de la Fiesta y amarrado a una cruz para que todos puedan contemplar y venerar «sus divinas formas». Se trata, no obstante, de un erotismo paródico, que busca desdramatizar un mundo que Arenas tampoco idealiza. *El color del verano* está así más próxima a una novela como *Las once mil vergas*, de Apollinaire, una joyita de la literatura erótica y humorística. De esa furor erótico participa, por otro lado, La Habana que la novela recrea. Lejos de la ciudad de las columnas de Carpentier, de la nostalgia sexual de Cabrera Infante o de las reminiscencias gnósticas de Lezama Lima, La Habana de Arenas es «la consagración del Eros», un espacio frenético para que los cuerpos se acoplen, «convirtiendo el trazado de la ciudad en un mapa corporal que fija en la memoria cada espacio con su correspondiente aventura erótica» (249).

Concebida, al igual que otras obras suyas y según confesó él mismo, como «una venganza contra casi todo el género humano», *El color del verano* es una gran farsa satirizadora alentada por un evidente afán provocador, en la cual el autor despliega un humor salvaje, sarcástico y, en ocasiones, cruel para burlarse de muchos de sus contemporáneos. De su sátira implacable ni siquiera escapan sus compatriotas del exilio, algunos de los cuales intervienen como personajes en la «obra ligera en un acto (de repudio)» que abre el libro, que se puede leer así como un *roman à clef* del ambiente cultural cubano. En más de un caso, Arenas echa mano de un sarcasmo que se acerca peligrosamente al rencor: ahí están, por ejemplo, las poco justas páginas sobre Severo Sarduy. Pone además demasiado énfasis en la escatología, la obscenidad y el mal gusto y adopta en buena parte de la novela un tono liviano poco apto para profundizar en una realidad que, si bien posee ingredientes frívolos, no deja de ser profundamente dramática. Uno intuye en esto el propósito de adecuar estilo y materia temática, pero el resultado no convence del todo. La irreverencia, el desenfado, el choteo están muy bien, mas esas cualidades valen de poco en literatura cuando no hay elaboración poética. Asimismo el cotilleo resulta demasiado local y la trama no deja de ser truculenta, en su acérrima y radical postura crítica frente al castrismo. Es un texto vital, irreverente, desenfrenado y, cómo no, muy divertido, que sin ser una novela despreciable o una obra que nada añada a la amplia producción areniana, no se halla a la altura de sus títulos más logrados. Posee destellos del mejor Arenas, el de la imaginación exuberante y feérica, mas su gran aliento narrativo no está o está sólo en algunas de las más de sus cuatrocientas páginas.

Con *El asalto* (1994), se cierra la pentagonía, y Arenas lo hace de un modo sorprendente, como si quisiese demostrar una vez más que es un creador con voluntad de riesgo, con el cual los pronósticos no tienen cabida. Se trata, lo explica él mismo en la nota que redactó para presentar las ediciones de *El color del verano* y *El asalto*, de «una suerte de árida fábula sobre el destino del género humano cuando el estado se impone por encima de sus sueños y proyectos». Y agrega: «es tal vez la novela más cruel y antirretórica escrita en este siglo» (contraportada). El narrador-protagonista del ciclo ha sufrido una radical metamorfosis: ahora es un antihéroe grotesco ofuscado por la idea obsesiva de destruir a su madre. Arenas retoma la senda trazada en su día por Evgueni Zamiatin y Georges Orwell y construye una obra sobre una utopía totalitaria, que se halla sometida a los inflexibles dictados del Reprimero. Domina en el libro un ambiente cerrado y opresivo que es uno de sus aciertos, así como un humor de tintes sombríos. Los personajes no tienen nombre ni rostro, sino que son arquetipos: el hijo, la madre, las mujeres, los hombres. Como únicas excepciones, están el Reprimero y el Gran Secretario. El pueblo es una masa degradada que come, habla y copula según les ordena el sistema del dictador. Se ven obligados a vestir un «mono patrio» y habitan en un «polifamiliar». Cualquier intento de rebeldía hace de ellos unos «susurradores», esto es, enemigos del régimen. Para reprimirlos están los «contrasusurradores», cuyos castigos adquieren proporciones dantescas e inhumanas. Existen del mismo modo condecoraciones y premios para quienes más se destaquen: un anciano, por ejemplo, ha sido galardonado por memorizar todas las intervenciones públicas del Reprimero. Como el resto, el protagonista tampoco posee identidad. Es una pieza más de esa minuciosa maquinaria, un ser amoral y retorcido que responde al sistema bajo el cual ha crecido. A lo largo de toda la novela, va torturando y vejando a cuanto ser humano se le cruza en el camino. Como él mismo expresa con cinismo, en esas circunstancias qué es lo más inteligente «sino tratar de no estar en el barullo, sino fuera, dominándolo; (...) sino tomar el látigo rápido, antes de que otro se nos adelante, y pasemos obligatoriamente a integrar la manada» (117). En el capítulo final, mata a su madre en un extraño duelo, en el cual descubre que ésta es el Reprimero. Una y otro son una misma persona, una misma cara del poder. Durante el combate, copula con ella con un sexo descomunalmente erecto con el que la destruye en una furiosa acometida. En su ya citado ensayo, Roberto Valero sostiene que este desenlace medianamente optimista elimina o por lo menos aminora el pesimismo que impera en todo el ciclo. Con *El asalto*, Arenas nos entrega una buena novela política, a la vez que la más liberada del lastre doctrinal anticastrista. Estamos asimismo ante un texto de una intensidad aplastante, escrito con una prosa de una gran sequedad, comprimida al máximo, ceñida al esqueleto. El autor desarrolla una historia en el sentido más tradicional del término, con una admirable concisión descriptiva y una tensión y un ritmo ajustados a la trama. A diferencia de sus novelas anteriores, en ésta se desenvuelve en una severa voluntad de clasicismo y compone una novela de indudable dimensión alegórica. Orwell y Zamiatin más que como influencias, están presentes como referencias, a las que hay que sumar las de Kafka y el Virgilio Piñera de *La carne de René* y los *Cuentos fríos*. Un libro, en suma, que se termina de leer con una poderosa sensación de desasosiego y asfixia.

Aparte de la pentalogía y concebidas como títulos independientes, Reinaldo Arenas escribió otras seis novelas: *El mundo alucinante* (1969),

Arturo, la estrella más brillante (1984), *Lazarillo de Tormes* (1984), *La Loma del Ángel* (1987), *El portero* (1989) y *Viaje a La Habana* (1990). Publicada un año antes en francés, *El mundo alucinante* es una de las cimas de la obra narrativa de Arenas, lo cual justifica la gran atención que la crítica le ha dispensado. Se trata en este caso de un escritor que descubrió casualmente a su personaje: tuvo la primera referencia sobre él cuando reunía datos para un ensayo sobre Juan Rulfo. Supo así que en México existió un fraile dominico llamado Servando Teresa de Mier (1765-1827), un hombre enloquecido que había recorrido a pie casi toda Europa y que protagonizó aventuras inverosímiles. «Descubrí, declaraba en una entrevista, que era un personaje tocado por una grandeza y una rebeldía; por un don de ser el perseguido, precisamente por ser un rebelde incesante. En fin, Fray Servando se apoderó de mí y me obligó un poco a que escribiese esa novela». Aventurero, inconforme, inasible, hereje y vagabundo, tuvo una vida azarosa marcada por persecuciones, cárceles y fugas. Lezama Lima lo reivindicó como uno de los pilares en su análisis de «la expresión americana», y resaltó en él «su proyección de futuridad ecuánime y perfecta» (*Expresión* 92). Marginado dentro de la historia, Arenas, tal vez sin proponérselo, rescató una de las más importantes personalidades de la historia literaria y política de Latinoamérica, víctima de un gran desconocimiento. Mas seguramente lo que le sedujo de él es que fue un hombre de mil dimensiones, cándido, pícaro, exaltado, que redactó además unas memorias de corte novelesco.

Sobre esa figura, Arenas creó su obra. Una obra que como él mismo aclara, es una suerte de poema informe y desesperado, irreverente y grotesco, desolado y amoroso, una (de alguna forma hay que llamarla) novela de aventuras. En la que, como toda obra de su género que se precie, hay escenas aldeanas, piraterías en alta mar, cárceles, salones cortesanos, escapadas espectaculares y, en fin, mucha acción. Receloso de «lo histórico», de «ese dato minucioso y preciso» (4), el novelista lo enriquece con una fantasía desenfrenada y desbordante. Alarga, acorta y modifica su continuidad, se independendiza respecto a la fidelidad a la Historia y postula «una especie de regocijo para celebrar la libertad inventiva contra la dictadura de los hechos» (Rodríguez Ortiz 45). Arenas rehace la Historia desde la ficción, hace que el texto imponga sus convenciones, asume el material documental que toma como base (en esencia, la *Apología* de Fray Servando) desde una perspectiva ficticia muy libre y lo utiliza como correlato referencial siempre a favor de lo novelesco. Sucesos reales y episodios imaginarios se fusionan así de modo perfecto, al conectar una vida del pasado con una actualidad lacerante. En *El mundo alucinante* la reconstrucción «fiel» –siempre tan desleal, según Arenas– desaparece para ceder su sitio a una gozosa artesanía que se nutre de textos de época, papeles antiguos, memorias y notas a pie de página que además de desnudar y patentizar una mecánica de lectura, artificializan el texto al proyectar elementos extraños sobre un trabajo de ficción, allí donde no se les esperaba. Una documentación que recobra precisamente la dimensión más viva del personaje histórico.

Este propósito de contar la vida de Fray Servando Teresa de Mier «tal como fue, tal como pudo haber sido, tal como a mí me hubiese gustado que hubiera sido» (11), cristaliza en un libro de múltiples y muy ricos recursos, en un espejismo de perspectivas resuelto con una habilidad técnica insólita en un autor de apenas veintitrés años, y que confiere al texto su carácter polisémico. El *collage* y el *pastiche* son dos de las principales formas que adopta esta intertextualidad paródica: fragmentos de distinta procedencia se integran con diarios apócrifos, monólogos inventados, aventuras eróticas, a la manera en que hacían Marcel Schwob, Jorge Luis Borges y Virginia Woolf al contar las vidas imaginarias. Hay además una identificación narrador-personaje que se aprecia en el empleo indistinto de la primera, segunda o tercera personas, según sea el enfoque autobiográfico, narrativo o de crónica histórica que se quiera potenciar. Biografía imaginaria, cuento picaresco, fábula filosófica, fresco histórico a la vez grave y burlesco, alucinante de verdad y de invención, fantásticamente real y realistamente fantástico. Así se le presentaba en la edición francesa, y no sería fácil resumir de modo más certero esta novela creativa y apasionante, que por sí sola bastaría para situar a su autor entre los nombres fundamentales de la narrativa cubana contemporánea.

Creador de una obra tan abundante como diversificada, en *Arturo, la estrella más brillante* (su escritura data de 1971) Arenas pasa de la novela de aventuras al relato de tono más intimista. Si *El mundo alucinante* era una obra expansiva, ahora opta por una obra centrípeta. Como él mismo confesaba alguna vez, concebía la novela como algo siempre nuevo, como un experimento que demanda un tono, un ritmo, un lenguaje y una estructura propios. Aborda aquí un asunto que aparece tratado en otros títulos suyos, el de los campos de concentración para homosexuales que funcionaron en Cuba en la primera mitad de los años sesenta. En uno de ellos se encuentra recluido Arturo, un joven de origen campesino cuyos antecedentes familiares están en el relato «La Vieja Rosa», del libro *Con los ojos cerrados*. Ensimismado, huidizo, se ve forzado, para sobrevivir en ese medio, a convertirse en un marica más, exhibicionista y amanerado, que debe acceder por las noches a los requerimientos sexuales de los reclutas encargados de vigilarlos. Para trascender esa realidad vulgar, mezquina, atroz y violenta, se vale de la fantasía. Se crea así un universo ideal, lleno de pedrerías, ángeles y palacios fabulosos, «un lugar remotísimo habitado por elefantes regios» (37). Al final, completamente enloquecido, corre con sus creaciones mientras es perseguido por los guardias, a cuyo frente se halla su madre, la Vieja Rosa, «enfurecida y vestida de militar, quien escopeta en mano, le gritaba *maricón, ahora sí que no te me vas a escapar*» (93-94). Libro que, como apuntó Fernando Villaverde, parece escrito de un solo aliento, invita y obliga a ser igualmente leído de un tirón, pues el encendido vigor se mantiene de la primera página a la última («Un relato» 17). No estamos, sin embargo, ante un panfleto ni un libro de denuncia, sino ante una obra con plena entidad y valores artísticos independientes. Unas páginas de acción concentrada, un destilado de pura literatura, cuya belleza y altas cualidades formales contrastan con sus reducidas dimensiones (apenas noventa y cuatro páginas). Es una espléndida muestra del talento de Arenas como narrador, un proyecto en el que el rigor no está reñido con la claridad. Breve, denso, conmovedor –ha dicho Juan Goytisolo–, nos sume de golpe en el horror fascinante de un mundo genetiano cercado de alambradas («Libertad» 4). Eludiendo las trampas de la política, Arenas ha escrito un bello y revulsivo poema de amor de una fuerza y autenticidad superiores a las de cualquier alarde propagandístico. Una novela, en suma, destinada a perdurar.

Por encargo de una serie, Lecturas Fáciles (Nueva York), destinada a servir de libros de texto a estudiantes de español, Arenas asumió la tarea de adaptar el *Lazarillo de Tormes*. El propósito era ponerse humildemente al servicio del autor anónimo de ese clásico de nuestra lengua, retocando sólo lo necesario para reacomodarlo a la sensibilidad actual, de modo que le devolviese su hondo significado original. Hizo algo así como la simple limpieza de un cuadro antiguo para devolverle los colores brillantes que tuvo en su tiempo y que el paso de los años oscureció con una pátina fastidiosa que decoloró la intensidad de los contrastes. No hizo inclusiones, sólo algunos cortes necesarios (no se olvide que el libro estaba dirigido a alumnos de habla inglesa), y se limitó a poner el texto en castellano fácilmente legible, sin caer en infidelidades ni incurrir en interferencias del español moderno que empañarían la transparencia y nitidez del original. Ése es el principal mérito de este trabajo que sirvió de estímulo para la relectura que después realizó de otro clásico, esta vez de las letras cubanas: la *Cecilia Valdés* de Cirilo Villaverde. La idea inicial era que apareciese bajo el mismo sello editorial y con idénticos fines didácticos, pero sus radicales diferencias respecto al *Lazarillo de Tormes* impidieron que fuera así. «Cuando la presenté, confesaba en una entrevista, me dijeron que no podían poner en manos de estudiantes de español un libro poblado de ramificaciones incestuosas, relaciones sexuales descomunales y una serie de cosas que, de acuerdo a la moral norteamericana, no pueden aparecer en los libros de texto» (Espinosa 58).

Lejos de ser una simple revisión o una condensación, *La Loma del Ángel* es una recreación desenfadada, remota y herética del libro de Villaverde. Arenas toma con total libertad personajes y anécdotas y a partir de ellos crea una obra irreverente, sarcástica e imaginativa, que despliega, con su fantasía característica, un cuadro de un mundo dominado por el caos, la maldad y el absurdo. Él mismo advierte: «No presento al lector la novela que escribió Cirilo Villaverde (lo cual obviamente es innecesario), sino aquella que yo hubiese escrito en su lugar. Traición, naturalmente. Pero precisamente ésa es una de las primeras condiciones de la creación artística. Ninguna obra de ficción puede ser copia o simple reflejo de un modelo dado, ni siquiera de una realidad, pues de hecho dejaría de ser obra de ficción» (10). No han faltado quienes consideran *La Loma del Ángel* una falta de respeto. En todo caso, estamos ante una obra menor del catálogo de Arenas, aunque no le faltan cualidades y hallazgos. Está, por ejemplo, su capacidad para mostrar las atrocidades de aquel mundo mediante el recurso del humor. Asimismo, junto a momentos logrados –típicamente arenianos son los capítulos «La máquina de vapor», «El romance del palmar» y «El Paseo del Prado»– posee otros más débiles y desiguales, aunque ya se sabe que a su autor hay que leerlo y aceptarlo tal cual es, con sus excesos y defectos. *La Loma del Ángel* tiene además el valor añadido de inscribirse en una línea paródica que en Hispanoamérica muy pocos han cultivado. En el caso de Cuba, la nómina es exigua, ya que se reduce, en las últimas décadas, a *La Odilea* y *El Evangelio según San Paco*, de Francisco Chofre. Ejercicio provocador, esta *Cecilia Valdés* según Reinaldo Arenas, radicalizado hasta el delirio y el esperpento, una vez leído, cuando se sopesa en la memoria, no significa mucho.

Junto con *Viaje a La Habana*, *El portero* inicia lo que el propio Arenas denominó una nueva etapa en su producción narrativa, la etapa neuyorkina. Refiriéndose a la segunda novela, precisó: «*El portero*, al ser la primera obra que no se desarrolla en Cuba, podía haber sido la novela del optimismo, la esperanza. Pero, muy al contrario, es la del desarraigo, la nostalgia, la disconformidad con la deshumanización y el materialismo de este país y, sobre todo, la incomunicación del mundo neuyorkino» (Carta). Novela, por tanto, escrita en el exilio por alguien que no se sentía identificado con la cultura norteamericana, que sentía ajena y que más de una vez expresó no le interesaba, al tiempo que comprobaba con tristeza que el destierro es una experiencia tan cruel como desgarradora. Se trata además de un título en el cual abandona su concepción de la novela como una suma de perspectivas y sugerencias controladas sólo por el lector y hecha de fragmentos muy heterogéneos. Opta ahora por un relato más atenido a los patrones tradicionales, en el que no hay experimentalismos, ni varios finales, ni interrupciones en la narración, ni mezcla de géneros. Es, por el contrario, una novela más metódica, más cuidadosamente estructurada, que sigue un plan detallado y en la que, como *Viaje a La Habana*, ensaya un estilo más narrativo. Asimismo, su humor ha variado respecto al de libros anteriores, y es menos sarcástico y agresivo. Es también su obra menos localista, entre otras razones, porque no está ambientada en Cuba, sino que se desarrolla por completo en Nueva York. No se trata de que Arenas abandone los asuntos cubanos, sólo que ahora no tienen tanto peso. Hay una voluntad consciente de trascender las limitaciones geográficas para abordar un tema más universal. Acerca de esto, Dolores M. Koch estima que *El portero* constituye su testamento espiritual, en el sentido de que, «apremiado por las circunstancias de su enfermedad», la novela podría representar para él «la última oportunidad de comunicar sus ideas, liberado de las restricciones castristas y abierto a experimentar el mundo occidental actual, para meditar más libremente sobre la condición humana» (123). Está presente, en cambio, la praxis de la reescritura, algo por lo cual Arenas declaró en varias ocasiones su preferencia. En *El portero* estamos, como él mismo reveló, ante una especie de juego, de parodia, de burla y de interpretación personal de la historia bíblica del Apóstol San Juan, que fue enviado por Dios para dar testimonio de la luz y lograr que, a través suyo, creyesen en ella.

Juan, el protagonista de la novela, es un marielito que trabaja como portero en un lujoso edificio de Manhattan. De la mañana a la noche, ve desfilar a los inquilinos a quienes debe abrirles la puerta, un excéntrico muestrario de personajes que son retratados con tintes burlescos. A juicio de Perla Rozencvaig, Arenas ha diseñado un catálogo humano del norteamericano medio, muy preocupado por sus bienes materiales, seguro de su nivel económico y demasiado ingenuo en sus concepciones ideológicas respecto al destino de otros países («*El portero*» 164). Cada uno vive prisionero de su obsesión: el éxito, la política, el afán de celebridad, el progreso social. Están, por ejemplo, el señor Friedman, que cree en las propiedades de los caramelos; Joseph Rozeman, ortodoncista de estrellas del cine y la televisión; John Lockpez, fanático militante de la Iglesia del Amor a Cristo Mediante el Contacto Amistoso e Incesante; Brenda Hill, que mitiga su soledad en el alcohol y el sexo; Casandra Levinson, supuesta profesora de Ciencias Sociales y entusiasta admiradora de Fidel Castro; el encargado del edificio y su familia, quienes persiguen con ensañamiento al portero; Walter Skirius, inventor que pretende sustituir el mundo natural por otro mecánico; Mary Avilés, eterna candidata a suicida; una ridícula pareja de maricas, Oscar Times I y Oscar Times II, fanáticos de los Oscars y del *New York Times*; y Arthur Makadam, un Don Juan impotente. Juan es un soñador, un ser excepcional, un iluminado que quiere hablar con la gente sobre la luz y el amor que cada uno lleva en sí sin saberlo. Idealista impenitente, está obsesionado con una idea: hallar la puerta de la felicidad y hacer partícipes de ello a los ricos americanos a quienes sirve. Lo que les propone es la búsqueda de un mundo más habitable, lejos de la sórdida, vacía y materialista realidad de Manhattan; un sitio sin miedo, sin odios, sin sufrimientos, donde todos puedan vivir en paz. Despliega con ellos toda su amabilidad, mas en vano: son trabajos de amor perdidos. Todos están muy ocupados en sus propios asuntos y no le prestan atención al mensaje que él quiere llevarles. Los únicos seres con los que se logra entender y que le escuchan son los animales de los inquilinos, en especial, una hermosa perra egipcia de grandes ojos morados. Son elllos los que asumirán el protagonismo en la segunda parte de la novela, en la que se reúnen en el sótano del edificio y deciden fugarse con el portero, a quien han elegido como guía para que los conduzca a «la puerta», símbolo de la entrada a una vida más tranquila y dichosa, lejos de esa sociedad concebida para excluir y cuantificar. Cuando los inquilinos descubren que el portero habla con sus animales, lo consideran loco y consiguen que lo encierren en un manicomio. De allí lo rescatan aquéllos, que huyen con él hacia las tierras del sur, en una especie de Arca de Noé al revés. Al final, todos desaparecerán presurosos por la puerta. Todos excepto el portero, que desde fuera los verá alejarse definitivamente. Patética, extraña, grotesca, Arenas propone en esta desolada fábula moderna una lectura racional de una trama que, pese a lo que pudiera parecer, está muy lejos del realismo mágico latinoamericano. Logra, en primer lugar, una perfecta armonía entre humor y seriedad, a la vez que un doble mensaje entre desolador y optimista. *El portero* bascula entre la comicidad festiva y la reflexión lúcida. Se aligera en las caricaturas de los inquilinos del edificio, para adensarse después en los discursos de los animales y en los textos de Juan. Ya lo ha apuntado con acierto Roberto Valero: humor y desolación son los elementos que unifican toda la obra areniana. El libro está narrado por un millón de personas, esto es, por todo el exilio cubano. Con esto, Arenas satiriza el concepto tradicional del autor, algo que hace también en títulos como *Otra vez el mar* o *La Loma del Ángel*. La novela no participa de esa ferocidad delirante característica de la mayoría de sus obras, aunque sí de las desesperanza y el pesimismo de sus textos cubanos.

Con *Viaje a La Habana*, Arenas propone «una novela en tres viajes». El tríptico no puede ser más variado a nivel técnico y estilístico: hay una pieza conducida por los caminos del delirio y el surrealismo (*Que trine Eva*), otra es una especie de relato policial y de terror gótico (*Mona*) y la último, que da título al volumen, es un testimonio personal de ribetes políticos. El propio autor ha dicho, no obstante, que *Viaje a La Habana* también puede ser leída como tres obras independientes, sin buscarle un criterio unificador, pues tanto historias como personajes son diferentes. Pese a ello, los críticos que se han ocupado de ella han preferido analizarla así, como una novela en tres viajes. El primero tiene como protagonistas a una pareja que ha determinado quedarse en Cuba porque allí es el único sitio donde pueden hacer lo que les gusta: exhibirse, llamar la atención de sus compatriotas con los trajes, tan lujosos como estrafalarios, que ella teje incansablemente, como una especie de Penélope caribeña. En aquella Habana en la que las vidrieras de las tiendas están vacías, su triunfo es apoteósico. «En este país ya no hay nada. Cualquier trapo extraño que se pongan tiene que causar sensación», les comenta la madre de la protagonista (19). Entregados al enfebrecido y festivo desfile como modo de subsistir en una realidad de escasez atroz y de sofocamiento de cualquier iniciativa individual, descubren un día que hay «alguien» que no los admira, que ni siquiera repara en ellos. De nada valen sus clamorosas presentaciones en conciertos, desfiles militares, eventos internacionales, concentraciones públicas: su única meta pasa a ser sorprender a esa persona. La hallan al final de un largo y furioso viaje a lo largo de toda la isla. Es un joven pescador, y con él se irá el protagonista rumbo al mar, dejando a su compañera perpleja y preparada ya para tejerse un traje negro de viuda. *Mona* cuenta la peripecia de un marielito que vive una ardiente aventura amorosa con una mujer, Elisa, que resulta ser la misma Mona Lisa, que en ese momento se exhibe en el Museo Metropolitano de Nueva York. Pero esto resulta más complicado: Elisa no es sólo la mujer del célebre cuadro, sino que es el mismísimo Leonardo da Vinci que ha hecho su autorretrato como él querría ser, esto es, una mujer lujuriosa y fascinante. Lo consigue a través de una acumulación de energía, genio y concentración, lo cual le permite sobrevivir en esa figura. Descubrir el secreto le cuesta al narrador la vida, pues aparece misteriosamente muerto en la celda a donde había sido recluido tras su intento de destruir el cuadro. En *Viaje a La Habana*, Ismael un exiliado cincuentón, va de visita a ver a su mujer y su hijo, al que dejó cuando apenas tenía dos años y que es ahora un joven extremadamente guapo. En la ciudad conoce a un muchacho con quien termina teniendo relaciones sexuales, y que resulta ser ... su propio hijo. De las tres historias, es la más desgarrada, la de más hondura e intensidad, y en ella Arenas realiza una implacable reflexión sobre el homosexualismo, la política y el exilio. Esos tres materiales originariamente tan distantes, alcanzan, sin embargo, un sentido unitario. Aunque poseen vida autónoma, los hermanan entre sí algunos rasgos que les dan un carácter de novela episódica, en la que sorprende el significado pleno que cobran al final, pese a que esos nexos no se dejen ver claramente. Está así la memoria como hilo sutil que pespuntea los episodios. Hay además una visión pesadillesca y descarnada del infierno castrista, una sociedad donde el individuo desaparece engullido por la masa y fundada en el miedo y en la militarización de la vida cotidiana. Está asimismo el tema de la homosexualidad, aun cuando en el segundo relato conlleva la muerte. Sus protagonistas son todos seres marginados por el sistema imperante, incluidos los exiliados que no hallan la felicidad que anhelaban. Ottmar Ette ha señalado, por último, el motivo de la pareja que forma un personaje doble, así como la presencia de ciertos elementos autobiográficos que aparecen esparcidos en los tres textos. Detalles más o menos fáciles de descifrar, como alusiones a contemporáneos suyos, al medio siglo que Ismael tiene en 1994 o a su paso por la famosa Hell Kitchen neuyorkina («Obra» 124). Ricos en técnicas narrativas, Arenas escribió estas noveletas entre 1971 y 1987, la primera en Cuba y las otras dos en Estados Unidos.

Alguna vez Arenas comentó que entre novela y novela le apetecía escribir cuentos. Su quehacer en ese género –en total, vientiuna piezas– aparece recogido en dos volúmenes, *Con los ojos cerrados* (1972), que luego reeditó en 1981 con un cuento más bajo el título de *Termina el desfile*, y *Adiós a mamá* (1995). Fuera de eso, quedan tres narraciones, «La punta del arcoiris», «Soledad» y «La puesta del sol», que vieron la luz en 1965 en la revista *Unión* y que su autor nunca quiso recoger en libro por considerarlas no logradas. Como ocurre con otras obras suyas, los nueve cuentos de *Termina el desfile* conforman un ciclo en el que pueden deter-

minarse algunos motivos y asuntos comunes, personajes que pasan de un
texto a otro, y una épica que se inspira en vivencias autobiográficas, que
pueden determinarse como pistas implícitas. El libro traza un fresco de
la evolución de la familia campesina cubana desde el batistato hasta la
revolución. Esa trayectoria está delimitada por dos hechos claves de la
historia del país, la entrada de los triunfantes barbudos en enero de 1959
y el éxodo masivo de cubanos hacia la embajada del Perú, en abril de
1980. Uno y otro aparecen recreados por los cuentos que abren y cierran
el libro, «Comienza el desfile» y «Termina el desfile», respectivamente.
Entre esos dos momentos, un cuadro tan preciso como irreal de la vida
cubana que, lejos de quedarse en el simple testimonio realista, funda una
aventura literaria con el poderío verbal e imaginativo de un magnífico
narrador. Arenas plantea así un viaje que va del inicio de un proyecto
social y político a la constatación de su fracaso. Jaume Pont, al prologar
una de las ediciones, anota que «a medida que avanza el desfile, la
mimética voz del canto coral pierde la compostura frente a la suprema
insatisfacción del grito» (6-7). Predomina en muchas de esas páginas la
recreación de los recuerdos deslumbrantes y a la vez terribles de un niño
que habita en un medio rural arcaico, donde lo sobrenatural forma parte
de lo cotidiano y donde el individuo está sometido a códigos morales de
extremo rigor. En el centro está la madre, guardiana de un orden social
caduco y que es en todos los cuentos una figura dominante, sobreprotec‑
tora y castradora. Su ejemplo arquetípico es la Vieja Rosa, protagonista
del relato homónimo. Es un personaje indómito, que se resiste a aceptar
que esas tierras que trabajó de sol a sol durante toda su vida ya no son
suyas. No comprende las inclinacionaciones revolucionarias de su hijo
mayor. No acepta que su hija se haya casado con un negro. Ni mucho
menos que el menor le haya salido homosexual. Cree que los santos de
quienes era tan devota la han traicionado, y los increpa, los destruye y,
al final, prende fuego a la finca y muere entre las llamas. Relato limpio
de mensajes y prédicas políticas, ofrece un cuadro magistral de los con‑
flictos sociales e ideológicos de aquellos primeros años. Con «La Vieja
Rosa», Arenas creó una pequeña obra maestra que debe figurar entre las
mejores noveletas escritas en Cuba en el siglo XX.

Hay asimismo otras piezas igualmente notables, en las que los
personajes centrales, en su mayoría niños o adolescentes, se enfrentan
a la dura realidad que los rodea mediante la fantasía, al tiempo que se
recluyen en su intimidad como refugio a ese medio hostil, vulgar y abu‑
sivo. En «Bestial entre las flores», un niño vive en pugna con su abuela,
una bruja que convierte a sus enemigos en flores. En «A la sombra de la

mata de almendras», otro niño quiere impedir que talen un árbol del patio de su casa. Esa anécdota está llevada junto a la del torpe descubrimiento del sexo de un adolescente, cuyo intento por seducir a una chica se ve frustrado. Ambas tramas no están separadas del todo, sino que Arenas emplea el recurso de las cursivas para diferenciarlas. En «Los heridos», un joven angustiado, que ha perdido las ganas de vivir, cuida a escondidas de su madre a un muchacho herido que resulta ser su *alter ego*. En «El reino de Alipio», un chico campesino convierte la contemplación del cielo estrellado en un espectáculo maravilloso. Y «Con los ojos cerrados», de todos el de encanto más ingenuo, trata del choque con la realidad de un chico fantasioso. En «Termina el desfile», el adolescente del primer cuento que se alzó con los barbudos, es ahora otro: el ardor revolucionario de aquél se ha transformado en el sentimiento de saberse estafado del adulto. El desfile también es otro: ahora es el de una multitud delirante y aterrada que se lanza para huir en un éxodo masivo. Demasiado ambicioso, no se halla entre los mejores y el relato resulta un tanto confuso. A pesar de ser una obra de juventud, la prosa de Arenas muestra ya su gran magnetismo poético, así como su fascinación por lo maravilloso y lo fantástico. El autor sabe imponer un mundo propio, con un renovado nivel de inventiva, y trasciende el mundo campesino apartándose del folclor y el costumbrismo.

Adiós a mamá no alcanza las excelencias de *Termina el desfile*, mas aunque sus textos poseen un nivel desigual, no deja de ser un libro digno de tomar en cuenta. Las narraciones más antiguas están fechadas en Cuba, entre 1963 y 1974; las más recientes son de los ochenta y fueron escritas ya en el exilio. Corresponden, por tanto, a etapas vitales bien diferentes. Arenas ensaya en ellas diversas maneras de asumir el género. Hay cuentos trágicos, desesperados, violentos; otros se van por la vía de lo fantástico y lo grotesco; alguno sigue la línea paródica; y no faltan los líricos y simbólicos, con ingredientes de ciencia-ficción. Hay asimismo una muestra del Arenas más político, representado por «Traidor». Del conjunto, se destacan «La torre de cristal», «Adiós a mamá», «Final de un cuento» y «El cometa Halley». En el primero, Arenas trasluce su desdén por el mundo cubano de Miami, sobre el que en más de una oportunidad expresó su mala opinión. En el último, enmienda la plana a Federico García Lorca, al inventar una loca historia protagonizada por las hijas de Bernarda Alba. Las jóvenes han ido a parar a Cuba, donde se dejan arrastrar por la sensualidad del trópico y acaban regentando un prostíbulo en La Habana. «Adiós a mamá» es una terrible ceremonia de amor y necrofagia, una danza macabra en la que cuatro hijas se sacrifican ante el cadáver descompuesto de la madre. Es, de todos, el más piñeriano y también uno de los mejores. Lo otra joya del libro es el hermoso y estremecedor «Final de un cuento», acerca de la terrible dualidad del destierro. Un exiliado se suicida en Nueva York y su amante lleva sus cenizas al punto más al sur de Estados Unidos, para que el mar las lleve al país que «tanto odió, donde tanto lo jodieron, de donde salió huyendo y lejos del cual no pudo seguir viviendo» (175). Un exilio que vivió partido en dos, La Habana y Nueva York, dos mundos incompatibles en su dualidad imposible y esquizoide que lo conducen al suicidio. El relato es un monólogo que el narrador dirige a su amigo muerto, un texto complejo que mezcla distintos planos de lugar y tiempo. Arenas tiene la lucidez de no sustituir el infierno cubano por el paraíso norteamericano, y admite que «la nostalgia también puede ser una especie de consuelo, un dolor dulce, una forma de ver las cosas y hasta de disfrutarlas. Nuestro triunfo está en resistir. Nuestra venganza en sobrevivirnos» (175). Reconoce, eso sí, que su odio es mayor que su nostalgia, y que cada día se agranda más. Libro de furia, de rabia, de palabras en las que viven identidad y solaz, Arenas nos reconcilia, como apuntó Luis Antonio de Villena, con la salvaje belleza de la libertad total («Relatos» 19).

Arenas rompió la tradición de que todo joven sueña con escribir versos: sus primeros intentos literarios fueron novelas al estilo de los melodramas radiales. Pero a la larga terminó recalando en la poesía cuando ya había editado algunas de sus novelas más importantes, y en 1981 dio a conocer *El Central*, que luego recogió en 1989 en la trilogía que incluye además *Leprosorio y Morir en junio y con la lengua afuera*. Escritas en Cuba entre 1970 y 1976, en la primera parte asistimos a la fundación de la isla de Cuba, la segunda es un recorrido por la ciudad, producto final y represivo de las sucesivas fundaciones, y la tercera es un recuento del espanto que sólo puede culminar con la fuga, con el éxodo. A esos títulos hay que agregar *Voluntad de vivir manifestándose* (1989), donde recogió sus poemas más o menos cortos escritos a lo largo de dos décadas. Junto con el teatro, la poesía es la dimensión de su obra menos estimada, y con razón. Lo decimos de entrada: preferimos el Arenas que hace sentir sus resonancias poéticas en sus obras narrativas, a este otro que incursiona de lleno en el que para él era el género más profundo de todos. Para defenderse de su osadía tenía un argumento: «Yo vivo para la irreverencia, y sólo me arrepiento de lo que no he hecho» (Espinosa 58).

De ese conjunto vale destacar *El Central*, que escribió cuando trabajaba en las labores de la zafra azucarera. Es un largo poema en verso libre y prosa dividido en once capítulos, con tres planos que se entrecruzan, complementan, contraponen: la esclavitud de los indios durante la colonización española, la de los negros esclavos y la de los jóvenes obligados a trabajar en los campos de caña. Es decir, sucesivos sistemas sociales en los que el hombre es víctima e instrumento. De vivencias personales y fuentes históricas se vale el autor para componer este reflejo del horror, este poema de ambicioso aliento que destila vehemencia, rabia e irreverencia. Para Alex Zisman, hay que pasar por alto la denuncia de corte panfletario y disfrutar momentos más logrados, como las estampas costumbristas del baile de los negros el día en que finalizaba la zafra, recreadas con especial ironía, y en donde priman el embrujo y el arrastre que caracterizan al mejor Arenas (62). Y reconoce que *El Central* constituye una variante singular dentro de la obra de uno de los valores más sobresalientes de la narrativa hispanoamericana actual (62).

Los textos agrupados en *Voluntad de vivir manifestándose* Arenas los califica como «inspiraciones furiosamente cronometradas de alguien que ha vivido bajo sucesivos envilecimientos. El envilecimiento de la miseria durante la tiranía de Batista, el envilecimiento del poder bajo el castrismo, y el envilecimiento del dólar en el capitalismo –y como si eso fuera poco, he habitado los últimos nueve años en la ciudad más populosa del mundo que ahora sucumbe a la plaga más descomunal del siglo XX. He sido testigo de todos esos espantos y ellos han propiciado estos poemas» (7). Vaticina que pronto lo único que quedará de él «serán estas palabras tercamente ordenadas» y estima que sería un egoísmo no compartirlas con los demás (7). Los materiales están agrupados en cuatro bloques, «Esa sinfonía que milagrosamente escuchas», «Sonetos desde el infierno», «Mi amante el mar» y «El otoño me regala una hoja», todos fechados y ordenados en un riguroso orden cronológico. Muchos de los motivos y asuntos de sus obras narrativas los hallamos en esos textos: la muerte, la denuncia política, la presencia del mar, la vida bajo la represión y el terror, la desolación, el dolor incurable del exiliado. Es, en conjunto, un libro con sensibles altibajos, en el que podemos hallar atisbos, intuiciones y versos felices entre torpezas inconcebibles y rimas de aficionado, junto a su obstinación de escribir poesía contra el oído y el buen gusto. Véanse en ese sentido páginas como «Epigrama», «Un cuento», «Blanco mojoncito» o «Si te llamaras Nelson».

También en el teatro probó armas Reinaldo Arenas, lo cual no debe de extrañar si se piensa que en novelas como *Celestino antes del alba*, *El palacio de las blanquísimas mofetas, Otra vez el mar* o *El color del verano* encontramos pasajes dramatizados. Confesaba además que entre sus lecturas juveniles estuvo todo el teatro griego, y reconocía que ese género influyó mucho en su formación literaria. Bajo el título de *Persecución* (1986), recogió «cinco piezas de teatro experimental»: *Traidor, El paraíso, Ella y yo, El Reprimero* y *El poeta,* unidas por el tema común de la represión. Como casi siempre ocurre con sus libros, unas con otras «se enlazan como fragmentos de un todo que se puede armar o desarmar de diferentes maneras» (5). En todas pueden hallarse referencias y alusiones textuales a sus novelas: *El Reprimero,* para citar un ejemplo concreto, nos remite de inmediato a *El asalto.* Y *Traidor* es, de hecho, una versión concebida para ser escenificada del cuento homónimo de *Adiós a mamá.* De todas, esta última es la más teatral y algunos críticos han reivindicado sus valores. Debemos referirnos asimismo a la producción ensayística de Arenas, buena parte de la cual él recopiló en *Necesidad de libertad* (1986), un título hoy innencontrable que está reclamando a gritos ser reeditado. No todos los artículos poseen el mismo interés. Hay muchos que corresponden al Arenas más panfletario y polemista, que en el último tramo de su vida asumió la actividad literaria como si se tratase de un combate a bofetadas. En cambio, hay trabajos como «Una cultura de resistencia», «Desgarramiento y fatalidad en la poesía cubana», «Lezama o el reino de la imagen», «La isla entera con todas sus cucarachas» y «Martí ante el bosque encantado» en donde sus reflexiones y opiniones alcanzan momentos de gran altura. Esta vertiente tan poco conocida de su producción se completa, aparte de numerosos artículos aparecidos en revistas y periódicos, con *Meditaciones de Saint-Nazaire* (1990), que reúne tres ensayos breves: «Subdesarrollo y exotismo», «Los dichosos sesenta» y «Adiós a Manhattan», que fueron reproducidos al año siguiente, con un par de narraciones y con trece dibujos de su entrañable amigo Jorge Cárdenas, en *Final de un cuento,* que publicó la Diputación Provincial de Huelva en su serie El Fantasma de la Glorieta.

Mas para muchos, Reinaldo Arenas no pasará a la posteridad como el creador de *Celestino antes del alba, El mundo alucinante* u *Otra vez el mar,* sino por ser al autor de *Antes que anochezca* (1992). Mucha es la tinta que ha hecho correr su autobiografía y muchos los comentarios que ha merecido (J.J. Armas Marcelo, Maurice Nadeau, Luis Antonio de Villena, Fernando Savater, Guillermo Cabrera Infante, Mario Vargas Llosa y Juan Goytisolo son algunos de los que se han ocupado del libro). Muchos son los elogios que merece este libro terrible, abrupto, desgarrador, golpeante, apasionado y, por tanto, parcial, escrito por alguien que no olvidaba todo lo que le hicieron sufrir. Un libro visceral, que no disimula rencores ni fobias, ni disfraza la denuncia, en el que Arenas, como expresa en algún momento, dice su verdad como un judío que ha padecido el racismo o un ruso el gulag, como cualquier ser humano que abre los ojos para ver las cosas como son. Al cual, eso sí, conviene entrar avisados: no se trata de una autobiografía literaria al uso, como puede serlo, por ejemplo, *Confieso que he vivido*, de Pablo Neruda. No aporta datos e informaciones sobre su actividad como escritor, a la que se refiere en contadas ocasiones. Se trata de una obra de recapitulación y epílogo, el grito volcánico y perturbador de un condenado la víspera de su muerte. Acicateado por la conciencia de que para él pronto anochecerá, escarba en sí mismo con una franqueza desgarradora y ofrece una lección excepcional de honestidad y valentía. *Antes que anochezca* es así su adiós, un adiós desprovisto de amargura, nada patético ni lacrimoso. En todo caso, insistimos, es uno de esos textos que no gustará a cualquier paladar ni soportarán todos los estómagos.

Son éstas, como él mismo confiesa, unas memorias escritas y, cuando no podía escribir por el avanzado estado de su enfermedad, dictadas en una carrera contra la muerte. De hecho, terminó de redactar esa dramática y sobrecogedora introducción cuatro meses antes de su suicidio. En algunos capítulos su escritura denota que se encontraba en baja forma, y no es difícil descubrir cuándo redacta directamente y cuándo se ve obligado a dictar con premura. De ahí las incorrecciones estilísticas, las ingenuidades y los desniveles que hay entre unas páginas y otras, esas asperezas del material falto de una mano que lo puliera desde el punto de vista literario. Lo primero que sorprende en *Antes que anochezca* es que, pese a haber sido creada en tales condiciones, están lejos de ser unas memorias desesperadas o agónicas. Si exceptuamos las alusiones que hace al sida en el texto introductorio, luego no habla más sobre ese tema, ni convierte el libro en un «protocolo compasivo», como hizo con su enfermedad el francés Hervé Guibert. El de Arenas es, por el contrario, un libro enormemente divertido, en el que hay humor a manos llenas. Un humor innato en él, que permea toda su obra, y que aquí tal vez era su arma para defenderse de la tragedia. Entre bromas y veras, estamos ante el intento de un escritor que trata de definirse a sí mismo. El resultado es el retrato de un hombre profundamente vital y optimista, un espíritu dionisíaco amante del mar, los jóvenes hermosos y bien dotados y la libertad. Esta última la aplicó a todas las esferas de su vida, incluida su pantagruélica voracidad sexual. Algo de lo que Arenas habla sin tabúes ni remilgos y con una cruda franqueza que ha escandalizado a algunos, y que posee en las letras hispanoamericanas un valor subversivo. *Antes que anochezca* está repleto de descripciones detalladas de su frenética y arriesgada actividad erótica en los cuartos de los hoteles, en los baños públicos, en los matorrales, en las casetas de la playa, bajo el agua, algo que sólo dejó de hacer en la cárcel, pues para él el sexo es un acto entre seres libres. Por eso la suya es una autobiografía libre de censura moral, que no da excusas ni pide perdón por poner su interioridad a la intemperie y desnudarla con una desmesurada sinceridad, en abierto desafío al puritanismo y la homofobia implantados por la revolución y perpetuados, todo hay que decirlo, por el sector más reaccionario del exilio. Tal vez lo más criticable sea que insiste tanto en su vida sexual, que en algunos capítulos el libro llega a hacerse monótono. Arenas toma además las memorias como pretexto para sus ajustes de cuentas personales. Aprovecha así para salpicarlas con una notable sarta de cotilleos, maldades y dardos envenenados en los que saca a la luz pública la más velada intimidad de sus amigos y contemporáneos, entre ellos, numerosos escritores y artistas. Es tal la cantidad de chismes, revelaciones y anécdotas más o menos escandalosos que hay en su obra, que el lector se siente en ocasiones al borde del vértigo, por más que disfruta gracias al desenfado y el humor con que están narrados. En ese sentido, *Antes que anochezca* habría ganado si se hubiesen eliminado algunos comentarios pueriles y triviales sobre sus enemigos y si otros estuvieran más matizados. Es cierto que de su sátira feroz pocos son los que se salvan, pero en descargo suyo hay que decir que no es menos severo consigo mismo y que en su autorretrato elimina cualquier atisbo de heroísmo. Dedica asimismo páginas generosas y afectivas a los amigos que le fueron fieles hasta el último momento (Margarita y Jorge Camacho, Lázaro Gómez Carriles), así como a Virgilio Piñera, José Lezama Lima y Lydia Cabrera, escritores a los que admiraba y estimaba.

No han faltado quienes señalen a *Antes que anochezca* que posee episodios insólitos y delirantes que más pertenecer a la vida de Arenas, parecen sacados de algunas de sus novelas. Al respecto hay que argumentar que su autobiografía participa de esa mezcla de realidad y fantasía que está presente en toda su obra de ficción, lo cual no le resta valor como documento humano y político, que además arroja luz sobre los avatares vividos por su generación. No hay que criticarle que no sean exactas ni verdaderas todas las cosas que cuenta a un autor que desde su primer título demostró que su caballo de batalla era la lucha contra la verosimilitud. En definitiva, se escribe para independizarse de la vida, y como sostenía Ibsen, un libro no trata de, sino que simplemente es. Por otro lado, estas memorias vienen a confirmar el carácter raigalmente autobiográfico de la literatura areniana. Aquí testimonia, con elementos de ficción novelesca, hechos que antes recreó en libros como *Celestino antes del alba* o *El color del verano*. Aun así, no dejan de ser admirables e iluminadoras las páginas que dedica a su infancia en el campo, a sus relaciones con el mundo animal y vegetal, a su precoz descubrimiento del sexo. Vienen luego su llegada a La Habana, el inicio de su actividad como escritor y los primeros problemas con la censura. A partir de ahí, *Antes que anochezca* se convierte en un fresco atroz de la existencia de un hombre que pasó por pruebas y martirios inconcebibles, desde la miseria y el acoso hasta la persecución y el más cruel ostracismo. Entonces el libro pasa a ser una crónica descarnada y macabra de lo que fueron para él y sus contemporáneos aquellos años. Una etapa en la cual penetra y refleja muy bien, aunque es cierto que un tanto anecdóticamente. Allí se refiere al sistema generalizado de delaciones, a los amigos que, para sobrevivir, tuvieron que aceptar ser confidentes de la policía, a la atmósfera asfixiante de paranoia y miedo. Los capítulos que consagra a su estancia en el infierno carcelario son estremecedores, y constituyen una ducha de agua fría para algunas conciencias de la izquierda bien pensante que aún sigue empeñada en fomentar la idea del «paraíso caribeño». Muy amargos y críticos son también los capítulos referidos al exilio, en donde alcanzó la libertad que tanto anhelaba, pero que para él fue duro en muchos aspectos. Jamás se integró al sueño americano y en Nueva York, «una enorme fábrica desalmada» (333), sobrevivió en condiciones precarias. El ambiente cubano de Miami le parecía chato, envidioso y mercantil, y consideraba la ciudad «una península arenosa e infecta tratando de convertirse en el sueño para un millón de exiliados de tener una isla tropical, aérea y bañada por el mar y la brisa» (313). Y añadía: «En Miami el sentido práctico, la avidez por el dinero y el miedo a morirse de hambre, han sustituido a la vida y, sobre todo, al placer, a la aventura, a la irreverencia» (331). A quien padeció en Cuba el silencio, la marginación y la mordaza, le tocó conocer en el destierro el desprecio y el olvido de sus compatriotas. Escritor rabiosamente auténtico, Reinaldo Arenas nos dejó en *Antes que anochezca* «una obra de la que ya no podemos prescindir si queremos entender un poco esta isla terrible, un grito, en plena noche, cuando creíamos disfrutar plácidos nuestros sueños» (Estévez 24). Espléndida manera de despedirse de un autor intenso, apasionado y heterodoxo, que cierra así de manera brillante una trayectoria literaria tan sólida como coherente.

Complemento y continuidad

Incesante e intensa se ha mantenido la actividad de las publicaciones periódicas que en estos años complementan y dan continuidad a otras que las precedieron. Como ocurrió en las décadas anteriores, muchas no han conseguido sobrevivir más allá de los dos o tres primeros números, a causa, como es fácil suponer, de los problemas económicos. Nada, sin embargo, parece desanimar a los escritores (en la mayoría de los casos, éstos han asumido el rol de editores), quienes siguen apostando empecinadamente por las revistas literarias como un medio de difusión imprescindible.

Fue precisamente la urgencia de contar con un medio expresivo, unido a la necesidad de constituirse en lo que Lezama Lima llamó «una exigencia histórica y generacional» («Día» 44), lo que llevó a varios escritores y artistas llegados a Estados Unidos por el puente marítimo del Mariel a financiar con recursos propios una publicación trimestral con formato de magasín. Nació de ese modo *Mariel* (1983-1985), con un consejo de dirección integrado por Reinaldo García Ramos, Juan Abreu y Reinaldo Arenas, y un equipo de editores al que pertenecían además René Cifuentes, Luis de la Paz, Roberto Valero, Carlos Victoria y Marcia Morgado. Alcanzaron a sacar ocho números, que bastaron para demostrar que se puede hacer una revista de calidad y, a la vez, dinámica. *Mariel* tuvo una segunda etapa (cinco números), con Marcia Morgado como editora y Arenas, Abreu y Lydia Cabrera en el consejo asesor. Cambió asimismo de residencia, y de Nueva York pasó a realizarse en Miami, donde también se hicieron algunos de la anterior.

Tal como era su objetivo primordial, en sus primeras entregas la revista sirvió para dar a conocer la obra literaria de los recién llegados. No obstante, ya en el número inicial figuraban colaboraciones de Lydia Cabrera y Severo Sarduy. Asimismo se reproducía una famosa conferencia de José Lezama Lima, cuya foto además ocupaba la portada. Esa amplitud de perspectiva y falta de sectarismo aparecían expuestas en el Editorial de presentación: «*Mariel* saluda y ofrece sus páginas a los escritores y artistas cubanos del exilio que, al mantener en su obra por encima de todo niveles muy altos de calidad estética nos honren al sometérnos sus colaboraciones» («Editorial» 2). Especial cariño y respeto demostró *Mariel* por figuras como Virgilio Piñera, Labrador Ruiz, Gastón Baquero, José Manuel Poveda y José Martí, a quienes dedicaron espléndidos homenajes, que comprendían, aparte de textos suyos, trabajos críticos que intentaban contribuir a una más correcta valoración de sus obras. Como señaló Roberto Valero, los editores de la revistas eran tan irreverentes contra todo lo caduco, como respetuosos con los viejos valores (Carta). Por otro lado, la extensa nómina de artistas plásticos que arribaron a Estados Unidos en 1980 justifica la destacada presencia que esa manifestación halló en las páginas de *Mariel*. Juan Boza, Gladys Triana, Ernesto Briel, Ramón Alejandro, Jaime Bellechase, Carlos José Alfonzo y Gilberto Ruiz, entre otros, contribuyeron al notable nivel gráfico que tuvo la revista, cuya tirada era de tres mil ejemplares. *Mariel* queda como fiel y valioso testimonio de una etapa señalada de nuestra historia contemporánea y como exponente representativo de un fecundo movimiento de renovación de las letras y el arte de la diáspora. Pese a su breve existencia, logró actuar como un eficaz y saludable revulsivo, y hoy no es posible realizar un recuento de nuestra evolución cultural sin acudir a sus páginas y reconocerle su aportación y su balance indiscutiblemente positivo.

Por la misma época en que apareció el primer número de *Mariel*, empezaron a circular otras dos revistas publicadas por «marielitos»: *Unveiling Cuba* (Nueva York, 1982-1985) y *Término* (Cincinati, 1982-1984). Al frente de la primera estaba Ismael Lorenzo, mientras que la segunda la editaban Roberto Madrigal Ecay y Manuel Ballagas. *Unveiling Cuba*, de la que alcanzaron a salir diez números, se anunciaba como una revista de información literaria cuyo propósito era «la lucha antitotalitaria y la preservación de la cultura cubana en el exilio» («Con este» 2). Para llegar a más lectores, incluyó textos en español y en inglés, aunque este último idioma era el que dominaba. Además de poemas, cuentos y adelantos de novelas, en sus páginas puede hallarse un número considerable de trabajos sobre asuntos políticos y socioeconómicos de carácter polémico y crítico. Entre sus colaboradores figuraron no sólo autores cubanos, sino también norteamericanos y europeos. A partir del segundo número, *Unveiling Cuba* redujo su formato y mejoró su diseño. También *Término* anunció desde sus primeras entregas –en total, fueron ocho– la decisión de sus editores de dar cabida a colaboraciones en inglés y español. Coincidía con *Mariel*, *Unveiling Cuba* y otras publicaciones del exilio en el propósito de «divulgar la obra de autores cubanos que se habían visto forzados a crear entre el silencio y la persecución y cuyas obras eran leídas, en el mejor de los casos, por unos pocos amigos, cuando no por algún centinela de la policía castrista» («Editorial» 3). Los cubanos fueron, en efecto, quienes ocuparon más espacio, aunque eso no impidió que se incluyeran trabajos firmados por autores de otras nacionalidades.

A diferencia de *Unveiling Cuba*, *Término* dedicó mucha más atención a la literatura, tanto en el plano creativo como el reflexivo y crítico. En «Ideas», una de sus secciones fijas, vieron la luz varios artículos de Madrigal Ecay, Ballagas y Roberto Valero que procuraban fijar las coordenadas estéticas e ideológicas que daban identidad al grupo del Mariel. En 1996 esos textos, junto a otro de Reinaldo García Ramos aparecido en *Mariel*, fueron recuperados y reunidos en el volumen *Voces del silencio*.

Contemporánea, en la fecha en que inicia su andadura, a las revistas anteriores es *Linden Lane Magazine* (1982), una de las referencias obligadas en el recuento literario de este período. En el editorial del número de octubre-diciembre de 1990, Belkis Cuza Malé y Heberto Padilla, sus editores y fundadores (Reinaldo Arenas participó como asesor hasta la cuarta entrega), recuerdan su llegada a Princeton en 1981, y cómo tuvieron allí la idea de publicar una revista especializada en literatura cubana e hispanoamericana. Como nombre, escogieron el de la calle donde primero vivieron en esa ciudad, tan vinculada históricamente a la lucha por la libertad y la democracia en Estados Unidos. Aquella primera entrega reunía textos de un núcleo de escritores cubanos que por motivos políticos se hallaban fuera de su patria. Esa condición de tribuna plural –hay que añadir que desde el principio la revista ha estado abierta a los cradores de Hispanoamérica– ha caracterizado a *Linden Lane* a lo largo de más de una década de existencia, que se sintetiza en los más de cincuenta números que hasta aquí componen su colección. Si se hiciese una valoración medianamente exigente, a sus editores habría que señalarle, en primer término, la falta de un criterio más riguroso a la hora de escoger las colaboraciones. No todo lo que allí se publica reúne la calidad mínimamente aceptable. Asimismo, en el aspecto del diseño la revista resulta, en general, poco cuidada e imaginativa. Esas y otros deficiencias responden, sin embargo, al mayor problema que confronta la revista desde su salida: la carencia de dinero. La propia Belkis, que ha sido quien le ha consagrado más tiempo y esfuerzo, ha comentado que sacar, durante trece años, *Linden Lane* sin padrinos ni recursos no ha sido «una tarea fácil, sino más bien ingrata y llena de sobresaltos. Una labor que parecería el resultado de cabezas masoquistas, de gente sin otra preocupación que sufrir irremisiblemente». Que la más veterana de las publicaciones con que cuentan nuestros autores tenga que incluir dramáticos anuncios solicitando ayuda de sus lectores, es patéticamente revelador del escaso aprecio que la comunidad cubana demuestra sentir por su cultura, e ilustra además la difícil coyuntura que significa publicar en español en Estados Unidos. Es así como *Linden Lane*, «el más pobre de los magazines de este planeta», lleva un cuarto de siglo sobreviviendo a los vendavales, ante la indiferencia de quienes podrían aliviar su penosa situación. Mas ahí, está, como si se tratara de un milagro, resistiendo el embate de estos malos tiempos.

Mariel y *Linden Lane* son, indiscutiblemente, las publicaciones emblemáticas de este período. Ha habido, no obstante, otras muy meritorias que merecen ser resaltadas. Ése es el caso de *La Nuez* (1988-1993), cuya salida se debe al amoroso empeño de Rafael Bordao. El alto nivel que mantuvo en las colaboraciones y el buen diseño gráfico le hicieron ganar un estimable prestigio en los medios literarios de la comunidad hispana de Estados Unidos. Al frente de *El Gato Tuerto* (1984-1991) también se hallaba una poeta, la habanera de padres irlandeses Carlota Caulfield. Esa interesante «gaceta de arte, literatura, etcétera, etcétera», como se precisaba en la cubierta, fue hasta que dejó de salir la única revista en español de su tipo que circulaba en San Francisco. Maya Islas, José Corrales y Mireya Robles (participaba además la pintora Gladys Triana), eran los «poetas listos a las bienaventuranzas» que preparaban *Palabras y Papel* (1981-1988), dedicada por entero a la creación poética. Realizada con medios muy precarios, a manera de boletín mimeografiado, nos hace recordar la tradición cubana de las revistas confeccionadas en el ámbito hogareño, como los dulces caseros, a la que alguna vez se refirió Emilio Ballagas. De vida mucho más efímera, aunque de excelente factura, fue *Enlace* (1984-1985), cuyos directores eran José Kozer y Mauricio Fernández. Algunos años después, este último intentó editar el magasín *Poetas de Enlace* (1992), pero no logró ir más allá del segundo número. Un sitio aparte en este abreviado repaso lo ocupa *Guángara Libertaria* (1980-1992), revista de orientación anarquista que combinaba artículos sobre temas actuales con ensayos sobre filosofía, política y arte y con textos poéticos y narrativos. Superó el medio centenar de números, algo que su colectivo de editores (nunca hubo director) atribuye, en buena medida, al hecho de poseer una base ideológica definida. Y están, en fin, publicaciones como *Újule* (Miami), *Lyra* (New Jersey), *Stet* (Nueva York), *Cuba Nuestra* (Varby, Suecia), *Leiram* (Nueva York), *Latino Stuff Review* (Miami), *Sin Visa* (París), *El Heraldo Cubano* (Estocolmo), *Trazos de Cuba* (París), *Impacto Literario* (Miami) y otras que seguramente existen o han existido, y que dan cuenta de una actividad que no conoce el desaliento ni el cansancio.

Por otro lado, en estos últimos años han empezado a circular varias revistas que aspiran a borrar las fronteras que hasta ahora han dividido a los cubanos en dos bandos poco menos que irreconciliables, según radiquen dentro o fuera del país. Con esa vocación nació *ENCUENTRO de la Cultura Cubana* (1996), que se publica en Madrid y tiene a Jesús Díaz como director. En su magnífica primera entrega, se anunciaba que su voluntad es «el constituirse en un espacio abierto al examen de la realidad nacional», y que en sus páginas «hallarán cabida tanto contribuciones de cubanos que vivan en la isla como de aquellos que residan en otros países» («Presentación» 3). Las expectativas que despertó ese primer número se han visto espléndidamente confirmadas en los siguientes, que la han consolidado como un punto de referencia imprescindible. *ENCUENTRO* ... ha hallado una entusiasta acogida entre los lectores de ambas orillas, aunque no han faltado, como era previsible, las reacciones hostiles de instituciones y publicaciones oficiales de la isla. También *Catálogo de Letras* (1994, director: Soren Triff) quiere ser un puente entre las dos orillas, y para ello expresó desde los primeros números su disposición de aceptar colaboraciones de autores cubanos. En el caso de los interesados en recibirla en Cuba, se les envía gratuitamente a quienes la solicitan, aunque, se aclara, «no se garantiza que llegue al destinatario por dificultades con el correo». Esa plausible iniciativa ha permitido a *Catálogo de Letras* romper ese otro bloqueo al que está sometida la isla y llegar a lectores hartos de varias décadas de censura y monopolio informativo. «Una revista cubanoamericana, no a manera de acto político, sino a modo de declaración de raíces. Es cubanoamericana a manera de compartir experiencias, a manera de compartir horizontes. Habla en español y habla en inglés y no se avergüenza de ninguno de los dos» («El término» 2). Así se define *Apuntes Posmodernos / Postmodern Notes* (1991, director: José A. Solís Silva), uno de los proyectos más interesantes que ahora mismo existen en el exilio. La seriedad y el rigor son las cualidades que predominan en sus contenidos, y merecen destacarse los excelentes números monográficos sobre José Martí y Reinaldo Arenas. En los últimos años, como viene ocurriendo con otras publicaciones que se editan extramuros, la presencia de colaboradores de la isla empieza a regularizarse.

En lo que se refiere al campo editorial, los ochenta y los noventa tienen como nota significativa la consolidación de Universal como principal sello especializado en literatura cubana. En este período asistimos asimismo al surgimiento de varias editoriales pequeñas, con las que se amplían las posibilidades de difusión para nuestros autores. A comienzos de la pasada década fue creada en Miami la Editorial Sibi, que sirvió para que se dieran a conocer unos cuantos escritores jóvenes, entre ellos varios «marielitos». En cierta medida, Sibi se convirtió en buque insignia de los creadores de la diferencia (Díaz, Correa, Barquet, Lourdes Tomás). En esa misma ciudad funciona desde 1993 La Torre de Papel (director: Carlos A. Díaz), que hasta la fecha posee un catálogo que supera la treintena de títulos, que comprende los géneros de poesía, narrativa y ensayo. Se trata de ediciones de sobrio diseño y manejable formato, cuya calidad literaria es, en conjunto, satisfactoria y, en algunos casos concretos, óptima. En 1987 inició su andadura en Madrid la Editorial Betania, que en poco tiempo ha realizado una destacada labor. Fundada por Felipe Lázaro, su fondo supera ya las doscientas obras, de las cuales más de la mitad corresponden a poemarios. También tienen su sede en Madrid las editoriales Pliegos y Verbum, a cuyo frente se hallan César Leante y Pío E. Serrano, respectivamente. La primera tiene como perfil básico la publicación de ensayos e investigaciones, y buena parte de los más de cien volúmenes que han visto la luz están firmados por especialistas cubanos que residen y trabajan en Estados Unidos. Verbum, por su parte, comparte su actividad entre los libros de texto y la literatura, tanto ensayística como de creación. Gastón Baquero, Reinaldo García Ramos, José Abreu Felippe, Orlando Rossardi, Carlos M. Suárez Radillo y José Triana, son algunos de los nombres que figuran en su lista. Y está asimismo la Editorial Persona (Hawaii), que dirige Matías Montes Huidobro. Aunque está especializada en teatro, bajo su sello han aparecido un par de títulos de narrativa. A comienzo de 1997 empezaron a circular los primeros títulos de las Editions Deleatur, creada y dirigida por el pintor Ramón Alejandro, establecido ahora en Miami. Son volúmenes de pequeño tamaño, bellamente editados, que incluyen ilustraciones del propio Alejandro, con tiradas de quinientos ejemplares. Con pretensiones y recursos muchísimo más modestos, están, por último, las Edizione de Amatori (Nueva Orleans), serie de cuadernillos poéticos que ha dado a conocer, entre otros, textos de Juana Rosa Pita, García Ramos, Barquet y Caulfield; y las Ediciones Limitadas de Autores Cubanos, el más reciente proyecto del infatigable Mauricio Fernández.

Retomando las experiencias que se realizaron a fines de los años setenta, en octubre de 1988 la Universidad de Rutgers, New Jersey, organizó el simposio «Outside Cuba/ Fuera de Cuba», sobre la literatura cubana producida fuera de la isla en los siglos XIX y XX. Lo coordinó Ileana Fuentes Pérez, a quien también se debe el proyecto de una importante muestra de artistas plásticos cubanos en el exilio que, con el mismo título del evento, recorrió entre 1987 y 1989 galerías de New York, Miami, Ponce y Atlanta. El Ollantay Art Heritage Center, de Nueva York, ha dedicado también varios eventos al tema. Entre los más importantes, se hallan el Encuentro de Escritores Cubanos del Area de Nueva York (1989) y «Literatura Cubana: en torno al escritor exilado» (1992). Veintiocho de las intervenciones y ponencias presentadas en ambos fueron recogidas en el volumen *Lo que no se ha dicho* (1993). Una premisa distinta tienen varios eventos que se han realizado en Europa a partir de 1994. En mayo de ese año, el Centro Internacional Olof Palme auspició en Estocolmo un encuentro de escritores cubanos de ambas trincheras (el término pertenece a René Vázquez Díaz, artífice y principal impulsor de esa reunión). Asistieron Miguel Barnet, Manuel Díaz Martínez, Pablo Armando Fernández, Heberto Padilla, Antón Arrufat, Reina María Rodríguez, Jesús Díaz, Senel Paz, Lourdes Gil y José Triana, quienes al final firmaron una declaración en la cual expresaban que «la cultura cubana, tanto la que se produce en Cuba como en el exterior, es una, y pertenece a la herencia de nuestra Nación» («Fascímil» 126). Los organizadores tuvieron que vencer la desconfianza y resistencia de la Unión de Escritores y Artistas de Cuba, que pretendió posponer el evento para una fecha indefinida. Una vez celebrado, el sector más dinosáurico del exilio lo criticó duramente desde las páginas de *El Nuevo Herald* y el *Diario Las Américas*. José Sánchez Boudy tildó a quienes tomaron parte de «seudointelectuales elevados al plano internacional por la tiranía castrista, a la que sirven y sirvieron con todo su corazón». Carlos Franqui calificó al Centro Internacional Olof Palme de «fundación fidelista», y no faltaron quienes acusaron a Vázquez Díaz de ser un «agente castrista».

Con similares intenciones de propiciar el acercamiento, el diálogo y el entendimiento entre los intelectuales cubanos de dentro y de fuera, la Secretaría de Estado para la Cooperación Internacional y para Iberoamérica de España, con la colaboración de la Universidad Complutense y la Casa de América, financió y organizó, en noviembre de 1994, el evento «La Isla Entera», que bajo el pretexto de celebrar el cincuentenario de la revista *Orígenes*, reunió en Madrid a veinticuatro escritores. Una vez más fueron necesarios complicados trámites para convencer a las autoridades cubanas, que sólo un día antes de la fecha de inicio otorgaron los permisos de salida a los participantes. Y una vez más, el encuentro mereció la censura de esa parcela de la diáspora que se mantiene intransigente en sus posiciones ideológicas. Fue, en cualquier caso, una experiencia entrañable y de balance tan positivo, que se decidió repetirla, esta vez alrededor del cuento como tema monográfico. Prevista para 1995, se realizó finalmente a fines de enero del 96, atendiendo a la solicitud de las instituciones de la isla que alegaron para ello razones organizativas. Un simple problema burocrático respecto a la vía a través de la cual debían tramitarse las invitaciones, sirvió de subterfugio a las autoridades cubanas para cancelar en el último momento el viaje de los invitados. Uno de los ausentes, el narrador Rolando Sánchez Mejías, señaló que «no resulta difícil entender que las verdaderas razones son de carácter político, pues la resistencia del Estado cubano a ese tipo de eventos ha sido notoria» (90). Parecido boicot sufrieron otros dos eventos programados en 1995: el Encuentro de Literatura Cubana de Berlín, en el que sólo pudieron participar dos de los autores de la isla, y el Festival de Nantes, que iba a estar dedicado a Cuba y que finalmente no se celebró, al cancelarse la presencia de los artistas de la isla. Remota es, como se puede inferir, la posibilidad de que se materialice el deseo expresado por Barnet de que un encuentro como el de Estocolmo pueda realizarse en un futuro inmediato en Cuba.

A propósito de la polémica suscitada en la prensa española por la ausencia de los escritores de la isla en el evento de Madrid, el entonces presidente de la UNEAC, Abel Prieto, deploraba que no se hubiera dicho ni una palabra sobre «la promoción cada vez más amplia, abarcadora e irreversible que hacen nuestras instituciones (tan vilipendiadas) de la obra de artistas y escritores marginado» (93). Durante décadas, se aplicó en Cuba una inflexible política para negar y excluir a los exiliados. Severo Sarduy se lamentaba alguna vez de que en su patria se multiplicaron las antologías «en que penosos poetastros, autores de boleros repugnantes o de comprometidas radionovelas merecen páginas y páginas de ditirambos, simplemente porque se encuentran *in situ*, mientras se excluye de modo casi burlón a grandes artistas en el exilio, por apolíticos, discretos o silenciosos que sean» («Archipiélago» IV). En los últimos años, esa política excluyente e intolerante se ha ido flexibilizando y nombres hasta hace poco impronunciables empiezan a ser reincorporados a la cultura de donde un día fueron expulsados por decreto. Eso representa innegablemente un paso de avance y un síntoma de sensatez, pero aún es largo el camino que queda por recorrer a las instituciones cubanas para que esas relaciones puedan ser consideradas normales. Ante todo, cada una de esas acciones es milimétricamente controlada desde el punto de vista político, y no hace falta aclarar que la apertura tiene límites muy bien establecidos: hay escritores y artistas para quienes el veto y la mordaza se mantendrán inalterables, por más que Abel Prieto se obstine en proclamar la amplitud e irreversibilidad de ese esfuerzo. En esa perestroika caribeña no tendrán cabida, naturalmente, Cabrera Infante, Arenas, Carlos Alberto Montaner, Jesús Díaz, Zoé Valdés y muchos otros creadores significativos de cuyas obras sus compatriotas de la isla seguirán privados. Difícilmente serán publicados allá textos como *La travesía secreta*, *El Jardín del Tiempo*, *Al norte del infierno*, *Informe contra mí mismo*, *Crónicas del Mariel*, *La nada cotidiana*, *Plantado* o *El color del verano*, a causa de su alcance crítico y su imagen poco complaciente de una realidad que buena parte de la literatura producida en Cuba se ha encargado de falsear y escamotear. Poco podrá avanzarse en ese complejo proceso por normalizar las relaciones entre Cuba y sus exiliados, mientras los eventos que se realicen intramuros —«sin necesidad de mediadores», al decir de Prieto— estén estrictamente restringidos a representantes de la diáspora cuya presencia sea, en el plano ideológico, inofensiva e incapaz de crear «ruidos en el sistema».

UN AMOROSO Y TERCO EMPECINAMIENTO

> Cuba sólo es Cuba en la distancia, en la memoria, en las palabras. Ahora la misión, la función esencial, es repetir la saga de lo mejor de sus protagonistas de otras épocas. Cierto es que las condiciones han cambiado, han dado un vuelco total; pero también la calidad, la intensidad, la fuerza de esas páginas escritas en la inmensa libertad de la noche estadounidense, en las historiadas capitales europeas, ha alcanzado, como diría el más universal de nuestros maestros, su definición mejor. Poseemos Cuba porque somos dueños de las palabras que nada podrá destruir. Ahora más que nunca, desde el otro lado del mar, Cuba, su poesía, toda su literatura, es una empresa de la invención, del lenguaje, de la libertad que se nos da lejos de sus costas.
> Armando Álvarez Bravo,
> «La poesía cubana: realidad por la invención y la distancia»

Todo este cuerpo literario del que nos hemos ocupado en las páginas precedentes es, para usar una vez más las palabras de Reinaldo Arenas, el resultado de un amoroso y terco empecinamiento de unos escritores que han extendido los límites de su patria hasta los territorios adaptados por sus desgarros, prolongando en las geografías del desarraigo una tradición que ningún sistema puede condicionar. Literatura escrita en el exilio, «lo que no quiere decir fuera de Cuba, porque ya está visto en todos los casos de exiliados, que ellos siguen reviviendo obsesivamente su vida cubana como los legítimos representantes que son de una cosa que siempre tendrá mayor radio que cualquier doctrina o partido político: la nación cubana» (Rama 332). Su existencia ha garantizado la continuidad de nuestras letras –otro tanto han hecho los músicos, los pintores, los teatristas–, más allá de su extraterritorialidad, y constituye una derrota infringida a quienes pretendieron golpear a la cultura. El castrismo no ha logrado así sus propósitos de destruir o por lo menos acallar un pensamiento y un arte batalladores y libres.

La literatura cubana, por tanto, ha dejado desde hace cuatro décadas de producirse sólo en la isla y se escribe también en Miami, Nueva York, México, Madrid, París, sitios desde los cuales se trazan las coordenadas actuales de lo cubano. Representa y defiende esa actividad extramuros una tradición rota, dispersa, fragmentada, mas no por ello perdida. Pese a responder a una diáspora extremadamente heterogénea, mantiene su unidad respecto a la que se escribió y se escribe en Cuba, como si quisiera reafirmar la condición insular y de archipiélago del país. Posee con respecto a aquélla una organicidad, una voluntad de integración, una memoria, una continuidad posible. Y presenta, en conjunto, algunos puntos comunes que la singularizan: un rechazo al exceso ideológico, una nostalgia más o menos encubierta, una firme resistencia a la asimilación y la amnesia.

Contra esta literatura han conspirado el aislamiento, la indiferencia, las trampas de la incomunicación, la práctica ruin de las exclusiones, borrones y bloqueo impuesta durante décadas por las autoridades y organismos culturales de la isla y la negación de una izquierda con hábitos sectarios, intolerantes y dogmáticos. Personas en crisis, como todo exiliado, estos autores han sufrido una violenta amputación con múltiples mutilaciones. Perdieron, por ejemplo, el contexto, la complicidad de su lector natural, un clima, una influencia mutua, un pasado de discusión y análisis. Se trata, no hay que olvidarlo, de una literatura sin hogar propio, que debe contentarse con ese espacio sobrante y marginal que le permiten ocupar las culturas anfitrionas. Y sin embargo, pese a tantas dificultades ahí están las pruebas de su vitalidad. Ahí están los escritores que, con sus únicos y mejores recursos, han conseguido abrirse un hueco en el catálogo de editoriales como Seix Barral, Fondo de Cultura Económica, Monte Ávila, Pre-Textos, Anagrama, Joaquín Mortiz, Farrar, Straus & Giroux, Tusquets, Seuil, Fundarte, Mondadori, Simon & Schuster, Destino, Vuelta, Emecé, Planeta, e imponerse en premios como el Cervantes, Juan Ramón Jiménez, Letras de Oro, Pulitzer, Jaime Gil de Biedma, Nadal, Alfaguara, Café Gijón, Azorín y unos cuantos más.

Doble exilio

La escritura del exilio ha sido desde sus primeras expresiones una realidad soslayada y escamoteada. Por causas no literarias sino políticas, fue amputada del tronco común al cual pertenece. Y por causas también políticas se le omitió sistemáticamente de las manifestaciones artísticas del exilio latinoamericano, que se convirtió en una especie de club exclusivo al cual los cubanos tenían negado el derecho de admisión. En febrero de 1980, el poeta Octavio Armand leyó en la reunión del PEN Center de Nueva York un texto, «Minicurso para borrar al escritor cubano del exilio», en el cual se refería al tema. Allí, entre otras cuestiones, apuntaba: «Hay unanimidad en los escritores latinoamericanos del exilio acerca del caso chileno y lo injusto y trágico-burlesco que resultaría la celebración de un congreso de escritores en ese desdichado país. Pero hay entre esos mismos escritores algunos que no sólo justifican o dejan sin comentarios la permanente e inapelable exclusión de los cubanos exilados de los congresos sobre el exilio celebrados en países democráticos» (89). Lo cual lo lleva a afirmar que «un escritor cubano no es únicamente exilado de su país sino que es también exilado del exilio latinoamericano. Está fuera de Cuba y fuera del exilio. No tiene derecho a su historia pero tampoco a una historia del exilio. Debe ser un fantasma entre fantasmas con vocación de estatua» (87).

Este doble exilio al que se han visto confinados los autores de la diáspora, este rechazo e ignorancia casi unánimes por parte de quienes por prejuicios ideológicos adoptaron, como decía Baroja, la miopía como ideal, han entorpecido la difusión y el desarrollo de la obra de los creadores. Eso se refleja, ante todo, en el elevado número de escritores que están pendientes aún de lectura, en la cantidad de libros pobremente divulgados y, por tanto, poco conocidos y poco comentados. Muchos de los nombres analizados en estas mismas páginas son así, pese a la inobjetable calidad de sus obras, música de cámara para iniciados. Como aspecto positivo, hay que señalar que el escritor cubano ha tenido, por suerte, un receptor numéricamente reducido, pero menos indulgente, paternalista y solidario con las causas latinoamericanas o tercermundistas que los escritores latinoamericanos llegaron a Europa a comienzos de los sesenta. Un lector que, en nombre del mensaje y el compromiso, disculpa al exiliado de las especificidades literarias que no perdonaría a otro creador.

Mas no son sólo externas las dificultades en las que han producido sus obras los cubanos. Existen otras mucho más cercanas e inmediatas, que nada tienen que ver con los prejuicios políticos. Está, en primer lugar, la falta de lectores. El tajante rechazo a la letra impresa y la dislexia crónica son males comunes entre los hispanos residentes en Estados Unidos, y los cubanos no constituyen la excepción. Hablamos, por tanto, de una producción literaria que cuenta con un público minoritario, clandestino y muy selecto. En Miami, con más de un millón de hispanohablantes considerados como los que gozan del más alto poder adquisitivo entre las ciudades de mayor población latina de Estados Unidos, un título que llega a vender de cuatrocientos a quinientos ejemplares es considerado un éxito de librería. Las obras del hoy desaparecido Premio Letras de Oro, por ejemplo, pese a su muy módico precio y a su atractiva edición, se vendían mejor en México que allí. Uno de los autores que cuenta con más prestigio, el narrador Carlos Victoria, ha comentado: «Llegué siendo un desconocido a una ciudad donde la lectura de un libro es un *hobby* que goza de la misma popularidad que el alpinismo. De ser un escritor rechazado en mi patria, pasé a ser un escritor en un país que no me rechaza, pero al cual le soy indiferente» (Carta). Un par de años después, cuando se publicó su primera novela, declaró en la presentación: «Escribir este libro constituye simplemente un acto de soledad y de valentía. En cualquier parte del mundo se escribe para los amigos, pero en Miami se escribe literalmente para los amigos». Eso responde, no obstante, a una tradición hispanoamericana de la cual habló Octavio Paz: en su opinión, «en España y América las obras mueren dos veces: primero asesinadas por los envidiosos y después olvidadas por el público» (6).

En un exilio que como ha señalado Cabrera Infante, «malgasta tantos recursos en recompensar falsos valores por realizaciones mediocres o las más de las veces inexistentes» (XVIII-XIX), son notorias las dificultades que confrontan los autores para poder publicar sus obras. Eso obliga a muchos a pagar sus propias ediciones, algo a lo que tuvieron que recurrir figuras de la relevancia de Lydia Cabrera y Eugenio Florit. Ningún, escritor, salvo el caso reciente de Gastón Baquero, quien poco antes de morir consiguió ver reunida su *Obra Fundamental*, gracias a la fundación cultural de un conocido banco de España, ha logrado ver articulada toda su producción en una buena edición. Falta el mecenas, una figura que hasta hoy está ausente en nuestra literatura. La honrosa excepción es Víctor Batista Falla, quien no sólo financió las revistas *Exilio* y *escandalar*, sino también las ediciones de títulos de Octavio

Armand, José Kozer, Carlos M. Luis, Lorenzo García Vega y Raimundo Fernández Bonilla, entre otros. Los autores además apenas pueden confrontar sus puntos de vista, y cuando logran publicar sus originales, el intercambio entre ellos es mínimo. Presos de las circunstancias, se van convirtiendo, como ha apuntado Armando Álvarez Bravo, en islas que no figuran en los mapas, que no se conocen mutuamente (148). Esto contrasta con el esfuerzo y las energías que se dedican a disputas personales que «han llegado a manifestarse en insultos, desplantes de mal entendida chusmería tropical, intrigas y habladurías ... todo lo cual parecería más digno de un gallinero enardecido que de una comunidad de intelectuales y artistas» (García Ramos 31). Asimismo, se echa en falta un discurso teórico, así como la existencia de una crítica sistemática, orientadora y capaz de estimular a los nuevos valores. Hablamos de esa crítica militante, que se ejerce en los medios de comunicación –crítica pública, la llama Northrop Frye–, que se expone, sale al exterior y batalla muchas veces contra la corriente. La otra, la académica, cumple otra función, aparte de que circula en ámbitos muy reducidos. Son contadas también las revistas en las cuales la labor de los escritores se vea expuesta a un comentario y un conocimiento enriquecedores. Toda esta situación implica pérdida de disponibilidad para la actividad literaria, merma de la disciplina creativa, estancamiento de las posibilidades de desarrollo. Escribir en tales condiciones deviene así un acto tan heroico como demencial.

Eso, por otra parte, hace particularmente ardua y difícil la tarea de los investigadores, para quienes estudiar y analizar esta producción significa un verdadero trabajo de arqueología. ¿Cómo acceder y reunir títulos como *Tundra, Memorial de un testigo, Bajo este cien, De cal y arena, Pájaros de agua* y *Anotaciones de otoño*, que vieron la luz en sitios tan distantes entre sí como Nueva York, Madrid, México, Sevilla, Buenos Aires y Caracas? Eso impide que el lector y el crítico puedan hacerse una visión de conjunto, tanto del quehacer de los autores como de la literatura a la cual éstos pertenecen. Las antologías, más que en cualquier otro caso, sirven de poco, pues no sólo no dan la idea de la evolución de los creadores, de sus momentos cumbres, sus fracasos, sus vacilaciones, es decir, su imagen íntegra, sino que además, por lo general, están mal hechas y responden muchas veces a criterios amicales. Hallamos de ese modo valores incuestionables compilados en un mismo libro junto a un nutrido coro de mediocridades.

Un país literariamente empobrecido

Al escritor cubano del exilio se le ha negado el acceso a los lectores de la isla, al cortarse de golpe el puente que lo unía a ellos. Sus obras fueron condenadas así a no conectar directamente con su destinatario natural. Pero de igual modo, todo un sector de lectores quedó privado de esa otra parte de su literatura. De ahí que los verdaderamente exiliados son éstos, quienes día a día enfrentan un panorama en el que faltan la mayoría de los libros y artículos escritos en el exterior (Cortázar 597). El autor desterrado debe sobrevivir con esa herida, y aplazar la cita con sus compatriotas hasta que éstos modifiquen la historia que la impide, y mientras tanto limitarse a «pulsar los límites de la soledad, en la esperanza de que superado el infortunio el pueblo al que pertenece se reconozca en esas palabras que él escribió para ellos, por esas imágenes que él convocó para ellos» (Skarmeta 306-307).

El alejamiento de esos escritores de su contexto y su público naturales, a causa de rencores y divisiones arificiales, les ha impedido conocer cuál sería la incidencia que estaba llamada a tener su obra en el quehacer literario del momento. Mientras más tiempo transcurra, más costará recobrar esa relación natural y genuina con el lector cubano, aquel con el cual esos libros constituyen una ceremonia en la que confirman su identidad como «cultura nacional». Son autores que llegarán a sus compatriotas, cuando lleguen, en el mayor desorden cronológico, e influirán, si es que influyen, a destiempo, siempre con retraso. No serán, por tanto, leídos en la forma debida, sino que su obra se unirá al conjunto literario de la isla «como ganancia ya obtenida, no como propuesta en marcha que influya en el momento en que se produce» (Gimferrer 119).

Un día que parece ya cercano la producción literaria de la diáspora se incorporará a la que produjeron los autores de la isla, en una tarea de reconstrucción nacional dentro de una tarea mucho mayor. No bastará entonces con corregir los manuales e historias de la literatura: habrá que reescribirlos por completo. Tampoco será una suma mecánica, sino una convergencia vital de esas dos fuentes. El cotejo de ambas dará lugar a expresiones complementarias de las que, a su vez, saldrá la imagen real de nuestro paisaje literario. A estas alturas, nadie se atreve ya a cuestionar que sin estos otros creadores de la Cuba peregrina ese panorma empieza a perder realidad y se convierte en un país empobrecido en el plano cultural, en un rompecabezas que no puede ser reconstruido del todo.

Madrid, enero 1993–mayo 1998

ÍNDICE ONOMÁSTICO

ABREU, Juan 3, 147, 292, 334
ABREU FELIPPE, José 181-82, 232-343, 339
ABREU FELIPPE, Nicolás 224-225
ACOSTA, Agustín 2
ACOSTA TIJERO, Alberto 71
ADELSTAIN, Miriam 87
ALABAU, Magaly 154, 157-160, 178
ALBERTINI, José A. 211, 218
ALBERTO, Eliseo 243-44
ALDAYA, Alicia G.R. 86, 104, 295
ALEJANDRO, Ramón 335, 339
ALOMA, Orlando 143
ALONSO, Luis Ricardo 14, 15, 93, 95-96, 107, 188-89, 265
ÁLVAREZ BRAVO, Armando 3, 104, 115-16, 123, 132, 143, 153, 156, 166, 168, 170, 197, 241, 343, 457
ÁLVAREZ DE VILLA, Rolando 14
ALZOLA, Concepción G. 71, 306
ANDINO PORRO, Alberto 15, 273
ANHALT, Nedda G. de 282-84
ARBELLO, William 263
ARCOCHA, José Antonio 9-10, 29, 71, 79, 83
ARCOCHA, Juan 93-94, 107, 188
ARENAS, Reinaldo 1, 24, 97, 104, 108, 111, 145, 147, 182, 223, 229, 233, 257, 293, 289, 307-33, 334, 338, 341, 343
ARIZA, René 129, 130-31
ARMAND, Octavio 20, 24, 29, 31, 65-66, 68, 70, 107, 140, 142-43, 345, 346
ARMAS, Emilio de 171, 172, 227
BALLAGAS, Manuel F. 3, 110, 220, 335, 336, 337
BAQUERO, Gastón 2, 17-18, 24, 25, 27, 59, 88, 107, 123, 146, 149-51, 157, 179, 229, 298, 343, 339, 346

BARQUET, Jesús J. 123, 146, 149-51, 157, 179, 229, 288, 339
BATISTA FALLA, Víctor xiii, 23, 24, 346
BEJEL, Emilio 29, 38, 106, 171
BENITEZ ROJO, Antonio 3, 79
BERNAL, Beatriz (véase Caridad Rubio)
BORDAO, Rafael 3, 151, 337
BRAGADO BRETAÑA, Reinaldo 183, 240, 241-42, 288, 290-91
BUESA, José Ángel 6, 55
CABRERA, Lydia 2, 7, 24, 27, 83-84, 103, 104, 144, 265-67, 268, 274, 334, 346
CABRERA INFANTE, Guillermo 2, 19, 20, 24, 25, 27, 65, 71, 77-78, 94, 101-02, 104, 184, 201, 265, 267-68, 298, 315, 330, 341, 346
CACHAN, Manuel 71, 73-74, 271-72
CAMPINS, Rolando 7, 24, 29
CAMPOS, Pedro Jesús 27
CANDELARIO, Andrés 287
CANEL, Fausto 211-12
CANETTI, Yanitzia 253-54
CARTAÑA, Luis 29, 31, 50, 52-53
CASAL, Lourdes 11, 24, 71, 79, 81, 82-83, 84, 106, 126
CASEY, Calvert 2, 20-21, 27, 226
CARDENAS, Esteban Luis 152,53
CASTELLANOS, Isabel 277
CASTILLO, Amelia del 29, 50, 54, 55, 120-21
CASTRO, Ángel A. 14
CATALA, Rafael 29, 106, 140-41
CAULFIELD, Carlota 130, 177-79, 337, 339
CAZORLA, Roberto 29, 105
CIFUENTES, René 3, 334

CLAVIJO, Uva A. x, 29, 38-39, 84-85, 107, 121, 275-73, 279
COBO SOUSA, Manuel 14
CONSUEGRA ORTAL, Diosdado 211, 213-14, 216-17, 275-76
CORRALES, José 29, 33-34, 105, 127-18, 337
CORREA, Miguel 111, 146, 222-23, 257, 339
CORTAZAR, Mercedes 11, 24
CRUZ-Álvarez, Félix 29, 43-44, 57, 58, 127, 128-29, 140
CUADRA, Ángel 46, 105, 127
CUZA MALE, Belkis 3, 120, 336
CHAO HERMIDA, Francisco 87
CHAVIANO, Daína 182-83, 251-52
DEUPI, Carlos 211, 216
DIAZ, Jesús 11, 107, 201-04, 234, 338, 340, 341
DIAZ, Manuel C. 211, 212-13, 287-88
DIAZ BARRIOS, Carlos A. 104, 109, 111, 146, 151-52, 223-24, 285, 339
DIAZ DE VILLEGAS, Néstor 181
DIAZ MARTINEZ, Manuel 118, 340
DIAZ VERSON, Salvador 13
DOU, Benigno 181, 182
ECHERRI, Vicente 108, 175
ENTENZA ESCOBAR, Pedro 15
ESTENGER, Rafael 6
FERNANDEZ, Amando 3, 160, 165-70
FERNANDEZ, Mauricio 9, 10, 11, 29, 50, 51, 118, 119, 337, 339
FERNANDEZ, Roberto G. ix, 3, 71
FERNANDEZ, Sara P. 71
FERNANDEZ, Wilfredo 3, 9, 29, 31, 42
FERNANDEZ BONILLA, Raimundo 23, 29, 61-62, 673, 346
FERREIRA, Ramón 16, 24, 104, 194, 196-97
FLORIT, Eugenio 18, 24, 25, 29, 40, 84, 88, 105, 106, 107, 111, 112, 113, 120, 148, 160, 161, 166, 169, 170, 176, 177, 346
FOX, Arturo A. 87
FOWLER, Raoul A. 13
FRAXEDAS, J. Joaquín 263-64
FUENTES PEREZ, Ileana 339
GALBIS, Ignacio R.M. 71, 72, 73
GALLIANO, Alina 3, 154, 156-57
GARCIA GOMEZ, Jorge 8-9
GARCIA IGLESIAS, Raoul 29, 56, 264
GARCIA RAMOS, Reinaldo xiii, 3, 32, 133-34, 147, 149, 153, 158, 166, 174, 226, 336, 339
GARCIA TUDUR, Mercedes 7
GARCIA VEGA, Lorenzo 29, 59, 60-61, 63, 114, 167, 268-69, 346
GARCIA-MARRUZ, Graciela 246
GEADA, Rita 10-11, 24, 29, 50, 118, 119-20
GIL, Lourdes 29, 34, 36, 105, 154, 155-56, 340
GOMEZ, Luis Marcelino 288, 291-92
GOMEZ KEMP, Ramiro 14
GOMEZ-VIDAL, Oscar 29, 56-57, 71, 72
GONZALEZ, Celedonio 14, 87, 92-93, 191-92
GONZALEZ, Luis Mario 29, 84
GONZALEZ, Yara 11, 52, 104
GONZALEZ ECHEVARRIA, Roberto xii, 106
GONZALEZ ESTEVA, Orlando 3, 29, 42-43, 160-65
GONZALEZ-CRUZ, Luis 29, 33, 106, 140, 141-42
GUIGOU, Alberto 105, 107, 198-200
GUIRA, Dysis 129, 131
GUTIERREZ DE LA SOLANA, Alberto 105

HÄSLER, Rodolfo 178, 180-81
HERNANDEZ, Alina 41
HERNANDEZ, Leopoldo 71, 195-96
HERNANDEZ MIYARES, Julio 70, 71, 106, 273
HIRIART, Rosario 140, 144-45, 276-77
IGLESIAS, Elena 29, 41
IGLESIAS KENNEDY, Daniel 237-40
ISLAS, Maya 3, 29, 34, 36-37, 154-55, 337
ITURRALDE, Iraida 29, 34, 37-38, 105, 154, 156
JARDINES, Joel 183
JORGE, Andrés 242-43
KOZER, José 24, 29, 48-50, 106, 134, 135-37, 298, 337, 346
LABRADOR RUIZ, Enrique 2, 104, 105, 107, 164, 343
LAGO GONZALEZ, David 176
LANDA, René G. 14, 87
LAURO, Alberto 183
LAZARO, Felipe 3, 29, 171, 172, 339
LEANTE, César 200-01, 270, 339
LE RIVERAND, Pablo 29, 56
LEYVA, Josefina 265
LIMON, Mercedes 182
LINARES LANUEZ, Manuel 13, 87
LIZASO, Félix 2
LOPEZ, Pablo A. 14
LOPEZ, Pedro Ramón 71, 72-73
LOPEZ MORALES, Humberto 25, 106
LORENZO, Ismael 221-22, 335
LUIS, Carlos M. 23, 29, 61, 62-63, 346
LLERENA, Edith 29, 34-36, 105, 120, 122-23
MADRIGAL ECAY, Roberto 335, 336
MACHOVER, Jacobs 240-41

MANET, Eduardo 2, 107, 194, 197-98
MAÑACH, Jorge 2, 88, 104
MARIO, José 2, 24, 29, 50, 52, 105, 106, 132
MARQUEZ, Miguel F. 13
MARRERO, Leví 107
MARTINEZ, Milton 229-30
MARTINEZ HERRERA, Alberto 272
MASO, Fausto 71, 87, 90-91, 189, 190-91, 192
MATAS, Julio 33, 71, 79, 81-82, 83, 201, 208, 270-71
MATIAS SERPA, Manuel 211, 215-16
MENENDEZ, Ricardo 211, 220-21
MESA LAGO, Carmelo 106
MIRANDA, Julio E. 11, 12, 29, 331, 66-68, 79, 134, 137-39, 190, 206-07, 277-79
MOLINERO, Rita 104
MONTANER, Carlos Alberto xiii, 42, 51, 71,79, 80, 81, 82, 83, 86-87, 104, 107, 109, 204-06
MONTENEGRO, Carlos 2, 226
MONTERO, Mayra 185, 249, 254-62, 280-81
MONTES HUIDOBRO, Matías 2, 11, 16, 52, 71, 87, 88-90, 104, 106, 141, 189-90, 192
MORAN, Francisco 179-80
MORELLI, Rolando 176, 288, 295-96
MORETTI, Darcia 245-46
MORGADO, Marcia 334
MORO, Lilliam 29, 32-33, 133, 134
MULLER, Alberto 211, 214
MUÑOZ, Elias Miguel 3, 28, 182
NIETO, Benigno S. 129, 130
NOVAS CALVO, Lino 2, 24, 75-77, 84, 226
NUÑEZ, Ana Rosa 5, 6,k 7, 29, 50, 54, 55, 121, 122

NUÑEZ PEREZ, Orlando 14
OCHOA, Ernesto 264-65
OLIVA, Jorge 172-75
OLIVIO JIMENEZ, José 25, 106, 115, 130, 175, 200, 236, 272
ORBON, Julián 23
PADILLA, Heberto 3, 105, 108, 336, 340
PADILLA, Martha 29, 84
PALENZUELA, Fernando 20, 29, 64
PAZ, Luis de la 288, 296-98, 334
PEÑA, Humberto J. 87
PERERA, Hilda 5, 85-86, 87, 108, 185-87, 244
PEREZ FIRMAT, Gustavo x, xii, 3
PEREZ DIEZ ARGÜELLES, Nicolás 211, 214-15
PIÑERA, Humberto 23
PITA, Juana Rosa 29, 31, 45-47, 105, 120, 122, 123-26, 178, 339
PRADO, Pura del 11, 29, 50, 55-56, 57, 84
PRIDA, Dolores 11, 50, 52, 106
PRIERES, Manuel 211, 212
QUIROS, Beltrán de 71, 72, 73, 273
REXACH, Rosario 87-88
REYNALDO, Andrés 3, 146, 153-54
RIPOLL, Carlos 71, 75-76
RIVERA, Frank 29, 39, 105, 208-09, 275
RIVERO, Eliana 29, 31-32, 57-58, 104, 106, 120
RIVERO, Isel 8, 9, 105, 132-33
RIVERO COLLADO, Andrés 13
RIZO MORGAN, Félix 288, 289-90
ROBLES, Mireya 29, 31, 37, 39, 40-41, 71, 120, 185, 209-10, 244
RODRIGUEZ, Israel 9
RODRIGUEZ SANTOS, Justo 29, 59-60, 61, 112, 144
ROJAS, Jack 7

ROJAS, Teresa María 11-12, 29, 50, 51-52, 57, 120, 140
ROMAN MARTEL, Rafael 183, 289
ROSALES Guillermo 231-32
ROSSARDI, Orlando 10, 25, 29, 104, 118, 119, 339
ROZENCVAIG, Perla 154
RUBIDO, Esperanza 29
RUBIO, Caridad 211, 217-18, 244, 279-80, 281
RUBIO ALBET, Carlos 211, 218-20
SAAVEDRA, María Elena 84
SALVAT, Juan Manuel xiii, 103
SANCHEZ BOUDY, José 7, 15, 174, 340
SANCHEZ TORRENTO, Eugenio 14
SANTAYANA, Manuel J. 176-77
SARDUY, Severo ix, 2, 19, 20, 24, 29, 58-59, 65, 68-69, 97, 99-101, 118, 184, 198, 218, 298-307, 316, 334, 341
SECADES, Eladio 21-22
SERRANO, Pío E. xiii, 29, 42, 72, 104, 140, 143-44, 339
SIMO, Ana María 2
SOLIS SILVA, José A. 338
SUAREZ RADILLO, Carlos Miguel 29, 56, 193-94, 339
TEJERA, Nivaria 1, 91, 97-99, 115, 116, 117-18, 185, 193-94, 244
TOMAS, Lourdes 288-89, 290, 339
TORRES, Omar 29, 39-40, 105, 140, 143, 207-08
TRIANA, Gladys 335, 337
TRIANA, José 3, 115, 116, 117, 301, 339, 340
TRIFF, Soren 338
ULLOA, Justo C. xiii, 219
URPI, Xavier 29, 69-70, 105
VALDES, Zoé 246-51, 265, 341
VALDES GINEBRA, Arminda 120-21

VALERO, Roberto 3, 108, 111, 145, 147-49, 151, 223, 228-29, 313, 317, 323, 334, 335, 336
VALLS, Jorge 131
VAZQUEZ DIAZ, René 234-37, 381, 340
VERA, María Felicia 252-53
VERDECIA, Carlos 105
VICTORIA, Carlos 3, 104, 111, 176, 223, 225-28, 285, 292-95, 334, 346
VILLAVERDE, Fernando 61, 284-87, 289, 320
VIVES, Pancho 24, 87, 91-92, 129-30, 192-93, 274, 275
YMAYO TARTAKOF, Laura 29, 41, 171-72
ZALDIVAR, Gladys 29, 104, 121-22, 306

BIBLIOGRAFÍA

UN CICLO CASI MÍTICO

Arenas, Reinaldo. «La literatura cubana en el exilio». *puentelibre* 2.5-6 (verano 1995): 107-11.

1960-1969: ENTRE LA NOSTALGIA Y LA DENUNCIA

a) Bibliografía primaria

Alonso, Luis Ricardo. *Territorio Libre*. Oviedo: R. Grandio, 1967.
Arcocha, José Antonio. *La destrucción de mi doble*. Madrid: Plaza Mayor, 1971.
_____. *Los límites del silencio*. Madrid: Edit. Playor, 1975.
_____. *El reino impenetrable*. Nueva York: Las Américas Publishing Company, 1969.
Baquero, Gastón. *Magias e invenciones*. Madrid: Edic. Cultura Hispánica, 1984.
_____. *Memorial de un testigo*. Madrid: Edic. Rialp, Colección Adonais, 1966.
Cabrera Infante, Guillermo. *Tres tristes tigres*. Barcelona: Seix Barral, Biblioteca de Bolsillo, 1988.
Campins, Rolando. *Arbol sin paraíso*. Madrid: Alfaguara, 1971.
_____. *Habitante de toda esperanza*. S.l.: H.E. Pedemontes, 1969.
_____. *Sonsonero mulato*. Nueva York: Hispanic Printing, 1969.
Casal, Lourdes. *Cuadernos de agosto*. S.l.: s.e., 1968.
Casey, Calvert. *Notas de un simulador*. Barcelona: Seix Barral, 1969.
Entenza Escobar, Pedro. *No hay aceras*. Barcelona: Editorial Planeta, 1969.
Fernández, Mauricio. *Los caminos enanos*. Miami: Edic. Escorpión, 1969.
_____. *Meridiano presente*. Miami: Cuadernos del Hombre Libre, 1967.
_____. *Región y existencia*. ¿Miami?: Taller Editorial Afiche, 1969.
_____. *El rito de los símbolos*. Florida: Edic. Escorpión, 1968.
Ferreira, Ramón. *Los malos olores de este mundo*. México: Fondo de Cultura Económica, 1969.
Florit, Eugenio. *Obras Completas*. Vol. II. Nebraska: Society of Spanish and Spanish-American Studies, 1983.
García Gómez, Jorge. *Ciudades*. Madrid: Edit. Plenitud, 1964.
Goytisolo, José Agustín, ed. *Nueva poesía cubana*. Barcelona: Ediciones Península, 1972.
López Morales, Humberto, ed. *Poesía cubana contemporánea*. Nueva York: Las Américas Publishing Company, 1967.
Miranda, Julio E. *El libro tonto*. Madrid: Colección El Toro de Barro, 1968.
_____. *Mi voz de veinte años*. Granada: Veleta al Sur, 1966.
Montes Huidobro, Matías. *La anunciación y otros cuentos cubanos*. Madrid: Gráfica Clemares, 1967.
Prida, Dolores. *Treinta y un poemas*. Nueva York: Fancy Press Editors, 1967.
Rivero, Isel. *Tundra*. Nueva York: Las Américas Publishing Company, 1963.

Rodríguez, Israel. *Poemas de Israel*. Ponce: Imprenta de la Universidad Católica, 1968.
Rojas, Teresa María. *Señal en el agua*. San José: Época y Ser, 1968.
Rossardi, Orlando. *El diámetro y lo estero*. Madrid: Edic. Agora, 1964.
_____. *Que voy de vuelo*. Madrid: Edit. Plenitud, 1970.
_____, ed. *La última poesía cubana*. Madrid: Hispanova de Ediciones, 1973.
Sánchez Boudy, José. *Cuentos del hombre*. Barcelona: Bosch, 1969.
_____. *Cuentos grises*. Barcelona: Bosch, 1969.
_____. *Ritmos de solá*. Barcelona: Bosch, 1967.
Sarduy, Severo. *De donde son los cantantes*. México: Edit. Joaquín Mortiz, 1967.
_____. *Gestos*. Barcelona: Seix Barral, 1963.
Secades, Eladio. *Las mejores estampas de Secades*. Miami: Edic. Universal, 1983.

B) Bibliografía secundaria

Armand, Octavio. «El caso de la estatua y el fantasma». *escandalar* (ene.-jun. 1982): 16-17.
Baeza Flores, Alberto. «Recapitulación sobre el mundo poético de Teresa María Rojas». *Señal en el agua*, de Teresa María Rojas. San José: Epoca y Ser, 1968. 65-67.
Batista Falla, Víctor. Carta al autor. Mayo 1994.
Cabrera Infante, Guillermo. *La literatura de y según Guillermo Cabrera Infante*. Disertación en los Cursos de Verano de la Universidad Complutense. Madrid: El Escorial, 1993.
«Cartas a la redacción». *Exilio* (invierno 1965): 59.
«Calvert Casey, in memoriam». *Alacrán Azul* 1 (1970): 23-26.
Diez-Casanueva, Humberto. Solapa. *Tundra*, de Isel Rivero. Nueva York: Las Américas Publishing Company, 1963.
Fernández, Wifredo. «El vivir cotidiano en la poesía de Mauricio Fernández». *Poetas de Enlace* (verano 1992): s.p.
Instituto de Literatura y Lingüística. *Diccionario de la Literatura Cubana*. Tomo I. La Habana: Edit. Letras Cubanas, 1980.
Mac Adam, Alfred. «*Tres tristes tigres*: el vasto fragmento». *Revista Iberoamericana* (jul.-dic. 1975): 554-57.
Menton, Seymour. *La narrativa de la Revolución Cubana*. Madrid: Editorial Playor, 1978.
Molina Foix, Vicente. «Los papeles de Calvert». *Quimera* (dic. 1982): 40-41.
Montes Huidobro, Matías y Yara González. *Bibliografía crítica de la poesía cubana*. Madrid: Edit. Playor, 1973.
Olivio Jiménez, José. «Cuba, hoy». *Insula* (nov. 1968): 10.
_____. «La poesía última de Gastón Baquero (A propósito de *Memorial de un testigo*)». *Exilio* (primavera-verano 1968): 113-18.
«Presentación». *Exilio* 1 (1965): 3.

1970-1979: EL DESPEGUE

a) Bibliografía primaria

Acosta Tijero, Alberto. *La pierna artificial*. Nueva York: Las Américas Publishing Company, 1971.

Alonso, Luis Ricardo. *El candidato*. Barcelona: Edic. Destino, 1970.

———. *Los dioses ajenos*. Barcelona: Edic. Destino, 1971.

———. *El Palacio y la Furia*. Barcelona: Edic. Destino, 1970.

Arcocha, José Antonio. *El esplendor de la entrada*. Madrid: Edit. Playor, 1975.

Arcocha, Juan. *La bala perdida*. Esplugas de Llobregat: Plaza y Janés, 1973.

———. *La conversación*. Milburn: Linden Lane Press, 1983.

———. *Operación Viceversa*. Madrid: Edic. R, 1976.

———. *Por cuenta propia*. Barcelona: Edit. Plaza y Janés, 1970.

Armand, Octavio. *Biografía para feacios*. Valencia: Pre-Textos, 1980.

———. *Cómo escribir con erizo*. México: Asociación de Escritores de México, A.C., 1979.

———. *Cosas pasan*. Caracas: Monte Ávila Editores, 1977.

———. *Horizonte no es siempre lejanía*. Nueva York: Las Américas Publishing Company, 1970.

———. *Piel menos mía*. Los Angeles: Escolios, 1976.

———. *Superficies*. Caracas: Monte Ávila Editores, 1980.

Bejel, Emilio. *Del aire y la piedra*. Madrid: Edic. Librería Internacional Romo, 1974.

———. *Direcciones y paraísos*. Nueva York: Unida Printing Corporation, 1977.

———. *Ese viaje único*. Nueva York: Unida Printing Corporation, 1977.

Cabrera, Lydia. *Ayapá: Cuentos de Jicotea*. Miami: Edic. Universal, 1971.

Cabrera Infante, Guillermo. *La Habana para un infante difunto*. Barcelona: Plaza y Janés, 1986.

———. *Vista del amanecer en el trópico*. Barcelona: Plaza y Janés, 1984.

Cachán, Manuel. *Cuentos de aquí y de allá*. Miami: Edic. Universal, 1977.

———. *Cuentos políticos*. Nueva York: Edit. Mensaje, 1971.

Cartañá, Luis. *Canciones olvidadas*. Madrid: Edit. Betania, 1988.

———. *La joven resina*. Barcelona: Carabela, 1972.

———. *Límites al mar*. Mayagüez: Imprenta Vélez, 1978.

Casal, Lourdes. *Los Fundadores: Alfonso y otros cuentos*. Miami: Edic. Universal, 1973.

Castillo, Amelia del. *Urdimbre*. Miami: Editorial AIP, 1975.

———. *Voces de silencio*. Madrid: Hispanova de Ediciones, 1978.

Clavijo, Uva A. *Eternidad*. Nueva York: Plaza Mayor, 1971.

———. *Ni verdad ni mentira y otros cuentos*. Miami: Ediciones Universal, 1977.

———. *Versos de exilio*. S.l.: s.e., 1976.

Corrales, José. *Razones y amarguras: Poemas del que llega a los 40*. Hoboken: Edic. Contra Viento y Marea, 1978.
Cruz-Álvarez, Félix. *Homenaje a las furias*. Miami: Edit. Argos, 1977.
_____. *Sonetos*. Miami: Edic. Isimir, 1975.
_____. *Varadero: sueño con mareas*. Miami: Edic. Universal, 1973.
Cuadra, Ángel. *Poemas en correspondencia*. Washington: Edic. Solar, 1979.
Fernández, Mauricio. *Calendario del hombre descalzo*. Miami: Edic. Escorpión, 1970.
_____. *El cortejo*. Barcelona: Carabela, 1972.
_____. *En los días que suceden*. Barcelona. Edit. Campos, 1973.
Fernández, Wifredo. *El libro de Wifredo*. Madrid: Edit. Playor, 1978.
_____. *Palabra de hombre*. Madrid: Edit. Playor, 1973.
Fernández Bonilla, Raimundo. *Hermas viales*. Nueva York: Edic. Exilio, 1972.
Galbis, Ignacio R. M. *Trece relatos sombríos*. Nueva York: Senda Nueva de Ediciones, 1979.
García Vega, Lorenzo. *Ritmos acribillados*. Nueva York: Expúblico, 1972.
Geada, Rita. *Mascarada*. Barcelona: Carabela, 1970.
_____. *Vertizonte*. Miami: Hispanova de Ediciones, 1977.
Gil, Lourdes. *Neumas*. Nueva York: Senda Nueva de Ediciones, 1977.
Gómez-Vidal, Oscar. *Definiciones*. Madrid: Edit. Playor, 1975.
_____. *Diez cuentos de Ciudad Amarga*. Madrid: Closas-Orcoyen, 1975.
_____. *¿Sabes la noticia ...? !Dios llega mañana!* Nueva York: Senda Nueva de Ediciones, 1978.
_____. *El otro mundo de Tina*. Madrid: Imprenta J.V.F., 1975.
González, Celedonio. *Los cuatro embajadores*. Miami: Edic. Universal, 1973.
_____. *El espesor del pellejo de un gato ya cadáver*. Miami: Edic. Universal, 1978.
_____. *Los primos*. Miami: Edic. Universal, 1971.
_____. *La soledad es una amiga que vendrá*. Miami: Edic. Universal, 1971.
González Esteva, Orlando. *El ángel perplejo*. Saint Louis: s.e., 1979.
_____. *De la poesía*. Miami: Edic. Isimir, 1979.
_____. *El mundo se dilata*. Miami: Edic. Isimir, 1979.
González-Cruz, Luis F. *Tirando al blanco/Shooting Gallery*. Miami: Edic. Universal, 1975.
Hernández, Alina. *Razón del mar*. Madrid: Edit. Playor, 1976.
Hernández, Leopoldo. *Eric*. United States of America: Havana Graphic Center, 1971.
Hernández Miyares, Julio E., ed. *Narradores cubanos de hoy*. Miami: Edic. Universal, 1975.
Iglesias, Elena. *Mundo de aire*. Washington: Edic. Solar, 1978.
_____. *Península*. Washington: Edic. Solar, 1977.
Islas, Maya. *Sola ... Desnuda ... Sin nombre*. Nueva York: Edit. Mensaje, 1974.
_____. *Sombras papel*. Barcelona: Edic. Rondas, 1978.
Iturralde, Iraida. *Hubo la viola*. Hoboken: Edic. Contra Viento y Marea, 1979.

Kozer, José. *Este judío de números y letras.* Santa Cruz de Tenerife: Nuestro Arte, 1975.
―――――. *Padres y otras profesiones.* Nueva York: Edit. Villa Miseria, 1972.
―――――. *Poemas de Guadalupe.* Buenos Aires: Edic. Por la Poesía, 1973.
―――――. *Por la libre.* Nueva York: Bayú-Menorah, 1973.
―――――. *Y así tomaron posesión de las ciudades.* Barcelona: Ámbito Literario, 1978.
López, Pedro Ramón. *¿Te acuerdas de aquello, Ofi?* Madrid: Edit. Playor, 1974.
Llerena, Edith. *Canto a España.* Madrid: Edic. La gota de agua, 1979.
―――――. *La piel de la memoria.* Madrid: Edit. Playor, 1976.
Luis, Carlos M. *Entrada en la semejanza.* Nueva York: Edic. Exilio, 1973.
Mario, José. *No hablemos de la desesperación.* Madrid: Edic. El Puente, 1970.
Masó, Fausto. *Desnudo en Caracas.* Caracas: Monte Ávila Editores, 1974.
Matas, Julio. *Erinia.* Miami: Edic. Universal, 1971.
Miranda, Julio E. *Jaén la nuit.* Jaén: Gráficas Nova, 1970.
―――――. *Maquillando el cadáver de la revolución.* Caracas: Dirección General de Cultura/Fundarte, 1979.
―――――. *No se hagan ilusiones.* Caracas: Edic. Bárbara, 1970.
―――――. *Parapoemas.* Caracas: Monte Ávila Editores, 1979.
Montaner, Carlos Alberto. *Instantáneas al borde del abismo.* Río Piedras: Edit. San Juan, 1970.
―――――. *Póker de brujas.* Bilbao: Talleres Gráficos Edit. Vasco-Americana, 1968.
Montes Huidobro, Matías. *Cartas de cabeza. Caribe* 2.1 (primavera 1977): 97-154.
―――――. *Desterrados al fuego.* México: Fondo de Cultura Económica, 1974.
Moro, Lilliam. *La cara de la guerra.* Madrid: Gráficas Arabí, 1972.
Novás Calvo, Lino. *Maneras de contar.* Nueva York: Las Américas Publishing Company, 1970.
―――――. *Obra Narrativa.* La Habana: Edit. Letras Cubanas, 1990.
Núñez, Ana Rosa. Carta al autor. Enero 24 1995.
―――――. *Escamas del Caribe (Haikus de Cuba).* Miami: Edic. Universal, 1971.
―――――. *Sol de un solo día.* Miami: s.e., 1973.
―――――. *Los oficia-leros.* Miami: Edic. Universal, 1973.
―――――. *Viaje al cazabe.* Miami: Ediciones Universal, 1970.
Palenzuela, Fernando. *Amuletos del sueño.* Miami: Edic. Universal, Colección Alacrán Azul, 1973.
Perera, Hilda. *¡Felices Pascuas!* Barcelona: Edit. Planeta, 1977.
―――――. *El sitio de nadie.* Barcelona: Edit. Planeta, 1972.
Pita, Juana Rosa. *El arca de los sueños.* Washington/Buenos Aires: Edic. Solar, 1978.
―――――. *Las cartas y las horas.* Washington: Edic. Solar, 1977.
―――――. *Eurídice en la fuente.* Miami: Edic. Solar, 1979.
―――――. *Manual de magia.* Barcelona: Ámbito Literario, 1979.
―――――. *Mar entre rejas.* Washington: Edic. Solar, 1977.

_____. *Pan de sol*. Washington: Edic. Solar, 1976.
Prado, Pura del. *Color de orisha*. Barcelona: Edit. Vosgos, 1972.
_____. *Idilio del girasol*. Barcelona: Edit. Vosgos, 1975.
_____. *Otoño enamorado*. Barcelona: Edit. Campos, 1972.
_____. *La otra orilla*. Nueva York: Ediciones Plaza Mayor, 1972.
Prida, Dolores y Roger Cabán. *The IRT Prayer Book*. Edición especial de *La Nueva Sangre* 13 (feb. 1974): s.p.
Quirós, Beltrán de. *Los unos, los otros ... y el ceibo*. Miami: Edic. Universal, 1971.
Rexach, Rosario. *Rumbo al punto cierto*. Madrid/Nueva York: Edit. Mensaje, 1979.
Ripoll, Carlos. *Julián Pérez, por Benjamín Castillo*. Nueva York: Las Americas Publishing Company, 1970.
Rivera, Frank. *Construcciones*. Montclair: Senda Nueva de Ediciones, 1978.
Rivero, Eliana. *Cuerpos breves*. Tucson: Scorpion Press, 1976.
_____. *De cal y arena*. Sevilla: Colecc. Aldebarán, 1975.
Robles, Mireya. *Tiempo artesano*. Barcelona: Edit. Campos, 1973.
Rodríguez Santos, Justo. *El diapasón del ventisquero*. Madrid: Editorial Playor, 1976.
_____. *Los naipes conjurados*. Madrid: Edit. Playor, 1976.
Sarduy, Severo. *Barroco*. Buenos Aires: Edit. Sudamericana, 1974.
_____. *Big Bang*. Barcelona: Tusquets Editores, 1974.
_____. *Cobra*. Buenos Aires: Edit. Sudamericana, 1972.
_____. *Ensayos generales sobre el barroco*. México: Fondo de Cultura Económica, 1987.
_____. *Escrito sobre un cuerpo*. Buenos Aires: Edit. Sudamericana, 1969.
_____. *Maitreya*. Barcelona: Seix Barral, 1978.
_____. *Nueva inestabilidad*. México: Edit. Vuelta, 1987.
_____. *Para la voz*. Madrid: Edit. Fundamentos, 1979.
_____. *La simulación*. Caracas: Monte Ávila Editores, 1982.
Tejera, Nivaria. *Sonámbulo del sol*. Barcelona: Seix Barral, 1971.
Torres, Omar. *Conversación primera*. Nueva York: Edit. Niurklen, 1975.
_____. *Tiempo robado*. Hoboken: Edic. Contra Viento y Marea, 1978.
Ymayo (Tartakof), Laura. *Mujer martes*. Madrid: Edit. Playor, 1976.

B) Bibliografía secundaria

«A nuestros lectores». *Areíto* 3.2-3 (1979): 1.
«Al pie de la letra». *Casa de las Américas* 94 (ene.-feb. 1976): 168.
Alberoni, Francisco. *El erotismo*. Barcelona: Círculo de Lectores, 1990.
Aldaya, Alicia G. R. *La narrativa de Hilda Perera*. Madrid: Edit. Playor, 1978.
Arroyo, Anita. «Color ... Olor y Sabor de Orisha». *Diario Las Américas* (11 dic. 1973): 5.
Baeza Flores, Alberto. «Correo Poético del Caribe». *Poesía de Venezuela* (nov.-dic. 1978): 6.

_____. «Notas sobre *Perromundo* y la novela de nuestro tiempo». *La narrativa de Carlos Alberto Montaner*. Ed Gastón Fernández de la Torriente. Madrid: Edit. Planeta/Univ. de Arkansas, 1978. 91-148.

_____. «La poesía de Alina Hernández». *Razón del mar*, de Alina Hernández. Madrid: Editorial Playor, 1976. 4-8.

Buesa, José Ángel. «Viaje al otoño». *Otoño enamorado*, de Pura del Prado. Barcelona: Edit. Campos, 1972. 7-9.

Cruz, Juan. «Severo Sarduy: la mirada plástica de un novelista». *El País* suplemento *Arte y Pensamiento* (21 ene. 1979): IV.

Díaz, Jesús. «Prólogo». *Obra Narrativa*, de Lino Novás Calvo. La Habana: Edit. Letras Cubanas, 1990. 7-13.

«Editorial». *Areíto* 3 (abril 1974): 1.

«Editorial». *Nueva Generación* (jun.-sept. 1971): 3.

Fernández de la Torriente, Gastón, ed. *La narrativa de Carlos Alberto Montaner*. Madrid: Edit. Planeta/Univ. de Arkansas, 1978.

Florit, Eugenio. «Prólogo». *Eternidad*, de Uva A. Clavijo. Nueva York: Plaza Mayor, 1971. 4-5.

Fornet, Ambrosio. «Novás por correspondencia». *La Gaceta de Cuba* (abril 1990): 2-3.

García Ramos, Reinaldo. «Poesía entre cielo y destino». *Poemas del 42*, de Lilliam Moro. Madrid: Edit. Playor, 1989. 7-16.

Gimferrer, Pere. «Perfil». *Canciones olvidadas*, de Luis Cartañá. Madrid: Edit. Betania, 1988. 7-8.

González Esteva, Orlando. «Sobre *Homenaje a las furias*». *Diario Las Américas* (29 sept. 1981): 5-E.

Guas Inclán, Rafael. «Pura del Prado: *Color de Orisha*». *Diario Las Américas* (19 junio 1973): 5.

Lastra, Pedro. «Notas de lectura de un libro de Emilio Bejel». *Ese viaje único*, de Emilio Bejel. Nueva York: Unida Printing Corporation, 1977. 5-8.

Lezama Lima, José. «Un libro de Lorenzo García Vega». *Obras Complertas*. Tomo II. México: Aguilar, 1977. 736-41.

López Lemus, Virgilio. *Palabras al trasfondo*. La Habana: Editorial Letras Cubanas, 1988.

Luis, Carlos M. «50 años después: Situación de Lorenzo García Vega». *Poetas de Enlace* (otoño 1992): s.p.

Luis, Justo. *Octavio Armand y el espejo o América como ucronía*. Caracas: Ediciones Poket, 1988.

Magnarelli, Sharon. «Libros». *Guángara Libertaria* (verano 1982): 30.

Martín, Sabas. «José Kozer: Pasión y transfiguración de la palabra». *Cuadernos Americanos* (enero-feb. 1985): 141-47.

Mendicutti. Reseña de *Ayapá: Cuentos de Jicotea*. *La Estafeta Literaria* 496 (15 jul. 1973): 102.

Millán, Fernando y Jesús García Sánchez, eds. *La escritura en libertad*. Madrid: Alianza Editorial, 1975.

Miranda, Julio E. Carta al autor. Junio 1994.

_____. *Nueva literatura cubana*. Madrid: Taurus Ediciones, 1971.

Montaner, Carlos Alberto. Contraportada. *La casa de agua*, de Teresa María Rojas. Madrid: Edit. Playor, 1973.

Montes Huidobro, Matías y Yara González. *Bibliografía crítica de la poesía cubana*. Madrid: Edit. Playor, 1973.

Muñoz, Elías Miguel. *Desde esta orilla*. Madrid: Edit. Betania, 1988.

Nélida, Salvador. Contraportada. *Vertizonte*, de Rita Geada. Miami: Hispanova de Ediciones, 1977.

Novás Calvo, Lino. «Los cuentos de Lydia Cabrera». *Exilio* (verano 1969): 17-20.

Parajón, Mario. Prólogo. *Ritmos acribillados*. De Lorenzo García Vega. Nueva York: Expúblico, 1972.

Pereda, Rosa María. *Cabrera Infante*. Madrid: EDAF, 1979.

Prieto, René. «La persistencia del deseo: *Colibrí* de Severo Sarduy». *Revista Iberoamericana* 154 (ene.-marz. 1991): 317-26.

Ramírez Ribes, María. «El destello como significación». *escandalar* 21-22 (ene.-jun. 1983): 122-30.

Ramos, Alfredo. «El alfabeto amortajado». *Nueva Estafeta* (20 jul. 1980): 97.

Robles, Mireya. «José Corrales: Poemas del que llega a los 40». *El Diario-La Prensa* (19 dic. 1978): 27.

_____. *Profecía y luz en la poesía de Maya Islas*. San Antonio: M & A Editions, 1987.

Rodríguez Padrón, Jorge. «La síntesis barroca de una poeta cubana». *Diario Las Palmas* (28 agos. 1981): 12.

Rodríguez Rivera, Guillermo. «En torno a la joven poesía cubana». *Ensayos voluntarios*. La Habana: Edit. Letras Cubanas, 1984. 101-31.

Salvador, Nélida. Contraportada. *Vertizonte*, de Rita Geada. Miami: Hispanova de Ediciones, 1977.

Sánchez Robayna, Andrés. «Cinco paneles para Severo Sarduy». *Quimera* 8 (jul. 1981): 19-21.

Sarduy, Severo. «¿Por qué el Oriente?». *Quimera* 102 (1991): 39-41.

Seale, Mary. «Nota preliminar». *Campo oscuro*, de Teresa María Rojas. Miami: Edic. Universal, 1977. 6-7.

Serrano, Pío E. «Presencia de Wifredo Fernández». *El libro de Wifredo*, de Wifredo Fernández. Madrid: Edit. Playor, 1979. 6-10.

Soto Vergés, Rafael. «El llameante lenguaje». *Canciones olvidadas*, de Luis Cartañá. Madrid: Edit. Betania, 1988. 9-12.

Souza, Raymond D. *Lino Novás Calvo*. Boston: Twayne Publishers, 1981.

Torres Fierro, Danubio. «El eterno retorno de lo mismo». *Los territorios del exilio*. Barcelona: La Gaya Ciencia, 1979. 47-55.

_____. «El libro de las metamorfosis». *Plural* (marzo 1976): 55-56.

Verhasen, Fernando. «Introducción». *Tiempo artesano*, de Mireya Robles. Barcelona: Edit. Campos, 1973. 7-11.

Villaverde, Fernando. «Palabras de un no escritor». *escandalar* 23-25 (jul.-marzo 1984-1985): 156-63.
Vitier, Cintio, ed. *Diez poetas cubanos*. La Habana: Edic. Orígenes, 1948.

1980-1998: LA CONSOLIDACION

a) Bibliografía primaria

Abreu, Juan. *Libro de las exhortaciones al amor*. Madrid: Edit. Playor, 1985.
Abreu Felippe, José. *Cantos y legías*. Madrid: Edit. Verbum, 1992
———. *Siempre la lluvia*. Miami: Edic. Universal, 1994.
———. *Orestes de noche*. Madrid: Edit. Playor, 1985.
Abreu Felippe, Nicolás. *El lago*. Miami: Edic. Universal, 1992.
Alabau, Magali. *Electra, Clitemnestra*. Concepción: Edic. del Maitén, 1986.
———. *La Extremaunción diaria*. Barcelona: Edic. Rondas, 1986.
———. *Hemos llegado a Ilión*. Madrid: Edit. Betania, 1992.
———. *Hermana*. Madrid: Edit. Betania, 1989.
———. *Liebe*. Coral Gables: La Torre de Papel, 1993.
Albertini, José Antonio. *A orillas del paraíso*. México: Edit. Omellocán, 1990.
———. *Tierra de extraños*. Miami: Edic. Universal, 1983.
Alonso, Luis Ricardo. *La estrella que cayó una noche en el mar*. Miami: Edic. Universal, 1995.
———. *El Supremísimo*. Barcelona: Edic. Destino, 1981.
Álvarez Bravo, Armando. *Cabos sueltos*. Miami: Edic. Universal, 1997.
———. *Juicio de residencia*. Madrid: Edit. Playor, 1982.
———. *Las lejanías*. Madrid: Albar Editorial, 1984.
———. *Naufragios y comentarios*. Coral Gables: La Torre de Papel, 1993.
———. *Para domar un animal*. Madrid: Edic. Orígenes, 1982.
———. *El prisma de la razón*. Miami: Edic. Universal, 1990.
———. *Trenos*. Angers: Editions Deleateur, Colecc. Baralanube, 1996.
Andino Porro, Alberto. *Frutos de mi trasplante*. Miami: Edic. Universal, 1980.
Anhalt, Nedda G. de. *El banquete*. México: Textos de Difusión Cultural, Serie Rayuela, Direcc. de Literatura/ UNAM, 1991.
———. *El correo del azar*. México: Los libros del fakir, Edit. Oasis, 1984.
———. *Cuentos inauditos*. México: Incaro, 1994.
Arbelo, William. *Más allá de mis fuerzas*. Miami: Edic. Universal, 1988.
Arcocha, Juan. *Tatiana y los hombres abundantes*. Barcelona: Edit. Argos Vergara, 1982.
———. *Los baños de canela*. Miami: Edic. Universal, 1988.
Arenas, Reinaldo. *Adiós a mamá*. Barcelona: Edic. Altera, 1995.
———. *Antes que anochezca*. Barcelona: Tusquets Editores, 1992.
———. *Arturo, la estrella más brillante*. Barcelona: Montesinos Editor, 1984.
———. *El asalto*. Miami: Edic. Universal, 1994.
———. *Cantando en el pozo*. Caracas: Monte Ávila Editores, 1982.
———. *El central*. Barcelona: Seix Barral, 1981.

———————. *El color del verano*. Miami: Edic. Universal, 1991.
———————. *Final de un cuento*. Huelva: El Fantasma de la Glorieta, 1991.
———————. *Lazarillo de Tormes*. Nueva York: Regents Publishing Corp., 1984.
———————. *La Loma del Ángel*. Málaga: Dador Ediciones, 1987.
———————. *Leprosorio (Trilogía poética)*. Madrid: Edit. Betania, 1990.
———————. *El mundo alucinante*. Caracas: Monte Ávila Editores, 1982.
———————. *Necesidad de libertad*. México: Kosmos-Editorial, 1986.
———————. *Otra vez el mar*. Barcelona: Edit. Argos Vergara, 1982.
———————. *El palacio de las blanquísimas mofetas*. Barcelona: Edit. Argos Vergara, 1983.
———————. *Persecución*. Miami: Edic. Universal, 1986.
———————. *El portero*. Málaga: Dador Ediciones/Quinto Centenario, 1989.
———————. *Termina el desfile*. Barcelona: Seix Barral, 1981.
———————. *Viaje a La Habana*. Madrid: Mondadori, 1990.
———————. *Voluntad de vivir manifestándose*. Madrid: Edit. Betania, 1989.
Armand, Octavio. *Origami*. Caracas: Fundarte, 1987.
Armas, Emilio de. *Blanco sobre blanco*. Coral Gables: La Torre de Papel, 1993.
———————. *Semejanzas*. Coral Gables: Una Sola Palabra, 1996.
———————. *Sobre la brevedad de la ceniza*. Coral Gables: Una Sola Palabra, 1998.
———————. *Sólo ardiendo*. Coral Gables: Una Sola Palabra, 1995.
Baquero, Gastón. *Autoantología comentada*. Madrid: Signos, 1992.
———————. *Magias e invenciones*. Madrid: Edic. Cultura Hispánica, 1984.
———————. *Poemas invisibles*. Madrid: Edit. Verbum, 1991.
———————. *Poesía*. Madrid: Fundación Central Hispano, 1995.
———————. *Poesía completa*. Madrid: Edit. Verbum, 1998.
Barquet, Jesús J. *El libro del desterrado*. Chihuahua: Edic. del Azar, 1994.
———————. *Un no rompido sueño*. Santo Domingo: Edic. Punto Creativo, 1994.
———————. *Sagradas herejías*. Miami: Edit. Sibi, 1985.
———————. *Sin decir el mar*. Madrid: Edit. Playor, 1981.
Bejel, Emilio. *Casas deshabitadas*. Santo Domingo: Editora Corripio, 1989.
———————. *Huellas / Footprints*. Gailthersburg: Hispamérica, 1982.
Bordao, Rafael. *Acrobacia del abandono*. Madrid: Edit. Betania, 1988.
———————. *Escurriduras de la soledad*. Nueva York: Edit. Palmar, 1995.
———————. *El lenguaje del ausente*. Nueva York: Bogotá: Tiempo Largo para la Poesía, 1998.
———————. *El libro de las interferencias*. Nueva York: Edit. Palmar, 1995.
———————. *Proyectura*. Madrid: Catoblepas, 1986.
Bragado Bretaña, Reinaldo. *El Álbum de las Sombrillas*. Edición del autor, 1995.
———————. *Bajo el sombrero*. Coral Gables: La Torre de Papel, 1994.
———————. *En torno al cero*. Miami: Edit. Outsider, 1994.
———————. *La estación equivocada*. Miami: Saeta Ediciones, 1989.
Cabrera, Lydia. *Cuentos para adultos niños y retrasados mentales*. Miami: Colecc. del Chichurekú en el Exilio, 1983.

Cabrera Infante, Guillermo. *Delito por bailar el chachachá*. Madrid: Alfaguara, 1995.

_____. *Ella cantaba boleros*. Madrid: Alfaguara, 1996.

Cachán, Manuel. *Al son del tiple y el güiro ...* Miami: Edic. Universal, 1987.

_____. *Ángeles con acento sureño*. San Juan: Editorial Isla Negra, 1997.

Candelario, Andrés. *La vieja furia de los fusiles*. Miami: Edic. Universal, 1990.

Canel, Fausto. *Ni tiempo para pedir auxilio*. Miami: Edic. Universal, 1991.

Canetti, Yanitzia. *Al otro lado*. Barcelona: Seix Barral, 1997.

_____. *Novelita Rosa*. Andover: Versal Editorial, 1997.

Cárdenas, Esteban Luis. *Cantos del centinela*. Coral Gables: La Torre de Papel, 1993.

_____. *Ciudad mágica*. Angers: Editions Deleateur, Colecc. Baralanube, 1997.

Casal, Lourdes. *Palabras juntan revolución*. La Habana: Edic. Casa de las Américas, 1981.

Castillo, Amelia del. *Agua y espejos (Imágenes)*. Miami: Edic. Universal, 1986.

_____. *Las aristas desnudas*. Madrid: Edit. Betania, 1991.

_____. *Cauce de tiempo*. Miami: Hispanova de Ediciones, 1981.

_____. *Géminis deshabitado*. Miami: Edic. Universal, 1994.

Catalá, Rafael. *Cienciapoesía*. Minneapolis: Prisma Books, 1986.

Caulfield, Carlota. *A las puertas del papel, con amoroso fuego*. Madrid: Edic. Torremozas, 1996.

_____. *A veces me llamo infancia / Sometimes I call myself childhood*. Miami: Edic. Solar, 1983.

_____. *Angel Dust / olvo de ángel / Polvere d'angelo*. Madrid: Edit. Betania, 1990.

_____. *Oscuridad divina*. Madrid: Edit. Betania, 1987.

_____. *El tiempo es una mujer que espera*. Madrid: Edic. Torremozas, 1986.

_____. *34th Street and other poems*. San Francisco: Edic. El Gato Tuerto, 1987.

Clavijo, Uva A. *Entresemáforos*. Miami: Edic. Universal, 1981.

_____. *No puedo más y otros cuentos*. Miami: Edic. Universal, 1989.

_____. *Tus ojos y yo*. Miami: Edic. Universal, 1981.

Consuegra Ortal, Diosdado. *Cicerona*. Miami: Edic. Universal, 1984.

_____. *El Emperador frente al espejo*. Miami: Edic. Universal, 1990.

_____. *Lo que le pasó al espantapájaros*. Miami: Edic. Universal, 1988.

_____. *La resurrección de las tataguayas*. Madrid: Edit. Pliegos, 1985.

Corrales, José. *Cajón de parafernales*. Cranbury: Hojas Vivas, 1991.

_____. *Las hambres terrestres*. Princeton: The Presbyter's Peartree, 1995.

_____. *Los trabajos de Gerión*. Barcelona: Edic. Rocha, 1980.

Correa, Miguel. *Al norte del infierno*. Miami: Edit. Sibi, 1984.

Cruz-Álvarez, Félix. *Entre el río y el eco*. México: Juan Pablos Editor, 1989.

Cuadra, Ángel. *Fantasía para el viernes*. Miami: Edic. Universal, 1985.

_____. *Réquiem violento para Jan Palanch*. S.l.: s.e., 1989.

_____. *Las señales y las horas*. Teruel: Excmo. Ayuntamiento de Teruel, 1988.
_____. *La voz inevitable*. Miami: Edic. Universal, 1994.
Chaviano, Daína. *Confesiones eróticas y otros hechizos*. Madrid: Edit. Betania, 1994.
_____. *El hombre, la hembra y el hambre*. Barcelona: Edit. Planeta, 1998.
Deupi, Carlos. *Un día ... tal vez un viernes*. Miami: Edic. Universal, 1992.
Díaz, Jesús. *Las palabras perdidas*. Barcelona: Edic. Destino, 1992.
_____. *La piel y la máscara*. Barcelona: Edit. Anagrama, 1996.
Díaz, Manuel C. *El año del ras de mar*. Miami: Edic. Universal, 1993.
_____. *Un paraíso bajo las estrellas*. Miami: Edic. Universal, 1995.
Díaz Barrios, Carlos A. *Las aguas oscuras del amor*. Coral Gables: La Torre de Papel, 1996.
_____. *Balada gregoriana*. Miami: Edic. Universal, 1986.
_____. *La caza*. Coral Gables: La Torre de Papel, 1993.
_____. *La claridad del paisaje*. Miami: North-South Center, Colecc. Letras de Oro, Univ. of Miami, 1994.
_____. *El Jardín del Tiempo*. Miami: Edit. Sibi, 1985.
_____. *Oficio de responso*. Huelva: Excma. Diputación Provincial, 1994.
_____. *Las puertas de la noche*. Coral Gables: La Torre de Papel, 1993.
_____. *El regreso del hijo pródigo*. Coral Gables: La Torre de Papel, 1994.
Díaz Martínez, Manuel. *Memorias para el invierno*. Las Palmas: Edic. Excmo. Ayuntamiento de Las Palmas de Gran Canaria, 1995.
_____. *Señales de vida (1968-1998)*. Madrid: Visor, 1998.
Díaz de Villegas, Néstor. *Anarquía en Disneylandia*. Angers: Editions Deleateur, Colecc. Mañunga, 1997.
_____. *Carta al autor*. Febrero 1997.
_____. *Confesiones del estrangulador de Flagler Street*. Angers: Editions Deleateur, Colecc. Baralanube, 1998.
_____. *Héroes*. Miami: Colecc. Dylema, 1998.
_____. *Vicio de Miami*. Miami: Schwarz, 1997.
Dou, Benigno. *Palabras Encantadas*. Coral Gables: La Torre de Papel, 1993.
_____. *Frente al espejo purificador*. Coral Gables: La Torre de Papel, 1995.
Echerri, Vicente. *Casi de memoria*. Fotocopia del original.
_____. *Luz en la piedra*. Madrid: Arbole, Colecc. De Libros de Poesía, 1986.
En fin, el mar. Cartas de los balseros cubanos. Palma de Mallorca: BITZOC, 1995.
Fernández, Amando. *Antología personal*. Lima: César Campodónico Editor, 1991.
_____. *Azar en sombras*. Miami: Edit. Sibi, 1987.
_____. *Ciudad, isla invisible*. Coral Gables: La Torre de Papel, 1994.
_____. *Espacio mayor*. Huelva: Excma. Diputación Provincial de Huelva, Colecc. de Poesía Juan Ramón Jiménez, 1991.
_____. *Herir el tiempo*. Miami: Edit. Sibi, 1986.
_____. *Lingua Franca*. Coral Gables: La Torre de Papel, 1994.

———. *Materia y forma*. Badajoz: Dpto. de Publicaciones de la Diputación Provincial, 1990.
———. *El Minotauro*. Coral Gables: La Torre de Papel, 1993.
———. *Museo natural*. Coral Gables: La Torre de Papel, 1992.
———. *Pentagrama*. Jaén: Caja Provincial, 1987.
———. *Perfil de la materia*. Miami: Edit. Sibi, 1986.
———. *La rendición / Las túnicas doradas / Las miradas de Jano*. León: Diputación Provincial, 1995.
———. *El Riesgo Calculado*. Cáceres: Colecc. Cocodrilo Verde, 1994.
———. *El ruiseñor y la espada*. Córdoba: Excma. Diputación de Córdoba, 1988.
———. *Los siete círculos*. León: Ayuntamiento de León, Colecc. Ciudad de León, 1990.
Fernández, Mauricio. *Dos con Lezama, un tercero para Florit, dos para Silvia Eugenia y otros más*. Arlington: Edic. Punto Cardinal, 1990.
Ferreira, Ramón. *Más allá la isla*. Miami: Edic. Universal, 1991.
Florit, Eugenio. *Antología personal*. Huelva: Excma. Diputación Provincial, Colecc. de Poesía Juan Ramón Jiménez, 1992.
———. *Castillo interior y otros versos*. Miami: Ultra Graphics Corporation, 1987.
———. *Hasta luego*. Miami: Ultra Graphics Corporation, 1992.
———. *Lo que queda*. Miami: Ultra Graphics Corporation, 1995.
———. *Tercero sueño y otros versos*. Miami: Ultra Graphics Corporation, 1989.
Fraxedas, J. Joaquín. *La travesía solitaria de Juan Cabrera*. Nueva York: St. Martin's Press, 1993.
Galliano, Alina. *En el vientre del Trópico*. Nueva York Serena Bay Books, 1994.
———. *La geometría de lo incandescente (en fija residencia)*. Miami: North-South Center, Colecc. Letras de Oro, Univ. of Miami, 1992.
———. *Hasta el presente*. Madrid: Edit. Betania, 1989.
García Ramos, Reinaldo. *El buen peligro*. Madrid: Edit. Playor, 1987
———. *Caverna fiel*. Madrid: Edit. Verbum, 1993.
García Vega, Lorenzo. *Collages de un notario*. Coral Gables: La Torre de Papel, 1993.
———. *Espacios para lo huyuyo*. Coral Gables: La Torre de Papel, 1993.
———. *Poemas para penúltima vez. 1948-1989*. Miami: Edic. Saeta, 1991.
———. *Variaciones a como veredicto para el sol de otras dudas: Fragmento de una construcción 1936*. Coral Gables: La Torre de Papel, 1993.
———. *Vilis*. Angers: Editions Deleateur, Colecc. Baralanube, 1998.
García-Marruz, Graciela. *Al otro lado de la zarza ardiendo*. Madrid: Edit. Betania, 1989.
Geada, Rita. *Esa lluvia de fuego que nos quema*. Madrid: Edit. Playor, 1988.
Gil, Lourdes. *Blanca aldaba preludia*. Madrid: Edit. Betania, 1989.

_____. *El cerco de las transfiguraciones*. Coral Gables: La Torre de Papel, 1996.
_____. *Empieza la ciudad*. Coral Gables: La Torre de Papel, 1993.
_____. *Vencido el fuego de la especie*. New Jersey: Slusa Editores, 1983.
Gómez, Luis Marcelino. *Donde el sol es más rojo*. Coral Gables: La Torre de Papel, 1994.
González, Celedonio. *Que 20 años no es nada*. Miami: Edic. Universal, 1987.
González Esteva, Orlando. *Cuerpos en bandeja*. México: Edit. Artes de México, 1998.
_____. *Elogio del garabato*. México: Edit. Vuelta, 1994.
_____. *Escrito para borrar*. Madrid: Edic. La Palma, 1997.
_____. *Fosa común*. Miami: Ultra Graphics Corporation, 1996.
_____. *Mañas de la poesía*. Miami: Asociación de Hispanistas de las Américas, 1981.
_____. *Mi vida con los delfines*. México: Edit. Trilce, 1998.
_____. *El pájaro tras la flecha*. México: Edit. Vuelta, 1988.
González-Cruz, Luis F. *Disgregaciones*. Madrid: Edit. Catoblepas, 1986.
Guigou, Alberto. *Días ácratas*. Nueva York: Senda Nueva de Ediciones, 1981.
Guira, Dysis. *Pájaro de agua*. Buenos Aires: Edic. Carra, 1983.
Häsler, Rodolfo. *De la belleza del puro pensamiento*. Barcelona: El Bardo, 1997.
_____. *Elleife*. Sant Cugat del Vallés: Los Libros de la Frontera, 1993.
_____. *Poemas de arena*. Barcelona: E.R., 1982.
_____. *Tratado de licantropía*. Madrid: Edit. Ayuso, 1988.
Hernández, Leopoldo. *y salieron del homo ...* Honolulu: Edit. Persona, 1994.
Hiriart, Rosario. *Albahaca*. Madrid: Edic. Libertarias, 1993.
_____. *Las Horas*. White Plains: Edic. Cocodrilo Verde, 1995.
_____. *Malpartida*. Madrid: Edic. Hiperión, 1993.
_____. *Nuevo espejo de paciencia (y otros juegos literarios)*. Madrid: Edic. Caballo Griego para la Poesía, 1988.
_____. *Tu ojo, cocodrilo verde*. Madrid: Edit. Biblioteca Nueva, 1984.
Iglesias, Elena. *Cuenta el Caracol ...* Miami: Edic. Universal, 1995.
Iglesias Kennedy, Daniel. *El gran incendio*. Barcelona: Tusquets Editores, 1989.
_____. *La hija del cazador*. Madrid: Edit. Betania, 1995.
_____. *La ranura del horizonte en llamas*. Barcelona: Tusquets Editores, 1987.
Islas, Maya. *Altazora acompañando a Vicente*. Madrid: Edit. Betania, 1989.
_____. *Merla*. Madrid: Edit. Betania, 1991.
Iturralde, Iraida. *Tropel de espejos*. Madrid: Edit. Betania, 1989.
Jardines, Noel. *Pan caníbal*. Miami: Salvat Editores, S.A., Colecc. Letras de Oro, 1987.
Jorge, Andrés. *Pan de mi cuerpo*. México: Edit. Joaquín Mortiz, 1997.
Kozer, José. *Bajo este cien*. México: Fondo de Cultura Económica, 1983.
_____. *Carece de causa*. Buenos Aires: Último Reino, 1988.
_____. *El carillón de los muertos*. Buenos Aires: Último Reino, 1987.

———. *De donde oscilan los seres en su proporción*. La Laguna: H.A. Editor, 1990.
———. *et mutabile*. México: Edit. Gaffiti, 1995.
———. *La garza sin sombras*. Barcelona: Edicions del Mall, 1985.
———. *Una índole*. Caracas: Pequeña Venecia, 1993.
———. *Jarrón de las abreviaturas*. México: Premiá, 1980.
———. *La rueca de los semblantes*. León: Provincia, Colecc. de Poesía, 1980.
Lago, David. *Los hilos del tapiz*. Madrid: Edit. Betania, 1994.
———. *La Resaca del Absurdo*. Madrid: Edit. Betania, 1998.
Lauro, Alberto. *Cuaderno de Antinoo*. Madrid: Edit. Betania, 1994.
Lázaro, Felipe. *Las aguas*. Bilbao: Comunicación Literaria de Autores, 1979.
———. *Despedida del asombro*. Madrid: Imprenta Pueyo, 1974.
———. *Los muertos están cada día más indóciles*. Madrid: Edit. Betania, 1987.
Leante, César. *Calembour*. Madrid: Edit. Pliegos, 1988.
———. *Desnudo femenino y otros cuentos*. Madrid: Edit. Pliegos, 1995.
Limón, Mercedes. *Sabor a tierra amarga*. Madrid: Edit. Betania, 1990.
Lorenzo, Ismael. *Alicia en las mil y una camas*. Cincinatti: Término Editorial, 1984.
———. *La Ciudad Maravillosa*. Cincinatti: Término Editorial, 1985.
———. *La Hostería del Tesoro*. Nueva York: Las Americas Publishing Company, 1982.
Llerena, Edith. *Canciones para la muerte*. Madrid: Edit. Playor, 1982.
———. *Las catedrales del agua*. Madrid: Edit. Playor, 1981.
Mario, José. *13 poemas*. Madrid: Edit. Betania, 1988.
Martínez Herera, Alberto. *Retahíla*. Miami: Edic. Universal, 1994.
Masó, Fausto. *Gran Café*. Caracas: Edic. Poket, 1988.): 22.
Matas, Julio. *Transiciones, migraciones*. Miami: Edic. Universal, 1993.
Matías Serpa, Manuel. *Las chilenas*. Miami: Edic. Universal, 1991.
———. *Día de yo y noches de vino y rosas*. Miami: North-South Center, Colecc. Letras de Oro, Univ. of Miami, 1988.
Menéndez, Ricardo. *La «Seguridad» siempre llama dos veces ...; y los orichas también*. Miami: Edic. Universal, 1997.
Miranda, Julio E. *Anotaciones de otoño*. Caracas: Edit. Mandorla, 1987.
———. *Así cualquiera puede ser poeta*. Caracas: Edic. Con Textos, 1991.
———. *Casa de Cuba*. Caracas: Alfadil Editores, 1990.
———. *El guardián del museo*. Carcas: Monte Ávila Editores, 1992.
———. *Luna de Italia*. Cumaná: Arco Secreto, 1995.
———. *La máquina del tiempo*. Mérida: Edic. MUCUGLIFO/ Direcc. Sectorial de Literatura CONAC, 1997.
———. *El poeta invisible*. Caracas: Fundarte, 1981.
———. *Rock urbano*. Maracaibo: Direcc. de Cultura Universidad de Zulia, 1989.
———. *Sobre vivientes*. Carcas: Edit. Planeta Venezolana, 1992.

_____. *Vida del otro*. Caracas: Edic. Con Textos, 1982.
Montaner, Carlos Alberto. *Trama*. Barcelona: Plaza & Janés Editores, 1987.
Montero, Mayra. *Como un mensajero tuyo*. Barcelona: Tusquets Editores, 1998.
_____. *Del rojo de su sangre*. Barcelona: Tusquets Editores, 1992.
_____. *La trenza de la hermosa luna*. Barcelona: Edit. Anagrama, 1987.
_____. *Tú, la oscuridad*. Barcelona: Tusquets Editores, 1995.
_____. *La última noche que pasé contigo*. Barcelona: Tusquets Editores, 1991.
_____. *Veintitrés y una tortuga*. San Juan: Instituto de Cultura Puertorriqueña, 1981.
Montes Huidobro, Matías. *Segar a los muertos*. Miami: Edic. Universal, 1980.
Morán, Francisco. *Ecce Homo*. Ferrol: Soc. Cultural Valle-Inclán, Colecc. Esquío de Poesía, 1997.
_____. *Habanero Tú*. Cieza: Excmo. Ayuntamiento de Cieza, 1997.
Morelli, Rolando. *Algo está pasando*. Honolulu: Edit. Persona, 1992.
Moretti, Darcia. *Los ojos del paraíso*. Miami: North-South Center, Colecc. Letras de Oro, Univ. de Miami, 1991.
Moro, Lilliam. *Poemas del 42*. Madrid: Edit. Playor, 1989.
Müller, Alberto. *Monólogo con Yolanda*. Miami: Edic. Universal, 1995.
Nieto, Benigno S. *Un ojo de asombro*. Madrid: Edit. Playor, 1985.
Núñez, Ana Rosa. *Atlas poético*. Miami: Atabex, 1982.
_____. *Crisantemos, Chrysantemus*. Madrid: Edit. Betania, 1990.
_____. *Hora Doce*. Buenos Aires: Edic. Interamericana, 1988.
_____. *Uno y veinte golpes por América*. Miami: Edic. Universal, 1992.
_____. *Verde sobre Azul (Un verano en Puerto Rico)*. Miami: Edit. Cartel, 1987.
Ochoa, Ernesto. *Balseros*. Miami: North-South Center, Colecc. Letras de Oro, Univ. de Miami, 1995.
Oliva, Jorge. *Donde su fuego nunca se apaga*. Madrid: Edit. Playor, 1984.
_____. *Guantánamo Bay, el tiempo roto*. Fotocopia del original.
Padilla, Heberto. *El hombre frente al mar*. Barcelona: Seix Barral, 1981.
_____. *En mi jardín pastan los héroes*. Barcelona: Edit. Argos Vergara, 1981.
_____. *Provocaciones*. Madrid: Edic. La Gota de Agua, 1973.
Paz, Luis de la. *Un verano incesante*. Miami: Edic. Universal, 1996.
Perera, Hilda. *La jaula del unicornio*. Barcelona: Edit. Noguer, 1991.
_____. *Kike*. Madrid: Edic. SM, Colecc. El Barco de Vapor, 1990.
_____. *Mai*. Madrid: SM Ediciones, Colecc. El Barco de Vapor, 1983.
_____. *La noche de Ina*. Madrid: Edic. Libertarias, 1993.
_____. *Los Robledal*. México: Edit. Diana, 1987.
_____. *Tomasín y el cerdito*. Madrid: Edit. Everest, 1992.
Pérez Diez-Argüelles, Nicolás. *Pajarito Castaño*. Miami: Edic. Universal, 1991.
Pita, Juana Rosa. *Arie etrusche / Aires etruscos*. Cagliari: GIA Editrice, 1987.
_____. *Crónicas del Caribe*. Miami: Edic. Solar, 1983.

_____. *Una estación en tren*. Miami: North-South Center, Univ. of Miami, Colecc. Letras de Oro, 1994.
_____. *Florencia nuestra*. Miami/Valencia: Arcos, 1992.
_____. *Grumo d'alba*. Pisa: Giardini Editori, 1985.
_____. *Infancia del pan nuestro*. Boston: Poetry Planting, 1995.
_____. *Plaza sitiada*. San José: Libro Libre, 1987.
_____. *Sorbos de luz / Spis of light*. New Orleans/San Francisco: Eboli Poetry Series, 1990.
_____. *Transfiguración de la armonía*. Coral Gables: La Torre de Papel, 1993.
_____. *Viajes de Penélope*. Miami: Edic. Solar, 1980.
Poetisas cubanas contemporáneas. Miami: Academia Poética de Miami, 1990.
Prieres, Manuel. *Senderos de rocío y sol*. Miami: KSO, 1991.
Quirós, Beltrán de. *La otra cara de la moneda*. Miami: Edic. Universal, 1984.
Reynaldo, Andrés. *La canción de las esferas*. Barcelona: Salvat Editores, S.A., Colecc. Letras de Oro, 1987.
Rivero, Isel. *El Banquete*. Madrid: Ediciones La Gota de Agua, 1981.
Rizo Morgan, Félix. *De mujeres y perros*. Miami: Edic. Universal, 1989.
Robles, Mireya. Carta al autor.
_____. *Hagiografía de Narcisa la bella*. Hanover: Edic. del Norte, 1985.
Rodríguez Santos, Justo. *Las óperas del sueño*. Miami: Edic. Orígenes, 1981.
Rojas, Teresa María. *Capilla ardiente*. Miami: Edic. Isimir, 1980.
_____. *Hierba dura (1956-1995)*. Coral Gables: La Torre de Paspel, 1996.
Román Martel, Rafael. *Barlow Avenue*. Miami: San Lázaro Graphic Corp., 1990.
Rosales, Guillermo. *Boarding Home*. Barcelona: Salvat Editores, Colecc. Letras de Oro, 1987.
_____. *El juego de la viola*. Miami: Edic. Universal, 1994.
Rossardi, Orlando. *Los espacios llenos*. Madrid: Edit. Verbum, 1991.
_____. *Memoria de mí*. Madrid: Edit. Betania, 1996.
Rubio, Caridad. *Rabo de nube*. México: Edit. Joaquín Mortiz, 1991.
Rubio Albet, Carlos. *Caleidoscopio*. Miami: PorMis Pub, 1980.
_____. *Quadrivium*. Monterrey: Ediciones Castillo, 1990.
_____. *Saga*. Nueva York: Zinnia Books, 1997.
Santayana, Manuel J. *De la luz sitiada*. Miami: Asociación de Hispanistas de las Américas, 1980.
_____. *Las Palabras y las Sombras*. México: Edic. El Tucán de Virginia, 1992.
Sarduy, Severo. *Cocuyo*. Barcelona: Tusquets Editores, 1993.
_____. *Colibrí*. Barcelona: Edit. Argos Vergara, 1984.
_____. *El Cristo de la rue Jacob*. Caracas: Monte Ávila Editores, 1994.
_____. *Epitafios*. Miami: Edic. Universal, 1994.
_____. »El estampido de la vacuidad«. *Babelia* (14 agos. 1993): 10-11.
_____. *Pájaros de la playa*. Barcelona: Tusquets Editores, 1993.
_____. *Un testigo fugaz y disfrazado*. Barcelona: Edicions del Mall, 1985.

_____. *Un testigo perenne y disfrazado*. Madid: Edic. Hiperión, 1993.
Serrano, Pío E. *Poesía reunida*. Madrid: Instituto de Cooperación Iberoamericana, Colecc. Cultura Hispánica, 1987.
Suárez Radillo, Carlos Miguel. *Alguien más en el espejo*. Sommerville: SLUSA, 1984.
Tejera, Nivaria. Carta al autor. 12 oct. 1995.
_____. *Fuir la spirale*. Trad. de Jean-Marie Saint-Lu. París: Acte Sud, 1987.
_____. *Rueda del exiliado*. Lisboa: Mimgráfica-Cooperativa de Artes Gráficas, 1983.
_____. *Y Martelar*. Santa Cruz de Tenerife: Poéticas, 1983.
Tomás, Lourdes. *Las dos caras de D*. Miami: Edit. Sibi, 1985.
Torres, Omar. *Apenas un bolero*. Miami: Edic. Universal, 1981.
_____. *De nunca a siempre*. Miami: Edic. Universal, 1981.
_____. *Fallen Angels Sing*. Houston: Arte Publico Press, 1991.
_____. *Línea en diluvio*. Nueva York: Edit. Niurklen, 1981.
Triana, José. *Cuaderno de familia*. Málaga: Dador Ediciones/Quinto Centenario, 1990.
_____. *Oscuro el enigma*. Coral Gables: La Torre de Papel, 1993.
_____. *Vueltas al espejo/Miroir aller-retour*. París: Maison des Ecrivains Etrangers et des Traducteurs de Saint-Lazaire, 1996.
Valdés, Zoé. *Café Nostalgia*. Barcelona: Edit. Planeta, 1997.
_____. *La hija del embajador*. BITZOC 23 (agosto 1995).
_____. *La nada cotidiana*. Barcelona: Emecé Editores, 1995.
_____. *Sangre azul*. Barcelona: Emecé Editores, 1996.
Valdés Ginebra, Arminda. *Sigo zurciendo las medias de mi hijo*. Madrid: Edit. Betania, 1991.
_____. *Sombras imaginarias*. Madrid: Edit. Betania, 1989.
_____. *Vigilia del aliento*. Madrid: Edit. Betania, 1990.
Valero, Roberto. Carta al autor.
_____. *Desde un oscuro ángulo*. Madrid: Edit. Playor, 1982.
_____. *Dharma*. Miami: Edic. Universal, 1985.
_____. *En fin, la noche*. Miami: Edic. Solar, 1984.
_____. *Este viento de cuaresma*. Miami: Edic. Universal, 1994.
_____. *No estaré en tu camino*. Madrid: Edic. Rialp, Colecc. Adonais, 1990.
Valls, Jorge. *A la paloma nocturna. Desde mis soledades. Hojarasca y otros poemas*. Miami: Edit. Sibi, 1984.
_____. *Donde estoy no hay luz y está enrejado*. Madrid: Edit. Playor, 1981.
Vázquez Díaz, René. Carta al autor. Nov. 1995.
_____. *La era imaginaria*. Barcelona: Montesinos Editor, 1987.
_____. *La Isla del Cundeamor*. Madrid: Alfaguara, 1995.
_____. *La precocidad de los tiempos*. Barcelona: V. Pozanco, 1982.
_____. *Querido traidor*. Furuland: Alhambra del Norte, 1993.
Vera, María Felicia. *Los dedos en el barro*. Madrid: Edic. Libertarias, 1991.

Victoria, Carlos. *Puente en la oscuridad.* Miami: North-South Center, Colecc. Letras de Oro, Univ. of Miami, 1994.

———. *El resbaloso y otros cuentos.* Miami: Edic. Universal, 1997.

———. *La ruta del mago.* Miami: Edic. Universal, 1997.

———. *Las sombras en la playa.* Miami: Edic. Universal, 1992.

———. *La travesía secreta.* Miami: Edic. Universal, 1994.

Villaverde, Fernando. *Crónicas del Mariel.* Miami: Edic. Universal, 1992.

———. *Cuaderno de caligrafía.* Coral Gables: La Torre de Papel, 1994.

———. *Los labios pintados de Diderot.* Miami: North-South Center, University of Miami, Colecc. Letras de Oro, 1992.

———. *Las tetas europeas.* Cincinatti: Término Editorial, 1997.

Vives, Pancho. *La brevedad de la inocencia.* Madrid: Edic. Universal, 1993.

———. *Un caduco calendario.* Madrid: Edit. Betania, 1991.

———. *Érase una vez una anciana.* Madrid: Edit. Betania, 1994.

———. *El momento del ave.* Madrid: Edic. Turner, 1980.

———. *Por la acera de la sombra.* Miami: Edic. Universal, 1982.

———. *Puertas giratorias o Los reveses de las sílabas.* Barcelona: Edit. Argos Vergara, 1982.

———. *Ruyam.* Madrid: Edit. Betania, 1990.

Ymayo Tartakof, Laura. *Entero lugar.* Madrid: Edit. Betania, 1994.

Zaldívar, Gladys. *La Baranda de Oro.* Miami: Edic. Universal, 1981.

———. *Cantata de las ruinas.* La Habana Dosmil 1.1 (1996): 43-56.

———. *Fabulación de Eneas.* Miami: Edic. Universal, 1979.

———. *Viene el asedio.* Miami: Asociación de Hispanistas de las Américas, 1987.

———. *El visitante.* Valencia: Artes Gráficas Soler, 1971.

———. *Zéjeles para el clavel.* Miami: Edic. Universal, 1980.

b) Bibliografía secundaria

Abreu, Juan. «Las sombras en la playa». *Diario Las Américas* (4 jul. 1992): 15-E.

Acevedo, Ramón Luis. *Del silencio al estallido: Narrativa femenina puertorriqueña.* ¿San Juan?: Edit. Cultural, 1991.

———. «Mayra Montero: la recia novela *Del rojo de su sangre*». *El Nuevo Día* (5 dic. 1992): 85.

Acosta, Antonio A. «Prólogo». *La resurrección de las tataguayas,* de Diosdado Consuegra Ortal. Madrid: Edit. Pliegos, 1985. 9-12.

Aguilar León, Luis. «En elogio del garabato». *Diario Las Américas* (20 enero 1995): 5-E.

Aldaya, Alicia. «Prólogo». *Algo está pasando,* de Rolando Morelli. Honolulu: Edit. Persona, 1992. 6-7.

Alvar, Manuel. «En mi sombra limito el horizonte». *Blanco y Negro* (24 feb. 1991): 8.

Álvarez Bravo, Armando. «Amando Fernández: el calculado riesgo». *El Nuevo Herald* (7 agos. 1994): 6E.

———. «Escribir el silencio, espacio poético». *El Nuevo Herald* (14 feb. 1988): 40.

———. «Espacio mayor: una poesía en busca de un espacio habitable». *El Nuevo Herald* (23 jun. 1991): 6D.

———. «Estantería». *El Nuevo Herald* (4 jul. 1993): 7E.

———. «El estilo poético de Amando Fernández». *El Nuevo Herald* (21 agos. 1988): 4C.

———. «Linden Lane Magazine: escribir en español». *El Nuevo Herald* (8 sept. 1991).

———. «*Más allá la isla*, de Ramón Ferreira». *El Nuevo Herald* (16 jun. 1991): 6D.

———. «Prólogo». *Canciones para la muerte*, de Edith Llerena. Madrid: Edit. Playor, 1982. 9-10.

———. «Reinaldo Bragado Bretaña y su metáfora del horror». *El Nuevo Herald* (16 jul. 1989): 5D.

———. Reseña de *El Central*. *Cuadernos Hispanoamericanos* 381 (marzo 1982): 710.

———. «Tensión de la poesía». *El Nuevo Herald* (13 marzo 1994).

Arenas, Reinaldo. «El ángulo se ilumina». *Desde un oscuro ángulo*, de Roberto Valero. Madrid: Edit. Playor, 1982. 7-9.

———. «Celestino y yo». *Unión* 6.3 (jul.-sep. 1967): 117-20

———. «La cultura cubana en el exilio». *puentelibre* 2.5-6 (verano 1995): 107-11.

———. «Los dichosos sesenta». *IDEAS '92* 2.2 (spring 1993): 38-42.

———. «Exhortaciones para leer a Juan Abreu». *Libro de las exhortaciones al amor*, de Juan Abreu. Madrid: Edit. Playor, 1985. 5-12.

———. «Mariel: Diez años después». *Diario Las Américas* (12 abr. 1990): 5A.

———. «El poeta en su noche». *Orestes de noche*, de José Abreu Felippe. Madrid: Edit. Playor, 1985. 5-6.

———. «El sol racionado». *Linden Lane Magazine* 1.2 (abr.-jun. 1982): 22-23.

———. «Los viajes relevantes de Juana Rosa Pita». *Viajes de Penélope*, de Juana Rosa Pita. Miami: Edic. Solar, 1980. 9.

Armas, Emilio de. Reseña de *Puente en la oscuridad*. *Linden Lane Magazine* 14 (marzo primavera 1995): 24.

Armengol, Alejandro. «Carlos Victoria: el escritor después del puente». *Catálogo de Letras* 2 (nov.-dic. 1994): 3.

Asiaín, Aurelio. «Jardín estricto». *Vuelta* 149 (abr. 1989): 55-58.

———. «Lección de abismo». *Vuelta* 149 (abr. 1989): 61.

———. Reseña de *Epitafios*. *Vuelta* 210 (mayo 1994): 59-60.

Ayala-Dip, J. Ernesto. «Escribir el deseo». *Libros* (5 mayo 1991): 6.

Baeza Flores, Alberto. «Alberto Guigou, un poeta ácrata». *Noticias de Arte* (dic. 1982): 16.

Ballagas, Manuel. «La generación del Silencio». *Término* 1.2 (invierno 1982): 13-14.

Baquero, Gastón. «Palabras para este libro de poemas». *Las catedrales del agua*, de Edith Llerena. Madrid: Edit. Playor, 1981. 5-6.

_____. «Viaje de retorno a las raíces». *Los espacios llenos*, de Orlando Rossardi. Madrid: Edit. Verbum, 1991. 11-15.

Barquet, Jesús J. «A propósito de las *Sagradas herejías*». *Linden Lane Magazine* 5.1 (ene.-marzo 1986): 26.

_____. «Back to the Future: Exilio, ciencia-ficción y utopía en *Espacio y Albedrío* de Milton Martínez». *La Nuez* 4.10-11 (1992): 10.

_____. «Cartas de los lectores». *Mariel* 4 (invierno 1984): 25.

_____. «Épica, negrismo y actualidad cubana: *En el vientro del Trópico*, de Alina Galliano». *La Chispa* (1997): 29-38.

_____. «Juana Rosa Pita o Penélope reescribe *La Odisea*». *Paradise Lost or Gained? The Literature of Hispanic Exile*. Ed Fernando Alegría y Jorge Rufinelli. Houston: Arte Publico Press, 1990. 130-44.

_____. «Prólogo». *Sitio de máscaras*, de Milton Martínez. Miami: Edic. Universal, 1987. 3-5.

_____. Reseña de *Las dos caras de D*. *Linden Lane Magazine* 4.4 (oct.-dic. 1985): 31.

Burgos, Elizabeth. «Rapsodie Cubaine». *ENCUENTRO de la Cultura Cubana* 4-5 (primavera-verano 1997): 229-31.

Caillois, Roger. *Imágenes, imágenes* ... Buenos Aires: Edit. Sudamericana, 1970.

Cárdenas, Esteban Luis. «Jorge Valls: poesía y espíritu». *Mariel* 5 (primavera 1985): 24.

Castellanos, Isabel. «Prólogo.» *Cuenta el Caracol* ..., de Elena Iglesias. Miami: Edic. Universal, 1995. 7-9.

Caulfield, Carlota. «Invitación a la lectura: Una nota para la lectura de la poesía de René Ariza». *Escrito Hasta en los Bordes / Written Even in the Margins*, de René Ariza. San Francisco: Edit. Ibarra Brothers, 1993.

Clavijo, Uva A. «Invitación». *Caleidoscopio*, de Carlos Rubio Albet. Miami: PorMis Pub, 1980. 9-11.

«Con este segundo número ...». *Unveilling Cuba* 2 (ene. 1983): 2.

Conte, Rafael. «El lugar de la literatura erótica». *ABC* (16 marzo 1994): 3.

Conteris, Hiber. «Escribir español en los Estados Unidos». *IDEAS '92* 1.2 (Jan.-June 1988): 65-67.

Correa, Miguel. Carta al autor. Marzo 10 1994.

_____. «Cómo llegar a Barlow Avenue». *La Nuez* 8-9 (1991): 43.

Costa, Horacio. «Prólogo». *El banquete*, de Nedda G. de Anhalt. México: Textos de Difusión Cultural, Serie Rayuela, Direcc. de Literatura/UNAM, 1991.

Cuza Malé, Belkis. «En tiempos difíciles». *Linden Lane Magazine* 12.2-4 (abr.-dic. 1993): 2.

_____. «La espiral de Nivaria Tejera». *Linden Lane Magazine* 8.1 (ene.-marzo 1989): 3-5.

Dés, Mihály. «Una autobiografía pulverizada». *Quimera* 102 (1991): 32-38.
Dey, Teresa. «Prólogo». *Cuentos inauditos*, de Nedda G. de Anhalt. México: Incaro, 1994. 6-7.
Díaz, Jesús. «Mis secretas intenciones». *Los Libros de El Sol* 89 (6 marzo 1992): 2.
Díaz Barrios, Carlos A. Reseña de *Crónicas del Mariel. Linden Lane Magazine* 12.1 (marzo 1993): 49.
Diego, Eliseo. «Sobre *Celestino antes del alba*». *Casa de las Américas* 45 (nov.-dic. 1967): 162-66.
Dolores Trelles, Carmen. Reseña de *La trenza de la hermosa luna*. *El Nuevo Día* (3 mayo 1987): 22.
Echevarría, Ignacio. «Aprendizaje de la muerte». *Babelia* (14 agos. 1993): 7.
«Editorial». *Mariel* 1 (primavera 1983): 2.
«Editorial». *Término* 2.5 (otoño 1983): 3.
Escarpanter, José A. «Prólogo». *y salieron del humo ..*, de Leopoldo Hernández. Honolulu: Edit. Persona, 1994.
Espinosa Domínguez, Carlos. «La vida es riesgo o abstinencia». *Quimera* 101: 54-61.
Estévez, Abilio. «Autobiografía de un desesperado». *Babelia* 330 (28 feb. 1998): 24.
Ette, Ottmar. «Un diálogo diferido: Observaciones en torno a tres etapas del campo literario cubano en los siglos XIX y XX». *Apuntes Posmodernos / Postmodern Notes* 4.2 (spring 1994): 20-31.
_____. «La obra de Arenas: una visión de conjunto». *La escritura de la memoria*. Ed. Omar Ette. Frankfurt am Main: Vervuert Verlag, 1992. 95-138.
«Fascímil de la Declaración de Estocolmo». *Bipolaridad de la cultura cubana*. Estocolmo: The Olof Palme International Center, 1994. 125-27.
Fernández-Vázquez, Antonio A. «La desolación de la mujer protagonista de *La noche de Ina*». *El arte narrativo de Hilda Perera: de Cuentos de Apolo a La noche de Ina*. Ed. Luis A. Jiménez y Ellen Lismore Leeden. Miami: Edic. Universal, 1996. 143-49.
Ferrer, Jorge. «El dolor de amar a Cuba». *Woman* 40 (ene. 1996): 178.
Figueroa, Esperanza. «Prólogo». *Cuentos para adultos niños y retrasados mentales*, de Lydia Cabrera. Miami: Colecc. del Chicherekú en el Exilio, 1983. 7-23.
Florit, Eugenio. «Palabras para un libro de versos». *De la luz sitiada*, de Manuel J. Santayana. Miami: Asociación de Hispanistas de las Américas, 1980. s.p.
García, Alfredo. «Fenomenología del silencio». *La Jornada* (20 mayo 1988): 3.
García, Concha. Reseña de *De la belleza del puro pensamiento*. *Cuadernos Hispanoamericanos* 572 (feb. 1998): 120.
García de la Concha, Víctor. Reseña de *Poemas invisibles*. *ABC Cultural* 19 (13 marzo 1992): 8.
_____. Reseña de *Poesía* de Gastón Baquero. *ABC Cultural* 190 (23 jun. 1995): 9.

―――――. Reseña de *Un testigo perenne y disfrazado*. *ABC Cultural* 74 (26 marzo 1993): 6.
García Ortega, Adolfo. «Parodia del Dante». *Libros* 126 (30 mayo 1991): VIII.
García Ramos, Reinaldo. «La Fortaleza en el Desierto». *STET* (verano 1993): 27-28.
―――――. «Una novela de la simulación cubana: *La travesía secreta*». *puentelibre* 2.5-6 (verano 1995): 156-58.
―――――. «Prólogo». *Poemas del 42*, de Lilliam Moro. Madrid: Edit. Playor, 1989. 5-7.
―――――. «Recordando a Oliva». *La Nuez* 1 (ene.-abr. 1988): 5-6.
―――――. Reseña de *El ruiseñor y la espada*. *Linden Lane Magazine* 8.4 (oct.-nov. 1989): 26.
―――――. «Sobre dos libros de Magali Alabau». *Linden Lane Magazine* 6.1 (ene.-marzo 1987): 19.
García-Posada, Miguel. «Amores y Dolores Cubanos». *Babelia* (27 sept. 1997): 10.
―――――. «El Desengaño Cubano». *Babelia* 226 (17 feb. 1996): 9.
―――――. «Para los aficionadosd a la poesía». *Babelia* (17 dic. 1994): 11.
―――――. «El sueño de Miami». *Babelia* (18 feb. 1995): 8.
Gariano, Carmelo. Reseña de *Segar a los muertos*. *Hispania* (marzo 1983): 143.
Giménez Bartlett, Alicia. «Una astracanada caribeña». *La Esfera* 286 (9 nov. 1996): 13.
Gimferrer, Pere. «Prólogo». *Canciones olvidadas*, de Luis Cartañá. Madrid: Edit. Betania, 1988. 7-8.
González, José Luis. «Prólogo que no llegó a serlo». *Veintitrés y una tortuga*, de Mayra Montero. San Juan: Instituto de Cultura Puertorriqueña, 1981. 9-13.
González Echevarría, Roberto. *La ruta de Severo Sarduy*. Hanover: Edic. del Norte, 213.
González Esteva, Orlando. Carta al autor. Nov. 1994.
―――――. «Formas de rigor, juegos de azar». *A Palabra Poética na América Latina*. Ed. Horácio Costa. São Paulo: Fundação Memorial da América Latina, 1992. 166-74.
Goytisolo, Juan. «Severo Sarduy, in memoriam». *Vuelta* 201 (agos. 1993): 24.
―――――. «La libertad viva de hoy, la imaginaria de mañana». *Libros-El País* (13 ene. 1985): 4.
Guerrero, Gustavo. *La estrategia neobarroca*. Barcelona: Edicions del Mall, 1990.
Häsler, Rodolfo. «La Habana, ciudad deseada». *Lateral* 14 (feb. 1996): 35.
―――――. Reseña de *A las puertas del papel, con amoroso fuego*. *Lateral* 23 (nov. 1996): 21.
Hernández, Librada. Reseña de *Oscuridad divina* y *34th Street and other poems*. *The Americas Review* 3-4 (fall-winter 1989): 187.
―――――. Reseña de *Poetas cubanas de Nueva York / Cuban Women Poets in New York*. *Linden Lane Magazine* 10.4 (oct.-dic. 1991): 25.
Hernández Busto, Ernesto. Reseña de *Escrito para borrar*. *Vuelta* 256 (marzo 1998): 52.

Hernández-Miyares, Julio E. «Prólogo». *Frutos de mi trasplante*, de Alberto Andino. Miami: Edic. Universal, 1980. 7-11.

_____ y Perla Rozencvaig, eds. *Reinaldo Arenas: alucinaciones, fantasía y realidad*. Glenview: Scott, Foresman/Montesinos, 1990.

Homero, José. «Tres libros de Lorenzo García Vega». *Vuelta* 213 (agos. 1994): 48-49.

I.M.A. Reseña de *El cerco de las transfiguraciones*. *Unión* 27 (abr.-jun. 1997): 93.

Islas, Maya. «Arquetipos femeninos en la poesía cubana de Nueva York». *Linden Lane Magazine* 10.2 (abr.-jun. 1991): 21.

Jiménez, Luis A. y Ellen Lismore Leeden, eds. *El arte narrativo de Hilda Perera: de Cuentos de Apolo a La noche de Ina*. Miami: Edic. Universal, 1996.

Jiménez Emán, Gabriel. «La intransigencia imaginaria». *Quimera* 9-10 (jul.-agos. 1981): 70-74.

Jiménez Losantos, Federico. «La novela de Montaner». *Época* (2 nov. 1987): 59.

Josselin, Jean-François. «Tendre est Cuba». *Le Nouvel Observateur* (8-14 oct. 1992): 23.

Juristo, Juan Ángel. «Cartas al padre». *La Esfera* 341 (10 ene. 1998): 18.

_____. «Quizá un buen guión». *La Esfera* 357 (9 mayo 1998): 10.

Koch, Dolores M. «Los monólogos de los animales en *El portero* como testamento literario de Reinaldo Arenas». *Reinaldo Arenas: recuerdo y presencia*. Ed. Reinaldo Sánchez. Miami: Edic. Universal, 1994. 121-28.

Leal, Gloria. «El Gulag y la isla utópica de *Monólogo con Yolanda*». *El Nuevo Herald* (15 nov. 1995): 7E.

Leiseca, Alfredo. «Un novelista humanista de protesta». *El Observador Iberoamericano* (20 agos. 1994): 11.

Lezama Lima, José. «Un día del ceremonial». *Imagen y posibilidad*. Ed. Ciro Bianchi Ross. La Habana: Edit. Letras Cubanas, 1981. 43-50.

_____. *La expresión americana*. Madrid: Alianza Editorial, 1969.

Libertella, Héctor. «Reynaldo (sic) Arenas: *El mundo alucinante*». *Nueva escritura en Latinoamérica*. Caracas: Monte Avila Editores, 1977. 89-93.

Marco, Joaquín. Reseña de *Caracol Beach*. *ABC Cultural* 339 (1 mayo 1998): 13.

_____. Reseña de *Tú, la oscuridad*. *ABC Cultural* 193 (14 jul. 1995): 9.

Marra, Nelson. «Experimentalismo subversivo». *La Esfera* (28 nov. 1992): 12.

_____. «Radiografía de un fracaso». *La Esfera* 247 (7 ene. 1996): 15.

Martínez, Elena M. «El constante vacío de la memoria». *Brújula / Compass* 14 (verano 1992): 6.

Matamoro. Reseña de *Jarrón de las abreviaturas*. *Cuadernos Hispanoamericanos* 372 (jun. 1981): 704.

Matas, Julio. «Los *Cuentos cubanos* de Frank Rivera». *Diario Las Américas* (7 feb. 1993): 15-B.

_____. Reseña de *Las sabanas y el tiempo*. *Mariel* segunda época (ene. 1988): 22.

Merina, José María. «El cuento: narración pura». *Del cuento y sus alrededores*, de Carlos Pacheco y Luis Barrera Linares, eds. Caracas: Monte Avila Editores Latinoamericana,1993. 463-67.

Millán, Eduardo. Reseña de *Las Palabras y las Sombras*. *Vuelta* 185 (abr. 1992): 41.

Miranda, Julio E. «Galería de vidas rotas en Sabana Grande». *Lectores* 11 (28 agos. 1988): 6.

Moga, Eduardo. Reseña de *De la belleza del puro pensamiento*. *Lateral* 39 (marzo 1998): 22.

Molinero, Rita. «Arenas en el jardín de las delicias». *Reinaldo Arenas: recuerdo y presencia*. Ed. Reinaldo Sánchez. Miami: Edic. Universal, 1994. 129-37.

_____. «Donde no hay furia y desgarro, no hay literatura». *Quimera* 17 (marzo 1982): 19-23.

Montaner, Carlos Alberto. «Prólogo». *No puedo más y otros cuentos*, de Uva A. Clavijo. Miami: Edic. Universal, 1989. 11-12.

Montes Huidobro, Matías. Reseña de *Las sabanas y el tiempo*. *Linden Lane Magazine* 6.4 (oct.-dic. 1987): 26.

Morcate, Daniel. «Dos visiones del infierno». *El Nuevo Herald* (19 nov. 1994): 15A.

Morelli, Rolando. «Prólogo». *Los hilos del tapiz*, de David Lago. Madrid: Edit. Betania, 1994. 7-10.

Muñoz, Elías Miguel. *Desde esta orilla: Poesía cubana del exilio*. Madrid: Edit. Betania, 1988.

Ortega, Julio. «*El mundo alucinante*, de Reinaldo Arenas». *Relato de la Utopía*. Barcelona: La Gaya Ciencia, 1973. 217-26.

Padilla, Heberto. «La Isla del Cundeamor». *El Nuevo Herald* (26 abr. 1995): 10A.

_____. «Prólogo». *Luz en la piedra*, de Vicente Echerri. Madrid: Arbole, Colecc. de Libros de Poesía, 1986. 9-12.

_____. «Retahíla». *El Nuevo Herald* (22 oct. 1994): 12A.

_____. «Sobre la poesía de Benigno S. Nieto». *Un ojo de asombro*, de Benigno S. Nieto. Madrid: Edit. Playor, 1985. 11-13.

Padrón, Leonardo. *Crónica de la vigilia*. Caracas: Edic. Con Textos, 1982.

Palacios, Conny. «*Espacio mayor*: Metapoesía y respuesta». *Siete ensayos sobre la poesía de Amando Fernández*. Ed. Grisel Pujalá. Coral Gables: La Torre de Papel, 1996. 31-39.

Parreño, José María. Reseña de *Tratado de licantropía*. *Insula* 510 (jun. 1989): 24.

Paz, Luis de la. «El autor en los días de su obra». *Cantos y elegías*, de José Abreu Felippe. Madrid: Edit. Verbum, 1992.

Pereda, Rosa. «El Misterio de Caruso». *Babelia* 338 (2 mayo 1996): 11.

_____. «El saber seguro de Haití». *Babelia* (26 agos. 1996): 9.

Pita, Juana Rosa. «Prólogo». *Oscuridad divina*, de Carlota Caulfield. Madrid: Edit. Betania, 1986. 7-9.

Pont, Jaume. Prólogo sin título. *Termina el desfile*, de Reinaldo Arenas. Barcelona: Plaza & Janés, 1984. 5-10.

Prats Sariol, José. «Las memorias de Díaz Martínez». *ENCUENTRO de la Cultura Cubana* 1 (verano 1996): 144-46.
«Presentación». *ENCUENTRO de la Cultura Cubana* 1 (verano 1996): 3.
Prieto, Abel. «Ser (o no ser) intelectual en Cuba». *ENCUENTRO de la Cultura Cubana* 1 (verano 1996): 93-94.
Pujalá, Grisel, ed. *Siete ensayos sobre la poesía de Amando Fernández*. Coral Gables: La Torre de Papel, 1996.
Rama, Ángel. «Reinaldo Arenas al ostracismo». *Eco* 231 (ene. 1981): 332-36.
Ramírez Ribes, María. «El destello como significación». *escandalar* 21-22 (ene.-jun. 1983): 122-30.
Reseña de *Vencido el fuego de la especie*. *El Mundo* (10 jul. 1988): 15.
Riera, Miguel. «El chachachá y la Revolución». *Quimera* 136 (mayo 1995): 64-67.
Rodríguez Monegal, Emir. «El mundo laberíntico de Reinaldo Arenas». *Reinaldo Arenas: alucinaciones, fantasía y realidad*. Ed. Perla Rozencvaig y Julio Hernández Miyares. Glenview: Scott, Foresman/Montesinos, 1990. 5-13.
Rodríguez Ortiz, Oscar. *Sobre narradores y héroes*. Caracas: Monte Ávila Editores, 1980.
Rodríguez Padrón, Jorge. «*La rueca de los semblantes*, de José Kozer». *Hora de Poesía* 13 (ene.-feb. 1981): 13.
Román Martel, Rafael. «Félix Rizo: el realismo trágico». *El Nuevo Herald* (9 nov. 1993): 8A.
Rozencvaig, Perla. «Prólogo». *Poetas cubanas en Nueva York / Cuban Poets in New York*. Madrid: Edit. Betania, 1991. 7-12.
_____. «*El portero* de Reinaldo Arenas: las puertas multidimensionales». *Reinaldo Arenas: recuerdo y presencia*. Ed. Reinaldo Sánchez. Miami: Edic. Universal, 1994. 161-82.
_____. Reseña de *El palacio de las blanquísimas mofetas*. *Revista Iberoamericana* 118-119 (ene.-jun. 1982): 453-54.
_____ y Julio Hernández Miyares, eds. *Reinaldo Arenas: alucinaciones, fantasía y realidad*. Glenview: Scott, Foresman/Montesinos, 1990.
Russo, Edgardo. «Lo que escribo es pornográfico y funerario». *Clarín* (30 enero 1992): 4.
Saladrigas, Robert. «Escritura desde el final». *La Vanguardia* (30 jul. 1993): 31.
Salgado, César A. «Del mar y sus ritmos: Arenas en inglés». *Apuntes Posmodernos / Postmodern Notes* 6.1 (Fall 1995): 40-49.
Sánchez, Luis Rafael. «El esplendor narrativo de Mayra Montero». *El Mundo* (4 jun. 1987): 56.
Sánchez, Reinaldo, ed. *Reinaldo Arenas: recuerdo y presencia*. Miami: Edic. Universal, 1994.
Sánchez Mejía, Rolando. «Carta abierta a los escritores cubanos». *ENCUENTRO de la Cultura Cubana* 1 (verano 1996): 90-92.
Sánchez Robayna, Andrés. «Devoción o Irrisión». *Letras de Cambio* 8 (7 jun. 1996): VII.

Sánchez-Ostiz, Miguel. Reseña de *Ella cantaba boleros*. *ABC Cultural* 241 (14 jun. 1996): 11.
Santos, Care. Reseña de *La hija del cazador*. *ABC Cultural* 212 (30 mayo 1991): 11.
_____. Reseña de *La hija del embajador*. *ABC Cultural* 205 (6 oct. 1995): 10.
_____. Reseña de *Sangre azul*. *ABC Cultural* 258 (11 oct. 1996): 10.
Sarduy, Severo. «Archipiélago». *Culturas* 244 (17 feb. 1990): IV-V.
_____. Carta al autor. Julio 16 1984.
_____. «El estampido de la vacuidad». *Babelia* (14 agos. 1993): 10-11.
Satué, Francisco J. Reseña de *Viajes de Penélope*. *Cuadernos Hispanoamericanos* 394 (abr. 1983): 247.
Schwartz, Fernando. «No son Lamentos, sino Rabia». *Babelia* 230 (16 marzo 1996): 10.
Soto, Francisco. «Entrevista a Mireya Robles». *Mester* 20.2 (fall 1991): 100-05.
Spender, Stephen. «Jorge Valls: un defensor apasionado de la libertad». *Donde estoy no hay luz y está enrejado / Where I am there is no light and it is barred / Où je suis il n'y a pas de lumiére mais un grillage*, de Jorge Valls. Madrid: Edit. Playor, 1984. 12.
«El término posmoderno ...». *Apuntes Posmodernos / Postmodern Notes* 6.1 (fall 1995): 2.
Tomás, Lourdes. *Fray Servando alucinado*. Miami: North-South Center, Colecc. Letras de Oro, Univ. of Miami, 1994.
_____. Reseña de *Bajo el sombrero*. *Linden Lane Magazine* 14.1 (primavera 1995): 25.
Torres Fierro, Danubio. «Severo Sarduy: lluvia fresca bajo el flamboyant». *escandalar* 1.3 (jul.-sept. 1978): 62-66.
Trelles, Carmen Dolores. Reseña de *La trenza de la hermosa luna*. *El Nuevo Día* (3 mayo 1987): 22.
Ulacia, Manuel. «Presentación». *Las Palabras y las sombras*, de Manuel J. Santayana. México: Edic. El Tucán de Virginia, 1992. 7-8.
Valdés-Cruz, Rosa. «Los cuentos de Lydia Cabrera: ¿transposiciones o creaciones?». *Homenaje a Lydia Cabrera*. Miami: Edic. Universal, 1978. 93-100.
Valero, Roberto. Carta al autor.
_____. *El desamparado humor de Reinaldo Arenas*. Miami: Letras de Oro, North-South Center, University of Miami, 1991.
_____. «La Generación del Mariel». *Término* 2.5 (otoño 1983): 14-17.
Valls, Fernando. «El horror de los espejos». *La Esfera* 251 (4 feb. 1996): 16.
Vargas Llosa, Mario y Luis G. Berlanga. «No molesten, estamos hablando de sexo». *El País* (23 sept. 1988): 65-66.
Victoria, Carlos. Carta al autor. Abril 1992.
_____. «*Crónicas del Mariel* y la historia». *El Nuevo Herald* (13 ene. 1993): 5E.
_____. «Un mundo sin Orígenes». *Ujule* 1-2 (verano-otoño 1994): 22.

_____. «Prólogo». *La Resaca del Absurdo*, de David Lago. Madrid: Edit. Betania, 1998.

_____. Reseña de *El Jardín del Tiempo*. *Linden Lane Magazine* 4.4 (oct.-dic. 1988): 30.

_____. Reseña de *Siempre la lluvia*. *Linden Lane Magazine* 14.2 (jun. 1995): 26.

Villaverde, Fernando. «El peligroso salto de la metáfora a la realidad». *El Miami Herald* (12 sept. 1985): 12.

_____. «Un relato que parece escrito de un solo aliento». *El Nuevo Herald* (10 marzo 1985): 17.

Villena, Luis Antonio de. «Relatos de amor y odio». *La Esfera* 251 (4 feb. 1996): 19.

_____. «Rumba póstuma». *La Esfera* (1 oct. 1994): 8.

Zaldivar, Gladys. «El escritor Severo Sarduy». *Epitáfios*. Severo Sarduy. Miami: Edic. Universal, 1994. 67-84.

Xirau, Ramón. «Noticia liminar». *Donde una llama nunca se apaga*. Jorge Oliva. Madrid: Edit. Playor, 1984. 11-12.

Zisman, Alex. Reseña de *El central*. *Quimera* 12 (oct. 1981): 62.

UN AMOROSO Y TERCO EMPECINAMIENTO

Álvarez Bravo, Armando. «La invención y la distancia». *escandalar* 5.1-2 (ene.-jun. 1982): 148-149.

Armand, Octavio. «Minicurso para borrar al escritor cubano del exilio». *escandalar* 10 (abr.-jun. 1980): 86-89.

Cabrera Infante, Guillermo. «Una historia inusitada». *Cuba y sus sones*, de Natalio Galán. Valencia: Pre-Textos, 1996. IX-XX.

Cortázar, Julio. «Carta a una escritora argentina». *Cuadernos Hispanoamericanos* 517-519 (jul.-sept. 1996): 597-99.

García Ramos, Reinaldo. «Contra la broncomanía». *Mariel* 2 (verano 1983): 31.

Gimferrer, Pere. «El pensamiento literario». *La cultura bajo el franquismo*. Barcelona: Edic. de Bolsillo, 1977. 105-30.

Paz, Octavio. «Unidad, modernidad, tradición». *ABC Cultural* 100 (1 oct. 1993): 6.

Rama, Ángel. «Reinaldo Arenas al ostracismo». *Eco* 3 (enero 1981): 332-36.

Skármeta, Antonio. «La reformulación del status del escritor en el exilio». *Eco* 219 (ene. 1980): 307-11.